U0516100

生命传播

媒介·叙事·认知

BEING COMMUNICATION

MEDIA · NARRATIVES · COGNITION

师曾志 等 编著

社会科学文献出版社
SOCIAL SCIENCES ACADEMIC PRESS (CHINA)

目　录

contents

第一章　生命传播与自我认知

第二章　重返现实与泛娱乐思潮

第三章　情感传播与异质共同体

第四章 爱的驱力与公共传播

第五章 认知革命与观看“跃读”

第六章 重新部落化与社区治理

第七章　人类命运共同体与对外传播

第八章　互联网超文本世界与跨媒介叙事

第一章

生命传播与自我认知

| 一 |

自我认知革命中的不忘初心*

——论传播理论武装与网络媒体的有效融合

师曾志**

党的十八大以来，习近平总书记在多个场合重申“人心是最大的政治，共识是奋进的动力”的重要性。“人心”与“共识”是作用于情感认同的最重要的两个要素，也是社会作为有机体存在的基础。互联网连接一切使传播的快速连接、快速迭代、快速遗忘成为可能。信息传播不仅仅具有告知、表达、传递的功能，更重要的是能引发人的情感共振，凝聚共识，从而在由媒介重组的感知系统中实现有效传播的同时带来行动与改变的可能性。正因如此，习近平总书记“人心是最大的政治”思想最为契合网络媒体传播的特点，它不仅是不断扩大习近平新时代中国特色社会主义思想网络版图的基础，也应是新媒体传播研究的出发点与落脚点。

1. 新媒介赋权下的社会多元主体传播

互联网传播中的观念、思想、意识、感觉、情感时时笼罩着我们，它们与现实密不可分，又相互作用，为人们认知、态度、行为的生成奠定基础，同时也使言语、感觉、知觉成为互联网连接、交流、沟通中的基本要素，共同指向人的情感连接。人们心性上的动态连接不知不觉中改变着人与人之间的关系，也成为社会变迁的动力。当传者与受者在心性上能够彼此动态适应时，便能引发行动的可能，而有所行动才是传播最终的落脚点。这一行动不只是思想观念的转变，更是以实际行动投入到火热的现实中，正是在传播行动中人与人结成了新的社会关系网络，推动着社会的变

---

* 本部分原载于《人民论坛》2019 年第 22 期。

** 师曾志，北京大学新闻与传播学院教授，北京大学新闻与传播学院博士研究生仁增卓玛对此文亦有贡献。

迁，这是新媒介赋权思想的来源。

互联网技术将“权力”不断赋予各种传播主体，在“人人都有麦克风”的多元传播格局中，曾经牢牢掌握传播话语权的主流媒体面临前所未有的挑战。扩大习近平新时代中国特色社会主义思想传播的网络版图，根本前提是要提升主流媒体人对传播环境变化的认知，认识到新媒介赋权与反赋权对主流媒体发展的影响，不断提高自我认识和学习的能力。

新媒介赋权使受众可以主动、方便地参与信息的解读、阐释、传播过程，作为传播主体的主流媒体，在信息传播过程中尽管仍然扮演着“把关人”角色，决定着传播内容、形式等，可一旦内容与形式经新媒介进入传播渠道，如何解读与阐释，即对信息如何加工便已不是传播者能把控的，而是由传播者面对的受众认知所决定的。当下，多元传播主体共存共生，传播效果是传播者与受众共同作用与反作用的结果，两者互为依存又互相博弈，能否抓住传播机遇，如何实现有效传播，考验着主流媒体从业人员对新媒介环境的认知水平与应对能力。

2. 警惕新媒介时代的“后视镜思维”

在新媒介赋权与反赋权之下，传播生态、传播形式与内容、传播介质都发生了深刻的变化。纵观当下传播图景，许多主流媒体仍囿于“后视镜思维”，在宣传主流思想、主流话语的过程中，依然采用大言高论、宏大叙事的话语策略，而这显然难以适应当下媒介环境及社会的变迁，很难真正实现传播的入脑入心，更难实现理论武装与网络媒体真正的有机融合。

“后视镜思维”是加拿大学者麦克卢汉提出的一个重要观点。他认为媒介对人与环境产生了深刻而持久的影响，由于环境在初创期是看不见的，人只能感知这个新环境之前的老环境。换句话说，只有当它被新环境取代时，老环境才成为看得见的东西。新旧环境的转变对大多数人来说，是一个不知不觉的过程，很多人身处新环境依然用旧环境中所形成的思维来思考新环境中所面对的问题，用落后于时代的眼光看待新时代，用旧有的方法与策略解决当下的问题。

新旧媒介环境首先是人们思维方式上的变革，而这场认知革命总体上表现在对确定性与不确定性、同一性与差异性、共识性与误构性理解上的不同。互联网技术加快了传播的速度，使传播系统时时处于复杂变动之中，消解了所谓的确定性、同一性与共识，不确定性、差异性以及误构性成为社会发展的动力，传播主体需要主动承担起自身责任，凸显出公共讨论的重要性。

对未知的向往意味着拥抱不确定性、差异性与误构性，接纳网络媒体看似无序、杂乱、碎片等特征，理解网络空间中的不同思想、观点所蕴含的价值与意义，具体问题具体分析。只有这样，抽象、严肃的理论与网络媒体才能实现有效融合，在微小叙事中使受众得以窥见宏大理论背后所体现的习近平总书记对人民、对国家乃至对人类命运共同体所抱有的真情实感、美好愿景，真正理解初心何为、为何不忘。

3. 自我革命与回归人心

当前，AI、物联网、区块链、5G 等新技术层出不穷，它们不仅改变着传播的形态与内容，更是在人们对新技术应用普遍麻木之中创造着一种全新的环境，这需要人们在认知、思维、情感等方方面面进行一场深刻的自我革命。自我革命不是推翻一切旧有价值秩序，重建一种秩序与价值，而是回到出发的原点，回到人本身的生命，回归人心，在互联网的空间中，探寻隐藏在其无序、异质、误构背后的人心与人性，从中找寻自我革命的依据。

互联网传播表面上是碎片化的、无机联系，然而，在充满不确定性的当下，唯有回归“人心”，更好地认清自我，认清人与人、人与社会间的复杂关系，才能在传播中接近事件的全貌，看到“时”与“势”对社会进程的影响，使沟通与交往成为可能。沟通与交往的实现是传播主体应该不断追求的目标。在网络传播的版图中，如何将严肃、宏大的理论转译为故事，转化为受众可理解、可想象的形象，需要转变思维，重视传播内容，同样更加重视传播的形式，牢记在互联网时代，内容和形式共同促成了传播效果，而以上都考验着主流媒体从业人员的审时度势与择机行事的能力，也检验着各种传播主体面对同样的传播生态如何促成人们的沟通与交往，实现联结与相续的能力。

互联网带来的自我认知革命从本质上讲是一场深刻的人类思想、观念、意念、意识等思维方式的变革，主流媒体作为传播主体需要深刻领会“人心是最大的政治”的意涵，这需要主流媒体中的每个人学会自我革命。

唯有在新闻传播中引发社会各界的共情共感，才能实现人心政治的最大化。而传播者的初心应该是人之所以为人的道德良心，追求“各美其美，美美与共”的“有德性的美好生活”，真正以心换心，以老百姓的福祉为工作的动力，由此，才能在表面碎片化、非连续、异质性的网络传播中不断达成共识，实现社会的有机团结，形成人类命运共同体。

4. 结语

互联网带来信息传播的迅捷快速，思想与观念在表达的交互中急速变化，已然超出了工业时代政治、商业、社会、文化发展的逻辑，超越了自我的线性认知，在不知不觉中改变着人类社会。站在使人解放和振奋的世界门槛上，主流媒体更应挖掘“人心是最大的政治，共识是奋进的动力”的丰富内涵，把握网络媒体传播特色，以包容之姿理解与接纳互联网传播中的不确定性与差异性，掌握新媒介赋权与反赋权的特征，牢记初心，实现理论武装与网络媒体的有效有机融合。

| 二 |

移动互联网的崛起与社会变迁*

王　迪　王汉生**

引　言

互联网在全球范围内的兴起和扩散已经引起众多学科的关注和讨论，如互联网时代的政治形态、对网络心理及行为的教育与管理、电子商务作为互联网衍生现象的发展前景以及网络群体亚文化的形成与扩散等，都是不同学科各自研究领域内的焦点。在这场以“互联网研究”为主题的大讨论中，社会学研究的独特优势在于从信息技术扩散如何渗透到政治经济及日常生活并影响社会转型的角度讨论互联网发展与社会变迁之间的关系——其中最具代表性的当属曼纽尔·卡斯特（Manuel Castells）在《网络社会的崛起》一书中所提出的“网络社会”（the network society）的概念。卡斯特认为，以互联网为代表的新的信息技术提供了物质基础，使在人类社会中存在已久的网络结构能够渗透扩张、遍及整个社会，实质性地改变了生产、经验、权力与文化等各个方面的操作过程与实践结果，让我们所面临的“信息化社会”（informational society）日益以一种“网络化逻辑”（networking logic）建构和组织起来。于是，一种新的社会形态（即网络社会的面貌）越来越清晰地浮现出来。[①] 虽然关于网络社会

---

* 本部分的精简版刊于《中国社会科学》2016 年第 7 期，《中国社会科学文摘》全文转载，并获得 2019 年陆学艺社会学发展基金会社会学优秀成果奖。收入本书中的是未删减过的原版，文责由作者本人承担。

** 王迪，北京大学社会学系副教授，主要研究方向为城市社会学、社会变迁与技术治理；王汉生，北京大学社会学系教授，主要研究方向为城乡社会学、社会分层与流动。

① 〔美〕曼纽尔·卡斯特：《网络社会的崛起》，夏铸九等译，社会科学文献出版社，2003 年，第 569 页。

概念的辨析[①]及其表现形式的讨论[②]始终存在，但互联网所架构的网络空间对现实社会的影响与重构已经基本获得了国内外学界的共识。

需要注意的是，网络所引发的社会变迁并未终结，而是随着移动互联网[③]时代的到来，迈进了新的阶段。相对于传统的桌面互联网，移动互联网在使用时间上的极大延续和空间上的无限延展，打破了既有的时空边界，从而在微观个体层面的社会交往、中观群体层面的社会表达、宏观结构层面的社会分化等多个维度起到形塑社会的独特作用。基于对这些领域中移动互联网与传统互联网的差异的讨论，本文尝试回答：移动互联网时代的信息技术变革所带来的经验现象的变迁，如何进入经典社会学问题的研究领域；如何形成"移动互联网—社会"关系的分析视角和解读路径；同时，中国社会既有的结构性特征，给移动互联网的生长方式、发挥作用的模式提供了怎样的背景。

---

① 比如郑中玉等人的研究就将这一概念具体区分为作为一种信息化社会的社会结构形态的网络社会（network society）和基于互联网技术的网络空间这一互动场域中的赛博社会（cyber society），而后者是作为转型社会的信息化社会和网络社会的独特产物，并逐渐成为文化的、社会的、私人的和自在的互动场域，既是网络社会的逻辑缩影，也是一个已经具有独特属性的社会场域（郑中玉、何明升：《"网络社会"的概念辨析》，《社会学研究》2004 年第 1 期）。

② 关于网络社会的实际形态与存在方式以及围绕着网络社会所进行的关于"现实性"与"虚拟性"的论辩，参见戚攻（《"虚拟社会"与社会学》，《社会》2001 年第 2 期；《网络社会的本质：一种数字化社会关系结构》，《重庆大学学报》（社会科学版）2003 年第 1 期）；童星、罗军（《网络社会：一种新的、现实的社会存在方式》，《江苏社会科学》2001 年第 5 期）；康健（《试论网络社会及其特殊的现实性》，《中共中央党校学报》2002 年第 3 期）；郑中玉、何明升（《"网络社会"的概念辨析》，《社会学研究》2004 年第 1 期）等人的研究。甚至在一些学者看来，当计算机网络把人与人连接起来时，互联网实际上就是一种社会网络（Laura Garton，Caroline Haythornthwaite，Barry Wellman. "Studying Online Social Networks". *Journal of Computer-Mediated Communication*, vol. 3, no. 1, June 1997; Barry Wellman, Laura Garton, Caroline Haythornthwaite, Sara Kiesler. "An Electronic Group is Virtually a Social Network", in Sara Kiesler, ed. *Culture Of the Internet*, NJ: Lawrence Erlbaum, 1997, pp. 179 - 205; Barry Wellman. "Computer Networks as Social Networks", *Science*, vol. 293, no. 5537, September 2001, pp. 2031 - 2034）。

③ 国内外学界对移动互联网的研究多从技术层面（如 Apostolis K. Salkintzis, ed. *Mobile Internet: Enabling Technologies and Services*, Portland: CRCPress, 2004；郑兰、程鹏编著《移动互联网——2011 年最值得关注的 100 个应用程序》，清华大学出版社，2011 年，等等）和商业角度（如雷源：《移动互联网改变商业未来》，北京邮电大学出版社，2010 年；李安民、陈晓勤、陆音编著《移动互联网商业模式概论》，三联书店，2010 年，等等）对移动互联网的设备、架构、产业发展和盈利形式等方面的问题进行讨论，而从技术与社会关系角度入手的研究尚在不断开展。

1. 移动互联网与时空重塑

卡斯特认为，在网络社会中，网络能够改变生活、时间和空间的物质基础。除了传统意义上的地域空间外，网络的出现及彼此相连，使信息在全球范围内的及时流动成为可能，从而形成一种特殊的空间形式：流动空间。于是，在网络社会的网络结构中，传统意义上的地域空间丧失了意义，人们不再需要拥挤于狭小的城市空间，一切社会活动都可以在地理上获得延伸。而在时间方面，卡斯特区分了传统的机械时间、生物时间以及网络社会背景下具有相对性的社会时间——在这个意义上，网络社会将构建新的社会时空①。

与卡斯特意义上的时空构建有所不同，移动互联网对空间和时间的重塑根源于其终端的移动性和便携性，结合了移动通信和互联网的许多优势，这也是它与传统桌面互联网最本质的差异。正是由于移动互联网具有这样的特点，除了睡眠时间之外，移动设备一般都以远高于 PC 机的使用时间伴随在其主人身边，用户在移动中随时随地可以接入互联网。这一方面带来了移动互联网使用时间的极大延续和空间上的无限延展；另一方面也使人们对于民族、国家等各种共同体的认同感超越了时空的阻隔，在最广阔的范围内得到扩大。

虽然传统媒介也可以起到改变现代人对于时空的感受、塑造民族认同和国家认同意识的作用，比如电视媒体中以共同观看的画面来凝聚相隔万里的观众的认同感，以影像中的媒介化仪式来激发和强化民族情感。② 但在数字网络传媒时代，随着计算机通信网络的发展，实时信息交流和共同体验分享已经完全超越了民族国家的界限，形成了在全球范围内影响社会成员的身份定位、建构民族认同、树立国家观念的格局。时至移动互联网崛起的今天，人们以手机等移动设备作为接入互联网的工具，摆脱了 PC 机的限制，使网络信息在横向上有更广泛的国别、地区覆盖范围，在纵向上能够贯穿更多不同层次的受众群体。而且伴随着人们在移动中随时发生的互动、交流和分享，认同形成的过程更加超越时空限制。需要注意的

---

① 〔美〕曼纽尔·卡斯特：《网络社会的崛起》，夏铸九等译，社会科学文献出版社，2003 年，第六、七章。

② 龙运荣：《全球网络时代的大众传媒与民族认同》，《广西民族研究》2011 年第 1 期。

是，这种认同形成既有可能造就“保钓”事件当中全球华人群情激越、万众齐心的跨国界民族团结；也存在着放大族际文化差异性、以单一的族群认同来消解国家观念的极端民族主义风险。

当然，对手机等移动互联网工具的使用在带来时空扩展的同时，实际上也最大限度地“征用”了人们的时间，挤占了原本在社会生活中承载不同功能的各种具体空间：移动终端的随身性、即时性都让人几乎无处可逃，这就意味着，移动互联网不间断地渗透到了我们的日常生活中，人们的碎片时间和各种场合几乎全部被占领——早起或睡前的枕边、上下班途中的地铁上、工作会议的圆桌底下、用餐时碗筷的旁边……人们或在游戏、或在聊天、或在浏览资讯。所以我们很难界定移动互联网是赋予了人们更多的可利用时间还是挤占了原有的休闲时间；究竟是带来了空间上的延展，还是以移动终端的各种功能替代了空间功能的差异性。

移动互联网在使用时间上的延续和空间上的延展打破了既有的时空边界，是其区别于传统桌面互联网的属性与特质；更重要的是，移动互联网时代的信息技术对个体层面的社会交往、群体层面的社会表达、结构层面的社会分化等现象进行影响的方式，也正是以移动互联网对时空的重塑为基本前提的。

2. 移动互联网对社会交往方式的重塑

在经典社会学家的研究中，社会关系形态、人际交往模式、个体联结纽带一直是备受关注的研究领域。比如齐美尔关注尚未固定化的、个体间的互动[①]，将其看作“社会”在发生、结合与重组的萌芽；涂尔干提出“机械团结”和“有机团结”[②] 的概念，滕尼斯则区分了共同体与社会[③]，都是用以归纳和区分传统社会与现代社会中社会纽带的不同特征。把目光转向中国传统社会中交往模式的讨论，“差序格局”[④] 的概念最具代表性，

---

① 〔德〕齐美尔：《社会是如何可能的：齐美尔社会学文选》，林荣远编译，广西师范大学出版社，2002 年，第 3 页。

② 〔法〕埃米尔·涂尔干：《社会分工论》，渠东译，生活·读书·新知三联书店，2000 年，第 33 页、第 73 页。

③ 〔德〕斐迪南·滕尼斯：《共同体与社会：纯粹社会学的基本概念》，林荣远译，商务印书馆，1999 年，第 52 页。

④ 费孝通：《乡土中国·生育制度》，北京大学出版社，1998 年，第 24 ~ 30 页。

这一概念也充分说明了乡土中国的人际关系往往是以血缘和地缘为基础的。当今世界，移动互联网的飞速发展、“手机人”生活方式的出现，不仅是当代科技和信息产业的大事件，而且对社会形态和人际关系的发展变化有着不可估量的意义和影响，具有非常重要的社会学研究价值。

在互联网时代（特别是移动互联网时代）到来之前的现代社会，人类社会呈现为依靠想象中的联结来维系的共同体[①]，事实上，碎片化的社会中充斥着原子化的个人，人们多数彼此不认识、不了解，没有太多的互动与联系，也罕有相遇的机会。而社会行动者交往过程中逐渐产生并发展的“物”(object) 正在重组和形塑人们的日常互动、网络关系和动态联结[②]——以手机 App、SNS、微博为代表的一系列新兴元素，打破了原有的社会边界和人际交往模式，通过“手机人”之间频繁、密切地隔空互动，编制了一张“海内存知己、天涯若比邻”的行动者网络，扩大了“生活共同体”的概念，重组了一种虽然不是面对面却彼此熟悉、信任、相互依赖的“虚拟社区”，也有学者将这种社会形态称为“半熟社会”[③]。

信息技术对社会交往与人际关系的影响并不完全是移动互联网的产物，在传统互联网时代就已经出现并引发了众多学者从虚拟共同体的形成、网络社交的关系强度以及既有社会关系的变化等方面展开探讨。首先，关于互联网中的人际关系是否能够形成一种“共同体”或者“社区”，一派观点认为，以计算机为媒介的沟通（computer mediated communication）所实现的功能不同于面对面的社会交往，产生的人际关系往往是非正式的、暂时的、虚假的、消极的、缺乏深度情感的，形成的也只能是一种共同体的幻觉[④]；另一派观点则并不把面对面互动作为适合社会关系发展和存续的唯一土壤，认为互联网中的沟通同样具备有益于人际关系养成的要

---

① 〔美〕本尼迪克特·安德森：《想象的共同体：民族主义的起源与散布》，吴叡人译，上海人民出版社，2011 年，第 6 页。

② Bruno Latour. R. , *Reassembling the Social: An Introduction to Actor-Network-Theory*, NewYork: Oxford University Press, 2006, p. 74.

③ 刘德寰：《移动互联网未来族群趋势》，http://mobile.163.com/12/0829/11/8A2PPQC7001166IH.html，最后访问日期：2012 年 8 月 29 日。

④ Brittney Chenault. “Developing Personal and Emotional Relationships Via Computer-Mediated Communication”, *CMCMagazine*, vol. 5, no. 5, May 1998; Sarah Birnie, Peter Horvath. “Psychological Predictors of Internet Social Communication”. *Journal of Computer-Mediated Communication*, vol. 7, no. 4, July 2002

素，提出诸如“互惠和信任”[①]、“（从物理地点中）解放了的人际关系”[②]、“松散的连贯性”[③]、“（包括信息在内的）各种资源交换[④]”等概念，因此认为互联网非但没有增加社会孤立（social isolation），反而能够促进个人关系发展、公民组织参与以及社会共同体的形成，并且扩展和延伸了社会网络的关系范围，将更多的潜在关系变成积极联系，从而增加了“共同体”概念的多样性。[⑤] 其次，在传统互联网的背景下，关于互联网的社会关系（所谓的“虚拟关系”）如何重塑日常生活中的社会关系（“现实关系”）的问题，持消极态度的观点认为，虚拟关系的发展会产生时间替代（time displacement），从而削弱行动者与现实社会环境的联系——包括传统媒介的使用、与家人和朋友的联系、对公共组织的参与都会减少，甚至导致社会资本的下降[⑥]；而持客观或相对积极态度的观点则表示，互联网使用对现实生活的效应是由许多因素决定的，不能简单地一概而论，在一定条件下，网络上的交流还可以延伸和拓展传统互动形式与日常生活中的关系。[⑦]

---

① David Constant, Lee Sproull and Sara Kiesler. “The Kindness of Strangers: The Usefulness of ElectronicWeak Ties for Technical Advice”. *Organization Science*, vol. 7, no. 2, March-April1996, pp. 119 – 135

② Malcolm R. Parks, Kory Floyd. “Making Friends In Cyberspace”. *Journal of Communication*, vol. 1, no. 4, March1996, pp. 80 – 97

③ Susan Herring. “Interactional Coherence in CMC”. *Journal of Computer-Mediated Communication*, vol. 4, no. 4, June1999

④ Howard Rheingold. *The Virtual Community: Homesteading on the Electronic Frontier*. Cambridge, Mass.: MITPress, 1994; Barry Wellman, Milena Gulia. “Net Surfers Don't Ride Alone: Virtual Communitiesas Communities”, in Marc A. Smithand Peter Kollock, ed. *Communitiesin Cyberspace*, Berkeley: University of California Press, 1996, pp. 178 – 179

⑤ James Katz, Philip Aspden. “Motivations for and Barriers to Internet Usage: Results of a National Public Opinion Survey”. *Internet Research: Electronic Networking Applications and Policy*, vol. 7, no. 3, 1997, pp. 170 – 188; James Katz, Ronald E. Rice. “Access, CivicInvolvement, and Social Interaction on the Net”, in Barry Wellman and Caroline Haythornthwaiteed. *The Internetin Everyday Life*, Oxford: Blackwell, 2002, pp. 114 – 138

⑥ Norman H. Nie, Lutz Erbing. “Internet and Society: A Preliminary Report”. *IT & Society*, Summervol. 1, no. 1, 2002, pp. 275 – 283.

⑦ Robert Kraut. etc. “Internet Paradox: A Social Technology That Reduces Social Involvement and Psychological Well-Being?”. *American Psychologist*, vol. 53, no. 9, 1998, pp. 1017 – 1031; Robert Kraut, etc. “Internet Paradox Revisited”. *Journal of Social Issues*, vol. 58, no. 1, 2002, pp. 49 – 74; Sara Kiesler, etc. “Internet Evolution and Social Impact”. *IT & Society*, Summervol. 1, no. 1, 2002, pp. 120 – 134; Chen Wenhong, Jeffry Boase and Barry Wellman. “The Global Villagers: Comparing Internet Users and Uses Around the World”, in Barry Wellman and Caroline Haythornthwaiteed. *The Internet in Everyday Life*, Oxford: Blackwell, 2002, pp. 74 – 113

最后，在基于互联网建立的社会关系强度的问题上，既有研究指出，互联网本身从技术上提供专门化（specilized）的信息交换关系，更倾向于形成弱关系；但同时，由于其他关系类型和其他资源交换形式的存在，互联网中形成强关系也是完全可能的。①

借助移动互联网形成的纽带给转型过程中的社会交往带来了区别于 PC 网络时代的变化。第一，在 PC 互联网上既已出现的虚拟社区只有到了移动互联网的时代，才能完全超越时间和空间的限制，随时随地影响人们的互动状态和交往方式，真正形成与“实存共同体”和“想象共同体”相对应的社会存在形态——在手机微信、微博等社交工具兴起并日渐取代传统的面对面交流、电话沟通，甚至使传统互联网时代的邮件、论坛和聊天工具都显得有些落伍的今天，血缘、地缘和业缘关系不再是社会交往所仰赖的全部基础；共同的兴趣、哪怕一个微小的共同话题，抑或在移动过程中彼此搜索到的一次网络邂逅，都可能成为陌生人之间建立网络联结或现实联系的纽带。

第二，由于移动网络接入的便利性、移动社交工具的伴身性和移动交流方式的黏着性，网络使用行为的时间总长和频密程度都在近年来获得了巨大的增加，这使以往研究所讨论的“线下关系”与“线上关系”之间的“时间替代”概念变得不再适用，二者之间不再是必然存在的此消彼长关系。换句话说，随着网络社交的“蛋糕”被做大，“现实交往”和“虚拟交往”的份额在一定范围内获得了共同增长的可能性，交往范围以网络化的逻辑扩大的同时，并不必然意味着传统人际关系的疏离和真实生活的缺失，而能够成为既有社会关系形态的有效补充。②

第三，基于移动互联网建立的关系的强弱程度还需要结合具体的移动社交平台进行讨论——如国内的微信、人人网，国外的 Facebook，用户建立的双向关系通常都是现实生活中社会网络和强关系的延伸；微博、Twitter 之类可以单向追随、关注、成为粉丝的社交方式，在相当大的程度上超越了熟人圈子；而另外一些专属于移动互联网时代的沟通工具则为人们认

---

① Lee Rainie, John Horrigan, Barry Wellman and Jeffrey Boase. “The Strength of Internet Ties”. Pew Internet & American Life Project, January 25, 2006, http://www.pewinternet.org/Reports/2006/The-Strength-of-Internet-Ties.aspx

② 一些研究已经提出“普遍化”和“世俗化”的趋势，要淡化赛博空间关系和现实生活关系之间的边界（郑中玉：《互联网对社会关系的影响：争议与方向》，《甘肃行政学院学报》2011 年第 4 期）。

识更多的陌生人创造了机会。

3. 移动互联网背景下的社会表达与集体行动

现代社会剧烈变迁的形态一方面造成了生活节奏的加快、工作压力的加大，另一方面也带来了新鲜事物的增多、猎奇心理的增强，而无论是紧张与局促，还是新奇与兴奋，都给人们带来了强烈的表达意愿。在传统互联网时代，信息技术进步已经为人们搭建了多种表达与分享的平台，如BBS、Blog、SNS、微博等。这些平台在客观上所起到的作用不只是表达与分享，甚至在一定程度上扮演着“自媒体”的角色，起到传播信息、挑战传统媒介的作用。如美国芝加哥大学法学院教授凯斯·桑斯坦（Cass Sunstein）将人们在网络上自由发布的内容比喻为一份自行创办的“我的日报”[①]；被誉为信息技术投资和趋势分析领域“教父”的尼葛洛庞帝（Nicholas Negroponte）说：“在网络上，每个人都可以是一个没有执照的电视台。”[②] 不会开车、没有电话的美国人埃瑟·戴森（Esther Dyson）被人称为“数字化时代的女先驱”，她把网络空间的表达与活动比作“人们和自己喜欢的人在一个摆脱了时空限制和规则的地方聚会”[③]。然而事实上，无论是“日报”“电视台”，还是“聚会”，由于传统互联网时代的社会表达离不开PC机，因此也不可能完全摆脱当时、当地的条件制约。

移动互联网的发展使人们的分享意愿与表达行为能够以一种更为便捷、即时的方式实现，其“随时随地”的特征弥补了传统互联网的意愿表达和信息发布缺口；以手机为代表的移动互联网终端，整合了报纸、杂志、广播、电视、互联网等各类媒体，逐渐成为人们获取资讯的主要渠道，被誉为“装在口袋里、随时相伴、带着体温的媒介终端”“最早和最晚接触的媒介”“接触最频繁的信息来源”[④]。这种极大的便利性在满足人

---

① 〔美〕凯斯·桑斯坦：《网络共和国：网络社会中的民主问题》，黄维明译，上海人民出版社，2003年，第1页。

② 〔美〕尼葛洛庞帝：《数字化生存》，胡泳等译，海南出版社，1996年，第205页。

③ 〔美〕埃瑟·戴森：《2.0版：数字化时代的生活设计》，胡泳、范海燕译，海南出版社，1998年，第76页。

④ 刘德寰等：《正在发生的未来——手机人的族群与趋势》，机械工业出版社，2012年，第2页；刘德寰等：《移动互联时代，手机重新定义黄金时间》，《广告大观》（综合版）2012年第2期。

们需求的同时，也进一步推动和促进了人们对自我表达与社会表达的渴望。

表达意愿高涨所带来的是一种“直播无处不在”的社会后果。一方面，原有的“公共空间—私人空间”的二分显得不再清晰可辨，所有人的私人生活（包括实时的位置、照片、感受）都可以通过手机第一时间发布到具有公共媒体属性的微博上；所有公共事件的始末经过也都能够以私人转发的形式，以最快的速度得到传播和扩散。另一方面，这种社会表达方式从某种意义上打破了原有社会中信息不对称的格局，重新分配了社会话语权力——在“前互联网”时代，话语霸权和文化资本总是掌握在少数人手中，而关于社会事实的过程与重大事件的真相，在社会范围内存在着严重的信息不对称或“滞后知情”的情况。“手机人”的成长、手机微博等“草根传媒”的发展，剥夺了特定阶层、特定群体对话语权和报道权的垄断，将更多的表达权、传播权和知情权赋予了普通的社会大众。通过这些平台，移动网络用户实时传递有关社会事件的信息，对各种社会热点发表意见，从而在突发事件和热点舆情中，形成公共舆论压力，对中国社会生活各领域产生日益深刻的影响。正如《人民日报》撰文指出：“回顾 2011 年，郭美美事件促进了公共慈善透明，徐武事件促进了精神卫生法出台，小悦悦事件促进了社会道德建设，校车事件促进了校车安全管理，7·23 动车事故促进了中国铁路改革，钱明奇事件促进了拆迁立法……”[①] 这些层出不穷的热点事件共同造就了“全民发声”的社会舆论结构，究其源头，无处不在的手机微博等移动社交平台功不可没。

与此同时，我们也应注意到由移动互联网上的社会表达所带来的群体心理的变化以及可能由此产生的集体行为。关于在网络公共空间内呈现出来的行为，美国马里兰大学信息管理中心主任帕特·华莱士（Patricia Wallace）乐观地指出“互联网为我们提供了一个安全地进行宣泄的场地，当我们使用它的时候，会变得心情愉悦、心地善良和精神健康”。[②] 实际上，这种宣泄可能表现为对网络事件或社会事件的讨论，甚或演变为激烈的网

---

① 引自李章军、元国璋，《微博成舆论监督器让社会热点事件真相透明》，来源：人民网—《人民日报》，http://leaders.people.com.cn/GB/17732064.html，2012 年 4 月 24 日。

② 〔美〕帕特·华莱士：《互联网心理学》，谢影、苟建新译，中国轻工业出版社，2001 年，第 146 页。

上抗议。[①] 而当网络上的集体行为蔓延到线下"手机人"所形成的集体中就可能出现古斯塔夫·勒庞在《乌合之众》中所考察的个人聚集成群体时的心理特征[②]：移动互联网将现代社会中原本彼此不相干的"原子化"的个人，通过手机 QQ、微博、微信等方式集结在一起，并随时随地保持交流、呼应和彼此感染的状态，在某些外部条件的作用下，存在着集体情绪聚积和集体行动形成的可能[③]——也有学者把这一机制称为"互联网动员"[④]。

相对于传统互联网时代，移动互联网上的动员范围更大、效率更高，其后果当中的一个面向是积极的，诸如近年在微博上发起的"随手拍照解救乞讨儿童"活动及其后的"微博打拐"活动，都取得了大量成果；在近年来发生的一系列地震、暴雨、交通事故中，由移动互联网上的微博和 SNS 所网聚的、不间断的、零死角的信息传递，以及由此形成的救援、募捐等集体行动，都成为在那些非常时期中可依靠的力量。另一个面向则有可能转向网络话语暴力或现实中的群体无理性——前者会导致极端声音以强硬的态度驱逐良性言论，进而形成"群体极化现象"；[⑤] 而后者则是群体极化现象在现实层面的延伸，并容易引发群体性事件，[⑥] 例如 2011 年伦敦

---

① Yang Guobin. "The Internet and the Rise of a Transnational Chinese Cultural Sphere". *Media, Culture & Society*, vol. 25, no. 4, 2003, pp. 469 – 490; Yang Guobin. "The Internet and Civil Society in China: a Preliminary Assessment". *Journal of Contemporary China*, vol. 12, no. 36, 2003, pp. 453 – 475; Yang Guobin. *The Power of the Internet in China*. NewYork: Columbia University Press, 2009.

② 比如，个人在群体中可能会丧失理性，没有推理能力，思想情感易受旁人的暗示，变得极端、狂热，不能容忍对立意见，因人多势众产生的力量感会让他失去自控，甚至变得肆无忌惮。参见〔法〕古斯塔夫·勒庞：《乌合之众》，冯克利译，中央编译出版社，2004 年，第一卷中关于群体心理的讨论。

③ 已有诸多学者讨论过互联网作为信息传播的媒介对集体行动的作用，如 Harry Cleaver（"The Zapatista Effect: The Internet and the Rise of an Alternative Political Fabric". *Journal of International Affairs*, vol. 51, no. 2, 1998, pp. 621 – 640.）、〔美〕曼纽尔·卡斯特（《认同的力量》，夏铸九、黄丽玲等译，社会科学文献出版社，2006 年，第二章中关于信息化与社会运动的讨论）等。

④ 韩恒：《网下聚会：一种新型的集体行动——以曲阜的民间祭孔为例》，《青年研究》2008 年第 8 期。

⑤ 〔美〕凯斯·桑斯坦：《网络共和国：网络社会中的民主问题》，黄维明译，上海人民出版社，2003 年，第 47 ~ 49 页。

⑥ 关于网络群体性事件的讨论，参见杜骏飞（《网络群体性事件的类型辨析》，《国际新闻界》2009 年第 7 期），刘杰、梁荣、张砥（《网络诱致突发事件：概念、特征和处置》，《中国行政管理》2010 年第 2 期），陈强、徐晓林、王国华（《网络群体性事件演变机制研究》，《情报杂志》2011 年第 3 期）等人的研究。

的骚乱就被认为源于 Twitter 和手机短信的推波助澜。

4. 移动互联网的使用与社会分化

虽然人们在赛博社会里可能会隐瞒自身的一些真实属性、扮演一些虚拟的角色以满足某方面的需要和期望，但其使用互联网的行为却是无法作伪的——如上网所使用的工具、上网的地点、时长和周期等，都与其身份、职业、收入、行为习惯等现实属性密切相关。因此，一些学者指出“互联网绝不是一个脱离真实世界之外而构建的全新王国；相反，互联网空间与现实世界是不可分割的部分”①，或者认为网络社会是现实社会的延伸。②

类似地，移动互联网的使用也嵌入了众多的社会资源与社会结构，而并非无根的虚拟空间。有别于传统桌面互联网的则是移动互联网与差异化的日常生活之间更为紧密、即时、伴身性的结合；也就是说，人们面对 PC 机时所做的事情尚未弥散到生活中的各个领域，而应用移动终端时所能处理事务的多样性则非常接近于日常生活原貌中的复杂性。比如，对于处在社会不同阶层和地位的人们来说，移动互联网在生活中的用途和使用方式都有着巨大差异——学生、打工者和工作不久的都市白领人群，收入相对较低，其中一部分人没有电脑或即便有电脑也想随时随地上网，有和外界沟通交流并尝试新的生活方式的强烈意愿，他们使用手机上网的时间和频率会比较高，其目的基本都是交友或娱乐，移动虚拟社区、移动视频和移动搜索都是这个群体偏好的重点。而高端用户对移动互联网也具有强烈的依赖性，希望能随时看到重要邮件内容、公司通知、信息动态等，希望能在移动中完成办公需要，关注的往往是移动邮箱、移动电子商务、移动支付等应用服务。又如，移动互联网的接入终端对于这两类用户而言也有着不同的意义，低端用户更强调实用性，而高端用户则更看重手机、平板电脑的品牌和档次对于身份、地位和时尚品位的彰显——特定的社会结构、族群差异以及生活方式的不同决定了移动互联网复杂和分化的应用取向。

网络社会是现实社会的延伸，反过来，现实社会结构也受到网络社会

---

① 〔美〕丹·希勒：《数字资本主义》，杨立平译，江西人民出版社，2001 年，第 289 页。

② 戚攻：《“虚拟社会”与社会学》，《社会》2001 年第 2 期。

中“分层”或“分化”现象（stratification）[①] 的重构：移动互联网在为人们提供获取信息的众多机会的同时，也在某种意义上加剧了社会群体结构的两极分化；与以往社会不平等表现在分配、收入等贫富不均的方面相比，由信息技术发展和技术使用方式的不同所带来的知识不平等和信息不平等所造成的社会结构变化是前所未有的。一些学者将信息富有者与信息贫困者之间的鸿沟概括为“数字鸿沟”[②]。那么，智能手机的普及、移动互联网的发展是否能够跨越和弥合传统互联网时代存在的“数字鸿沟”呢？

一方面，如果仅从进入互联网的角度而言，可以认为那些没有电脑的相对弱势群体，通过手机上网的方式拿到了网络世界的门票，获得了接触和拥抱互联网的机会，并由此获得了很多有形的社会资源（如通过微博发起的募捐等）和无形的“社会资本”。[③] 另一方面，不同于传统的桌面互联网（办公或娱乐的互联网），移动互联网是生活的互联网，仅仅“进入”和获取表层的信息是远远不足以填平“数字鸿沟”的，更重要的差异来自选择行为与使用过程——移动终端的差异性选择所影响的不仅是移动互联网的使用体验，更伴随着智能手机的功能整合而波及包括音乐收听、视频观看、拍照摄影、游戏娱乐、购物支付等多方面的生活感受，从而使移动终端本身就成为移动互联网时代重要的消费区隔符号，从时尚、文化和身份的角度强化了社会分化的形态。进一步来看，对移动互联网不同的依赖

---

① 施罗德（R. Schroeder）的研究发现，网络社会中存在“内部人”和“外部人”之分：内部人以一种彼此熟知的方式谈话，这种方式基于他们对谈话和互动惯例的熟悉，并由此形成某种归属感；相对而言，外部人只能进行不熟练的或肤浅的会话，而徘徊在群体边缘，难以形成持久的关系（Ralph Schroeder.“Networked Worlds：Social Aspects of Multi-User Virtual Reality Technology”. *Sociological Research Online*，vol. 2，no. 4，1997）。按舒茨（Alfred Schutz）的说法，在组织或团体内部（in-group）已经形成了一套标准的社会文化环境，主体之间构成了一个自洽的系统和氛围，在日常生活情境中的知识体系通过语言、传统、习惯和社会行动表现出来，具有足够的一致性、清晰性和持续性；而在组织或团体之外（out-group）的主体会将局内人习以为常的，正当化、真实存在的事情视作模糊不清、难以理解的运作方式（Alfred Schutz.“Equalityand the Social Meaning Structure of the Social World”，in *Collectedpaper. II*，*Studies in social theory*，Hague：M. Nijhoff，MA，c1976，pp. 226 – 273.）。

② 金兼斌：《数字鸿沟的概念辨析》，《新闻与传播研究》2003 年第 1 期。

③ 参见张文宏（《社会资本：理论争辩与经验研究》，《社会学研究》2003 年第 4 期），刘静、杨伯溆（《校内网使用与大学生的互联网社会资本——以北京大学在校生的抽样调查为例》，《青年研究》2010 年第 4 期）等人的研究。

程度，更造就了不同的生活方式：一部分用户只是在移动互联网上简单地获取信息，而另一部分更加依赖移动互联网甚至被“捆绑”在上面的用户，从衣、食、住、行，到休闲娱乐、社交工作，生活中的方方面面都已经被各种移动应用程序改变和重塑了。日常生活“数字化”程度的差异会带来更大的“数字鸿沟”，甚至引起社会分层和结构方面的断裂。更有学者断言信息利用方式的差异会重建阶级标准和统治结构——“在众人的工作和生活方式都普遍依赖信息媒介工具的条件下，以脑力和体力的区别来划分阶级的标准正在被信息的整合程度取代。也就是说，拥有越强的管理和整合信息能力的人，越善于打破知识边界跟他人交换信息的人，就越有望成为新型的“领导者”；而时间、注意力和思想意识被别人整合的人，生活碎片化和随波逐流的人，则将失去自主决定生活和工作的机会，逐渐沦为“被领导者”。①

从这个意义上讲，不同的社会群体对移动互联网及其终端有着差异化的选择行为、应用取向和依赖程度，从文化、身份、社会地位和生活方式等多种角度复刻和强化了社会分化的形态。因此，“分化”是理解“移动互联网—社会”关系问题的重要维度，“数字鸿沟”和社会断裂隐藏在对移动互联网不同程度的应用、体验和依赖当中。

5. 理解中国移动互联网发展特征的社会背景维度

欧美国家的实践引领了移动互联网的起步和发展，而近年来，移动互联网在中国、日本、韩国等亚洲国家呈现良好的发展态势，并逐渐引领全球移动互联网的发展和成熟。特别是 2008 年中国 3G 应用正式启动之后，中国移动互联网取得了飞速发展；随后几年中，社交网络（SNS）、微博、微信等新兴信息传播渠道的火热，也促进了具有“随时随地”优势的移动互联网的强势崛起，并在 2012 年上半年实现了对传统互联网的超越。② 那

---

① 孙焘：《“看脸时代”的意象整合——兼谈互联网时代的社会分化和跨文化互动》，《首届中国跨语际生命传播思想峰会：空间 · 符号 · 智慧》会议论文集，2016 年 1 月。

② 中国互联网络信息中心（CNNIC）发布的数据显示，2012 年上半年，通过手机接入互联网的网民数量达到 3.88 亿（相比之下台式计算机为 3.80 亿），手机网民已占整体网民的 72.2%，手机已成为我国网民的第一大上网终端。（中国互联网络信息中心：《第 30 次中国互联网络发展状况统计报告》，http://www.cnnic.net.cn/hlwfzyj/hlwxzbg/hlwtjbg/201207/t20120723_32497.htm，2012 年 7 月 23 日。）

么，中国移动互联网的超高速发展，其背后的动力究竟来自哪里？

首先，中国社会的高流动率，是移动互联网发展的最大支撑。

人口向城市大规模迁徙与集中已经成为近20年中国最重要的特征之一。根据第六次人口普查数据，中国在2000～2010年这10年间，城镇人口比重提高了13.46%[①]，排除自然增长和户籍性质转变所带来的城镇化比例提升，有数以亿计的人口从农村涌向城市。当前，我国的流动人口规模达到历史新高。2011年，流动人口总量已接近2.3亿，占全国总人口的17%。流动人口中农村户籍流动人口所占比重高，且流动人口年龄普遍偏低，平均年龄为28岁。[②] 2012年的一项调查结果显示：60%以上的"80后""90后"并没有居住在他们出生的地方，[③] 而是"漂在"城市或异乡，对这个庞大的人群而言，手机无疑是他们联系社会的最重要工具。

从这个意义上讲，中国制造的低成本优势仅仅是中国移动互联网快速增长的表面原因。从更深层的社会背景看，中国特有的城市化进程造成了中国人口的高度流动性，由此表现出的周期性城乡流动、城市扩张带来的通勤时间增加以及越来越频繁的旅游和公务出行，都为中国移动互联网的高速发展提供了最坚实的社会需求，这就是中国移动互联网发展不同于欧美诸国的最大特点，也是中国移动互联网一枝独秀的根本原因。

其次，中国社会的急剧分化、不平衡发展和代际差异是理解中国移动互联网发展路径和特点的重要维度。

20世纪80年代初，我国基尼系数为0.275，而2010年已达到0.438。20世纪90年代以来，基尼系数以每年0.1个百分点的速度提高，并且有进一步扩大的可能。调查数据显示，当前我国城镇居民收入已达到农村居民收入的3.3倍，国际上最高在2倍左右；我国收入最高的10%人群与收入最低的10%人群的收入差距，已从1988年的7.3倍上升为2007年的23倍。[④]

改革开放以来我国的社会分化不仅表现为不平等程度的加深，也表现

---

① 国家统计局：《第六次全国人口普查主要数据》，2011年4月28日。

② 国家人口计生委：《中国流动人口发展报告2012》，2012年8月6日。

③ 数据来源：《移动互联网研究联盟2012年度报告》，2012年11月22日，未发表。

④ 北京国际城市发展研究院、社会科学文献出版社：《社会管理蓝皮书——中国社会管理创新报告》，转引自人民网："中国城乡居民收入比达3.3倍国际最高2倍左右"，http://finance.people.com.cn/n/2012/0917/c70846-19027820.html，2012年9月17日。

为多样化的迅速发展，例如价值多元、行为方式多样、生活方式多样、身份多样，等等。特别要强调的是，中国移动互联网的崛起，伴随着转型社会中文化和价值形态快速更替的宏观背景，每一代人有其特有的理念和数字化生存方式，特别是“90 后”已借助移动互联网强势登场，这部分人也是推动中国移动互联网替代传统互联网的主要力量。

需要看到的是，现实社会分化主要表现在因权力、社会声望和财富等稀缺资源的不平等占有上，而在移动互联网主导的“掌上社会”中，年龄、性别这些所谓的生物学特征，以及消费取向、审美偏好与生活方式的差异等对社会分化起到的作用大大增强，这就使“掌上社会”的分化与现实中国社会中的分化并非完全一致，而是彰显了新的历史时代社会分化的形态。从这个角度来看，中国移动互联网的发展将更加参差多态，也更加具有阶层之间、族群之间、代与代之间的歧异化特征。

最后，中国移动互联网的发展状况植根于独特的文化传统。

不同的社会土壤和文化底色会在信息使用领域孕育出具有显著差异的行为习惯。比如从手机的使用习惯来看，马德里人无论在何时何地都会接听手机；而巴黎人只将手机视为一种可以点缀生活的道具；伦敦人则不喜欢将时间浪费在讲电话上，他们注重隐私的个性，也让他们多半使用语音留言，并且习惯隐藏来电显示。① 从数字新闻消费的进程来看，欧洲大陆国家显著慢于英、美两国，尤其在受传统观念影响较深的“报刊王国”德国，人们更是对报纸等传统媒体情有独钟——只有 61% 的德国人每周至少浏览一次网络新闻，近 70% 的人仍通过报纸、杂志、广播等传统媒体获取信息，绝大多数德国人都不习惯用手机或平板电脑浏览新闻。②

正如手机的使用习惯、手机的消费文化可以区分和辨识国别一样，移动互联网的使用方式和赋予用户的意义都与传统互联网时代所呈现的特征有所区别且存在着植根于社会状况和文化背景的国别差异。③ 以社交网络为例：在欧美国家，智能手机等设备的普及加速了社交网络的活跃，使实

---

① 黄煜池：《手机·人》，《新周刊》第 243 期，2007 年 1 月 15 日。

② 杨敏：《牛津大学报告显示欧洲大陆国家仍青睐传统媒体》，《中国社会科学报》第 329 期，2012 年 07 月 13 日。

③ 关于社交网站是否存在国别差异和文化壁垒的问题，参见任宏之：《Facebook 与 My Space 日本双双折戟——SNS 文化壁垒是否真的存在?》，《今日南国》（理论创新版）2009 年第 12 期。

时在线互动快速发展[①]——究其原因，国内外研究大多从“个人媒体”的发展、民主政治参与意愿、技术需求、代际特征等角度解读这一现象。反观我国社交网络平台发展的过程，则有更多嵌入在中国文化传统和社会结构中的因素在发挥作用。比如微信和支付宝红包近年来的兴起以及在春节期间形成的网络狂欢现象，如果简单地从营销策略、游戏规则和娱乐精神的角度来解释其成功则显得局限，而更应该看到其植根于中国社会节庆文化的一面，并在网络社会关系结构的框架下，从传统礼俗的网络化延续和时尚化表现的角度加以透视。[②] 又如微信朋友圈的“点赞”行为，同样有其专属于中国社会结构的土壤——由于中国社会（特别是“熟人社会”）中对于社会交往与关系维系的强调，维持人际关系的和谐也因此具有重要的意义，在网络朋友圈与用户的现实社交圈之间关系紧密甚至存在着完整的复刻关系的情况下，“点赞”行为的正当性和必要性也在一定程度上来源于维系关系链接的考量。[③] 正如麦克尼尔（Macneil）所指出的：“关系维持本身使维持这种关系成为一种规范。”[④]

与传统互联网重构社会形态的逻辑相似，植根于社会背景的移动互联网，回过头来也会进一步影响社会结构与社会生活；由于移动互联网既具有传统互联网的一般特点又具有独有的特征，[⑤] 其对中国社会的作用机制

---

① 到 2011 年 10 月，全球社交网络用户数已经超过 2006 年 12 月时的全球互联网用户总数。2011 年 12 月，6400 万美国和 4840 万欧盟五国智能手机用户至少用手机连通一次社交网站或博客，这些移动社交网络用户中有超过一半的人每天都进入社交媒体（美国互联网监测公司 comScore：《2012 年移动未来焦点》，2012 年 2 月 24 日）。

② 相关研究可参见徐琦、宋祺灵：《“微信红包”的“新”思考——以微信“新年红包”为例，分析新媒体产品的成功要素》，《中国传媒科技》2014 年第 3 期；冯娟：《基于网络社会关系结构的传播策略研究——从“微信红包”谈起》，《东南传播》2014 年第 4 期；刘昕毓、李雨欣：《新媒体视域下的春节红包文化变迁》，《东南传播》2015 年第 7 期，等等。

③ 关于网络“点赞”行为的研究及批判，参见于洋：《“赞”背后的心理动机——以微信朋友圈为例》，《心理技术与应用》2014 年第 11 期；刘一鸥、陈肖静：《微信朋友圈“点赞”行为文化表达的逆向思考》，《当代传播》2015 年第 4 期；严鹏婷：《社交媒体受众点赞行为的经济效益——以微信朋友圈点赞为例》，《新闻传播》2016 年第 4 期，等等。

④ 〔美〕麦克尼尔：《新社会契约论》，雷喜宁译，中国政法大学出版社，2004 年，第 60～61 页。

⑤ 一种主流的观点是传统互联网（Traditional Internet）是固定互联网（Fixed Internet）与无线互联网（Wireless Internet）之和。无线互联网可以看作固定互联网在接入层面的延伸，但移动互联网是固定互联网在通信网络各个层面当中本质性的演进。从商业模式来看，无线互联网与固定互联网基本是类似的，但移动互联网需要创新的商业模式，见李安民、陈晓勤、陆音编著《移动互联网商业模式概论》，上海三联书店，2010 年；朱旭：《移动互联网及其热点技术分析》，《中国高新技术企业》2010 年第 30 期。所以，（转下页注）

也会与传统互联网发挥影响的方式有所区别。从上述三个方面来看，我国社会背景中的高流动性、急剧的社会分化以及特有的文化传统和社会结构共同构成了移动互联网发展的土壤，也为理解中国移动互联网发展特征提供了重要的维度。

6. 结语

总的来说，移动互联网在中国的快速发展在很大程度上是与独特的社会背景相关联的。这种发展既延续了传统互联网对社会形态的建构，又在时空重组、社会交往、信息传播与表达、社会分化等方面发挥着独特的形塑当今中国社会的作用，对以“互联网时代的社会转型”为主题的社会学研究提供了若干新的分析路径和研究视角。

同时，由于移动终端的随身性，移动互联网所形成的共同体形态已不再是区别于现实社会的虚拟时空，而是紧紧地附着于并时刻重构着现实社会，所谓的“虚拟”与现实之间又存在着相当大程度的重合，甚至可以说网络社会是以另一种形式存在的真实时空，其中所产生和记录的人们行为的痕迹要比现实中的人们呈现的状态来得更为真实。从这个意义上讲，移动互联网本身已经承载了大量关于消费行为、文化取向、生活轨迹、社会互动、情绪传递、人群分化和时空应用的信息和痕迹，这是移动互联网崛起和大数据当道的时代赋予我们用以研究社会变迁的一笔可贵财富。

当然，传统社会学的研究方法对于考察人们的网络行为是具有很大的局限性的，加上在网络中获取研究对象行为信息的伦理限制，移动互联网时代的社会学研究面临着方法层面的新挑战。如何将移动互联网发展成为定性研究的长期民族志田野和定量研究的海量数据资料库，从而形成新的数据搜集方式、信息收集路径和资料分析手段，是值得进一步研究和探索的议题。

（接上页注⑤）移动互联网并不是传统互联网的延伸和补充，移动互联网也不等同于“移动网＋互联网”，因为移动互联网的自身特点会使传统互联网的应用形式发生很大的改变。简单照搬传统互联网的模式将会抹杀移动互联网的特性（徐晓童：《移动互联网研究与分析探讨》，《无线互联科技》2010年第2期）。

| 三 |

探析作为出版理论研究基石的权利与权力的博弈*

师曾志　杨　睿**

互联网时代，出版业在出版建制管理、出版内容、出版形式与形态、传播渠道以及用户需求等方面都发生了巨大变化。多中心化及异质性的出版格局从表面上看是出版技术引发出版形式、形态、传播渠道的变化使然，其深层次的问题其实是出版在原有的研究基础上越来越凸显出受众研究的重要性，而受众研究与国家、民族、政治、经济、文化、语言等有着密切关系，这意味着跨学科、跨专业、跨行业已成为出版研究的主要范式。

1. 互联网时代的出版理论基石

出版与政府管制关系密切，对出版的研究离不开对受众所在国家管理体制机制、经济、传统、文化、技术应用等方面的深入了解。亚里士多德说，人是政治的动物。新媒介技术发展所带来的万物互联、万物皆媒的现实，使出版研究范式发生了革命性的转移，以出版物介质、形态以及生产管控作为出版学研究的基础已成为遥远的过去，出版学研究越来越多地涉及政治经济学、传播学、媒介研究、社会学、政治学、心理学等已成为不争的事实。以用户个性化需求为导向的出版业市场也已成为出版学研究的重点，这迫切需要出版理论的创新与发展为出版业实践提供解释与导引。

在新媒介快速发展的今天，从出版研究的机理来看，出版业若想适应互联网时代发展的需要，应当重新追问什么是出版业实践发展的理论根基，而要想回答这个问题，就必须切实了解和理解当代出版业发展各方面不断变化的条件并在这种变化中探析与理解出版业实践发展的走向与趋

---

* 本部分原载于《现代出版》2017 年第 3 期。

** 师曾志，北京大学新闻与传播学院教授；杨睿，尉氏县人民政府副县长，两湖街道工委书记，研究方向为新闻学媒体与社会变迁。

势，这样才能真正厘清出版学研究基础理论根基的核心要义。长期以来，出版业发展受印刷术主导下的线性思维模式的影响，认为影响出版业发展最重要的因素是出版体制、制度以及机制等。互联网技术的发展，使出版活动彰显多样化、多元化的发展格局，唤起了长期被遮蔽于体制、制度、机制等背后的每个个体自我意识与意志的能动性，让人们越来越注意到掩藏在其背后的无所不在的出版权力正成为出版业发展的重要力量。了解出版背后的权力与权利是如何反复争夺的，才能抓住受众研究的核心。受众研究中很重要的一点是放在国家管制的大环境中，从公民或公民身份的角度切入，出版权利与权力的矛盾紧张关系才能更好地呈现，也才能进一步说明权利与权力的反复争夺何以成为出版理论研究的重要基石。

2. 权利的视阈与自我赋权

毋庸置疑，出版权利一直是出版理论研究中的重中之重，关键是出版权利作为一个理念型、神圣性的问题，它需要出版权力的共同作用才能得以实现。否则，若单纯从出版权利的视阈建构出版学基础理论，其结果必然是难以揭示迅猛发展的出版实践，更无从指导出版业的发展。互联网时代，普通人以及他们所形成的社会关系网络的出版权力已日益成为出版权利实现的手段与方式，以此展开出版理论的研究，才可能有更大的解释与提升空间。

个体权利与政治成员资格在政治学与法学中更多地被称为公民或公民身份。权利研究的主流范式是8世纪以来自由主义理论作为西方国家政治与法律实践基础而建立起来的。1789年法国《人权宣言》奠定了天赋人权、人人平等的思想理念。个人权利的至高无上性是建立在国家与个人契约关系基础上的，个人由此获得了公民或称之为公民身份的称号。公民或公民身份突出其从属于具体国家的特征，根据该国宪法和法律，享有权利并承担义务。这种思想为自由主义权利观成为国家与社会发展中的支配性话语并具有正当性和合法性奠定了基础。

事实早已证明，自由主义权利观在政治与法律实践中变成了一种高高在上的理念与理想，在理论研究与行动实践中，权利作为唯一解释与改变社会的途径已被证明是不可能的，很多思想家对此都进行过深刻的思考。在现代权力无所不在的情境下，很难保障公民或公民身份应受保护（如出版权利）的实现。

与自由主义权利观相对应的还有一种权利观，即公民身份的共和主义的范式[①]。亚里士多德开创了共和主义公民身份的古典范式，它被认为支配了18世纪以前的历史。其思想根源是作为公民“在一个理想的政体中，他们就应该是以道德优良的生活宗旨而既能治理又乐于受治的人们”[②]。其核心要素是公民在城邦中应具有良善、美德、参与、奉献的特性，积极参与城邦的政治生活，轮替充任统治者和被统治者，从而使公民和国家彼此受益。这些思想也成为启蒙运动时期很多思想家的思想来源。如卢梭认为，美德是公民身份的核心要素，有美德才有公民，有美德的公民才有自由，国家是由有美德的公民自由组成的。

自由主义公民身份与共和主义公民身份两者有很多区别。郭忠华教授概括其具有以下三点不同：首先，在目的上，前者所追求的是个人在私人领域中的自由，后者追求的是个人在共和国中的自由。其次，在形式上，前者建立在个人主义的基础上，把公民身份看作一种法律地位，具有明显的法理色彩。后者则强调在个人之间建立友谊、和睦和兄弟般的爱，把美德置于公民身份的核心地位，认为只有在具备公民美德的前提下，才谈得上共和国的维持和公民自由的实现。最后，在角色活动方面，前者倡导一种消极公民的角色，后者则把关心国家大事，积极参与公共事务看作理想公民的表现[③]。因此，共和主义公民身份范式中所注重的良善、美德等因素形构了个体社会关系网络中有机团结的力量，也从根本上生产出一种有别于所有权、支配权等的另一种动态的、过程性的权力，它不同于自上而下的权力，形成的是一种自下而上的权力。

英国开放大学著名公民身份研究专家恩靳 · 艾辛更是认识到公民身份中权利与权力的不同。他指出，公民身份实际上并非指作为政治或者国家的成员的身份，它也不是指权利的组合。他认为，当你把公民身份看作民族国家的成员资格以及与之相联系的权利和义务的时候，这种界定方式也的确取消了公民身份的所有可能性。艾辛提出应将“创设公民身份”（En-

---

① 〔英〕布赖恩 · 特纳：《公民身份与社会理论 · 公民身份的解释范式与分析走向》，郭忠华、蒋红军译，吉林出版集团有限公司，2007年。

② 〔古希腊〕亚里士多德：《政治学》，吴寿彭译，商务印书馆，1997年，第154页。

③ 〔英〕德里克 · 希特：《何为公民身份》，郭忠华译，吉林出版集团有限责任公司，2007年。

acting Citizenship）和“公民身份行为”（Acts Citizenship）区别开来，前者体现在既存的权利和义务等方面，后者则尤其体现在人们对正义和公民身份的要求等方面。他更强调后者，并把从关注制度到关注行动的转移称作公民身份的本体论转移（Ontological Shift）[①]。艾辛对公民身份理解的思想来源既有共和主义的传统，也有马克思·韦伯公民身份是一个反复争夺的过程以及在争夺中生成各种可能性的思想传统，艾辛由此将公民身份定义为一种支配和赋权的制度。同时，公民身份指的是维持这种支配和赋权制度的特殊权力[②]。这说明公民身份不仅仅是权利的体现与集合，更重要的是作为能动的个体在行动实践中有将权利转化为权力从而真正实现权利的可能性。

3. 新媒介赋权与出版管理机制的变革

权力研究视角是为了探求个体意识与意志在解构与重构出版管理机制与制度等方面，权力是如何制造、运作以及怎样发生隐蔽性转移、变异的，这种个体间具体而微的权力又是如何在出版业发展光谱隐喻中无间断性地发挥作用的，权力中的个体又是如何在话语结构中变成主体并不断在个体与主体之间游移与易变的，权力与权利在个体关系网络中的实践又是如何影响出版体制、机制以及制度的改变的等。要弄清这种具体而微的权力如何在出版实践中不断被辨识与理解，需要重新审视权力的概念。

法国思想家福柯认为，权力不应被看作一种所有权，而应被称为一种战略；它的支配效应不应被归因于“占有”，而应被归因于调度、计谋、策略、技术、动作。福柯权力思想让我们明白，很多我们认为天经地义、与生俱来的事物，都是被权力塑造和生产出来的。他在《疯癫与文明》一书中说明疯癫不是自然现象，而是文明的产物，揭示了权力的隐蔽与嬗变是如何从对肉体的征服上升至对思想的控制，又是如何自我调整运作而成为所谓的人类历史文明进步的。

福柯曾提出“微观权力”的概念，他认为微观权力有着弥散、浸润、

---

① 肖滨、郭忠华：《现代政治中的公民身份》，上海人民出版社，2010 年，第 70 页。

② 〔英〕恩斯·艾辛：《东方社会的公民身份——访著名英国开放大学公民身份研究教授恩斯·艾辛》[EB/OL]，http://www.aisixiang.com/data/45418.html，最后访问日期：2020 年 11 月 12 日。

具体而微、无所不在的特征，以此推及微观权力也是一种关系和网络，它始终处于流动、循环的过程中，“它从未确定位置，它从不在某些人手中，从不像财产或者财富那样被据为己有”，权力是“以网络的形式运作，在这个网上，个人不仅在流动，而且他们总是既处于服从的地位又同时运用着权力”[①]。正是权力的流动性与过程性等特征决定了很难确定谁是权力的绝对拥有者，因而，权力又具有了无主体性、不确定性、临时性以及匿名性等特征。

福柯研究的重点是权力是如何生产与运作的，人是如何在具体而微的权力生产与运作中转化为主体的，又是在何种境遇下失去主体身份的。微观权力不同于我们通常所认知的来自国家机构、法律制度等权力中心的权力，在实施上也有别于对身体实施统治的传统方式，而是通过“居心叵测的怜悯、不可公开的残酷伎俩、鸡零狗碎的小花招、精心计算的方法以及技术与科学等的形成。所有这一切都是为了制造出受规训的个人”[②]。福柯的微观权力所阐发的是每个人都只是权力关系中的一个点，他既可能是权力的实施者，也可能是权力的实施对象。“一种虚构的关系自动地产生出一种真实的征服”。关系机制使权力自动化和非个性化，权力不再体现在某个主体身上了。由此，权力具有生产性以及建构与解构、解构与重构的特性，能达到对人的控制与规训。

然而，人是灵动与变化的，对于人的本质究竟是什么，马克思早有论断：“人的本质不是单个人所固有的抽象物，在其现实性上，它是一切社会关系的总和。”[③] 福柯权利与权力观的研究在其一生中前后并不完全一致，在其生前最后一次访谈中，他指出：“权力关系本身并不是什么坏的、人们应该从中解放自我的东西……问题并不在于试图在一种完全透明的交往中消解它们，而在于将法制、管理技术以及在伦理学、气质、自我的实践赋予自我，这些东西将使这些权力游戏得以在最低限度的统治下进行。”[④] 从某种意义上来说，这是对微观权力概念的一次修正，在承认

---

① 〔法〕米歇尔·福柯：《必须保卫社会》，钱翰译，上海人民出版社，1999 年，第 28 页。

② 〔法〕米歇尔·福柯：《规训与惩罚》，刘北成等译，生活·读书·新知三联书店，1999 年，第 353～354 页。

③ 〔德〕恩格斯、〔德〕马克思：《马克思恩格斯选集》，中共中央编译局编，人民出版社，2012 年，第 135 页。

④ 〔美〕詹姆斯·米勒：《福柯的生死爱欲》，高毅译，上海人民出版社，2005 年，第 487 页。

规训权力存在的同时，也存在反规训与从创设公民权利中解放出来的与公民实践行动有关的权力，我们在此暂且称之为公民实践权力。

以互联网为代表的技术对人的本质产生了巨大的影响。互联网三大定律之一的梅特卡夫定律指出：网络的价值与联网的用户数的平方成正比。网络连接与协作的节点越多，价值的产生也就越大。人与人思想、观点、观念在互联网中快速交互，话语权力构建的基础是用户内生价值和社会资本。引发微观权力控制与规训的反面恰恰可能会带来公民身份共和主义传统中的人与人之间的由追求至善而产生出的社会有机团结，这就是公民实践权力所产生的力量。权利与规训权力、公民实践权力相互绞力纠缠形成新媒介赋权的态势。

所谓新媒介赋权是指新媒介消融了原有社会结构中个体、群体、组织等的边界，在承认个体情感、意识、意志、差异等的基础上，社会关系在跨越时空的交往中解构与重构，为社会成员提供了获取信息、表达思想和改变行动的可能性，并重构国家与社会、个人与社会、个人与他者、个体自我之间的关系，为国家与社会乃至个人发展带来巨大的张力。互联网信息交互的快速、涌现、迭代、试错等特征，决定了社会关系网络中存在着政治、法律基础的权利与微观权力、社会有机团结权力相互形构的赋权结构。这种赋权结构越来越成为一种显性的力量，主宰与宰制着各种权利与权力关系在道德伦理意义上的责任、真相、服从、拯救甚至献身，而不仅仅是法律意义上的权利或权势。

新媒介赋权下的社会成员也逐渐从政治共同体向社会共同体乃至命运共同体转移。社会成员的权利资格如何受到尊重与实现也成为出版研究中必须观照的问题。公民身份中公民权利的实现是其根本，然而如何实现则不仅仅是一个法律问题，更多地涉及个体与社会方方面面的关系，公民身份的研究不仅仅是理论的问题，更是实践与行动的问题。

权力无处不在，在人们的态度行为之中，也在日常生活人与人的关系中。人解放的悖论在于人对权利与权力的滥用。政治、法律意义上的权利与微观权力、公民实践权力之间最深刻的是彼此之间相互反转的关系。古汉语中“反”同“返”，在此，返也有“逆”的含义。庄子说“百家往而不反”，即诸子百家只知往，而不知根本大道全在于“反”。反或逆的意义在《性命圭旨》中说得非常明确，即“顺，心生于性，意生于心，意转为情，情生为妄……逆，检妄回情，情返为意，摄意安心，心归性也”①。因此，新媒介赋权与反赋权不仅仅是在国家权力以及公民权利的基础上展开的，更多的是回到个体，承认日常生活中的个体差异，强调在不确定状态下仍能实现自我意愿的能力。

新媒介赋权与反赋权在不断争夺与博弈中，政治、法律意义上的权利与所谓的微观权力、公民实践权力不只是在抽象的意义上展开，它更注重的是微小事务上的行动与实现，不仅仅是二元对立的思想，更重要的是微小叙事中的情感与理性、态度与行为等的知行合一，更彰显的是自我觉醒与自我确认意义的重大。由此而提出新媒介赋权与反赋权概念，强调知往知返、知进知退、知耻而后勇等思想在社会发展中的价值与意义。

赋权与反赋权结构是通往人们各自利益、信仰等的桥梁，强调其流动性、博弈性、过程性与生成性等特征。赋权与反赋权关系表面上是松散的、无序的，但实践上却是在社会关系中权利与权力在国家治理的保护下，不断被强化或弱化，其隐蔽性在于自我对权力真相的反思与不断追问，在拒绝与同化、反抗与介入、放弃与弃绝中反复争夺，从对自我的培育、呵护与关切到对他人的关切、关注。新媒介赋权与反赋权矛盾紧张关系中存在一种张力，一种永不停歇、生生不息、自我救赎的力量，它成为自我拒绝与屈从、自由与抵抗、反省与拒斥的源泉与动力。人只有在自觉、自立、自主的基础上才能谈到真正的自由。责任、伦理、情感、信仰与法律的整合用力成为社会转型与发展的新动力，这是出版业发展中应当重视的问题。

4. 结语

出版理论与实践的结合绝不是简单、空洞的口号。在理解互联网时代权利与权力在彰显与遮蔽状态中对当代社会发展的深层次影响后，出版权利与权力的较量与博弈才能在更广阔的视野上展开，也更能理解出版活动在整个媒介传播中的地位与影响。出版体制、制度等转型方面是出版业改革的重点，其中需要承认受众作为知识的生产者、传播者已加入到了出版传播的实践中。出版管理、治理以及发展更多地应考察用户作为公民实践

① 李建章译著《性命圭旨白话解》，人民体育出版社，第98页。

权力的存在，进而我们才有能力从当下的出版表象世界中明了出版的过去，才能更好地展望出版业的未来。出版趋势存在于过去与现在，它们之间互为因果，唯有此，我们可能才会发现和处理好出版业发展中的真问题，为出版业发展提供真正意义上的指引。

四

互联网背景下的公共传播与生命传播

——作为话语实践的另一种可能

师曾志　仁增卓玛*

传播学在互联网时代成为一门显学，离不开社交媒介公共表达对社会变迁的影响。以面向公众的互动交流为基点之一的公共传播直面数字技术变革所带来的社会变迁，从理论研究到认识论都需要进行不断地追问与反思，方能理解与解释现实的甚至是未来的传播形态与社会发展趋势。国内公共传播研究的基础理论离不开 1961 年出版的尤尔根·哈贝马斯（Jürgen Habermas）《公共领域的结构转型》中的思想，其 1990 年再版前言中，哈贝马斯在解释再版时没有对全书进行重写时表示，当时的研究已经综合运用了各个不同学科大量难以驾驭的文献，自己这些年“已另有关怀”。后来他还是借着书籍的再版进一步强调公共领域从开始就是多学科、多专业视阈下研究的对象，并对其思想进行了深刻的反省与修正。随着技术发展涌现出的日趋复杂的话语实践为我们理解哈贝马斯思想的转变提供了新思路。在某种意义上，哈贝马斯对自我思想的纠偏与传播技术、传播形态对社会发展影响巨大有关。从公共领域中只强调政治民主选举的组织结构，到注意到大众文化与文学发展所构成的平民公共领域对民主政治的影响，让我们再也无法将私人性从公共性中抽离，也让我们再次注意到政治、资本、市场、传媒等宰制下的公共传播、分众传播发展的机制与动力在数字传播时代所遇到的前所未有的挑战。以个体生命倾向与生命底色为基础的生命传播在社会极速变迁中彰显出其见所未见之话语实践张力。

---

* 师曾志，北京大学新闻与传播学院教授；仁增卓玛，达孜工业园区管委会，二级主任科员，研究方向为传播民族志、媒介与社会变迁、融合新闻。

1. 哈贝马斯对自我“公共领域”思想的修正为话语实践的开展奠定了基础

哈贝马斯一开始就对其公共领域的研究对象与研究方法进行了规定，即分析基于欧洲中世纪背景下的18和19世纪初英、法、德三国历史语境下所发展起来的“靠赢得公民投票维持的高度专制”的“资产阶级公共领域”的结构与功能，集中阐述了资产阶级公共领域中的自由主义因素及其在社会福利国家层面上的转型。基于社会类型是哈贝马斯研究公共领域的主旨之一，其旨趣在于对民主理论有所贡献。他试图解释“以组织为中介的公众如何通过组织，使公共交往的批判过程得以运作”[①]。哈贝马斯在此基础上追问“如果‘不同利益无法消抹的多元性使人们怀疑，从多元性内部是否能够突出一种可作为公众舆论标准的普遍利益’，那么，人们就会置疑，‘公共领域的结构转型’是否对当代民主理论有所贡献”[②]。他认识到试图给出这个问题的答案是很困难的，转而对自身的研究进行了反思，他承认：“如果我今天重新研究公共领域的结构转型，那么，我不知道会对民主理论产生怎样的影响。也许，与当时写作本书不同的一点在于，我的评述会少一些悲观色彩，我所假定的前景会去掉一些固执成分。”[③] 他的这些反思形成了我们追问的基础。

此书再版时，哈贝马斯在序言中修正了之前的很多思想，甚至改变了其理论框架与结构。将其最初所坚守的政治公共领域加入了交往实践的要素。他承认其中最为重要的是忽略了其所言的“平民公共领域”维度，意识到以文学、艺术批评为特征的公共领域逐渐政治化并没有使文学和艺术批评完全消退，以阅读为媒介的大众交往所形成的平民公共领域不仅是资产阶级公共领域发展的背景和前提条件，更成为资产阶级公共领域发展的内生动力，成为其自身解构与重构的权力之一。正因为大众话语机制内在地具有自我转化的潜能，因此“应当把社会批判理论的规范基础建筑得更

① 〔德〕尤尔根·哈贝马斯：《公共领域的结构转型》（第1版），曹卫东等译，学林出版社，1999年，第19页。

② 〔德〕尤尔根·哈贝马斯：《公共领域的结构转型》（第1版），曹卫东等译，学林出版社，1999年，第19页。

③ 〔德〕尤尔根·哈贝马斯：《公共领域的结构转型》（第1版），曹卫东等译，学林出版社，1999年，第32~33页。

深一些。交往行为理论应当挖掘出日常交往实践本身蕴藏着的理性潜能”[①]，这为我们思考互联网时代话语实践打下了基础。

1981年，哈贝马斯出版《交往行为理论》，其中更加强调对民主概念具有决定性影响的是作为交往行为实现的背景环境的“生活世界”和具有结构化、制度化、组织化特征的“系统”。生活世界不能排除在总体性之外，人们的日常实践、日常生活、生活方式等交往沟通都在不断产生意见、意愿等，它们能够形成动态的、能动的主体间性等内在、隐匿的话语权力关系，凸显出个体与个体间平等协商、对话等的重要性，也为其1992年出版《在事实与规范之间》提出话语民主理论奠定了基础。

日常交往实践离不开道德与伦理，哈贝马斯为此对两者进行了区分：道德“必须在公共交往过程本身中确立下来”[②]，普遍的道德准则是超越各自利益所达成的公共利益，它与客观的话语实践方式密切相关；伦理是“政治的自我理解”，人类发展的源泉动力存在于伦理差异性的辩论以及辩论的形式之中，所谓的公正、正义需要在辩论过程中不断实践。辩论很难摆脱各自利益的倾向性，由此，沟通交流中要想趋向公平、正义，必须有道德的支撑与指引。

为了调适通过辩论解决道德－实践的问题，哈贝马斯与卡尔－奥托·阿佩尔（Karl-Otto Apel）提出了“话语伦理学”的概念，其“不仅要求从辩论必要的实际前提所包含的规范成分中获取一种普遍的道德准则，而且，这一准则本身就与实现规范的有效性要求的话语方式紧密相连”[③]。话语伦理学注重普遍的特殊主义，其前提是认识到道德与伦理的形式、过程对其自身所产生的影响。这将道德伦理的普遍性与稳定性的理解反转为它们在实际对话情景、语境中的话语实践的变化，个体道德伦理的观念参与到了社会发展的实际中，启发我们重新思考公共、公众等存在的前提与条件，这不仅是研究对象与方法的变化，更重要的是认识论的转变。

---

① 〔德〕尤尔根·哈贝马斯：《公共领域的结构转型》（第1版），曹卫东等译，学林出版社，1999年，第19页。

② 〔德〕尤尔根·哈贝马斯：《公共领域的结构转型》（第1版），曹卫东等译，学林出版社，1999年，第24页。

③ 〔德〕尤尔根·哈贝马斯：《公共领域的结构转型》（第1版），曹卫东等译，学林出版社，1999年，第24～25页。

2. 道德伦理贯通下传播的公共性与私人性

自 18 世纪末到 20 世纪末，以“公共舆论”为核心聚焦点历经了 200 余年。在这一过程中，权力、资本的加入都在不同程度上促进了各利益主体间达成“认同、共识、承认”。随着传播技术的发展以及万物皆媒的实现，公共传播中个体道德伦理的加入使公共性最终不仅仅体现在结构化的制度、规范中，公共性也很难抽离私人性而停留在系统的逻辑自洽中，自我的政治主张与理解愈来愈指向生活世界以及其身处的各种系统，在对他者产生情感与义务中不断认知自我、超越自我。正因如此，公众在公共空间中进行的各种表达与修正显白了交流沟通的过程以及这一过程的复杂性与变化性，这种复杂性与变化性更多凸显的是个体自我存在与自我修正的能力。

长期以来，人们大都认为公共性建基于公众，公众中个体对政治差异化的理解及对公共性本身的理解成为问题的所在。公众中产生“公意”与“众意”，对其两者间关系的理解是公共性的关键所在。很多学者将公众概括为一个政治学概念，一般指围绕共同关心的公共事务或问题，通过公开辩论而形成的社会群体。公开讨论所达成的共识在让·雅克·卢梭（Jean-Jacques Rousseau）看来可以形成“公意”与“众意”两种，两者的不同在于：“公意只着眼于公共的利益，而众意则着眼于私人的利益。”① 公意是公众的意志，是人们通过相互订立契约所形成的“共同体”的生命与灵魂，是公共利益的体现；众意是个别人之间达成的共识，其代表的是私人利益。然而，在公共表达中“讨论的原则既是个人的，也是民主的……哪怕冒着与长久传统相抗的危险，我们也必须肯定，合法性原则是普遍讨论的结果，而不是普通意愿的表达。”② 公众作为民主政治的基础，交往实践中公众理性体现在社会群体维护公共利益的责任心与表达中，它不排斥与自身利益紧密结合的个体的具体态度与行为。因此，公共性与私人性、公共利益与私人利益、公共空间与私人空间犹如事物的一体两面，不可

---

① 〔法〕让·雅克·卢梭：《社会契约论》（第一版），何兆武译，商务印刷馆，1980 年，第 39 页。

② 〔德〕尤尔根·哈贝马斯：《公共领域的结构转型》（第 1 版），曹卫东等译，学林出版社，1999 年，第 23 页。

分割。

互联网时代社交平台所呈现的是公意与众意的不可分割性，更印证了哈贝马斯所言的伦理是政治的自我理解。公意所强调的公共利益不是空洞的，而是以包含私人利益的众意为根基的。民主政治在经历了统治与被统治之间的抗争之后，随着社交媒介的发达与日常普及，政治空间与政治力量越来越在多元异质个体中展开与作用，政治的日常生活化让政治无可避免地超越公共利益与私人利益的边界。人们日益认识到，私人利益与公共利益并非水火不相容，公共利益离开私人利益也就无立身之处，公共利益需要在保护绝大多数人私人利益的前提下才能实现。这需要的不仅仅是对错评判的能力，而更是对公共性与私人性关系更为深刻的理解，跳出二元对立的思维，将公共传播聚焦于两者间，寻找其重合点。

3. 大众传媒的兴起与政治为主杲的公共传播

公共传播对国家与社会发展的影响与大众传媒业的兴起息息相关，比如“直到18世纪末，德国才形成一个规模虽然偏小，但已经具有批判功能的公共领域，一般的阅读公众主要由学者群以及城市居民和市民阶层构成”。[①] 传媒业的蓬勃发展生产出大量的、跨越时空的公众与大众。当下互联网信息传播环境中，公众与大众已不仅仅是概念上的区别，更重要的是公众与大众两者在话语实践中有了通过交流对话相互转化的可能，这也正是哈贝马斯注意到公共领域内外的种种力量在话语实践中博弈所带来的张力与潜能的深层原因，也是公共利益与私人利益不可分割的表征之一。

公众与大众界线开始模糊是对原有许多毋庸置疑的前提假设的质疑，在一定意义上，政治、经济、文化等各方面的话语实践很难各自独立，泾渭分明。哈贝马斯早期始终未承认大众传媒构筑的公共空间是他意义上的“公共领域”，随着传媒业的发展，他在再版序言中却进行了自我修正，指出“大众传媒影响了公共领域的结构，同时又统领了公共领域”[②]，基于大众媒介的公众舆论成为公共领域结构转型的重要力量，也是政治公共领域

---

① 〔德〕尤尔根·哈贝马斯：《公共领域的结构转型》（第1版），曹卫东等译，学林出版社，1999年，第3页。

② 〔德〕尤尔根·哈贝马斯：《公共领域的结构转型》（第1版），曹卫东等译，学林出版社，1999年，第15页。

必要的组成部分。

随着报纸、广播、电视等大众传媒的不断兴起，政府、商业、传媒等机构意识到大众传媒的这种力量。不同传播主体出于对传播动机、策略、效果的考量，开始纷纷借力以“公共性”为其内驱力的公共传播引导公众舆论，公共传播由此成为显学。在大众传媒领域，公共性显然是以公共舆论的功能成就其自身属性的。

以公共性为属性的公众舆论成为公共传播的立足点。把关人、议程设置、意见领袖等针对如何引导公共舆论的传播学经典理论不断涌现，不仅总结而且为各传播主体如何通过公共传播更好地发挥舆论引导功能提供了强有力的理论依据与指导。随着互联网技术的发展以及媒体与社交平台所展开的跨媒介叙事，公共传播中泾渭分明的公共与私人领域的边界消弭之态显著。“不管怎样，大众传媒充当了个人疾苦与困难的倾诉对象，生活忠告的权威人士：他们提供了充分的认同机会，在公共鼓励和咨询服务的广泛基础上，私人领域获得了再生。”[①] 互联网传播形态的改变激活了公共传播中的私人领域，个体感知、感觉、观念、观点等在交流互动中对公共领域的发展产生了深刻影响，这引发人们更多地直面自我，认知自我。大众传媒敏锐地觉察到了弥漫在人群中的孤独与疏离感，资本随之而动，公共传播中以市场需要为导向的分众传播顺势成为传播学研究中的另一个重要领域。

4. 分众传播：大众的自我解放抑或自我奴役

传播学一直呼应着话语实践发展的需要。按传播类型的不断变迁梳理人类社会发展的历史，从人际传播、群体传播到大众传播是一次质的飞跃，而从大众传播到分众传播又算是一次大的改变。学界对“分众”及“分众传播”的概念仍未广泛接受且未有清晰的定义，本节将从凸显政治的公共传播到随着技术与资本发展而凸显商业的分众传播作为互补且线性发展而又共在的概念加以使用。国内关于“分众传播”的研究在2000年之后才大量出现，因为在这一时期，以广播、电视、报纸、杂志等为代表

---

① 〔德〕尤尔根·哈贝马斯：《公共领域的结构转型》（第1版），曹卫东等译，学林出版社，1999年，第198页。

的大众传媒市场化无论是在政策上还是在机制上都已有了长足的发展并日益完善，以小众、分众等为核心理念的分众传播模式在实践中被广泛应用。

自2000年起，以门户网站为代表的互联网在国内普及，传媒业与互联网的结合是分众传播蓬勃发展的另一重要背景。分众传播强调的是传播主体多样性所形成的多元化公共空间，其话语实践强调的是消费者情趣、喜好的不同与差异，传播内容丰富，使人们可以各取所需，各得其所，曾经被忽略内在差异性而同质化的大众在分众传播中凸显出其自身的差异性、不确定性与流动性。从信息匮乏到信息极大丰富，大众经历了紧跟大众传媒步伐到追求自我需要的阶段，由于新媒介赋权而获得选择权的大众再也不愿被动充当杂乱无章的“材料”，而主动选择成为“分众”。

分众中的公共表达无论是现实伦理权威还是个体互动中心理权威的应用，都决定了交流互动很难是平等、无差别的。弗洛姆从心理学的角度提出“权力”有两层含义“一是有权力统治某人，有统治他的能力；二是有权力做某事，指能够做，有能力”，前者与统治相关，后者则与统治无关，而更多的是自我能不能自发自主地获得自己的成长与幸福。人们对权力的渴望有多种动机，有一种弗洛姆式的动机与动力，即“渴望权力并不根植于力量而是根植于软弱”①。权威是各种权力在话语实践中以各自的方式展开的，传播自觉不自觉地受着各种权威的影响，权威可以是社会现实伦理的体现，也可以是人自我对权力应用时心理上的感应与选择。我们在批判外部权力对人宰制的同时，应注意到在传播中弗洛姆的基于自我软弱而甘受奴役的对权力的选择。

现代人处于多结构化的社会之中，意见表达渠道多元化，权力、权威统治很难回到极权社会下的整齐划一。自我在分众公共表达与传播中的重要性使我们看到人性是构成社会性格结构的基础，而社会性格结构对社会结构以及其发展方向具有深远的意义。公共表达中权威作为权力的体现，在弗洛姆所谓的权威主义性格中，权力往往是以爱的名义，实则却是情绪化地对权力的追逐，在蔑视权力、权威的掩盖下，有着对权力臣服或谄媚的倾向。对权力臣服也隐含着有这种性格特征的人对权力的理解，即权力

① 〔美〕埃里希·弗洛姆：《逃避自由》，刘海林译，上海译文出版社，2015年，第107页。

在过去、现在、未来的系统中，只有权力的高低贵贱，别无其他。对权力大的人或事物，不是屈从，就是以蔑视、破坏等姿态试图引发权力者的关注与重视，相反对无权无势的人或事物充满鄙视，采取攻击、侮辱之态。

分众公共表达中表面上个体获得了自由，却也产生了另一种可能，即统治由可见变成了不可见的，这正是弗洛姆“匿名”权威的意涵。匿名权威“装扮成常识、科学、心理健康、道德与舆论”，它不用“发号施令”，“充斥于我们的整个社会生活”，它比“公开权威更有效”，在匿名权威中，“命令和命令者全都踪影全无，就像受到了看不见的敌人的攻击，任何人都无还手之力”。①

传播差异化下的“分众”或“群体”使任何主体要想通过传统的议程设置、意见领袖等方式引导舆论，制造普遍共识显得愈来愈不现实。这不仅仅是受传播技术的影响，更是体现出长久以来能统率一切的元话语、元叙事的危机，即统合社会组织与生活方式的宏大叙事、逻各斯中心主义等在纷纷瓦解与消散的同时，凸显出人们观察事物与表达行动的差异性。

以上内容让我们更加明晰分众传播指的是个体从宏大叙事中解放出来而更多地被市场、资本、权力等裹挟与牵制的一种传播方式。其最大的特征是注意到了公众间的差异以及相互转化的可能。现代传媒已难以重现以往政治公共传播中相对具有的普遍、整体、统一的辉煌，它不得不面对传播过程中个体差异、自我选择的现实。面对差异性强而又孤独的个体，以商业逻辑为主导的传媒业敏锐地嗅到这一趋势变化，内容与形式的生产与再生产愈来愈基于不同兴趣、年龄、需求、阶层、爱好等的需要，逃避孤独的人们经由自我选择聚集到各种媒介圈层中，试图以此与这个社会重新产生连接，重构社会关系。

分众传播在资本驱动下取得空前成功的同时，媒介化、圈层化、去中心化变成了社会普遍的事实，人们在焦虑、恐慌、虚假、计算、利益、匿名权威等中难以获得想象中的“自由意志”，个体在获得解放的同时，分众市场与分众传播转而变本加厉地投其所好，为人们欲望的即时满足提供了可能。这既符合商业资本的运转目的，也契合了消费主义盛行时代的精神气质。当谈论受众与媒介渠道时，学者们习惯于说细分市场而少有人意

① 〔美〕埃里希·弗洛姆：《逃避自由》，刘海林译，上海译文出版社，2015 年，第 111 页。

识到如此表述究竟会产生怎样的问题。在资本与消费主义的强势引领下，沟通、交流、联结等传播的最初功能让位于收视率、点击率、流量等，媒介组织试图精心研究、精确抓住每一群体的心理，只是为了上述统计数字的增长。

数字化时代，人的自由以及美好生活都是在自我与他者间展开的。自由需要个体的实现，它也是通往良善生活的桥梁。自由需要个体承担起自我的责任，明白在国家权威、宗教权威、良知权威存在的基础上，还有匿名权威的存在。现代人自我驱动力应来自心灵而不仅仅是外物，服从或臣服的不仅仅是外在权威，在自我良心与责任义务无法彻底成为自我管理与自我约束的权威时，人只能臣服匿名权威而不自知。

数字传播带来了“众声喧哗归一处，万物静籁为一听”的实现，这考验的是自我对外界信息选择与判断的能力，它不仅与传播的信息有关，更与个体内在的生命底色相关。互联网信息生产与消费上的多样化，似乎为人们提供了所谓的自由。事实上，与自由相生相伴的责任、节制、逃避、危险等也随之而来。沉浸在社交媒介里的人们，在不知不觉中会依赖具体的媒介场景获得身心的释放与发泄，然而，这种快感很快就会消散，人反而会在消费信息中感到更大的孤独与无能为力。自由不仅仅是美好的想象，自由首先是自我了解与成长，其次言与行的统一也要求自由不仅是表达上的清晰，更重要的是自我行动与改变上的能力。

随着技术对人类生活方方面面的“侵入”，自我获得的是自主、自在的自由还是在批判锋芒下躲藏起来逃避自由，这是每个人的选择。由此，分众传播究竟是带来个体的解放还是被个体自我的本能、欲望、激情、褊狭等所奴役，成为摆在众人面前的难题之一。尤其是社交媒介传播权力不仅仅来自市场与资本，更多的媒介传播渠道以及跨媒介叙事中个体连接所解构与重构而形成的传播样态成为将传播作为基本社会过程而加以研究的学者必须正视与思考的问题，我们需要回到一个更为根本的问题：何为话语实践的基点。

5. 生命传播：重返以生命为载体的传播

在大数据、算法、人工智能等技术广泛应用的背景下，技术对传播内容、形式、过程等的影响将把人类引向何方早已引起了全社会的关切。长期以来，传播学关注人与人、人与物、物与物、人与组织、组织与人、组织与组织之间的关系并将其作为研究的切入点。随着语言游戏法则的不断自我化，对话交流的内在规则与自我的生命倾向与生命底色相关，沟通对话的前提已然与自我认知有关，自我的感觉、知觉、情绪、情感等都卷入了跨媒介叙事中，彰显出微小叙事对社会稳定与发展的重要作用，遮蔽在思想史、哲学研究中的自我研究在互联网时代显白了其存在的意义，生命传播正是在自我、自我传播基础上被提出的，其内涵外延却又超出自我传播这一原有概念。

个体的生存活动构成了个体生命自身，个体生命与人类社会发展间千丝万缕的联系构筑于沟通交流的微小叙事之中。生命传播概念的提出“就是想为传播学研究提供别样的认知与叙事方式。个体心灵、自我是社会实践的产物，个体表达行动对心灵和自我究竟有着怎样的影响与塑造，个体如何在传播中认识自我与权力，甚至在对话交流中如何感知自我与他者生命的交互、流变与生成等，都是我们打开生命传播的大门钥匙”①。互联网传播技术的发展使生命传播从公共传播、分众传播中解放出来，个体自我日益参与到各种传播活动中，传播活动愈来愈应重视的是过程而不是结果，是多种思想观点的互动所逐步抵达的如何“能”，即问题的解决，而不仅仅落脚到一时一事的思想和观点的表达上。

生命传播中首先需要追问的是，这是什么自我？“从某种程度上说，‘自我’是社会个体自己的主观世界，包括他自己的身体、生理、心理、情感、意志、思想、人格以及行为和行动。”② 米德这一概念对自我的主观世界何以形成与发展的解答是有限的，缺乏自我意识的个体很难被称为有社会意义的“自我”，个体自我的社会性不仅仅借助于言语、语言，更为深切的是人自我的情感、知觉等都变成了交流互动的信息，也在话语实践中主导着对话交流的走向。正因如此，“互联网时代让流动的观念与观念的流动走上前台，信息知识生产与再生产的复杂性以及多重性，成为生命传播得以进行的不竭动力与源泉”③。生命传播强调的是自我身心自觉或不

---

① 师曾志等：《生命传播：自我·赋权·智慧》，北京大学出版社，2018 年，第 10 页。

② 〔美〕乔治·赫伯特·米德：《心灵、自我与社会》，霍桂恒译，北京联合出版公司，2014 年，第 43 页。

③ 师曾志等：《生命传播：自我·赋权·智慧》，北京大学出版社，2018 年，第 37 页。

自觉卷入到各种传播活动中，从而影响到传播形态、内容、过程乃至传播背后权力、资源、资本、能力、专业等的博弈。

在媒介社会化与社会媒介化中，自我身心与自然、他者联系了起来，在交流互动中自我获得了自主性，这是生命传播的另一个特征。审视当前我们身处的社会，有人为个体获得似乎是彻底解放而欢呼雀跃，有人为个体沉沦于消费主义与传媒业共筑的无意义信息洪流而大声疾呼。不管是解放还是奴役，不可否认的是人们在交往对话过程中获得了某种"自我感"，人们自我感的增强与汇合带来的传播流量解构与重构着社会关系，并进而影响到传播形态权力结构的变化。

生命传播中自我生命不断显白，社会首先是审美的和观念的变成了现实。审美作为观念塑造的重要介质，也成为看待事物的标准和观察方法，并用这套标准和方法在交流实践中衡量和评判着事物本身，事物的实体化在进一步固化这套标准和方法的同时，新的审美又开始解构着固化的传统。在跨越时空交相呼应的媒介传播中，人类的观念、思想影影绰绰显现了出来，直抵人类灵魂深处。媒介形式的变化引发传播形态的改变，技术与社会互为一体的关系彰显出技术对社会变迁的谋划，揭示出隐匿在旧有传播形态下的背景与力量。个体感觉与知觉加入了意义的生产与再生产之中，对人认知的要求不仅是线性的逻辑理性，更重要的是并置、悬置与串联的种种想象与能力。

互联网社交媒介发展所引发的平台社会、算法社会的到来，让观念与思想在交流互动中不断生成为话语实践的活水源泉，个体审美与观念时间性的延展让空间具有了更多的差异性与异质性，成为以社会个体化与个体社会化为主要特征的后真相社会或"反转"常态化社会到来的主要坐标，公共领域的公共性与私人性互为表里，生命传播在更大的时空中不断在承认差异性基础上实现着自我与他者的同一性。这种同一性不仅仅是目的性、功利性的，它将人之所以为人的人与人的相遇、相知、理想、追求与信念加入传播过程中，丰富了传播的形态与内容，凸显出真善美存在的意义与价值。

技术是生命传播最为重要的驱动力，但技术并未自动为人们追求的"良善生活"提供担保。海德格尔在其《技术的追问》一文中通过不断追问指出，技术不仅是一种手段，技术乃是一种解蔽方式，乃是在解蔽和无蔽状态的发生领域中，在真理的发生领域中成其本质的。由此，海德格尔引用荷尔德林的诗“哪里有危险，哪里便有救渡”[①] 来直面生命、灵魂与人类未来，唯有在技术带来的无穷危险中，自我才会在生存生活中找出自我调适的解决之道并解决问题。

解决之道的核心是问题的解决，话语实践在表达的同时更加注重自我的行动与改变。这不仅仅是能力的问题，更挑战着自我认知与思维方式，从“我认为”“我是”“我的”更多地转变为“我”“我能”，这也正是生命传播提出的意义所在。互联网技术的瞬时、公开、交互使不管是组织还是个人都无可逃遁。人们在差异，片段、不可通约中社交媒介每天都在上演着人设崩塌事件，这无时无刻不在提醒着我们唯有忠实地“展演”自己，真诚地展开对话，获得在交流对话的不断反思、反省中重返自我的意识与能力。重返自我为根基的生命传播不仅仅是简单的线性回归，而是传播在自我与原则、规范、制度、结构关系中愈来愈具有跨行跨界跨学科的生成能力，体现出老子《道德经》“反者道之动”的思想，生成的动力便在生命的往返过程中。

6. 结语

从公共传播、分众传播再到生命传播都有着媒介技术发展的深刻印记。它们不是互相取代的线性逻辑关系，而是共在基础上随着传播技术的变化而各有侧重又互为补充的。从组织结构传播下宏大叙事的政治统治到政治与资本、市场、媒体等合谋话语的凸显，都不得不面对数字技术所带来的以社交媒介为代表的多种传播形态对权力的挑战。新媒介赋权与反赋权下的传播主体多元化所带来的去中心化，或多或少实现着弗洛姆所言的“以人为载体”的自然方式的传播。传播愈来愈注重具体的沟通交流过程，关注人性、情感、意识、认知、观念等生命底色所产生的微小叙事，象征世界中符号的力量更多地与实际问题的解决结合在一起。由此，我们应主动对自我进行反省与拷问，努力升维认知，从而避免在数字媒介时代沦落为可随意通约的某个流量中的一小份子，也能应对不断兴起的技术挑战与

① 〔德〕马丁·海德格尔：《海德格尔选集》（下），孙周兴选编，上海三联书店，1996 年，第 953 页。

个体陷入疏离与匿名权威的危险。在宏大叙事土崩瓦解之时，我们也需要不断追问何为自由。这里的自由不是空洞的，它与个体自我的命运息息相关，是自我人性、认知、能力等在话语实践中的体现。数字时代传播速度的加快，表面信息的碎片化实则更加强调沟通对话中的社会有机团结，重返人与人之间对话的传统，回到主体身体在场的生命传播。

第二章

重返现实与泛娱乐思潮

| 一 |

“重返现实”中的泛娱乐思潮*

师曾志**

自信息技术革命以来，泛娱乐思潮以其跨媒介叙事之态，深入到政治、经济、社会、文化的机理之中，对信息传播内容、载体、形式、形态乃至社会变迁都发挥着非凡的作用。早在 1962 年电力媒介兴起之初，麦克卢汉就明确指出信息和娱乐的二元分割时代结束了。随着娱乐产业的迅猛发展，“泛娱乐”作为一种思潮经历了从概念的提出、警惕、防备、反思、接受、默认的全过程，特别是 2019 年，随着直播电商与短视频直播等的发展，娱乐与政治、娱乐与经济、娱乐与社会、娱乐与文化之间不断生成着各种复杂多变的关系，在泛娱乐思潮温情的面纱下，娱乐在不知不觉中改变着自我，变革着社会。

1. 2019 年，“重返现实”成为泛娱乐思潮的鲜明主题

2019 年，泛娱乐经过几年狂飙突进式发展后，终于也呈现出知往知返、不断演化的特征，其发展与趋势可归结为“重返现实”这一大主题。返回不是倒退，不是对过去经历的简单否定，而是重返日常生活，在自我认知的前提下，在否定之否定中不断获得发展的能力。自胡塞尔提出“回到事情本身”后，哲学界便经历了一次从纯粹形而上学的思辨讨论回归到具体日常生活的考察与思考。由此，“何为良善生活？”亦或“何为幸福生活”这一西方古典哲学兴起时最为重要的问题，再次成为思想家关注的焦点。重返现实中蕴含着一种朴素而诚真的人类发展倾向性：人类社会并不总是线性进步。

---

* 本部分原刊于《人民论坛》2019 年第 35 期。

** 师曾志，北京大学新闻与传播学院教授，北京大学新闻与传播学院博士研究生仁增卓玛对此文亦有贡献。

泛娱乐之所以形成思潮之势，就是因为其表达方式的多变以及语言、言语内在游戏规则在不同时空中的“恣意妄为”。不同于人们的常规想象，“进步”既不是必要的也不是连续的，它是跳跃式的，或者像生物学家所说，是突变式的。这些突变不意味着永远朝着一个方向前行，中途会发生方向上的变化。泛娱乐最重要的特征就是线性思维与认知的打破，打开了我们对时空的想象，为不同观念、意义在时空中任意穿梭、渗透提供了无限的可能性。

“重返现实”中的泛娱乐是在技术快速跃迁、人们观念急速流变的双重作用下共同实现的。2019 年，无论人文社科还是信息科技、物理、生命等理工科，学界与业界共同面对与思索着同一个主题：数字人性、技术伦理与人类未来。面对人类自身创造出来的强大算法与算力，人类如何应对，人的位置在哪里等诸多问题令人担忧。翻阅人类社会发展画卷，面对外在不可控的存在物，自人类思想开端中便存在着“普罗米修斯式”与“俄耳甫斯式”两种姿态。

2. 通过对“泛娱乐”概念本身的审视，我们能从问题中预见未来发展，从解构中寻求建构

法国思想家皮埃尔·阿多指出，普罗米修斯式的态度灵感来自大胆、无穷的好奇心以及权力意志和追求实用，而俄耳甫斯式态度的灵感则来自在神秘面前的敬畏和无私欲。两种对立的姿态同时作用，使人们在面对技术时，既有恐惧与控制的欲望，又充满忧虑与敬畏的希望。人们在欲望与希望交错的张力中，为人自身在跨越时空中知往知返提供了无限可能的空间。

泛娱乐作为一个概念，它的内涵外延应在不同事件中生成与显现其复杂的内容与样态，在系统中看见其差异性的作用力与反作用力，洞见一个不断生成中的泛娱乐。泛娱乐全方位渗入社会生活中，简单地批判指责它的“不庄重”“不严肃”甚至“不道德”是一种观察的视角，但批判过后如何解决才是问题所在。古代的智慧是“顺势而为”，这需要在“泛娱乐”日益流行的背后，感知到直指人心的价值内涵与其在系统中的用途与性能。道德有内外部的相对强制、稳定和确定的特征，体现出人们的态度、意图、行为规则与准则，我们需要进入另一种认知维度，对泛娱乐的概念

进行再审视。

通过对“泛娱乐”概念本身的审视，我们能从问题中预见未来发展，从解构中寻求建构。当我们以一种主观化的方式去分析泛娱乐的种种表征时，便可清晰地看到构成泛娱乐主体的行动者们，如何以“脱离者”“被排斥者”的姿态，在技术带出的开放系统中用自我的策略寻求生存之道。从边缘到中心，从抱怨到影响现实的社会系统，“泛娱乐”的概念承担着自我哀歌式的主观化运动，“泛娱乐”概念打开后所获得的张力，使其在社会生活中无处不在，无时不有。

3. 对“泛娱乐”合理性的再审视和再认识

“泛娱乐”表面上是人们对以往许多严肃、宏大、逻各斯中心主义的内容与形式的摧毁，实际上却是以时代特有的流动、轻盈、快速等特点为归旨，采取活泼、具体、多中心等反讽、隐喻的表达形式，反映的依然是人类生存与发展的问题。在这场运动中以嬉笑怒骂，看似无厘头的形式，实际承载了许多现实关怀与人们朴素的情感。政策制定者需要具备透过现象看见其实质的能力，以此为基础对其进行舆论上的引导与合理化利用，如此才能减少甚至避免在舆论引导中“上纲上线”式的简单粗暴做法，在重大问题上才能具体而微地在更深层面上进行讨论与认识。

2019 年出现了这样一种值得关注的现象，与网红结合衍生出的“网红带货”，将娱乐、信息以及购买、消费、公益等结合在一起，由此出现了新的传播形态，它们成为助力我国脱贫攻坚事业的生动的“泛娱乐”案例，也是一次泛娱乐思潮与现实关怀紧密结合实现良性互动的成功实践。这一案例的成功得益于国家从制度政策层面进行保障，并积极引导与规范。

2019 年 10 月 29 日，国家广播电视总局发布《国家广播电视总局办公厅关于加强“双 11”期间网络视听电子商务直播节目和广告节目管理的通知》(以下简称《通知》)，其中广电总局解释网络视听电子商务直播节目和广告节目包括资讯服务、植入广告、“创意中插”、直播购物、购物短视频等在内，承认了直播购物以及购物短视频的存在。《通知》的出台对网红直播带货存在的合法性与合理性予以了官方承认，从大的制度层面予以肯定。赋予“直播带货”合法地位，对仍然处于探索阶段的直播节目规定了底线规则，为其合理助推国家行动指明了方向。从批判的角度，网红带货可以被当成“商品拜物教”“消费主义”淋漓尽致的体现；但从建设的角度，可以看到普通个体利用互联网技术平台为还处于贫困阶段的人们创造了大有作为的无限图景。政府部门、公益组织、社会企业等机构与组织曾经需要花一年乃至更长时间来组织人力、物力、财力的大工程，凭借互联网技术的快速、透明、实时等特点，在几个小时甚至几分钟内就能完成，事半功倍且成效显著。此种成功实践，每天在互联网世界中都上演，不胜枚举。

4. 泛娱乐思潮在复杂多变的跨媒介叙事中不断展开沟通与对话，其颠覆过往，也创造未来

叙事着眼于意义的产生、生产、生成、变形、变异等，是对意义构成与形式的研究。互联网社交媒介的发达，媒介社会化与社会媒介化，使媒介表意无处不在、无处不显。泛娱乐主义不仅仅是一种自我表达，更重要的是洞察与自决能力的培养与养成。

发端于文学的叙事学从一开始就有着跨媒介的视阈。1966 年罗兰·巴特在《交际》杂志发表论文《叙事作品结构分析导论》时就认为：“对人类来说，似乎任何材料都适宜于叙事，叙事承载物可以是口头和书面的有声语言，是固定的或活动的画面，是手势，以及所有这些材料的有机混合；叙事遍布于神话、传说、寓言、民间故事、小说、史诗、历史、悲剧、正剧、喜剧、哑剧、绘画、彩绘玻璃窗、电影、连环画、社会杂文等不一而足。这些几乎以无限的形式出现的叙事遍存于一切时代、一切地方、一切社会。”[①] 德国叙事学家迈斯特也认为，叙事是跨媒介的现象，没有哪个叙事学家对此持有异议。文学是叙事承担的主力之一而不是全部。在印刷时代，跨媒介叙事的讨论主要囿于文学作品领域，彼一时的“泛娱乐”主要表现为大众小说、通俗读物等占据阅读市场的主要领域。严肃文人、教育机构也曾忧心忡忡地认为，此种泛娱乐化会“荼毒”青年的心灵。时过境迁，曾经的“低俗”显然经过时间沉淀也有成为经典的态势。

---

① 〔法〕罗兰·巴特：《叙事作品结构分析导论》，张寅德译，载张寅德编选《叙述学研究》，中国社会科学出版社，1989 年，第 2 页。

随着电力媒介的不断发达，跨媒介叙事开始成为媒介化社会以及社会化媒介本身的叙事方式。“改变”成为互联网时代的主题，也是泛娱乐思潮得以存在与发展的动力。能否最大限度地调动和激发这一动力，是值得深思的问题。需要强调的是，在传播过程中不仅是实现信息的表达与传递，更是将传播目标推进为以行动促成改变的能力。横跨多个媒介所展开的故事具有了更多维度的认知空间，综合不仅体现在形式上，也彰显在具体实现的目标上。过去表达、行动、改变是在线性时间序列上依次铺排的，人们把复杂的故事或事件进行裁剪以适应单一媒介叙事的需要。基于跨媒介技术，过去、现在与未来“三位一体”在当下的实现成为可能，同时也为事件与实践的复杂呈现提供了种种道路。这里“可能”意味着实现具备了应有的渠道与用途，但“能不能”穿透泛娱乐表征，将其导向“为社会服务”这一目标，却考验着身处跨媒介叙事中不同主体自身的洞察与行动的能力。这一切都离不开人们在不同认知层面上的沟通与对话的自我内省与反思的能力，泛娱乐思潮也正在人与自我、人与他者、人与物、人与现象等复杂多变的跨媒介叙事中不断展开沟通与对话，其颠覆过往，也创造未来。

5. 娱乐中已更多地加入了自我感知，甚至是个体生命与命运的维度

以跨媒介叙事为手段，泛娱乐以其更加“轻巧”“灵变”的特点渗入了以速度为本位的互联网世界，在摩擦与碰撞中，激发出了各行各业的新业态、新生态、新模式等。在当下，马克思名言“人是社会关系的总和”依然有着重大的理论指导意义，只是在泛娱乐思潮中，个体差异化导致社会关系的解构与重构，由此，娱乐也在影响着中国社会的变迁。

身体的不在场，更凸显其他要素在场的重要性。自我存在依凭的是他者与所处平台。如何与他者、平台之间建立何种关系，需要交流与沟通的能力。这一能力，是当下最为重要的实践伦理。从网络直播、网络知识付费节目到网络游戏、直播带货，它们披着“娱乐”的外衣，借助声、画、音等手段，实现情感在场、行动在场、实践在场、改变在场。从事这些活动的个体与屏幕前的观众、粉丝互动很难使用事前准备好的稿子，直播人员的所有外在身份作为保护与树立权威的屏障也难以发挥作用，其沟通与

互动的能力不仅仅由言语表达来实现，更考验着其察言观色、择机而行的能力，而这些能力的培养不是一蹴而就的，更多的是每个人生命底色的呈现。

6. 结语

泛娱乐世界的多元异质性在反复动态生成过程中需要将更多复杂且看似无关事物联系在一起思考的能力，既有的制度本身需承担自身的责任，也需要顺势而为，建构全社会相关领域都应参与而得以实现能力的策略与政策。毁灭与创造一体，少数人的声音往往体现出边缘对中心的革命，也是时代发展中的必要一环。利奥塔尔告诉我们，对正义的向往和对未知的向往都应受到同样的尊重。面对泛娱乐思潮的不同表现样态，我们需要从概念、事件、时间方面加以思考，提升各方交流中的对话、倾听、做事能力，使整个社会系统获得一种张力，尽管这种张力有着强烈的矛盾甚至对立紧张的关系，但它也是复杂系统生命力的源泉，在更大范围的跨媒介叙事中让人们从异质思想不断反省，修正或提升自我意识，以更好地面向未知与未来。

| 二 |

泛娱乐时代个体生命倾向性的狂欢*

师曾志　仁增卓玛**

近些年，“娱乐”当之无愧成为年度关键词之一，现实世界中的政治、经济、社会、文化似乎都在这种表面看起来“娱乐”化的形式中被解构与重构，泛娱乐思潮不再虚无缥缈，而是无处不在，甚至无所不能。泛娱乐早已有之，它深深根植于人们的日常生活之中，深刻影响到人们的语言表达和态度行为。在娱乐构成了当今社会主要生产和消费方式的同时，移动互联网使人们随时随地进行娱乐成为可能，给娱乐商业变现提供了基础。泛娱乐思潮正是互联网时代娱乐的表征，其在娱乐产品及其衍生品快速生产与消费的传播场域中不断生成而来。以“90 后”“00 后”为代表的新一代消费者，消费能力强，消费观念开放，对于文化娱乐等精神消费的需求极大，成为娱乐商品消费的中坚力量；众多资本聚焦电影、音乐、游戏、小说、漫画等产品的泛娱乐战略，内容创业、粉丝经济等基于集聚流量再进行流量二次甚至三、四次分发的商业逻辑让娱乐真正“泛”起来。

面对泛娱乐的景观，需要关注的是透过泛娱乐的表象去探究其背后的社会及个体心理世界的变化，在连接一切的互联网世界中观察与理解娱乐的本质，拨开泛娱乐热闹繁华的景象，去关心身处现代化语境下的个体该如何安放孤独而无助的“心灵”。

1. 泛娱乐的概念及交互式娱乐生态链

工信部发布的《2017 年中国泛娱乐产业白皮书》显示，泛娱乐产业已成为我国数字经济的重要组成部分和拉动力。2016 年泛娱乐核心产业总值

---

* 本部分原刊于《教育传媒研究》2018 年第 4 期。

** 师曾志，北京大学新闻与传播学院教授；仁增卓玛，北京大学新闻与传播学院博士研究生。

约为4155亿元人民币，2017年有望达到4800亿元以上。而这离2011年腾讯公司副总裁程武在中国动画电影发展高峰论坛上，第一次提出以“IP”为核心打造“泛娱乐”构思才六年①。以“IP”为核心的“泛娱乐”有着深刻的社会动力基础，它在本质上映照出互联网时代受众从单纯被动接收信息到用户主动选择参与到信息生产与再生产中的心理需求。泛娱乐的表征首先体现在语言符号的变化上，考察这些语言与符号可以发现用户在接受流行语言符号的同时，也在生产与传播着这些语言符号并在更大范围之内赋予语言符号新的内涵，这引发亚文化圈层性封闭式的语言符号系统处在不断开放、生成的状态之中。随着用户群体跨越圈层式的增长，这些语言符号本身在主流文化文本中频繁出现，语言符号的能指与所指处在拆解与补充的绵延状态中，它向主流文化逼近并时不时充当着主流文化话语中的“鲶鱼”，搅动着主流文化话语叙事以及叙事方式，在不知不觉中不断跨越着思想文化的边界。

语言符号跨越思想文化边界的赋权能力，释放出语言符号本身的内在张力，语言符号被人所重视的同时，在很大程度上人自身反而退隐了，对流行语言符号的使用反映出人们的从众心理，“武装”自己的言语的同时，人们的意识思想观念也会有所变化。从表面看，语言符号从亚文化向主流文化的迁徙传播来得快，去得也快，生成与消解似乎是一体的，大众越来越感知到语言符号表述的方式与套路，其创意来之不易，模仿起来基本上简单易行。流行语言符号在大量传播中也很难增加其语义、语用的厚重感，却影响到人们对娱乐的态度与行为。个体对娱乐接受理解的差异性导致人对语言符号有不同的感应力，有些人还没有听到、看到一些流行语言符号时，另外一些人已在为此狂欢不已，而当更多的人开始狂欢时，有些人却早已厌倦并放弃了这些流行符号。流行语言符号正是在传播过程中还不知其何时兴起时可能却已然消失，这种瞬生瞬灭依托于泛娱乐资本市场的快速流动以及在发展中的激烈竞争。

以“泛娱乐”为表征的互联网时代，其深刻的变革实际上是一场认知革命，一场个体观念思想彰显与遮蔽的革命，其所产生的种种症候影响着个体的表达、思考与行动。语言作为最重要的媒介也适应着这一发展需

① 薄荷：《2017年最佳泛娱乐排行榜》，《互联网周刊》2017年第8期。

要，麦克卢汉指出，“真正伟大的、持久不变的大众媒介不是文献，而是语言。语言既是一切媒介之中最通俗的媒介，也是人类迄今为止所能创造出来的最伟大的艺术杰作”①。语言不是静止的，语言媒介重要性的显现是由于语言的快速交互而产生的在差异中的不断重复，又在重复中的不时分别。随着技术的试错与迭代，语言游戏与游戏语言具体表现为过去僵硬的、呆板的语言符号系统以及与之云从影随的宏大叙事被瓦解与重构，媒介叙事功能已悄然变为微小叙事、私密叙述，它们在瓦解或改变着我们对事物的意识与心智模式。

正是在此基础上，我们认为，泛娱乐指的是基于互联网与移动互联网平台，以娱乐为中心，以连接和聚合粉丝情感为纽带，在新型社会关系中相互赋权所生成的一种快感症候（在本文中“症候”与“征候”通用）。泛娱乐中的“泛”强调的是全社会信息生产及消费或多或少有着跨界、跨行的娱乐化倾向，也强调娱乐在时间性上的不断流变的生命倾向与力量，其产品形式是娱乐知识产权 IP（intellectual property），它是以明星、故事、角色、人物等现实或虚拟符号作为支撑所形成的象征性品牌效应。

“症候”概念源自拉康，在齐泽克看来，症候只是某种踪迹，其本身无意义，而是情感与意义不断被附着其上的能力。IP 强调的是产品与产品所传达出来的讯息连锁效应能力同等重要。基于同一 IP 产品的生命周期可能不断降低，而产品所传递的信息可能有更长的生命力，衍化出更多的产品。正是为了不断激发出 IP 的生命力，泛娱乐与社群共存、共生，横跨游戏、动漫、影视、戏剧、音乐、玩具等多种文创领域从而形成交互式娱乐生态链，也在其中不断衍化出更多的 IP 产品与事件。

交互式娱乐生态链首先是对传统娱乐明星、作品制作、生产与传播体制、制度等结构的解构与重构，许多 IP 事件表面上表现出泛娱乐的倾向，但其背后揭示的却是娱乐叙事与传播形态实现跨界协同、共生，内容生产者与消费者甚至实现了合二为一，这需要的是制度结构的改变与调整，而不仅仅是对娱乐、明星、消费者简单化地肯定与否定。交互式娱乐生态链有赖于政府有关部门、互联网公司、专家、学者、艺术家、媒体、娱乐

① 〔加〕麦克卢汉、〔加〕秦格龙：《麦克卢汉精粹》，何道宽译，南京大学出版社，2000 年，第 423 页。

圈、明星、粉丝等众多主体的相互赋权、各自赋能、多方联动、协同缔造。

2013 年文化部发布的《2013 年中国网络游戏市场年度报告》提到了“泛娱乐”概念。这是中央部委报告首次提及“泛娱乐”概念。以 BAT 为首的互联网公司纷纷将“泛娱乐”作为公司战略大力推进，明星、学者、专家纷纷站台，推动娱乐 IP 的发展。2014 年 12 月，原国家新闻出版广电总局所主管的单位推出的《2014 年中国游戏产业报告》明确指出互联网公司的“泛娱乐”战略应该盘活游戏并与其他文化产业融合发展。2016 年 7 月，由原国家新闻出版广电总局、商务部、科技部等政府部门指导的中国国际数码互动娱乐展览会（英文简称“China Joy”）在上海新国际博览中心正式开幕，作为全球数码互动娱乐领域最具影响力的盛会，China Joy 官方首次将“泛娱乐”作为主题，并提出“游戏新时代，拥抱泛娱乐”的口号。2017 年，China Joy 联合新华社瞭望智库发布《2017 泛娱乐战略报告》，其中提出泛娱乐已成为文化领域最受关注的商业模式。

“连接一切”的移动互联网平台打破了娱乐内容生产和消费间的管理与生产建制，也解构了物理意义上的时空局限。连接的黏性与互动主要靠感觉、情感与信息维系。传统权威、知名度等对 IP 平台自身权力建构是有意义的，但 IP 平台最终依靠的是流量与用户黏性，即用户、粉丝主体等的相信、信任与承认。近年来，商业资本的策略、运作促进着泛娱乐化的快速发展，为实现 IP 快速增值，打动用户情感，需要用户的广泛参与和支持。众声喧哗的互联网释放出人们的感觉与情感，感觉与情感在流动与互动中彰显出个体的生命力，生命已不再简单地受制于现代性叙事的迷宫，阿里阿德涅之线（Ariadne's Thread）牵引的不仅仅是你死我活的胜负、输赢、成败、对错等，感觉与情感的凸显让阿里阿德涅线团伸向无限的可能性中。在这样的背景下，首先需要改变的是娱乐制作与传播方的心智模式，在叙事创意中与用户的感觉、知觉与情感紧密连接；其次，用户认知模式的启动与用户生命底色密切相关，表面上是 IP 产品引导着用户的认知，实则用户的心智模式也牵引着娱乐不断“泛化”朝向不同的方向发展。娱乐本身的价值与意义是在各方力量的交相辉映下生成与共生、互在，而不仅仅是产品、交易或利润本身。

2. 娱乐何以“泛”——生命倾向性的显白

交互性娱乐生态链的重要特征是娱乐物理空间向娱乐移动空间的转移，表面上体现的是人人进入娱乐的门槛降低、成本降低、效率提高，但其背后揭示的却是个体差异性的感觉、情感加入到了娱乐的生产与传播中。情感娱乐作为一种解构方式，解构着人们的时空关系以及社会关系，价值和意义的生发有了更为广阔的生机与动力，彰显出社会价值多元与文化多样，重启着人们的日常生活方式。

泛娱乐通过对权威、宏大叙事的解构，不可避免地会招致主流价值和管理逻辑的解构甚至颠覆，微小叙事的个体倾向性的展现也会将人类引向危险的边缘，种种意识形态的权力博弈如影随形。技术的“快”决定了这一时代是“边缘－神话－再次边缘”不断循环往复的时代，且这一过程是瞬息万变和连续不断的。正如法国人类学家布鲁诺·拉图尔所言，“在此意义上我们是立足于一种过程、一种运动、一种通道之上，或者说立于一个传球之上。我们的起点是一个连续的并且冒险的实存，而不是某种本质；是现状而不是永久性的。我们的起点是联结本身，是通道和关系……当然，这种关系同时既是集体性的、真实的又是话语性的”①。这种连续性对人类自身生存的至关重要性体现在对人们传统认知以及心智模式的挑战上。

泛娱乐思潮之“泛”在于娱乐超出了娱乐功能本身，虚假、被动、平庸、遮蔽、控制、默从、偏离等存在于娱乐传播之中，深刻影响着人对自身行为的判断与认知。在场的粉碎一切不在场的，不在场的才真正对在场的提出批判与否定，这也是否定之否定的认知过程。当下，泛娱乐化现象正像是德勒兹所说的欲望机器，它凝结、生产、制造、召唤种种欲望与虚幻的现实，所以在舆论场上可以看到这种娱乐化的媒介再现与娱乐化的现实间紧密的互动。

任何严肃的题材，从政治到社会文化，都可以被瞬间解构与瓦解，能指与所指不再是稳定的符号系统，公共舆论场充斥着弗洛姆所称的“匿名

---

① 〔法〕布鲁诺·拉图尔：《我们从未现代化过》，刘鹏、安涅思译，苏州大学出版社，2010年，第158页。

权威”。舆论公共空间的喧闹，借由“匿名权威”，其可能却是“伪活动取代思想、感觉和愿望的原始活动，最终导致伪自我取代原始自我。原始自我是精神活动的原动力，伪自我这个代理，打着自我的旗号，却代表着人被他人期望所扮演的那个角色。大多数人的原始自我都完全被伪自我窒息了。自我有时会出现在梦里、幻想中，或者酒醉时，此时人会有多年未曾经历到的感觉与思想”①。互联网时代权威与匿名权威、自我与伪自我在真实与虚幻之中不断游移，多种权力与力量缠绕其间。

正如马克思所言，经济基础决定上层建筑，“泛娱乐”首先离不开技术的迅猛发展。技术的飞速发展为人们提供了极其丰富的娱乐产品供人们选择，但是“人品尝到的是生活中的孤独。如果选择的自由模式被看作自由的唯一模式，那么人们就陷入了一种虚无的状态”②。在孤独的现代人得到片刻消遣满足的同时，资本与技术裹挟在一起不断制造新的语言符号、表现方式，让现代人欲罢不能。急速发展的互联网技术与全球资本顺势而为，成功抓住了人们心理对娱乐的需要，为人们提供了一场又一场娱乐的饕餮盛宴。资本商业大获全胜是以现代人献上自我的时间、金钱甚至生命为代价的。

技术发展带来信息沟通成本的降低，它大大加快、加深了社会结构性的改变，这不仅仅体现在观念的变化上，更重要的是体现在社会关系与权力结构的变化上。社会由长期形成的科层制、等级制的线性结构愈来愈朝着去中心化的社会网络发展，更多地释放出个体的活力，思想和知识可以迅疾传播到世界各地。多元的思想和知识，多渠道的互联互通方式，使个体可以按照自己的意愿加入各类有机共同体之中。个体对信任、团结、名誉、意义的寻求以及感性理性交互变得更加丰富而多元，“网络比系统这一概念更加有韧性，比结构这一概念更富历史性，比复杂性这一概念更富经验性”③。厌倦了“庄重”“严肃”“威权”话语与文本表征系统的现代人转向了充满“轻灵”“散乱”“平等”的泛娱乐话语与符号表征，投入

① 〔美〕艾里希·弗洛姆：《逃避自由》，刘林海译，上海译文出版社，2015年，第135页。

② 〔德〕阿克塞尔·霍耐特：《不确定性之痛——黑格尔法哲学的再现实化》，王晓升译，华东师范大学出版社，2016年，第9页。

③ 〔法〕布鲁诺·拉图尔：《我们从未现代化过》，刘鹏、安涅思译，苏州大学出版社，2010年，第4页。

到了由此生成的互联网共同体之中，而这些共同体与传统结构化组织不同的地方就是更加尊重并承认多元和差异，而“为承认而奋斗”的现代人，义无反顾地投入了技术与资本构筑的娱乐世界，乐此不疲。

泛娱乐一方面是现代互联网技术支撑下的资本运作与推动的结果，另一方面是遭遇现代性危机的人们面对包括权威、等级、结构、中心、本源、终极、真理等概念的逻各斯中心主义传统的一种反抗，甚至是不屑与厌离。现代性将人原子化，孤独的个体面对“地球村”的恢宏景象，在抛弃了逻各斯中心主义之后，继续找寻新的归属之地。基于共同的信仰、兴趣、爱好的自组织也在泛娱乐场域中欣欣向荣地生长着，个体的私密表达、欲望、体验、经验等都在去中心化的娱乐场域中得以交互、共情与共生。

人们出于安全感的需要，更愿意从媒介场主动选择和获取那些能和自我产生共情、共鸣并且有用、有趣的信息与媒介形式。在互联网世界，雅克·德里达（Jacques Derrida）曾经关于符号的断言似乎成真，他说：“把符号置于一个永远流动变化的网络中，在这里，符号不再有它固定的位置和意义，它在区分中确定自己，却又在延搁中否定自己，它只能在不断区分（包括在延搁中的区分）和延搁（包括区分中的延搁）的‘间隙’中获得瞬间的意义。”① 泛娱乐让语言符号得以在个体差异化理解中旁逸斜出，不管是坚固的能指与所指间关系的解除还是延异，技术发展所导致的轻语言的广泛出现，使人们卷入其间，去中心化的社群也依据人们自我的选择而变化无穷。

我们在泛娱乐的景观中仍可以观察到个体“按照他人的要求对自己的一切做出规划，被孤独感、恐惧感和各种直接威胁着我们的自由、生命和舒适的力量所驱使”②。孤独的人们想要在急速变迁的社会中寻求某种“确定性”，以求得自我的认同感与归属感，选择服从于这样“娱乐”的规则便成了许多人的不二法则。

由于信息通信技术的发展，表面上自我与他者、个人与社会、媒介与观众等种种关系变得更加紧密，但现实关系中真实需要的连接和交流却呈现出泛娱乐化的倾向，其危害在于人被泛娱乐所奴役而不自知。在大众娱

① Derrida, Jacques: *Margins of Philosophy*. Chicago: University of Chicago Press. 1982, 82.

② 〔美〕艾里希·弗洛姆：《逃避自由》，刘林海译，上海译文出版社，2015 年，第 136 页。

乐中，公民传统政治参与观念变得逐渐淡薄，对社会和政治事务不求甚解，容易成为表面生活的“专家”，娱乐“成为补偿他们自己真实生活的碎片化和生产专门化的人们所认同的表面化生活的证明物”①。

泛娱乐折射出当代娱乐命运共同体的景观，人们在游戏共同体中能够感受到互在的安全与认同，在互在的安全与认同中悄无声息地将现代性中个体被原子化后的孤独感和不确定性交给了个体本身。在此，我们需要警惕的是，泛娱乐存在着伪自我取代真实的自我、权威的不宽容引发个体的恐慌、真实生命体验消解于海市蜃楼般的娱乐世界中的可能性。“他自由了，但这也意味着：他是孤独的，他被隔离了，他受到来自各方面的威胁，他没有文艺复兴时代资本家所拥有的财富和权力，也已失去了与人及宇宙的统一感，于是他被一种个人无可救药、一无所有的感觉所笼罩。”② 艾瑞克·弗洛姆（Erich Fromm）在《逃避自由》中的这段论述仍可描述泛娱乐中个人的内心世界。

《人类简史》一书的作者尤瓦尔·赫拉利（Yuval Noah Harari）说：“一切苦难并非来自噩运、社会不公或是神祇的人性，而是出自每个人自己心中的思想模式。”③ 泛娱乐源于人们心理世界与思维模式的变化，这种变化与现代性将个体原子化后呈现的问题密切相关。资本与技术相互勾连，一眼洞穿了人们的这种“心理世界”与“思想模式”并迅疾加以利用，政府推动互联网文创事业的发展也在推动和建构着这场深刻的交互式娱乐产业的发展。然而，与过去不同的是，除了资本与政府的力量，媒体、明星、专家、学者、用户等都在互联网技术平台上或多或少参与到泛娱乐景观的构造之中，尤其重要的是用户体验、需要已成为泛娱乐业发展的较为重要的推动力。权力处于流动与生成之中为摆脱一方或几方的控制与操纵提供了可能性，这也是互联网时代对德波景观社会思想的一次“反动”，游戏命运共同体正是强调视觉符号中的感觉、情感、情绪等借助互联网社交平台无始无终地弥漫所产生的对权力释放与抵抗的力量，这种看不见的力量已越来越影响到人类的存在本身。

---

① 〔法〕居伊·德波：《景观社会》，王昭风译，南京大学出版社，2006年，第22页。

② 〔美〕艾里希·弗洛姆：《逃避自由》，刘林海译，上海译文出版社，2015年，第67页。

③ 〔以〕尤瓦尔·赫拉利：《人类简史：从动物到上帝》，林俊宏译，中信出版社，2014年，第219页。

3. 娱乐的本质及社会与个人的“能”

长期以来，面对瞬息万变的外部世界，确定性的答案已不容易获得，作为学者，我们需要从哲学的角度追溯与探求娱乐的本质。

运用马丁·海德格尔（Martin Heidegger）《追问技术的本质》一文中“技术是解蔽方式之一”的观点，泛娱乐时代我们不仅要追问娱乐是什么，还要追问娱乐的本质以及娱乐的“能”与“不能”等问题。泛娱乐正是在娱乐本质与娱乐能怎样中显示了海德格尔引用荷尔德林的诗句“但哪里有危险，哪里便有救渡”思想之光芒，也就是说，救渡与救赎仍根植于娱乐的本质中，用其变幻多端，甚至是粗鄙可憎的面孔向人们昭示，娱乐中所蕴含着的社会变迁中的真理存在。

泛娱乐中神圣与邪恶、清雅与庸俗、优美与粗鄙同处一体，言语文本本身既是主体，更多的时候又会转化为客体，在不同主体的解读下，意义与审美具有了各种被解读的可能性。互联网最伟大之处在于为人们从吉尔·路易·勒内·德勒兹（Gilles Louis Rene Deleuze）所谓的质量线、柔软线迈向各种解放的逃逸线提供了可能。每个人在获得解放的同时，也要真正面对自我具体而微的内感外应和外感内应，正是在自我的感应中，表现出个体生命的倾向性，也正是这些差异化的个体倾向性的快速连接，揭示出掩盖在泛娱乐背后的勃勃生机。

当下许多人还沿用传统认知心智模式来思考问题，他们寻找一种确定性的知识、意义，而在互联网时代，知识与意义由于个体差异性的解读加入到了娱乐制作与生产中。知识与意义是撒播式的，它们在不间断地进行着含糊、隐晦、暧昧、朦胧等延异，知识与意义等的无限延宕，使知识与意义既具有神性，也具有魔性，言语与语言在认知与理解中更多地加入了感觉、情绪、情感，也在感觉、情绪、情感中让意义充满了无限的可能性。

互联网在人们寻找自我与呈现自我中愈发凸显出其重要性。Hjarvard指出：“媒介不再仅仅是一种互动的渠道，而是以其自身形塑（Mould）互动发生的方式，是这样一种发展进程，社会或文化活动（诸如工作、休闲、游戏等等）中的核心要素采取了媒介的形式。”① 正如在格奥尔格·齐

① Hjarvard. “The Mediatization of Society: A Theory of the Media as Agents of Social and Cultural Change”. *Public Nordicom Review* 29 (2), 2008, 105 - 134.

美尔（Georg Simmel）那里作为“社会综合”的形式一样，媒介正式成为了这种呈现社会现实的“框架”（Frame），只有通过媒介本身的表征，我们才可以获得关于社会现实本体的知识。麦克卢汉的“鱼到了岸上才知道水的存在”很好地让我们认识到媒介已成为显现社会现实内在的强有力的动力。社会现实与媒介就是鱼与水的关系，它们使彼此成为生命有机体。

在此意义上媒介表征的“泛娱乐”症候并不是糟糕的、需要被否定的事物，娱乐从来都是人内在感知与体验的重要组成部分。康德、席勒、斯宾塞、伽达默尔等哲学家都曾将“游戏”作为一个重要的哲学概念来加以分析讨论。在伽达默尔那里“游戏并不指态度，甚而不指创造活动或鉴赏活动的情绪状态，更不是指在游戏活动中所实现的某种主体性自由，而是指作品本身的存在方式”[①]。早在 1962 年，马歇尔·麦克卢汉（Marshall Mc Luhan）也曾明确指出，信息和娱乐的二元分割时代结束了。“我们要最大限度地利用新媒介的各种新特性，而不是尽可能地限制其特性。现在很容易看清，他们不仅是既定经验和洞见的载体。”[②] 娱乐的本质也不是既定的，而在于附加其上的意念、观念等的流变、生成、上升的形式之中。

交互式娱乐生态链本身存在于赋权器之中。赋权器的特征是连接一切，开放共生，有机团结，协同共融。交互式娱乐生态链全平台打通，以情绪、情感、理性、非理性等符号化或非符号化的方式进行话语叙事与快速传播，强调创意、创新、迭代、场景、沉浸、体验、风格、迅疾等，消解了工作、学习、生活、娱乐的边界，成为娱乐景观社会的另一种再现。

法国哲学家居伊·德波（Guy Debord）提出“景观社会”的概念，宣告资本主义“商品拜物教”已过渡到他所指认的视觉表象化篡位为社会本体基础的颠倒世界，或者说过渡为一个社会景观的王国。“在现代生产条件无所不在的社会，生活本身展现为景观的庞大堆聚。直接存在的一切全都转化为一个表象。”[③] 现如今，由于互联网技术所带来的社会底层结构的根本性转变，个体深度卷入新媒介意义生产与再生产之中，在视觉表象化篡位的同时，也提供了反转颠倒的可能性，泛娱乐中这两种力量是互生共

---

① 〔德〕伽达默尔：《真理与方法》，洪汉鼎译，商务印书馆，2004 年，第 131 页。

② 〔加〕麦克卢汉、〔加〕秦格龙：《麦克卢汉精粹》，何道宽译，南京大学出版社，2000 年，第 408 页。

③ 〔法〕居伊·德波：《景观社会》，王昭风译，南京大学出版社，2006 年，第 3 页。

存的。

泛娱乐化不只是一种表征与症候，它彰显出语言符号自身的活力，实则隐含着深刻的社会变革。人是作为完整之身参与到语言符号世界中的，娱乐与人的生存方式本身息息相关，应该关注或警惕的不是娱乐这种形式，而是其呈现的符号与语言系统的变化与个体生命意义的觉醒。在这个意义上，人不仅以自己的思想、个性、才华、能力，更是以自己的命运卷入娱乐或非娱乐生活实践中。命运的不可捉摸性告知我们，有些问题可能就没有解决的方式，我们也无法弃之不顾，唯有接受并不断学习实践，改变自我的思维与认知模式，在超越自我的基础上，从愤青批判者转变为小学生。

4. 自我与“照看好自己”

齐泽克（Slavoj Zizek）使用西格蒙德·弗洛伊德（Sigmund Freud）“死亡驱力”的概念，指出“死亡驱力是这样界定人的状况的：没有解决问题的方法，也无法弃之而去；要做的不是去‘克服’‘消灭’它，而是甘心忍受，学着识别它令人恐惧的维度，然后以这个根本性识别为基础，努力阐明应对它的权宜之计”①。齐泽克的这段论述同样适用于泛娱乐。面对这一社会媒介景观，我们需要做的不是“克服”它，更不应该是“消灭”它，而是清醒地认知到其所呈现的危险所在，辨识和判断出个体在社会与国家中面对这一景观时令人不安的维度，同时去领会和体悟蕴含于这一危险中的救渡所在，迎面前进，然后在此基础上努力阐明它，用行动去转化这种危险与恐惧，从而实现个体与社会的救渡。

泛娱乐景观除了是一种表征，也是一种梦幻。“梦幻的世界反映现实，虚构的世界则篡改、贬低和否定现实。”② 面对互联网世界，个体在泛娱乐的表征之中，寻找着与己有关的立足之地，而与己有关很大程度上与自我生命的感知、情感、欲望相关。泛娱乐满足的欲望是情感的欲望。个体在投入泛娱乐的种种事件时，幻想着从中获得归属感与价值，从不确定中寻

① 〔斯洛文尼亚〕斯拉沃热·齐泽克：《意识形态的崇高客体》，季广茂译，中央编译出版社，2014 年，第 6 页。

② 〔法〕吉尔·德勒兹：《尼采与哲学》，周颖、刘玉宇译，河南大学出版社，2016 年，第 268 页。

找切己的知识。“幻想究竟是什么？幻想不仅仅是以虚幻的方式实现欲望的过程；相反，幻想本身就构成了我们的欲望，它不但为欲望提供了参照坐标，而且事实上教导我们进行欲求。”①

犹太哲学家马丁·布伯（Martin Buber）说：“你必须自己开始。假如你自己不以积极的爱去深入生存，假如你不以自己的方式去为自己揭示生存的意义，那么对你来说，生存就将依然是没有意义的。”② 照看好你自己，是从人的体验、情感、灵魂最深处出发，体悟行有不得，反观诸己的含义。关于自己的知识是作为照看自己的结果呈现的，互联网社会中关于自己的知识成为一种行动的根本准则，避免个体为逃避自由获得认同而在泛娱乐浪潮中随波逐流，丧失自我。

长期以来，人们将知识与真理内化为确定性的，有着绝对正确的意味，是自我生命的立法者，但“当知识成为立法者，思想就成了最听话的”③。听话便意味着放弃了思，放弃了追问，便也阻断了为自我灵魂操心的道路。互联网时代，一切对错、善恶、美丑都在时空中试错、变幻、流转着其确定的内涵外延，绝对的真理和知识难觅踪迹，一切都是不确定的、未知的、需要自我探索与验证的，而在此过程中，道路也便打开了，关于自己的知识也以结果的形式涌现出来。

劈开知识，需要培养自我的求知意志。“求知的本能总是驱迫着放弃习以为常的领地，投入不确定的深渊；生命本能则驱迫着在黑暗里不断摸索，以图一方立足的新天地。”④ 在这方新天地中，个体需要破除对“匿名权威”的迷信，防止伪自我取代自我去言说、去行动。在这里，我们需要设问的是“自我是什么”。福柯指出：“自我是一个反身代词，且具有两种含义。Auto（自己的）意味着相同，但它也传达着一种身份意识。这后一种意义就把问题从‘这个自我是什么’转换为‘我能寻找到自我的那个平

---

① 〔斯洛文尼亚〕斯拉沃热·齐泽克：《事件》，王师译，上海文艺出版社 2016 年版，第 32 页。

② 〔奥〕马丁·布伯：《我与你》，陈维纲译，生活·读书·新知三联书店，2002 年版，第 139 页。

③ 〔法〕吉尔·德勒兹：《尼采与哲学》，周颖、刘玉宇译，河南大学出版社，2016 年，第 215 页。

④ 〔法〕吉尔·德勒兹：《尼采与哲学》，周颖、刘玉宇译，河南大学出版社，2016 年，第 215 页。

台是什么’。”① 我们理解这里所谓的“平台”为自我与自我所连接的症候性的权力空间，观念、意义、情感、态度、行动正是在此迸发与生成的。

自我的确认不只包含对“伪自我”的正视与批判，更重要的是自我对内外的感应能力，而这需要改变过往逻各斯中心主义下的带有否定的思维模式。泛娱乐时代，需要一种肯定的思维，“肯定是一种思维方式的产物，它必须以能动的生命作为它的条件和伙伴”②。在能动的视界下，泛娱乐化打开了我们无穷的想象力，在认识到认知结构的变化时就有了更多的批判与建设的空间。认知结构的生成和发展与人的心理世界相关，而人的心理世界正是人生命的底色。魔幻现实主义其实就是我们自身心理、生命底色的显白，有时危险的不是外在的问题，而是我们自身的不知不觉。

泛娱乐深刻地体现在语言与符号系统上，娱乐化或“轻漫”的语言与交流方式考验着自我对宽容的理解与应用。语言形式与交流方式的改变一个方面是语言的通俗化，但另一个方面可能又是对空洞“闲谈”的一种抵抗。通俗语言符号的脆弱化，一开始引人入胜，但很快变为流俗，不是被很快忘记，就是偶然出现在插科打诨中引人一笑。许多人会将闲谈转变为赋予人们认知提升的媒介，通过闲谈不断发现、认识与发展自我。

选择的前提是多元并存的，而多元需要以整个社会的宽容为前提。宽容不是无底线的包容与无法纪的容忍，而是允许在共同体内部存在选择与表达不同意见的自由。“一个主体的个体化的可能性是与他的趋向普遍化的能力所达到的程度并驾齐驱的。”③ 而个体如果在这样一个信息急速流变与迭代的时代，放弃个体趋达自我的可能性只能趋向一种普遍化，那将带来空洞无力的普遍性而丧失了真正普遍性的意义。

5. 结语

泛娱乐已然全面侵入我们的生活世界，但这并未改变互联网时代交流与沟通是在承认个体差异性基础上展开的这一最大的前提。人类求新求变

---

① 〔法〕米歇尔·福柯：《自我技术：福柯文选Ⅲ》，汪安民编，北京大学出版社，2016 年，第 65 页。

② 〔法〕吉尔·德勒兹：《尼采与哲学》，周颖、刘玉宇译，河南大学出版社，2016 年，第 218 页。

③ 〔德〕阿克塞尔·霍耐特：《不确定性之痛——黑格尔法哲学的再现实化》，王晓升译，华东师范大学出版社，2016 年，第 101 页。

的追求会让人不断在看似“娱乐”的表征之下去追问命运的道路，并向着人类原初的无蔽状态多方回归。诚恳、真诚是话语解构的良药。话语的背后是人的历史、体验、经历、地位、位置、权力等，话语实践就是其建构的话语权力、体制、机制等博弈的过程。真理是在讨论、争论中不断趋达的，真理讨论的目的不是为了辩护、宣战、教训、甚至战胜，也不仅仅是为了沟通而交流，而是在这个过程中每个人都会有所触动与改变，最终个体将回到自我的精神家园，而社会的宽容、国家的引导将助推个体回归自我精神家园的进程。

当整个社会以宽容的姿态对待当前“泛娱乐”的景观时，人与人、人与事、事与事在语言暴力与语言游戏之间的断裂中隐含的连续性被凸显出来。也许语言暴力遮蔽和疏漏了人、事中必要的连接与通达，激烈的论战不能引向问题本身，而是倒向泛道德化的自我亢奋与解脱。讨论没有终止，但玄妙的张力也生成于此并在此中显现。

总之，泛娱乐似乎已成大势，尤其是生活在互联网世界中的人们，无人能避之。齐泽克喜欢引用德国戏剧家布莱希特的话“与建银行相比，抢银行算什么。与理智本身的疯狂相比，丧失理智的疯狂算什么”[①]，这其中蕴含着非常深刻的哲理，它告诉我们每个个体，对泛娱乐的批判与解构容易，难的是拨开泛娱乐现实的层层迷雾，直面娱乐的本质与林林总总的表现形式，以自我的方式去揭示生存的意义，用真诚与勇敢为自己的灵魂操心。为避免自身的不知不觉，自我需要不停地、重复地追问与反思，正如德勒兹所言，“只有借助重复，才能推陈出新……任何真正新的事物只有在重复中出现”[②]。在娱乐形式的重复与生成中，洞悉娱乐的本质，真正返身向内，探索自我的知识，理解泛娱乐更多需要的是对自我的冒险与认知，让自我在生命觉醒中得到救渡。

① 周志强：《现实·事件·寓言：重新发现“现实主义”》，《南国学刊》2020 年 1 月。

② 〔法〕吉尔·德勒兹：《尼采与哲学》，周颖、刘玉宇译，河南大学出版社，2016 年，第 434 页。

| 三 |

数智时代的认知加速与算法游戏

——以生命传播的视域*

师曾志**

速度是传播学研究的核心，它决定着事物运行的方向。隐匿在科技加速中的传播速度加快是社会加速的重要因素。传播速度加快既是技术发展的结果，也是技术推进的原因。极速变化的社会让人疲于奔命，也让人看遍人间冷暖，有人怨天尤人，有人则依然满眼星辰。在互联网平台以及各类社交媒介日渐发达的时代，有人将愤怒作为自我生存的法则，以为站在道德伦理的制高点上，一切问题就都能迎刃而解；有人则利用互联网丰富的信息，汲取对自己有价值的知识，不断发展自我。刷着手机的人们深感时间不够用，沉浸式的快感体验带来的却可能是孤独烦躁。人们喜欢在焦虑中醉心于各类“土味”视频及慢生活综艺节目，在自我选择与现实行动荒诞分裂的同时，受到情感感知的召唤，寻觅着日常琐碎中的凡圣同居。人类周遭媒介环境的易变，究竟会给人类生存与发展带来怎样的挑战？要回答这个问题，首先需要理解的是数字智能时代（简称“数智时代”）技术发展究竟与过去人类的生存法则有着何种不同；人类自身发展究竟面临怎样的挑战；万物皆媒的现实中人类最基本的存在方式——“交流与对话”将把人类带向何方；拯救人类的是超级英雄还是个体多样化存在的美好生活。本文拟从德国社会学家——社会加速批判理论的提出者哈特穆特·罗萨的“社会加速”“新异化”等概念出发，在对马克思“异化”“异化扬弃”概念理解的基础上，运用互联网传播个体认知差异等生命传播的相关思想，用分析“经验贬值”“认知加速”“认知异化”“认知同

---

* 本部分原载于《台州学院学报》2021 年第 2 期。

** 师曾志，北京大学新闻与传播学院教授。

化”“算法游戏”“算法迭代”“共感社会”以及“美好生活”间内在关系的方法来回答上面提出的问题。

1. 生命传播中“经验贬值了”与人的“新异化”

数智时代是5G、人工智能等技术发展的产物，也是社会加速运行的结果。随着数字技术的日常生活化，数字化生存的社会普适性得以加强，人类的意向与行为在真实与虚拟、现实与理想中穿梭已成为不可逆转的事实。在社交媒介的急遽发展与快速迭代背景下，文字、图片、视频等形式在互联网超文本跨媒介叙事中所幻化的象征世界，无论是经典的还是土味的，无论是名人还是素人，原来身份、地位差异巨大的人或事与作品似乎都重新站在了同一起跑线上。以流量为主导的社会，突破了传统文化资本、象征资本以及社会资本的边界与区隔。人们在享受社交媒介带来的身心体验上的快感与满足时，可能会陷入更大的空洞感与无意义感中，甚至会自我身心失调，人们在失衡中更加依赖虚幻体验以寻求身心和谐之道，殊不知堕入的却是更大的混乱与无助。

德国思想家瓦尔特·本雅明于1933年撰文《经验与贫乏》，他在广播时代就意识到“随着技术释放出这种巨大威力，一种新的悲哀降临到了人类的头上”。他看到广播中各种思想与智慧的传播只是给人们提供了在“电流刺激下的短暂清醒”，人们凭着这种短暂的体验试图吞噬一切，“既吞噬了‘文化’，也吞噬了‘人’”。他借用德国作家保尔·舍尔巴特的话指出了思想贫乏的后果，即“你们如此疲倦，是因为你们从来不曾将思想集中于某个简单而宏伟的计划”。于是本雅明大声疾呼“经验贬值了”。他所指的经验是“一直以来年长者传给年轻人的那些东西”[①]，如“金银不算富，勤劳是根本”，用故事叙事告诉人们所谓成功是身体力行的结果，是不断认知自我与经历磨难又不改初心的生命过程。

社交媒介的短暂体验与清醒已成为很多人经验叙事甚至生命叙事的替代品。经验叙事乃至生命叙事是生命传播中的重要内容，它们强调在传播速度加快、个体卷入的同时，经验与生命的力量化为无形而又无所不在，

---

① 〔德〕瓦尔特·本雅明：《写作与救赎：本雅明文选》，李茂增、苏仲乐译，东方出版中心，2009年，第32~37页。

一旦经由互联网技术传播，则会影响巨大，它关系到个体幸福、社会发展乃至人类福祉。现实世界中所谓的意外性、产生极端影响以及事后可预测性的“黑天鹅”[①] 事件的不断发生，正是这种无形力量的体现。近期发生的“内卷”事件让人们意识到一直在探寻自由的人们实际上却活在德国社会学家马克斯·韦伯所言的“铁笼子”里；互联网平台公司为人们生活、工作带来快速便捷的同时，“打工人”却独自承受着高危风险，一旦问题发生，首先只能“外包”给舆论，在舆论中不断发酵并引发争议；“代孕”事件让人们明白结婚、怀孕、生子、抚养等在传统社会中不可分离的人生阶段，居然也可以被市场运行所替代；记者为爱情远嫁却匆匆以“家暴”“出轨”[②] 的舆论高潮而终结。以上事件中的危险与陷阱都与自我认知有关，是社会心理等各方面因素共同作用的结果。

数智时代，不同人的意向、行为以及媒介使用倾向在自我与世界间构建出差异化的世界，它在凸显自我存在的同时，强调的是自我责任与能力。个体自我存在不是孤立不变的，内心的矛盾、分裂、冲突等存在的前提，正如德国哲学家叔本华所言是“欲望”的变幻莫测；个人与世界间恰如法国思想家让·鲍德里亚所描绘的那样是主体欲望与客体诱惑间的关系，正是在欲望与诱惑间巨大的张力中显现出自我与世界的复杂关系。然而，这种建立在欲望与诱惑基础上的分析看似洞彻，实则缺乏对实践中人性异变的思考。

应用加拿大学者麦克卢汉的媒介思想，智能手机已成为人们须臾不可离的身体“器官”，人们愈来愈被无处不在的体验诱惑所裹挟。体验越丰富，时间愈延长，指引行动的经验、记忆就越弱化。本雅明区分了“体验”与“经验”的不同：体验是很难让人记忆的，而经验则是人身心的记忆，难以忘记并有利于调整自我身心，让自我在纷乱中依然能保持身心合一。本雅明认为体验如旅行，我们可以用纪念品等物性加强记忆与回忆。让本雅明无法想到的是，今天的人与纪念品等物性也产生了异化，在互联

---

① 〔美〕塔勒布：《黑天鹅：如何应对不可预知的未来》，万丹、刘宁译，中信出版社，2011年，第20页。

② 2021年2月6日，以《另一个“拉姆”》为题的文章在网络上引发关注，马金瑜（曾在一线城市从事媒体工作）自述情感经历，称长期遭丈夫家暴。文章发布当日，记者从青海当地公安部门获悉，警方已介入并展开全面调查。同日，中央政法委网站官微针对此事发文，称家暴不是“家务事”，全社会都“零容忍”。

网世界中的旅行，只剩下感官的体验与愉悦，它能支撑起的只是支离破碎的记忆。数智时代人们体验愈多而经验愈少的状态需要重新审视人与社会实践间的关系。马克思曾指出“人们自己创造自己的历史，但是他们并不是随心所欲地创造，并不是在他们自己选定的条件下创造，而是在直接碰到的、既定的、从过去承继下来的条件下创造”①。马克思在承认人是“社会人”的前提下，认为人在社会实践中会不断推动自我的存在与发展，人的存在本身就是一个辩证的过程，人的内在本质有其变化之动力，人与自我以及人与社会的关系都是一个不断调适的复杂多变的过程。“异化”概念出现在马克思《1844年经济学哲学手稿》中，并一直贯穿于其主要理论体系之中。马克思从资本主义的生产实践造成人与劳动、人与产品、人与他人、人与自然以及人与自我发生的五种异化出发，为人是社会的人，需要守常达变，能够推陈出新，抵达人的身心合一等提供了理论基础。

罗萨非常认同本雅明“我们的体验时刻越来越丰富，但是生命经验却越来越贫乏”② 的预言。在马克思异化思想的基础上进一步将异化定义为一种“新异化”状态，即“其中主体一方面可以不受到其他行动者或外在要素的逼迫，亦即行动者完全可以实现另外一种行动的可能性，以此来追求主体自己的目标或实现自己想实践的事，但另一方面主体却不‘真的’想这么做或赞同这种做法”③。罗萨强调要“重新引入异化概念，并不需要再回过头去处理人类本性或人类本质概念”，他认为“我们并不是与我们的真实内在本质产生异化，而是与我们吸收世界的能力产生异化”④。罗萨的新异化概念在承认人的意向与行为不是发生于其内在本质异化的基础上，揭示出在个体认知、实践能力与喜欢隐藏、随方就圆的事物发展规律间产生异化。

① 〔德〕马克思：《路易·波拿巴的雾月十八日》，冯适译，江苏人民出版社，2011年第2页。

② 〔德〕哈特穆特·罗萨：《新异化的诞生：社会加速批判理论大纲》，郑作彧译，上海人民出版社，2018年，第139页。

③ 〔德〕哈特穆特·罗萨：《新异化的诞生：社会加速批判理论大纲》，郑作彧译，上海人民出版社，2018年，第114页。

④ 〔德〕哈特穆特·罗萨：《新异化的诞生：社会加速批判理论大纲》，郑作彧译，上海人民出版社，2018年，第145页。

2. 新异化中的自我异化与“强制规范”

人的自我异化在马克思看来就是人的类本质同人的异化。类本质是人类生生不息的共同体中人与人之间自由与自觉的实践活动，自我异化“使人自己的身体同人相异化，同样使在他之外的自然界同人相异化，使他的精神本质、他的人的本质同人相异化”。马克思自我异化思想的精髓即“人同自己的劳动产品、自己的生命活动、自己的类本质相异化的直接结果就是人同人相异化。当人同自身相对立的时候，他也同他人相对立”①。

当今人们对任何事情的共识都很难达成，但对忙碌中时间过得飞快却深以为然。“DDL”（截止期限）作为网络流行用语能够大行其道是有广泛的社会基础的，它实则是人与世界关系的一种表达和相处方式。我们总是在完成与未完成、接受与未接受间摇摆不定，自我的意向与行为、感性与理性、表达与行动、行动与改变间总是处于一种分裂、矛盾的紧张关系中，失控成为再一次失控的绝佳借口与理由。人们一次次地原谅自己，在一段段短暂体验中放逐自己，而又无法抗衡与抵御时光的飞逝。

短暂愉悦后的人们又会追悔莫及、悔恨抱怨，现代人对幸福的设问不知不觉中已从统治、战争、剥削、阶级、利益、阶层、性别等摆脱出来，人们突然发现制约与限制自己的已然由这些宏大叙事转变为具体而微的“DDL”、速度、竞争等中的规范与制约。罗萨指出这种“速度、竞争、截止期限”所造就的“强制规范”，是人与世界异化的表现形式，它们创造出“一些行为模式和经验模式并不是来自价值或欲望，而是来自主体等持续异化”以及“与像基督教会这样的社会文化体制类型完全相反，晚期现代情境没有一种潜在的‘调解’观念或制度”，这导致“所有的错误和缺失都直接落在个体身上”②。据此，罗萨揭示出新异化的形式，其核心来源是“晚期现代的自我与世界之间的关系出现了彻底的扭曲变形”③，以承诺个体获得自主性为主基调的现代性，在个体获得自由的同时却在个体自我

---

① 〔德〕马克思：《1844 年经济学哲学手稿》，刘丕坤译，人民出版社，1979 年，第 151 页。

② 〔德〕哈特穆特·罗萨：《新异化的诞生：社会加速批判理论大纲》，郑作彧译，上海人民出版社，2018 年，第 146 页。

③ 〔德〕哈特穆特·罗萨：《新异化的诞生：社会加速批判理论大纲》，郑作彧译，上海人民出版社，2018 年，第 147 页。

内部产生了分化与错位，人被抛向的外部世界与自我的内部世界都产生了双重不稳定性，从而导致自我与外部世界的异化。

大多数人在内外部双重不稳定的世界中，在各种 App 上以上帝视角来理解与研判世界，陷入强制规范中的自我意愿与表达，与他者无法沟通，丧失了真正自我行动与改变的能力，同时又不得不独自承担自身责任。在快速变化的社会中，人们往往忽略了人与自我、人与他者之间的情感投入，共情、共鸣无法达成的后果是人的孤独感与疏离感日益加重。罗萨注意到了异化中的这种情感“回应性”，他指出：“如果‘回应性’是异化的真正‘对立面’的话，那么自我与世界之间的沉默、冷淡、漠然、憎恶就完完全全表明了一种最外显、最深层的异化形式。”[①] 自我卷入是新异化的总体特征之一，它总会以各种各样的方式显现，但显现的往往只是新异化的结果而不是原因，问题总是在表象之后有着无限的延展性。

3. 加速、社会加速与社会加速异化

从生命传播的视域而言，数智时代的总体特征为媒介的传播速度在社会发展的方方面面不断加快，影响到社会系统的运行与反馈机制，显示出社会关系中个体话语权的力量，从而导致传者与受者角色、地位的改变，对传播内容、机制甚至传播管理体制都产生了根本影响。“社会加速”是罗萨社会加速批判理论中的重要概念，他首先将加速定义为“经验与期待的可信程度的衰退速率不断增加，同时被界定为‘当下’的时间区间不断在萎缩”[②]。这里的“时间区间”用的是寇瑟列克的概念，即一段相对稳定的时间，当下是“经验范围和期待范围正重叠发生”，在其中“我们才能描绘我们过去的经验，以此来引导我们的行动，并且从过去的结论推导未来”[③]。借用哲学家吕柏“当下时态的萎缩”这一说法，罗萨想要强调的是“一种基于文化和社会创新率的加速，造成了‘当下’这个时态不断地萎缩得越来越短暂”，它成为罗萨对“‘当下’的时间区间不断在萎缩”加

① 〔德〕哈特穆特·罗萨：《新异化的诞生：社会加速批判理论大纲》，郑作彧译，上海人民出版社，2018 年，第 147 页。

② 〔德〕哈特穆特·罗萨：《新异化的诞生：社会加速批判理论大纲》，郑作彧译，上海人民出版社，2018 年，第 18 页。

③ 〔德〕哈特穆特·罗萨：《新异化的诞生：社会加速批判理论大纲》，郑作彧译，上海人民出版社，2018 年，第 17～18 页。

速的理解[①]。

罗萨在借鉴德国社会学家格奥尔格·齐美尔等人的思想后，认为加速可以定义为“在一定时间单位当中行动事件量或体验事件量的增加。也就是说，这是因为想要或觉得必须在更少的时间内做更多事”[②]，社会加速在科技加速、社会变迁加速以及生活步调加速三个方面展开，从而“造就了新的时空体验，新的社会互动模式，以及新的主体形式，而结果则是人类被安置于世界或被抛入世界的方式产生了转变，而且人类在世界当中移动与确立自身方向的方式也产生了转变”[③]。加速的社会中人们每天要忙碌的事情不断增多，在这种表象的背后揭示出“社会制度的稳定程度和实践的稳定程度可以当作一个判断社会变迁加速（或减速）的准绳”[④]。社会加速并不意味着社会不安定，而是社会制度与社会实践稳定的基础发生了迁移，自我认知与调适的维度逐渐加重，忙碌的时间表象背后是要求个体自律意识与行动能力的不断加强。

社会在加速中不断产生异化，罗萨将其概括为“社会加速异化”。新异化是人与世界的扭曲变形，它是由人“吸收世界的能力”所导致的。罗萨将社会加速异化划分为“空间异化”“物界异化”“行动异化”“自我异化”与“社会异化”等几个方面。社会加速从社会生活的“空间、物、行动、时间、自我”等五个方面发生根本异化，即地缘空间赋予了人们亲缘、地缘与血缘上的有机能动性，而互联网信息传播技术全方位进入人的日常生活中时，技术替代了地理空间中人与人之间的复杂情感关系，强化了空间的无机特质；从物质匮乏中走出来的人们，原来在物性中沉淀的自我生命印记在认知加速中颠覆了其长期所扮演的安身立命之角色；行动中变化的不只是行动本身，而是行动的规则与法则都在发生着看得见与看不见的变化，设问从“想不想做”变成了“能不能做”，而“能不能做”又

① 〔德〕哈特穆特·罗萨：《新异化的诞生：社会加速批判理论大纲》，郑作彧译，上海人民出版社，2018年，第17页。

② 〔德〕哈特穆特·罗萨：《新异化的诞生：社会加速批判理论大纲》，郑作彧译，上海人民出版社，2018年，第21页。

③ 〔德〕哈特穆特·罗萨：《新异化的诞生：社会加速批判理论大纲》，郑作彧译，上海人民出版社，2018年，第63～64页。

④ 〔德〕哈特穆特·罗萨：《新异化的诞生：社会加速批判理论大纲》，郑作彧译，上海人民出版社，2018年，第20页。

需要继续追问“该不该做”；时间在体验与记忆上产生分化，感官享受被满足的同时记忆却在丧失；沉浸式体验中个体的自我麻木在时空传播中加剧的正是自我异化。

社会加速中时空萎缩的另一种表达是时空浓缩，这两者形成鲜明的对比。萎缩是单位时间的意涵，即人们的观念、声望、地位、职业、喜好、制度、政策等稳定的时间愈来愈短，它们甚至都同时压缩在当下；浓缩作为时间的另一种表达则是对萎缩的反动，它指的是不同类属的事物同时集中在当下。这意味着过去与未来都可能体现在当下，时空边界在地理位置、权力地位、亲密关系、事物性质、感觉感知、类别归属等中不断消融，如血缘关系可能被邻里关系所替代，而邻里关系也可能变成咫尺天涯，陌生与熟知已很难由传统的血缘、亲缘、地缘、单位、组织等决定，权力、权利、资本、资源等在人们情绪、情感、知觉、意识、认同、信任、信念甚至信仰等中获得了幽微但重要的姿态与力量，这些都与自我与外界关系调适的认知能力有关，隐含在社会加速、社会加速异化背后的认知异化或认知同化在承认个体差异化的基础上凸显了出来。

4. 认知加速：认知异化与认知同化

马克思对异化思想强调的同时，也主张“异化扬弃”。马克思认识到既然私有制是人异化的根源，那么“共产主义是私有财产即人的自我异化的积极的扬弃”。马克思所指的共产主义是“通过人并且为了人而对人的本质的真正占有”，由此，实现“人向自身也就是向社会的即合乎人性的人的复归，这种复归是完全的复归，是自觉实现并在以往发展的全部财富的范围内实现的复归”的异化扬弃①。借用罗萨社会加速的概念，这里认知加速指的是在当下区间中个体综合思维水平与快速变通调适的能力，即个体意向、行为在当下自觉不自觉中的自我综合的校准水平。认知加速贯穿于韦伯所言的决定个体社会行为的目的理性、价值理性、感情、传统等四大因素之中，它彰显出个体思维与思想方式的差异性。“当下萎缩”在稳定性加速解构之时，考验着个体自我认知在当下浓缩中的洞见与选择，检验着人迅速对所处环境、情势、态势等做出判断与决断的能力。

---

① 〔德〕马克思：《1844年经济学哲学手稿》，刘丕坤译，人民出版社，1979年，第73页。

早期人们在意识到异化存在时，瑞士儿童心理学家让·皮亚杰将“同化”“顺应”的概念从生物学引入心理学和认识论中，它们最早见于1936年出版的皮亚杰的《儿童智力的起源》一书中。其在对儿童智力和适应力的分析中提出了同化与顺应的概念，为儿童认知发展理论做出了杰出贡献。在这个意义上，认知加速在注重认知异化研究的同时应关切到认知同化的存在。认知异化与社会结构、制度、文化的不断变动有关，也跟自我同化与顺应社会加速的能力相关。我们在反对不断涌现的新观念、新事物时，如果没有意识到社会发展中认知深层结构的变化，忽略个体的省思，而只是打着正义、公平、自由、平等甚至道德的旗号，那么遮蔽的则是个体认知的惰性与偏狭。

传统社会中我们所倚重的很多行为法则随着社会加速都在不知不觉中发生了迁移，新异化中人们能够抓住的稻草就是自我认知在日常交流对话中的灵变与创造，在跨越时空的认知中针对具体问题进行调适，人与人、人与物的共情、共鸣与共生关系成为认知异化与认知同化存在的基础。传统社会中人依赖着他人，依恋着对物、法则尽可能地保留与遵从，这成为个体吸收世界能力的体现。如今，人与世界互动回应关系中的情感、记忆奠定了认知同化的基础，成为自我生命史中必不可少的部分，是自我前行的意向与衡量做事时轻重缓急的法则。随着社会加速中的认知加速，依赖与依恋关系所构筑的一切都不以人的意志为转移地崩塌了，马克思在《共产党宣言》中曾提到“一切坚固的东西都烟消云散了”，人与自我认知异化成为其他异化产生的基础，又在不断加重着自我认知异化。

认知加速是现代社会加速中的重中之重，它在一定程度上规定着社会发展的方向。认知异化与认知同化并存，需要个体自我的判断与决策能力。人们的观念与思想、思想与行动、行动与改变是在日常生活中以对话、交流的形式而展开的，以问题、论证、质疑、挑战、行动与改变来呈现的。人的生存质量与身心健康体现在言语与不言自明、差异与生成、沟通与对话之中，它们既冲击着观念与思想的边界，也在认知中不断进行着顺应、同化甚至异化。我们应回到皮亚杰的心理认知研究中，重新审视刚刚进入数智时代的我们。我们的心智应与我们根深蒂固的认知保持一定的距离，相信我们与他者之间的感觉与感知的联结，认识到认知异化与认知同化的存在，快速调整自我的思想方式，提升自我的思维水平，在日常生活中注重自我的反思与内省，不断校准自我与世界的关系，提高自我吸收世界的能力。在这个意义上，我们每个人都是“儿童”。

5. 在“表现”中承认的认知加速

认知加速首先是对时间的重新认识，单位时间不再是线性的，也就是说在单位时间里，过去我们只能做一件或少数几件事情，在数智时代，我们可以在单位时间里跨越时空、齐头并进地同时完成多项任务。令人疑惑的是，数智生存环境大大提高了人们做事的效率，我们却感觉忙忙碌碌中时间永远不够用。

罗萨用“生活步调的加速”概括了上面所描述的内容。罗萨说：“人们期待一种科技加速与生活步调之间的反转关系，也就是希望通过科技加速来释放出大量的时间资源，使人们有更多的时间能自由分配。”吊诡的是，“生活步调的加速与科技加速以相反的方式相互联结在一起了”①，“我们的行动必须够快且够弹性，才能获得（维持）社会承认，但同时，我们为承认而斗争的行为又会成为加速的推动机制”②。生活步调加速打开了人的眼界与见识，但随之而来的机会与诱惑也在无限扩大。欲望的满足似乎就在前方，只要努力一下就可以收获所有。人们游走在各种饭局、论坛、会议之中，追逐着下一个可能性，在主体欲望与客体诱惑间很难安分于自身所处的具体时空，忽略自我，忘却为人父母、为人儿女、为人同事等亲情、友情、同事之情，为了各种承认与认同而不懈地自我表现，争强斗胜，各显神通。

意味深长的是生活步调加速中人的成就感愈发短暂，过去的荣誉、地位等可能会使人安享很长时间甚至一生，然而现在却是新人辈出，推陈出新的速度超出了人们的想象，已有的身份、地位、权力、名声很难成为现在与未来社会身份、地位的保障。罗萨对此引出了承认地位中的核心要素，即“表现”，即“为承认而斗争所要争取的，就从地位变成了表现。承认不再是一辈子的成就，而是越来越变成每日的竞争”，且“承认已不

① 〔德〕哈特穆特·罗萨：《新异化的诞生：社会加速批判理论大纲》，郑作彧译，上海人民出版社，2018年，第38～39页。

② 〔德〕哈特穆特·罗萨：《新异化的诞生：社会加速批判理论大纲》，郑作彧译，上海人民出版社，2018年，第78页。

再能被积累起来，它随时可能会因为事态的流变与社会景观的改变，而陷入完全贬值的危险”[①]。“从隐喻上来说，为承认而斗争即日复一日从头开始，而且再也无法拥有一个稳定的根基或高台”[②]，尤其是“在晚期资本主义的情境与世代之内的社会变迁步调当中，日常生活里的为承认而斗争的情况会变得非常严峻。除了承认斗争的逻辑从‘地位’竞争转变为‘表现’竞争之外，它还持续用永恒的不确定性、高度变迁速率，以及日渐增加的徒劳感，威胁着主体”[③]。生活步调加速来自人们为了获得承认与认同而进行的斗争，累积性的地位与名声已让位于当下的地位与表现，稳定与确定的地位越来越被漂移、不确定的表现所替代。地位的不稳定性，意味着为被承认需要进行无穷无尽的表现，抓住些什么马上就要快速判断并做出选择，因为在社会加速中承认稳定性的根基是建构在表现中的，稍有不慎，人们便会退回原点甚至跌入万劫不复的深渊。

6. 自我认知异化中的惰性与自我麻木

在自我认知异化中，自我认为重要的事情总是被自我想要做的事情所取代。我们开始正事之前，总会自我安慰，先“刷刷”手机，总想着马上结束，但还是不由自主地一直沉浸其中，感觉不到时间的流逝，最终自认为应该做的事情没有做完，而不受头脑控制地想要随波逐流的事情却成为时间的主人。短暂愉悦的体验让我们无法集中精神，在魔幻象征世界中人们愈发身心涣散，总想瞬间完成宏伟计划却忘记了“不积跬步，无以至千里”的古人教导，有时我们也在行动，却不谙事物实现的甲乙丙丁，聚沙成塔，做事没有章法，颠倒错乱，超阶越次。

现代人精神的无序、焦虑、浮躁、狂乱，有些甚至演变为抑郁、狂躁、厌世等病症与自我如何认知变化的时代并采取行动有关。传统教育给人们的生活、工作、为人处世等准则在过去可能具有长期的适用性，而在以“加速”为基本特征的现代社会中，穿越其不断变化的表象背后的却是

---

① 〔德〕哈特穆特·罗萨：《新异化的诞生：社会加速批判理论大纲》，郑作彧译，上海人民出版社，2018 年，第 81 页。

② 〔德〕哈特穆特·罗萨：《新异化的诞生：社会加速批判理论大纲》，郑作彧译，上海人民出版社，2018 年，第 83 页。

③ 〔德〕哈特穆特·罗萨：《新异化的诞生：社会加速批判理论大纲》，郑作彧译，上海人民出版社，2018 年，第 82～83 页。

规则、准则的变迁。认知加速需要我们面对困难、挑战与问题时不断自我追问并切实找到解决问题的方法。过去我们的学习是从知道中知道，而自我认知革命对抗的就是这种认知思维方式。发现与发展自我的各种感知系统，洞彻隐藏其后的权力机制、法则的改变，方能寻找到变革的方略并积极投身其中。然而，在媒介作为人的延伸的同时，很多人却采取了认知惰性以及麦克卢汉所言的在感官感觉中自我麻木与自我截除的方式。

社会加速中体制、制度、组织等变迁的基础是个体差异性力量的显现与汇合，个体在自觉不自觉中参与到社会变迁中。个体认知异化不可避免地受到理性“铁笼”的牵绊与束缚，但隐蔽在“铁笼”之后的个体意识与内心深处的“牢笼”对个体的制约也成为不可忽略的原因。个体认知加速所带来的认知异化是社会实践中各种权力、权威、资本、资源、技能、专业甚至是情绪、情感、感觉、知觉间的复杂博弈与调适。长久以来人们言行所习惯性依据的稳定性法则以及传统中人们视而不见的媒介形式随着万物皆媒的实现，都已悄然发生了革命性的改变。当人们还沉浸在眼花缭乱的象征符号世界中时，没有意识到构境其的权力、地位、资源、资本，甚至内容表达方式等都随着具体话语场域及跨媒介叙事等的不断变化而发生了迁移。

个体认知在大众文化狂欢中日益显示出其差异性，也正是这种差异性使大众文化构境出别样的社会情势、境态，从而造成更大的认知异化。麦克卢汉在电力时代就认识到技术作为媒介是人的感官、功能的延伸与放大。他说：“史前人或部落人生活在感知的平衡状态中。他们通过眼耳口鼻舌身对世界的感觉是平衡的。技术革新是人的能力和感官的延伸，但是这些延伸反过来又改变了这种平衡，无情地重新塑造社会，而社会又产生技术。”① 人类感官、感知的平衡是抵制认知异化的良药，它要求人们对媒介变化所形成的情势与境态有深刻的感知力。

新旧媒介在交织与延伸中反射出麦克卢汉所言的人中枢神经系统的自发性。人们常常囿于传统认知思维，面对新的情势与境态时，中枢神经系统会自动产生麻痹机制实施自我保护，麦克卢汉将这种自我催眠形式称为

① 〔加〕麦克卢汉、〔加〕秦格龙：《麦克卢汉精粹》，何道宽译，南京大学出版社，2000年，第234页。

"自恋式麻木"，即"凭借这种综合征，人把新技术对心理和社会的影响维持在无意识的水平，就像鱼对水的存在浑然不觉一样"[①]。这里的鱼可以理解为媒介的内容，我们在认知上总是关注媒介的内容，对支撑媒介内容生成的环境、语境、情势与境态却视而不见，实际上其重要性正如水之于鱼一样。

数智时代的人们被孤独与无辜所裹挟，内心深处暗流涌动的是自我拒斥与抗拒，显现的却是冷漠与疏离。麦克卢汉有"自我截除是解除中枢神经系统压力的直接手段"的思想，他旗帜鲜明地提出"自我截除不容许自我认识"[②]，以应对与抵抗压力，这意味着"一种拼死的、自杀性的自我截除，仿佛中枢神经系统再也不能依靠人体器官作为保护性的缓冲装置去抗衡横暴的机械装置万箭齐发的攻击了"[③]。同时他也看到"任何发明或技术都是人体的延伸或自我截除"，媒介作为"感知生活的延伸和加速器"，都"立刻影响人体感觉的整体场"[④]。

互联网语言游戏中有朴实宁静的气息，也有虚伪邪恶的味道，人们可以便捷地感受和吸取各种观念、思想，也在自我意向与行为中进行着裸露出生命底色的自我表现与狂欢。它们看似与个体无关，却与自我认知深刻联结在一起，这是现代人倍感不安、孤独、无辜的主要原因。焦躁中人们更易在他者中产生自我认知异化，一旦在社交平台上被点燃，很容易引发情绪的渲染与放大，试图排解与释放自我孤独与苦痛，从而引起更大的癫狂。自我在伪自我中扮演着别人定义的角色，在盲目自由的状态中受到弗洛姆所言的"匿名权威"的引导，即放弃自我独立思考与判断的努力。这种以别人与社会的苦痛为代价的短暂体验后的幸福会影响自我人格的建立，而自我人格不健全又会深刻影响社会的健全，它不仅无助于问题的解决，还使人们所处的社会更加混乱与无序。

自我认知革命是对自我麻木的对抗与抵制，也是实现认知同化的必由之路。对传统的依赖及认知上的惰性，让人们面对新事物、新问题时自我

---

① 〔加〕麦克卢汉、〔加〕秦格龙：《麦克卢汉精粹》，何道宽译，南京大学出版社，2000年，第237页。

② 〔加〕麦克卢汉、〔加〕秦格龙：《麦克卢汉精粹》，何道宽译，南京大学出版社，2000年，第76页。

③ 〔加〕麦克卢汉：《理解媒介：人的延伸》，何道宽译，商务印书馆，2000年，第76页。

④ 〔加〕麦克卢汉：《理解媒介：人的延伸》，何道宽译，商务印书馆，2000年，第78页。

调整和不断提升的能力无处施展。麦克卢汉曾指出："电子媒介构成了文化、价值和态度的全局的、几乎是刹那间发生的转换。这种巨变产生剧痛和身份的迷失。只有对巨变的动态获得清醒的认识，才能减轻痛苦，减少迷失。"① 新媒介不是简单地取代旧媒介，而是将消失在旧媒介内容背后的事物显现出来，人们认知的惰性导致麦克卢汉"后视镜"的意向与行为，即人们用过去行之有效的、已无法适应现在发展的法则指引我们现在与未来的行动，就如开车的人一样，看着后视镜指导着自我走向未来。

7. 基于人性的算法游戏与算法迭代

在人们的认知差异以及不以人的意志为转移的社会加速中，各种力量自觉不自觉地处在权力的博弈中，无穷无尽的个体生命底色与生命温度以游戏的方式萦绕其中，这为算法游戏的存在提供了基础与空间。算法作为媒介具有强大的隐喻力量，借用美国学者尼尔·波兹曼的话来说，算法就是"用一种隐蔽但有力的暗示来定义现实世界"②。随着基于模拟人脑神经网络的机器学习等技术的发展，人工智能中核心的算法技术对计算机所描述的社会现象与本身的匹配程度将愈来愈高。算法世界已然让我们深陷其中，这个看不见却无处不在的迷宫笼罩着社会加速与认知加速的方方面面，要想回答人类未来命运走向何方最为关键的正是首先要了解和理解人们自身，迷宫再复杂与残忍，阿里阿德涅之线作为生命之线终归掌握在人类手中。

算法中立、算法"黑匣子"、算法歧视、算法偏见、算法透明等，社会各界站在不同视角上对算法做出不同的理解。基于推荐算法的各类 App，个体自我认知是算法最终想要逼近的。个体自我认知影响自我在各种 App 上的表现，人们往往根据自我的生命底色来了解、理解信息，并据此转发、评价以及购买。信息泛滥与个体信息传播的推波助澜有关，个体影响传播议题的设置、走向，并反过来深刻影响与塑造着人们的认知。社交平台中的机器学习以及算法正是基于个体认知的，它们会定位每一位用户的言行，对人们在社交平台上留下来的印记进行大数据分析，给用户画像，

---

① 〔加〕麦克卢汉：《理解媒介：论人的延伸》，何道宽译，商务印书馆，2000 年，第 238 页。

② 〔美〕尼尔·波兹曼：《娱乐至死》，章燕译，中信出版集团，2015 年，第 11 页。

了解用户的认知倾向，向其不断推荐可能会引起其关注的内容，长此以往又会加强用户的认知倾向，平台同时也巧妙地将其倾向性灌输在用户的认知中。目前，用户认知倾向性已成为广告发展的核心，也是广告变革的底层逻辑。以用户喜欢的表达方式将产品包装其中，试图进行精准营销，实现广告自身利益的最大化。

“游戏”作为哲学概念不同于一般意义上的游戏。麦克卢汉指出：“游戏是延伸，但不是我们个体的延伸，而是我们社会肢体的延伸。游戏是传播媒介。”[①] 个体认知的不断变化影响各方面利益的平衡，算法迭代游走于社会多元主体之间，各种信息在不断进行大数据分析中映照着各种主体权力间的博弈，身份、地位、权威、需求在不断变化中表现，迭代中的算法也使算法游戏成为可能。为了回答游戏的本质是如何反映在游戏者的行为中的，德国哲学家汉斯·格奥尔格·伽达默尔给出了游戏的一般特征，即“一切游戏活动都是一种被游戏过程。游戏的魅力，游戏所表现的迷惑力，正在于游戏超越游戏者而成为主宰”[②]。这说明游戏的真正主体是游戏而不是游戏者，因此“游戏就是具有魅力吸引游戏者的东西，就是使游戏者卷入游戏中的东西，就是束缚游戏者于游戏中的东西”[③]。这与维特根斯坦在《哲学研究》中提出的“语言游戏”的思想有着异曲同工之妙。他们都承认交流对话的多样性、异质性，也看到语言作为生活形式的必要组成部分的普遍性与合理性，理解语言作为权力也在定义着自我世界乃至人类未来。

游戏是敞开的，意义也可能是无限延伸的，它检验着游戏者的意愿、体验、经验与耐力。作为游戏者是游戏者还是被游戏者，不完全是由游戏决定的，在很大程度上是由游戏者自身决定的。游戏者身心最好处于弗洛姆所言的虚空状态（nothingness），这种状态不是仅仅靠知识、见地就能支撑起来的，而是在人的行动与日常生活经验中不断探索甚至冒险才能渐渐体悟与了解，成为只可意会不可言传的游戏的代言人。戏不可言，言不尽意，在游戏中表现得尤为明显，人们的视觉、听觉、味觉、触觉、嗅觉五

---

① 〔加〕麦克卢汉：《理解媒介：论人的延伸》，何道宽译，商务印书馆，2000年，第303页。

② 〔德〕汉斯－格奥尔格·伽达默尔：《真理与方法·诠释学》，洪汉鼎译，商务印书馆，2010年，第156～157页。

③ 〔德〕汉斯－格奥尔格·伽达默尔：《真理与方法·诠释学》，洪汉鼎译，商务印书馆，2010年，第157页。

觉与超感官知觉（即心觉）都在游戏中扮演着重要角色。

游戏对不同的主体而言有着相异的目的，无法逃脱的是游戏中的自我表现。伽达默尔说“游戏的存在方式就是自我表现。而自我表现乃是自然中普遍的存在状态”。接着，伽达默尔指出：“游戏最突出的意义就是自我表现”，并进一步阐释到“游戏的自我表现就这样导致游戏者仿佛是通过他游戏某物即表现某物而达到他自己特有的自我表现。只是因为游戏活动总是一种表现活动，人类游戏才能够在表现活动本身中发现游戏的任务”。正因如此，伽达默尔发现“存在一种我们必须称之为表现游戏的游戏，不管这种游戏是在隐约的暗示意义关联中具有某种属表现本身的东西，或者游戏活动正在于表现某种东西”①。这也应和了罗萨所言的认同很难由地位而是由表现带来的思想。

自我表现的无处不在让游戏有了在全社会中游戏的可能，也为游戏全方位的展开奠定了基础。算法游戏让个体自我处于一种自由的、差异的状态，个体自由与个体应为其自由所承担的责任是同一的。游戏为谁而表现以及游戏者自我表现的目的是否是其意愿的表达，这些都受到游戏者自身认知倾向的影响，以为自我在游戏实则成为被游戏的对象也成为可能。弗洛姆认识到人类“面临的选择，要么是逃避自由的重担，形成新的依赖和服从，要么是充分实现一种积极的自由，这种自由建立在人的独特性和个体性之上”②。社交平台让人们享有自由快感的同时，也让人们意识到，各种诱惑如达摩克利斯之剑一直悬挂在人们的头顶上。要么深陷其中，要么绝地重生，大多数人徘徊其中，欲罢不能，认知游离在游戏的封闭与开放中，在游戏中游戏，这更彰显出游戏的魅力。

平台算法与其说是以利益为导向的，不如说是游戏人性。用户沉浸在社交平台所提供的各类产品的灵妙中时，殊不知推荐算法、激励机制以及权力运行等背后都是基于人们的认知倾向性的，而人们认知倾向性绝不仅仅是以平台利益为算法游戏基础的，而是以人性为基础的。算法迭代在善恶、好恶、对错、是非等人性二元结构间游戏，“从隐喻的角度来说，这

---

① 〔德〕汉斯-格奥尔格·伽达默尔：《诠释学：真理与方法》，洪汉鼎译，商务印书馆，2010年，第159页。

② 〔美〕劳伦斯·弗里德曼：《爱的先知：弗洛姆传》，郑世彦、计羚译，中国友谊出版公司，2019年，第108页。

意味着在场和不在场的游戏、出现和消失的游戏"[①]，这是因为"二元性既无法消除也无法毁灭——它是游戏的规则，是一种确保事物具有可逆性的不可违背之协约的规则"[②]。算法自身无法消除不利于算法的一切因素，算法游戏在人性的出现与消失中游戏着，万事皆有可能，一切尚待生成。

铺陈在人性基础上的自我表现游戏，是在审美、伦理与信仰中展开的。游戏中人们往往会以道德高低上的批判来宣告一种摧毁力量的存在。这种摧毁的力量表面是针对他者的，实则伤人伤己。推荐算法由机器学习所导引，若不了解技术本身，仅仅靠倡导反对偏见、不平等、性别种族歧视等是很难产生实际效果的。自我表现陶醉在批判的热烈与激情中，全然不知自我认知此时已放弃了创变的可能性。认知倾向性的神奇就在于它由外物所牵引，实际消隐的却是自我贯通的能力，无法放下自我并在爱与责任中将游戏进行到底。

8. 认知加速中的共感社会与美好生活

理论作为社会分析的工具需要回应时代，从哪里切入以及落脚成为理论之间的重要分野。罗萨认为"批判理论的当代版本当中最值得采取的途径，就是根据行动者自己所认为的美好生活的观念，来批判性地检视社会实践"，他相信"人类主体在行动与决策当中，无论有意还是无意，都会持续受到美好生活的想象所引导"[③]。很多批判理论大家如哈贝马斯等都将自主性、自我决定与美好生活联系在一起。罗萨正是在前人研究的基础上指出："自主性可以被视作一种现代性承诺要赋予人们的东西，要将美好生活的目标、价值、典范，以及实践，都尽可能免于外在的压迫和限制。正是这样一种承诺，构成我们的生活，而且这种承诺来自我们文化的、哲学的、社会的、生态的和宗教的信念与渴望，而不是大自然的、社会的和

---

① 〔法〕让·鲍德里亚：《为何一切尚未消失》，张晓明、薛法蓝译，南京大学出版社，2017年，第74页。

② 〔法〕让·鲍德里亚：《为何一切尚未消失》，张晓明、薛法蓝译，南京大学出版社，2017年，第89页。

③ 〔德〕哈特穆特·罗萨：《新异化的诞生：社会加速批判理论大纲》，郑作彧译，上海人民出版社，2018年，第67～68页。

经济的‘一视同仁’的影响。”[①] 正因为社会结构、政治制度、大众文化中有着强大的阻碍人们追求美好生活的力量，所以才需要加强理论批判的力量。

社会加速所带来的认知加速深刻地揭示出思想广度与深度在理解与解决具体问题中的重要性，观察、审视与解释问题的能力很重要，解决问题的回应力与问责力则更为关键。这是因为“如果要判断人们是否承受痛苦与遭受异化，那么这个判断不能仅根据外在的、人类的天性或本质。在21世纪，必须要根据社会行动者自己的（负面的）感觉、信念、行动，才能对痛苦与异化的存在与否下判断”[②]。传统决策机制在社会加速、社会效率不断提升的同时有着僵化与机械的一面，它们必然构成各方反复争夺的权力场域。传统社会中所依赖的法则失灵之后，一个个具体问题摆在我们的眼前，社会失范的同时社会规范也在进行着，最终要追问的是自我对问题提出与解决的能力，在不断试错学习与反思觉醒中担负起自我对美好生活向往的责任甚至是命运。

现代技术支持下无处不有的媒介构境了人们的感觉与感知系统，这是一个显现与退隐互根互用的系统。麦克卢汉在电力时代到来后就意识到“人延伸出一个活生生的中枢神经系统的模式”，这个中枢神经系统“不仅是一种电子网络，它还构成了一个统一的经验场。正如生物学家所指出的，大脑是各种印象和经验相互作用的地方，印象和经验在此相互交换、相互转换，使我们能作为整体对世界作出反映”[③]，这在传统社会是不可想象的。人被社会发展方方面面所卷入的程度也前所未有地得以延伸，人在获得空前自由的可能性的同时，也逃离不出相互依赖与共生的“经验场”，它对个体自我的认知与参与也提出了更多的要求。认知加速中自我的“所见”“所听”“所触”“所尝”“所嗅”在传情达意的自发性中具备了改变人的“所知”“所为”的意味，经验场作为不可分割的系统预示着共感社会的到来，考验着人们认知中共情与共鸣的回应力。

---

① 〔德〕哈特穆特·罗萨：《新异化的诞生：社会加速批判理论大纲》，郑作彧译，上海人民出版社，2018年，第110~111页。

② 〔德〕哈特穆特·罗萨：《新异化的诞生：社会加速批判理论大纲》，郑作彧译，上海人民出版社，2018年，第67页。

③ 〔加〕麦克卢汉：《理解媒介：论人的延伸》，何道宽译，商务印书馆，2000年，第428页。

共感社会中社会疆界愈来愈多地构筑在人的心里。社交媒介中差异性的认知与价值意向很难成为传统的替代品，发展自我成为人首先要面对的问题。认知加速彰显出生命传播在个体生命体验与生命经验中的存在，为美好生活基于人性的易变提供了理据。对罗萨而言，"'美好的生活'最终也许就是意指生活中有着丰富而多面向的'共鸣'经验"，他引用泰勒的话"生活可以沿着一条清晰的'共鸣轴'而振动。这条轴线会在主体与社会世界、物界、自然、劳动之间的关系当中铺展开来"，共鸣意味着"与异化不同"①。泰勒所用的共鸣一词力图告知人们，人们所呼唤的安宁智性生活需要心灵在生命的每一刻得以化现。奥地利心理学家阿尔弗雷德·阿德勒用"共同体感觉"来表达泰勒共鸣的意涵，即人们在自我接纳、他者信赖以及他者贡献中方能体会到天地与我一体，万物与我同根的存在，体会到从小处着眼实现宏大目标的旨趣。

9. 结语

从传播学的视域分析，高科技发展带动的社会加速是遮隐在社会竞争、伦理、道德、文化、观念、日常生活等背后的认知加速，认知加速已无可逆转地成为人类生命生生不息之动力。人类处在不仅仅是生物学意义上的而是发生于人的每时每刻认知同化与认知异化的历史演化中，每个人在每个当下、时时刻刻承担着自我的责任与命运。这要求自我在世界中游走与回转具有辨别自我与他者不同人格面具的能力，一种能从不同角色中自如变通的能力。游走与回转中的浑然天成是一种对自我的驱逐与退隐，游刃有余中获得一种自我分离的能力。人们努力实现认知同化而避免认知异化，其中的奥秘在于人类已在共感中进入一个无法分割的世界，爱愈来愈成为人们理解与行动的源泉活水。算法游戏与算法迭代正是在一种难以琢磨的人性中展开的，在认知时时变化中逼近的是裸露的人性。我们无法将过去当成寻找现在乃至未来的生命底色，谜底在我们不断变化的认知中持续更替。弗洛姆所言的"爱是解决人类生存问题的唯一令人满意的答

① 〔德〕哈特穆特·罗萨：《新异化的诞生：社会加速批判理论大纲》，郑作彧译，上海人民出版社，2018 年，第 149 页。

案”[①]既消散又顽强地回响在社交媒介的每个角落。在科技加速的效能提升与生活步调加速中，幸福反而在忙碌中消失，这更加强调生活中的对话交流，注重人的身心平衡，这需要重新审视表现与认同、信任、承认等底层逻辑，在对未知的尊重中感知日常生活，实现以共情而共鸣，以共鸣而共生的美好生活。

① 〔美〕劳伦斯·弗里德曼：《爱的先知：弗洛姆传》，郑世彦、计羚译，中国友谊出版公司，2019年，第6页。

第三章
情感传播与异质共同体

| 一 |

生命传播与老龄化社会健康认知*

师曾志　仁增卓玛**

根据联合国世界卫生组织划分标准，一般认为，65 岁以上老人占总人口的 7%，即该地区被视为进入老龄化社会。各类调查与统计数据不断地告知我们，中国已进入老龄化社会，截至 2017 年年底，我国 60 岁及以上老年人口有 2.41 亿人，占总人口 17.3%，预计到 2050 年前后，我国老年人口数将达到峰值 4.87 亿，占总人口的 34.9%。① 这意味着 2017 年年底每 10 人中，就有 2 人是 60 岁以上的老年人；到 2050 年，每 10 人中，就有 4 人是 60 岁以上的老年人。

从表面上看，老龄化社会指的是一个国家或地区老年人占人口总量中的较大比例，然而，在更深层次上指的是在这一社会现实面前，湮没在数字背后的一个个鲜活的个体，无分老幼，共同构成了一个命运共同体：老年人自身、子女、亲属、家庭、社会及建制、结构都要应对老龄化社会所带来的种种困难与挑战。

党的十九大提出的不平衡、不充分的矛盾在当前的养老领域表现得尤为突出，概括为一个字就是“缺”，既缺适老设施、护理人员、专业陪护等硬件，缺老年人群体自我积极应对老龄化现实的正确理念与认知，更缺整个社会对个体生命历史性的认识，这导致对老年群体心理状态及情感需求没有明晰认识与积极回应。目前，各界在老龄化社会诸如政府管理、市场化运行、社会组织协助、志愿者服务等各方面已有大量的论述与实践，

---

* 本部分原载于《现代传播》2019 年第 2 期。

** 师曾志，北京大学新闻与传播学院教授；仁增卓玛，北京大学新闻与传播学院博士研究生。

① 新华社：《我国 60 岁及以上老年人口数量达 2.41 亿占总人口 17.3%》，http://www.gov.cn/xinwen/2018-02/26/content_5268992.htm，最后访问日期：2022 年 1 月 12 日。

本文拟从老龄化社会中的交流沟通出发，以生命传播理论为视阈，强调健康认知不单单是指从医学角度出发的老年人身体健康意识与行动，而是作为命运共同体的全社会面对老龄化所应有的心理状态与认知思维方式、行动方向。

1. 老龄化社会的研究思路

目前，关于老龄化社会的研究，大多集中在养老产业、养老方式、医养结合等领域，有为老年产业中资本大有可为鼓舞欢呼的，有为医学技术飞速发展将如何延长人的寿命而欢欣雀跃的，有探讨何种形式的养老方式最适于未来社会的，也有对人工智能发展如何解决养老问题而充满期待的，自然也不乏老龄化社会对社会经济发展有何影响的论述。如此多乐观且似乎言之成理的文献，却让人生出某种悲戚之感。因为绝大部分的研究始终缺少一个最为根本的维度，即老年人本身生命、情感交流的维度。

本论文旨在关切面对快速变迁的现代社会，老年人正遭遇着除了环境、食品、医护欠缺等带来的生理上的窘境外，还关注互联网世界通过思想、观念等正在将人类连接为一个整体的当下，逐渐被边缘化的老年人的内心或精神世界面临着怎样的问题。本论文试图回到老年人生命和健康认知本身，去关注处在社会急速变动之中老年人的精神与情感上的缺失与希求、误构与认知，从传播学特有的视角出发，力图回应老龄化社会需要解决的问题。

2. 生命传播：回归情感，回到生命本身

在现代化、工业化及少子化的多重压力下，不管我们怎样强调孝道文化，传统居家养老方式的变革都势在必行。不管是医养结合还是社区养老，社会不应简单将其视为投资热土、产业形态；作为子女也不应将把父母送进养老院、担负起其开支作为回报养育之恩的唯一途径。

当我们将老龄化作为一个社会问题着手解决时，老年人的情感诉求，应作为首先考量的因素。这一问题最易解决，也最为棘手。简单是因为情感历史与人类的历史一样漫长，它是人区别于动物最根本的维度，而这也正是发端于传播学视阈的生命传播的核心要义。这里的情感不单单指某一种情感，例如亲情，而是指滋养我们每个人生命完满发展的那种情感。这

种情感包括人类亘古以来心向往之的那些词汇：真、善、美、爱、包容、理解和承认等。棘手是因为宗教学、哲学、心理学、社会学等几乎所有人文学科都在探讨这一原初的命题，却至今未有关于情感的标准答案。互联网社会，万物皆媒，而以媒介研究为长的传播学试图回应老年人的情感需求时，生命传播也就愈来愈走进了人们的研究视阈。

生命传播关切的是人类交流互动形式、方式运行的机制，强调交流互动中生命的自我觉知与觉醒，揭示生命生生不息背后政治、经济、文化、专业、技术等各种复杂力量的博弈。生命传播不仅关注心灵、自我、社会等的相互关系，而且希望关切对交感、交流、交往形式的反思与理解，以及交流、交往的权力结构对个体会产生怎样的影响。

生命传播有如下几个特征：第一，与自我卷入相关，是个体性的、活性与具身性的，又是关系的、间性的；第二，强调实时性，认知在感觉流动中，在交流对话中不断形成与发展；第三，认知情境是动态与变化的，其中更加强调感觉、情感、情绪的力量，这些力量也在不断改变着认知情境本身；第四，强调审时度势与择机而行的能力，时机及机缘稍纵即逝，认知在事物的性质、形式、属性上展开而不仅仅延展与深挖内容本身；第五，正是时机与机缘的重要性，彰显出传播中表达、行动乃至改变的重要性，强调认知过程与创变过程的合二为一；第六，认知与创变的多措并举，打破人们思维中确定性的指向，突出了事物发展变化在生成中有着无限的可能性，这导致过程更重于结果。①

变老，是每一个人都要经历的生命历程。当我们在谈老龄化问题时，切不可将自己排除在这一议题之外。如何对待老年人，事关我们如何对待亲近的人，如何对待社会上的弱者，甚至是如何对待我们自己，以及当我们年老时被如何对待。

老龄化社会的问题是每一个人的问题，唯有卷入其中，而不是隔岸观火才能明白如何对待身边的老年人，回应他们的情感诉求。老年人的健康认知，不仅仅是老年群体自身改变其健康观念的认知，更重要的是全社会对生命健康的认知，它不能仅停留在医学技术发展带来的对疾病本身的疗愈上，而要将老年人的身心统一起来，重视他们的情感与情绪的力量，关

① 师曾志：《生命传播：自我·赋权·智慧》，北京大学出版社，2018 年，第 33 页。

注老年人心理的健康与安宁。

老龄化社会的挑战不仅仅是养老方式的改变、青壮年劳动力的减少等表象，更重要的是要营造某种氛围，让每一位老者体面地、有尊严地生活到老。不管是顶层的制度设计还是具体的社会与家庭实践，都应具备这种过程意识，不能把养老的目的简单地视为弥补情感缺失，更不能粗暴地把养老问题的解决交付给技术或资本。

"衰老和死亡从来不是医学技术的某种失败，而是对生命本身规律的尊重。接受个人逐渐衰老的事实和必死性，清楚了解医学的局限性和可能性，这是一个过程，而非某一时刻的顿悟。"① 生命传播是一个无法间断的过程，克服我们对老龄化社会的恐惧、焦虑和不知所措，需要我们回到生命本身，返观向内，思索每一个人在当下媒介化社会、社会化媒介中如何作为，如何行动与改变。

3. 媒介化中的老龄化社会凸显的问题

(1) 老年人的媒介化社会交往：从中心退居到边缘

老龄化社会，不是空中楼阁般无根的存在，它的形态取决于更大的社会环境。这个大环境是现代化、工业化，更是媒介化。媒介化社会②最大的特点便是快速流动与迭代，一切事物、关系都处在流动和变迁中，不确定性、偶然性成为常态。媒介化社会是随着以网络技术为中心的传播媒介在中国得到爆炸式发展而出现的一种社会形态。大数据、云储藏、云计算、智慧城市等新事物、新技术、新概念不断涌现，以手机为主的移动媒介的广泛普及是媒介化社会的主体风景。

今日的老年人也被技术裹挟着，不得不面对这一社会景观，以或慌乱或缓慢的姿态去适应这样的社会变迁。这些老年人还来不及好好适应这一现实，就惊觉支撑一个人体面生活的社会关系、话语系统、情感世界等都已发生了改变。

---

① 〔美〕阿图·葛文德：《最好的告别》，彭小华译，浙江人民出版社，2015 年，第 164 页。

② 媒介化社会是指媒介与政治、经济、文化等诸领域或媒介与组织、个人的关系并非某种殖民的关系，媒介也并不仅仅是某种系统之间相互沟通的渠道或者中介，而是其自身形塑（mould）互动发生的方式，是这样一种发展进程，社会或文化活动（诸如工作、休闲、游戏等）中的核心要素采取了媒介的形式。

随着互联网时代的到来，政治、经济、教育、文化等的发展以及人口流动性的加强，老人与子女、家庭、社区、单位甚至国家之间的关系都在被解构与重构着，其社会交往关系的改变构成社会结构变迁中的重要组成部分。老年群体与其他人的关系，甚至包括与子女的关系处于一种新的生成性的关系中。在这样一种新的关系中，最突出的变化便是在关系秩序中老年人从中心退居到了边缘。

考基尔和霍尔摩斯在 1972 年出版了《老龄化与现代化》一书，其中最为重要的一个结论是老年人的地位与社会现代化程度成反比。当老年人在人口中的比例很小时，他们的地位最高；随着老年人数量和比例的上升，其地位趋于下降。在文盲社会中老年人的地位很高，而在科学文化迅速发展的现代社会中老年人地位相应降低。

在前现代社会中，社会分工较粗，彼此间差别不大；生活相对稳定，下一代都继承前一代人的传统和习俗；社会所遵循的习惯是靠记忆口授的传统传播，这意味着人们必须向有经验和智慧的老年人学习经验和知识。

现代社会，人们在竞争激烈、分工明确的秩序中扮演着多重角色，变化才是生活的常态，风俗和传统不再是人们必须继承之物；信息得以储存，不一定要靠老年人的记忆，经验可能不如创新重要。正如本雅明早在 1936 年《讲故事的人——论尼古拉列斯科夫》中指出的那样，“交流经验的能力”似乎从我们身上被剥夺了，而造成这种现象的原因很明显：经验已贬值。

（2）老龄化社会中的交流与沟通的无效

互联网技术所引发的动荡在更宽广、更深刻的层面上解构与重构着社会结构与关系，这不仅仅对法律制度造成挑战与冲击，人们据以生存的感知、连接世界的方式与内容也随之发生了改变。基于互联网技术的媒介化社会，信息与知识都是公开的，考验个体的是信息的快速接收力与领悟力，而老年群体由于身心两方面掣肘，面对快速流动的信息世界，往往力不从心。而信息时代，信息接收的程度与话语权之间呈现正相关。

关系与秩序背后是权力与资源。现代医学技术确实延长了人的寿命，与之相对，技术的普及也使年轻人获得了更多的话语权。话语权本身就是权力最为根本的一种体现。正如福柯所言，话语即权力。传统社会，老年人被置于中心，他们是智慧的象征，是秩序的维持着；现代社会，没有话语权的老年人越来越被边缘化，被贴上过时与保守的标签，甚至成为创新与发展的“绊脚石”。

进一步追问关系变化背后深层次的缘由，便是由媒介使用渠道的不同而导致的交流鸿沟及代际间认知心理与心智模式的冲突。交流的无奈与沟通的鸿沟成为老龄化社会面临的最为严峻的问题之一。

互联网作为最为根本的媒介形式，它的特点决定了语言风格与形式。“快”“去中心”“扁平化”是互联网的特点，相应地，对话语的要求也是“轻”与“活泼”。这套话语系统随时兴起，随时消散，处于快速流变之中。由于接受新兴事物的层次与能力不同，代与代之间的话语系统处在一种断裂之中。

在传播学研究中，这种断裂被命名为“知沟”“信息茧房”，它是由人们接收信息的渠道、内容等不同而导致的。互联网时代，代际间的“知沟”或交流的鸿沟越发被凸显出来。老年群体常感叹的一句话便是“没法沟通”，而作为子女也同样在感慨和上一辈“没法交流”。

话语系统断裂引发的交流和沟通的无奈，在全社会中将随着社会快速流动变迁而越发显现出来。这不仅是当前的现实而且是未来的趋势。从心理和生理上说，人类的感知和感情都是每个人独特的东西，人类的神经末梢以自己的大脑为终端，而不能与另一个人的头脑直接相通，这便使交流成为一个问题。只有弄清交流的问题，才能解决我与他、私密与公共、内心思想与外在词语分裂所引起的痛苦。因此，交流的问题不仅仅是老年人与年轻人之间的问题，更是我们每个人的问题。

（3）老龄化社会缺乏情感维度的行动

人与人之间思想隔绝，是人类最根本的特征之一。这种思想间的割裂，是自然界中最绝对的割裂，于是，不论宏大的人类历史还是日常生活中都充斥着交流失败的例子，交流失败的悲剧、喜剧和荒诞剧也比比皆是。

物质丰富的年代，对于物质需求较低的老年群体来说，更多的是心理需要，其中尤以对情感的需求最甚。但正如前文所述，老年群体在社会秩序中被边缘及代际间话语系统不同引发交流的无奈，进一步加深着老年群体的孤独感。和传统社会不同，现代社会与子女共同生活的老年父母越来越少。这一现状不仅事关孝道观念的变迁，而且是少子化、现代化社会必然的后果之一，“空巢老人”成为现象级话题而引发人们议论便是最好的例证。

老年群体最终只能选择在养老院度过自己最后的人生。然而，机构化的养老方式却很难具备家的温情，无法给老人们带来情感的抚慰。50 多年前，社会学家欧文·戈夫曼就在其著作《收容所》里写到了监狱和疗养院之间的相同之处。

> “生活的各个方面都是在同一个地方、在同一个权威领导之下进行的；
>
> 成员日常活动的各个方面都是和一大群人一起完成的；
>
> 日常活动各个方面都是紧密安排的，一个活动紧接着另一个已预先安排好的活动，活动的整个流程由一套明确的正式规定和一群长官自上而下强行实施；
>
> 各种强加的活动被整合为一套计划，据称是为了实现机构的官方目标。”①

戈夫曼在 50 年前的比较也许有可商榷之处，但观察周围的养老机构似乎大多如此。不管是在专业的养老机构还是“空巢”，面对人生最为艰难的一段“丧失期”，面对慢慢地丧失记忆力、听力、老朋友、固定的生活方式，直到最后丧失自主生活能力的艰辛旅程，机构显然无法给予老人足够的耐心与倾听、温情与抚慰。子女们迫于生活自顾不暇，社会更像一台急速飞驰的机器，无暇顾及行动缓慢的老年群体。

人文学科自大力推崇以精确量表为主杲的定量研究后，关于情感的研究似乎也趋于式微。同样关于老龄化社会、老年群体的研究也鲜少涉及老年人的情感需求，提出的行动方案也大多以目标为导向，缺乏过程中对老年人及其亲属的情感维度的关照。虚无缥缈且捉摸不定的情感，似乎成为可忽略不计的一个小因子。但人类精神和文化发展的轨迹却表明：人类精神世界发展的起点是感觉，情感是感觉的序化，也就是说，先由感觉达到情感，而后达至理性。当我们关注老龄化社会问题时，便不可忽略老年人的情感。一言概之，当下被孤寂笼罩的老年人的情感世界与鲜少得到回应

① 〔美〕阿图·葛文德：《最好的告别》，彭小华译，浙江人民出版社，2015 年，第 67 页。

的情感需求之间存在矛盾。

4. 老龄化社会，我们如何“能”

在以互联网为基础的媒介化社会中，最核心的是人与人、人与组织、组织与组织间如何产生信任，并在信任的基础上产生合作相互受益。互联网时代社会有机团结中彰显的是长期隐匿于个体差异性背后的个体的情感、感知、感觉，信任与合作主要来源于人类情感的共情与共鸣以及个体认知叙事的能力。

老年群体处于社会关系中的边缘位置，话语系统断裂使代际间的沟通与交流越发艰难，机构化养老体系不成熟加之少子化的社会现实使老年群体愈加孤苦寂寥，情感虚空。面对凡此种种，除了顶层制度设计、宏观养老产业发展外，老年人自身、子女、家庭和社会应该从更加微观、具体的视角去关照老年人的身心健康，尽量消除代际间的交流鸿沟，以更富人情的方式共同应对这一现实命运。

（1）互联网时代的联结与自主性

生命的圆满应该包括优雅而体面地老去。如果社会对此不予考虑，那么老年人在面临生命周期的最后阶段时，将要面对的就是入住回应各种社会目标（从腾出医院的床位，到解除家人的负担，到应对老年人的贫困问题）的机构。这些目标从来不是居住其中的人们最为关切的目标：任何一位老年人首先想的是在衰老脆弱、不再有能力保护自己时，除了偶尔扮演爷爷奶奶、父亲母亲，不再承担其他任何社会角色时，如何使生活存在价值。

哈佛大学哲学教授罗伊斯在其著作《忠诚的哲学》中想弄明白一个看似简单却根本是个谜的问题：为什么仅仅存在，仅仅有住、有吃、安全地活着，对于我们是空洞而无意义的，我们还需要什么才会觉得生命有价值。他认为答案是：我们都追求一个超出我们自身的理由。对他来说，这是人类的一种内在需求。这个理由可大（如家庭、国家、原则）可小（如一项建筑工程、照顾一个宠物）。重要的是，在给这个理由赋予价值、将其视为值得为之牺牲之物的同时，我们赋予自己的生命以意义。因此，面对不断走向死亡的个体来说，让其生命变得有意义的途径就是把自己视为某种更大事物的一部分：家庭、社区乃至社会。

老龄化社会应该给老年人提供更多的自主性与社会参与空间。在不断解构与重构的社会关系中留一席老年人的容身之地，为他们的生命赋予存在的价值。天不变，道亦不变。不管社会如何变迁，生活本身所需的智慧万变不离其宗。老年人经过世事沧桑，那些关于人、关于生活、关于真善美的经验与体悟，值得整个社会去聆听与尊重。

作为老年人，也应以积极的心态面对自身的衰老以及在社会关系中退居次位的处境。越发缓慢的行动能力和不断退化的记忆力甚至是偶尔糊涂都是生命发展的必经过程。老年人的平静和智慧是在时间的历程中实现的。老年人除了向外寻求社会系统的支持，也应反观向内，面对自己走向衰老的事实，尊重自然生命的规律性发展。

互联网凸显的是“能”时代的到来，随着技术本身的普及和老年群体平均知识掌握水平的提升，技术将不再是不可逾越的鸿沟。互联网技术使联结渠道越加多样化，建立关系成为易如反掌之事。借助这一态势，老年人自身应主动成就自己的“能”，在家庭与单位之外，积极建立属于自己的社交网络，在多中心、扁平化的社会秩序中，找到适合自身年纪的立足之地。

（2）电视与互联网对老年人健康认知的重要性

话语表征着现实世界，不同的媒介语言表征着完全不一样的现实世界。互联网作为最大的媒介，已经渗入我们生活的方方面面。年轻一代几乎将从吃穿用度到社交娱乐学习等全部的生活搬到了互联网上。而老年人使用的最为重要的媒介依然是电视。在作家曲兰的《老年悲歌：来自老父老母的生存报告》一文中，多次提到了老年人最为倚赖的媒介形式——电视。

> “5 层的楼梯，对他们就构成了一条不可逾越的鸿沟，于是他们就被禁锢在家中的小天地中，日复一日，只能互相面对，与外界唯一的联系就是那台电视。”
>
> “要说儿女们有本事是好事，可惜忠孝不能两全，越有本事，他们也就走得越远。剩在巢里的两只老鸟，也就只能终日与电视为伴了！”
>
> “这些老人丧偶后更加孤独，子女只好把他们接到国外。但老人

在国外很难适应，由于语言障碍连电视都看不了，反而更苦闷，过一段时间后只好回国。”①

可见电视作为老年人与外部社会联结的最为重要的媒介，功不可没。许多调查数据表明，目前电视受众中，老年人占据很大比例。老年人与电视的关系不是静止的、单向的，而是动态的、相互作用的。一方面，老年人在与电视接触过程中的行为表现、心态感受与意愿需求将给电视的运作方式及发展态势带来多种可能的影响；另一方面，电视的运作方式及发展态势则或多或少会直接、间接地对老年人生活的诸方面产生多种可能的效应。目前，电视上各种养生保健类节目、以保健品为主的电视购物节目数目繁多便是很好的例证。

面对衰老，面对死亡的恐惧，老年人开始更加关注养生保健无可厚非，但作为电视节目制作者，不应主动窄化自己的传播范畴，针对年老群体只提供类养生节目。这需要电视媒介的内容生产者改变惯常思维与认知，为老年人提供更加多样且丰富的内容，帮助他们建立更为积极的健康认知，而非一味地寻求延年益寿之道而忽略了生活本身。正如哈佛医学院教授阿图·葛文德在其著作《最好的告别》中写的一样，许多临床医学上的研究表明，只有不去努力活得更长，才能够活得更长②。

除了内容，电视媒介应在更为广阔的空间内，尽力消除老年人与年轻人之间的话语与观念的鸿沟。尽管代际间使用媒介形式的不同决定了认知与话语的差异，但电视应努力成为年轻人与老年人话语系统的转译者，减少代际间认知与感受方式的不同带来的交流无奈。

首先，在某种意义上，电视可被称为“家庭”媒介，声画于一体的电视传播内容鲜明、直观浅显，从而能够面向更多受众；其次，电视一般都是摆放在客厅中，承担着家庭中的公共娱乐工具角色，成为一家人共享的媒介。“看电视”成为一家人集体的活动，是一个家庭的公共娱乐方式。无论是父母与子女，还是祖孙之间，都能够在“看电视”的氛围中交谈说笑，其乐融融。无论是对电视特定节目的共同爱好，还是对“看电视”这

① 曲兰：《老年悲歌：来自老父老母的生存报告》，《北京文学》2003年第6期。

② 〔美〕阿图·葛文德：《最好的告别》，彭小华译，浙江人民出版社，2015年，第67页。

种氛围的享受，这种聚合过程都加强了成员之间的沟通与交流，成为家庭关系的润滑剂。

电视“家庭媒介”功能的真正发挥，需要家人的共同在场。自古以来，对中国人而言，家庭是最为重要的情感归属地。不同于西方，我们的文化里还是偏向于居家养老。但现实是，许多居家老人变成了“空巢”老人，电视不是全家人的共享媒介，而只是老年人排遣寂寞的最后选择。面对此情此景，电视作为“家庭媒介”的功能还应继续发挥。

（3）人诗意地栖居在“语言的家”

节假日是沟通情感、加强家庭纽带的最好时机。近些年来，国家有关方面加大了对节假日的重视，从放假时间、高速公路免费、公共文化建设等方面为家庭成员的团聚创造了较为便利的条件。团聚时刻，除了共享电视媒介，老年人和年轻人还有别的共同的媒介形式吗？这种媒介形式就是语言。

语言作为人类最持久的媒介，构成了人类交流、交往中最根本的存在。选择信息渠道与载体的不同，欣赏内容的差异，都会造成语言间的断裂与冲突，它们构成了交流的羁绊与无奈，也构成了家庭成员间交流的障碍。认识到语言的重要性就能发挥家庭成员间在场的作用。

终其一生，在每个人有限的时间里，对他人的关爱也是有限的。大部分人能做到的恐怕只能是爱比较亲近的人，爱之悖论是，具体的局限性和要求的普遍性之间存在着矛盾。由于我们只能够和一些人而不是所有人渡过共同的时光，因此，亲临现场恐怕是最接近跨越人与人鸿沟的保证。亲临现场的沟通，使语言这一人类至今为止最为伟大的媒介出现，其他一切的媒介形式都无法超越语言本身。

在场的沟通，可以消弭符号表征的话语世界的断裂，在这里，那些最为古老的话题，关于生活、关于日常、关于真善美，都可以成为交流的内容，更重要的是通过人们的交往行动，在无言有情的气氛中，感知生活与生命。必须承认，过往四世同堂的天伦之乐与田园牧歌式的老年景象在已然来临的老龄化社会中无法再被还原，但被技术和媒介构筑的话语鸿沟并非不可逾越。除了电视、网络等媒介发挥积极作用，回到在场的交流是我们的出路之一。

亲临与在场带出的不仅仅是语言，更为重要的是情感维度的显现。陪伴才是最长情的告白，这一句略显矫情的口号用在此处却最为得当。无论是怎样的政策、措施，还是积极的社会行动等，其实都很难解决老年人心理孤独的问题。家人与亲人的陪伴才是解决老龄化社会问题的“性价比”最高的方案之一。

5. 结语

老龄化社会或许面临许多外部的挑战，但只要全社会通力合作，合情、合理、合宜地安顿好老人的内心与情感，那么外部的问题相信在政策、资本与技术的合力下也能迎刃而解。安顿好老人的内心与情感需要的是每个人的勇气与智慧。勇气是面对知道需要害怕什么或者希望什么时体现的力量，而智慧是审慎的力量。在年老和患病时，人至少需要两种勇气。第一种勇气是面对人终有一死的事实的勇气，寻思真正应该害怕什么、可以希望什么的勇气。令人却步的是第二种勇气，依照发现的事实采取行动的勇气。[①] 而面对的挑战是，个人必须决定他所害怕或希望的事项是否应当是最紧要的，这个决定绝不是可有可无、一时兴起的，而是将贯穿生命的整个历程。

① 〔美〕阿图·葛文德：《最好的告别》，彭小华译，浙江人民出版社，2015 年，第 211 页。

| 二 |

"脱嵌"与"根植"：养老服务与日常生活的两种关系*

王　迪　杨稳玺**

老龄化社会的到来将养老服务问题推向讨论焦点，服务效能的优劣事关我国两亿多老年人的福祉。从研究领域和政策实践领域来看，呈现出从"国家责任本位"到"福利多元主义"的演变趋势。首先是强调养老保障中的国家角色、政府责任与政策目标，将养老服务看作政策制定的重要内容，提出以"重构公共政策体系"的方式来应对人口老龄化的趋势。全国老龄委在2006年发布的《中国老龄事业发展"十一五"规划》中也出现了"党政主导"的提法，这与"国家回归"的研究思路是基本一致的。其后，随着人们对"共建共治共享"的认知不断加深，养老问题的解决方式从"政府包办"逐渐转向国家与市场相结合，将养老服务发展成为多方参与、共同协作的社会事业。相应地，有关政策也越发重视养老服务市场建设，如国务院办公厅2016年91号文件提出全面放开养老服务市场、提升养老服务质量，通过积极引导社会资本进入养老服务业以满足人民群众全方位、多角度、深层次养老需求。

在国家、市场与社会的多方探索下，我国养老服务事业取得了诸多成绩，但仍然存在一些困难和问题，如2019年《国务院办公厅关于推进养老服务发展的意见》指出的，"养老服务市场活力尚未充分激发，发展不平衡不充分、有效供给不足、服务质量不高等问题依然存在，人民群众养老服务需求尚未有效满足"。针对养老领域的现实困境，相关研究展开了多个层次的讨论：第一类研究质疑了"国家干预和市场参与必然有效"的

---

* 本部分原载于《社会发展研究》2021年第8期。

** 王迪，北京大学社会学系；杨稳玺，新华通讯社。

前提，指出了可能存在政府和市场“双失灵”[①] 的情况，但并未能对“双失灵”的原因进行深入解释；第二类研究具体分析了“国家”和“市场”各自存在的局限性，但没有注意到“国家”内部的层次分化（中央与地方）和形态的多样性（政府行为或政策愿景），也没有看到市场主体的行动逻辑和实践过程；第三类研究意识到了问题的解决需要回归养老需求，但更多地将养老需求视为完整统一的、可以进行抽象界定的形态；第四类研究从解决方案上对比了机构养老、社区养老和居家养老等方式，但主要停留在“术”的层面对具体做法、功能定位进行比较和优劣之辩，缺乏从“道”的角度对养老服务的一般问题与核心症结进行深入反思。

鉴于已有研究的不足之处，对养老服务困境的分析需要细致考察国家、市场与服务对象之间的复杂关系和具体过程，从老年人群体内部差异性的视角出发，基于日常生活情境与社会土壤来把握养老需求。本文便是聚焦于各级政府与市场主体参与养老服务的实践过程，关注养老需求的多样性和内生性及其满足路径，利用笔者在我国西部 X 省进行政府部门访谈、对城乡养老服务（包括机构养老和社区养老）进行实地调查所获得的田野资料，尝试回答养老服务领域中存在的不足或困境是缘何形成的，养老服务应该如何在实践与理念上做出调整才能够破解当下难题、实现持续发展。这类探讨既有助于探索养老服务的未来发展路径，又有助于在学理层面透析社会事业发展模式在一般意义上的转变。

1. 政绩目标与养老机构现状的矛盾

在养老服务体系建设的领域中，政府部门在制定导向性的目标和规划、调控和分配资源、提供设施等方面发挥着保障性的作用。但是需要更为清晰地把握的是，在政府内部，中央层面的政策规划与地方政府的执行方向之间，时常存在着显著的差别，这种差别恰是养老服务领域内实践偏差的源头之一。

（1）综合目标与量化指标：养老服务视角的央地差异

随着老龄人口比例上升、需要照料的失能或半失能老人数量剧增、家

---

① 付诚、王一：《政府与市场的双向增权——社会化养老服务的合作逻辑》，《吉林大学社会科学学报》2010 年第 5 期。

庭规模小型化趋势明显，养老问题越来越受到重视。党和国家的方针政策，都将养老服务的供给作为未来政府工作和社会服务的重要组成部分。其中，在中央层面的政策和发展规划中所表现出来的“养老服务”的特点主要有两个。第一，是对全面工作、综合目标和实际效果的强调，并呈现出“政策客体逐渐扩大，养老服务项目逐渐增多，更加凸显社区居家养老方式的作用，更多运用市场型、动员型政策工具，更加关注政策效果，注重养老服务质量的提高”[①] 等趋势。如《中华人民共和国国民经济和社会发展第十三个五年规划纲要》指出要“建立以居家为基础、社区为依托、机构为补充的多层次养老服务体系”，同时涉及养老保障和补贴制度、养老设施和养老地产、养老护理和相关人才、老年人权益和社会风尚等各个领域。第二，是对具体量化指标的要求和考核，比如国务院发布的《“十三五”国家老龄事业发展和养老体系建设规划》中就详细制定了一系列工作指标，包括“政府运营的养老床位占比”“护理型养老床位占比”等；在民政部、国家发改委印发的《民政事业发展第十三个五年规划》等文件中更是具体规定了“每千名老人拥有床位数”这样的确切数字。不过，需要注意的是，这种要求是在各种养老模式之间具有一定结构安排的，而非单纯强调机构数量的增加，更不是盲目追求更大比例的机构化养老模式。

可以看到，中央层面的政策目标在多年实践、反复探索和总结经验的过程中渐趋成熟、全面和均衡，但这套政策体系仍面临着在实际执行的过程中如何落地的问题。国务院办公厅在 2011 年印发的《社会养老服务体系建设规划（2011 - 2015 年）》中指出“统筹规划、分级负责”的原则：“中央制定全国总体规划，确定建设目标和主要任务，制定优惠政策，支持重点领域建设；地方制定本地规划，承担主要建设任务，落实优惠政策，推动形成基层网络，保障其可持续发展。”而在地方制定本地规划的过程中，对于政策初衷的把握和政策重心的选择就会出现各种不同的转向。

其中一种非常显著且并不鲜见的转向呈现为：当养老服务的问题被纳入政府部门的上下级评价体系之后，考核与应对考核的关注重点都从养老

---

① 韩艳：《中国养老服务政策的演进路径和发展方向——基于 1949 - 2014 年国家层面政策文本的研究》，《东南学术》2015 年第 4 期。

工作的综合表现和实际效果切换到指标化、可测量的工作领域中，即詹姆斯·斯科特所说的“官员们往往通过文件和统计数据中简单化的近似值来‘看’与他们有关的人类活动”①。这种量化指标一度以 GDP 来衡量且与地方政绩挂钩，出现了 GDP 被不当使用、过度使用等问题。党的十八大以来，“不简单以 GDP 增长率论英雄”成为经济发展领域中新的指导思想，但在很多领域内仍存在着“唯 GDP 论”的变体；换言之，“绿色 GDP”也是一种以量化指标为核心的政绩观，使地方政府进入新一轮、围绕新议题的政绩竞赛。

这种政绩观不出意外地延伸到养老服务领域中。以本文所调查的 X 省为例，该省《“十三五”老龄事业发展和养老体系建设规划》回望了“十二五”时期的主要成就，在“城镇职工基本养老保险参保人数”“企业退休人员社会化管理比例”“离退休人员养老金待遇年均增长率”“老年协会城乡社区创建率”等指标上均完成（或超额完成）任务；未完成的有 3 项指标，分别是“城乡居民基本养老保险参保人数”“每千名老年人拥有养老床位数”“老年教育参与率”。尤其是“每千名老年人拥有养老床位数”的预期目标是 30 张，实际完成情况只有 20.8 张，完成率仅有 69.33%，差距较大。按照 X 省民政厅的说法，算上在建的养老机构，该省每千名老人拥有的养老床位数为 34.2 张，已达到 2011 年国务院办公厅在《社会养老服务体系建设规划（2011－2015 年）》中提出的“30 张”目标，但尚未达到 2016 年民政部、国家发改委在《民政事业发展第十三个五年规划》中要求的“35～40 张”的目标。

为了在数据上扭转目前相对“落后”的局面，X 省近几年来在养老服务领域更多地选择以指标为导向的建设和营造方式，持续新建公办、民办养老机构，一味追求养老机构数量的增长以及由此带来的床位数的增加，将养老服务的提供等同于“养老机构的建设”。比如笔者在调查时发现，在 S 市 PL 县，尽管现存养老机构已运营困难，但投资 3.58 亿元的 YB 养老院依然在紧锣密鼓地建设，即将带着 1500 张养老床位的指标进入市场——这一数字接近 X 省在 2014 年全年的养老床位新增数量 1778 张。与

① 〔美〕詹姆斯·C. 斯科特：《国家的视角：那些试图改善人类状况的项目是如何失败的》，王晓毅译，社会科学文献出版社，2011 年第 95 页。

YB 养老院同样“跑步进场”的机构不在少数，X 省 2017 年《政府工作报告》中明确将“新改建养老服务机构 173 个，增加床位 1.15 万张”作为养老服务工作中的一项业绩；而对于养老服务综合体系的建设举措则语焉不详。面对重单项指标、轻综合实效的考核方式，一些地方干部也很无奈，认为“养老机构床位数应结合当地实际情况进行规划，灵活使用财政资金，不应过于硬性要求”（X 省 Z 市民政局老龄办公室副主任 CYQ），但养老服务领域中的“唯数字论”依旧盛行。从表现形式来看，此种做法对中央政策和总体规划的综合服务目标存在着严重的曲解；从实际结果来看，作为概括性数据的量化指标已经偏离了实际情况，与地方养老产业的发展现状和养老机构的运营情况也极不相称，却是被地方政府鼓励与认可的集合性事实①。

（2）空置严重与经营困难：养老机构的实际处境

在集合性事实的掩盖之下，一边是养老机构的不断新建，另一边却是现有养老机构的运营非常困难。这种困难首先表现为养老机构过剩、入住率低。比如 X 省 L 市 MZ 综合福利院是一所城镇民办养老机构，共有三栋大楼，建筑面积 1.8 万平方米，内设 560 张床位。然而，该院目前仅入住 63 人，除去 21 个不收费的残疾人外，剩下 42 名入住老人每人每月交纳 1480 元（包括入院费和餐费）。该院 WAX 院长算了一笔账：电费一个月 1.2 万元，水费一个月 2100 元，采暖季的采暖费每月 3000 元，维修费每月 5000 元，天然气每月 3000 元，伙食采购每月 1.5 万元，再加上人员工资开支，每月亏损将近 3 万元。情况更为严重的是 Z 市老年公寓，建筑面积 1.7 万平方米，内设 460 张床位，目前入住的老人却仅有 31 位，为减少运营损失，该养老院已将 3 栋楼停水停电。

同时，由于前期投资巨大、空置严重等原因，经营困难是现存养老机构所面临的更大的问题。拥有 60 张床位、入住 43 人的 Z 市 SP 区 WX 托养院 ZSQ 院长说：“账面上算我们是每月能挣 3000 元左右，但有些花费根本没法算，我和丈夫两个人出去打工每个月挣得也不止这么点，前期投入回收遥遥无期，实际处于亏损状态。”相比于城镇民办养老机构，农村民办

① 〔美〕詹姆斯·C. 斯科特：《国家的视角：那些试图改善人类状况的项目是如何失败的》，王晓毅译，社会科学文献出版社，2011 年，第 98～103 页。

养老机构的前期投入和运营成本较低，但营收情况也不容乐观。X 省 S 市 PL 县 TZ 镇 YF 养老服务中心是一所利用废弃学校改建的养老院，目前拥有床位 200 张，入住老人 72 人。该中心董事长 LY 说："我们养老院包食宿，入住的 72 名老人中，29 个五保供养人员，政府每个月给 680 元。剩下的 43 名老人里，5 名半失能老人每人每月交纳 1300 元，一名失能老人每月交纳 2500 元，37 名自理老人每月交纳 700 元。扣除各项开支后，每月亏损将近 2 万块钱。"

事实上，受到地方经济水平、制度惯性与文化传统的多重影响，养老机构的发展本已存在诸多值得讨论的问题，如市场容量有限、实际需求不足等，在本研究所调查的 X 省等相对欠发达地区的情况尤其如此，选择机构养老方式的老年人总量少之又少。以 X 省 Z 市为例，2016 年该市 60 岁以上老年人已达 13.06 万人，入住民办养老机构的老年人总数却不足 200 人。在这样的环境下，罔顾养老机构运营处境、为了追求床位数而盲目新建各类养老机构的实践过程，显然会加剧外部服务供给与内在社会需求之间的矛盾，造成养老服务领域的政策执行方式偏离了地方实际状况。

究其原因，一方面是政府内部"不同层级的差别"[①]——中央层面的自主性更大，可以更从容地考虑综合性、全面性的问题；而地方政府在压力型体制下，则要更加执着于具体数字指标的完成。另一方面则是国家视角的局限性——"一厢情愿"地做出决策、制定规划、发布指令、下派任务、提供资源，按照行政命令式和运动式的思维方式来发展养老事业，从而遮蔽了差异化的实际情况和民众需求。

2. 市场行为与养老服务需求的距离

如果说地方政府推动养老机构的"超需建设"是由于政绩目标的驱动力，那么，作为养老服务领域中的另一类参与者：包括投资者和运营者在内的市场主体，在入住率低、经营困难的情况下依然前赴后继地加入养老机构的新建和扩张的进程中来，其原因就更加值得探索。

---

① Joel S. Migdal. *Strong Societies and Weak States: State-Society Relations and State Capabilities in the Third World*. Princeton, New Jersey: Princeton University Press, 1988.

（1）短期效用与长期愿景：市场行为的参与动力

首先对市场力量产生刺激的是政府部门对养老机构在实际意义上的优惠与补偿。近年来，我国各级政府部门不断加大政策扶持力度（如用地保障、税收优惠、信贷支持、费用减免、补助贴息、政府采购等多种形式），目的就是鼓励支持民间资本参与养老服务事业。事实上，企业、公益慈善组织及其他社会力量将资本投入到养老服务设施的建设、运行和管理中，确实能够获得一些实实在在的好处。

一个好处是“拿地更容易，改建成本低”。X 省人大在 2016 年通过的《X 省养老服务促进条例》中就明确规定“营利性养老机构申请建设用地，按照国家经营性用地有偿使用的规定，优先保障供应。利用城乡空闲厂房、学校、社区用房等设施，投资兴办民营养老服务机构的，依法享受有关用地优惠政策。”这与国务院办公厅《社会养老服务体系建设规划（2011－2015 年）》中“保障土地供应”、鼓励“通过新建、扩建、改建、购置等方式……通过整合、置换或转变用途等方式，将闲置的医院、企业、农村集体闲置房屋以及各类公办培训中心、活动中心、疗养院、小旅馆、小招待所等设施资源改造用于养老服务”的文件精神是一致的。如果是新建或现存的公办养老机构在改革过程中，通过公开招投标的方式选择各类专业化的机构进行“公建民营”，则可以进一步降低基础投资和初建成本——前文提及的 ZSQ 院长目前运营的养老机构规模较小，正在参与投标当地的公建民营养老院运营资格，并将此看作一个很好的机会，原因正是如此：“养老产业前期投入大，特别是建设养老机构投资过大，回收成本慢，场地成为制约发展的重要因素，政府为我们提供场地、民间资本运营的模式有助于养老产业兼顾社会效益和经济效益。”

另一个好处是“根据床位数，政府给补助”。国务院办公厅《社会养老服务体系建设规划（2011－2015 年）》中提出，要“加强对非营利性社会办养老机构的培育扶持，采取民办公助等形式，给予相应的建设补贴或运营补贴，支持其发展”。在这样的方针指引下，X 省逐步提高对社会力量办养老机构的补贴标准，新建、改建养老机构的每张床位分别一次性补贴 2000 元、1000 元；补助期限为 5 年的每年每张床位运营补贴 1800 元。在补贴政策的驱动下，2014 年，全省新增养老床位 1778 张；2016 年，新改建养老服务机构 173 个，增加床位 1.15 万张。正如 S 市 PL 县 TZ 镇 YF

养老服务中心董事长 LY 所言："我们很多民办养老机构投资人都是用其他地方的收益填补养老机构亏损，如果出现意外，则很可能导致机构难以运营，政府补助资金对于我们度过这一段困难时期十分重要。"随着 X 省公布《"十三五"老龄事业发展和养老体系建设规划》，该省对社会力量投资兴办的护理型养老机构的建设补助标准将进一步提高，在原有补助标准基础上再给予每张床位 3000～5000 元的补助，一次性建设补助最高可达 1.3 万元。

我们可以将上述两个好处看作在"实存国家"意义上的政府行为与具体做法产生的效果。而同时对市场行为产生影响的是政策愿景对养老机构在预期意义上的鼓励与支持。

一类政策是鼓励养老机构在未来建设中走"品牌化"路线的：《社会养老服务体系建设规划（2011－2015 年）》中提出，"推动社会专业机构以输出管理团队、开展服务指导等方式参与养老服务设施运营，引导养老机构向规模化、专业化、连锁化方向发展"。相似的是，《"十三五"国家老龄事业发展和养老体系建设规划》也提到，"允许养老机构依法依规设立多个服务网点，实现规模化、连锁化、品牌化运营"。这类政策给很多养老机构带来了另一个思路，X 省 YH 养老服务中心的院长 MK 的观点即代表这一种尚未到来的盈利模式："我们属于公建民营，盈利不是目的，目前收费标准也很难盈利。我们的盈利点是打造 YH 养老品牌，出售服务产品盈利。目前 X 省已有多家新建、在建养老院在购买我们的服务。"

另一类政策是鼓励养老服务在未来发展中走"平台化"路线的：X 省《"十三五"老龄事业发展和养老体系建设规划》强调"加强政府与社会资本合作力度，灵活运用多种 PPP 模式，通过建立合理的'使用者付费'机制等方式，实施以奖代补政策，增强吸引社会资本能力"。在这样的思路指导下，X 省各地市政府在不断尝试搭建诸如"轻松筹"之类的合作平台，解决实际存在的问题。比如 L 市的"失地农民、搬迁移民，他们中自行购买养老保险的人每月收入在 900 元左右，（距离入住养老机构的费用）就是差那 500 元左右"（L 市民政局老龄办公室主任 HXJ）。L 市目前就是通过发展"平台"，借助社会力量为经济困难老人补足差额费用，也在一定程度上缓解了养老机构的压力。L 市 MZ 综合福利院 WAX 院长等被访者表示愿意和社会资本 1∶1 比例捐资，即在 500 元差额中由社会资本投入一半，剩下费用由院方负担，这样可以进一步降低机构运营成本。

另外，《民政事业发展第十三个五年规划》继续强调“通过各种方式，支持社会力量举办养老服务机构”，以及“落实好社会兴办养老机构的各方面优惠政策”；《十三五规划纲要》中明确将“发展养老地产等新业态”作为促进房地产市场健康发展的重要举措。诸如此类的政策愿景对市场的刺激使养老机构普遍认为未来养老产业形势看好，期待政府会加大扶持力度，因此尽管目前运营困难，也不会轻易关门转行，甚至希望通过加大投资实现扭亏为盈，就像Z市老年公寓院长DJH向投资人申请十几万元资金改善房屋环境时所说的：“（市场调研等投资分析）那肯定没弄过，但总不能就这么啥都不干，也不能就这样搁着，就是想着设施再好点儿人可能也就多了嘛。”这些看似不合理的“越亏越投”的市场行为，其实是在对政策背景和市场环境的预期之下形成的，可以被视为在“抽象国家”意义上的政策走向与制度安排产生的效果。

（2）低端保障与高端护理：供需失衡的分化表现

与其他很多出现大量“泡沫”的行业相似，养老服务领域在短期的优惠、补贴和长期的政策红利的双重刺激下形成的市场供给，存在着趋利性资本涌入但缺乏针对性和有效性的现象，进而造成了供需不平衡的结构性矛盾。以X省为例，该省民政厅福利处YC处长的说法既全面又生动：“养老产业未来格局是公办养老机构满足群众基本养老需求即兜底，人民群众全方位、多角度、深层次的养老需求需要社会力量参与，但目前全国范围内养老机构2成盈利、5成保本、3成亏损，X省养老产业更是发展不足，养老机构市场服务结构性矛盾突出，导致用户吸引力不足。”其原因可以概括为“想来的没有钱，有钱的不想来”。

在养老服务的理想框架中，机构养老既要服务于有能力支付费用、有主动意愿选择机构养老的老年人，同时也要对丧失居家养老和社区养老能力、被迫进入机构的老年人起到保障性作用，比如一些搬迁移民、失地农民群体中的老年人，或是家中子女需要外出打工、无人看护照料的老年人，都具有入住养老机构、享受生活照料和日常护理的需求。然而目前在“全面放开养老服务市场”的情况下，政府更看重床位数量的指标而非实际问题的解决，即便是公办养老机构也通过“公办民营”等方式吸引民间力量参与，“兜底”的意义被冲淡；而市场力量更加不会为了做公益而投入养老项目，其价格门槛将很多经济困难老人拒之门外。前文提及的Z市老年公寓在几年前向每位自理老人收取每月950元的费用，入住人数基本保持在200人左右，但随着物价水平的提升，这样的收费标准越来越难以支持公寓的开销，涨价在所难免："我们养老院包食宿，虽然是非营利机构，但也不能赔钱赚吆喝啊（Z市老年公寓院长DJH）。"然而自从涨价到每月1300元之后，入住人数就明显下降了。从服务对象的角度来看，L市HQ镇WZ村的65岁BXZ老人的说法比较常见："能住进去（养老院）肯定愿意啊，不给娃添麻烦，自己也舒服方便，但我一个月最多能掏900块钱，不敢让娃娃多贴。"养老机构要衡量成本，服务对象则要掂量自身承受能力，于是造成了在低端养老服务市场上"想来的没有钱"、保障功能不足的局面。

而在中高端服务市场上，则呈现出"有钱的不想来"的景象——现存养老机构功能单一、医疗养护能力不强、服务和管理人才短缺的现象非常明显①，这样的供给现状与老年人对自身健康和养老品质的追求很难匹配，特别是经济水平、社会地位较高，生活方式相对讲究的老人，其需求更不容易被满足。X省养老机构也普遍存在类似的问题：虽然能够提供自理、半自理、失能老人照顾服务，且配备暖气空调、食堂及部分娱乐设施，但高端护理员及医生护士匮乏，医养结合、高端护理、临终关怀等服务欠缺，导致无法吸引中高收入群体，市场单一，扎堆竞争严重。论及原因，很多养老机构负责人不约而同地表示，服务人才"招不来、留不住"已成为目前X省养老机构转型升级的关键阻碍。X省TL养老服务中心是副处级事业单位，但中心主任ZH依然面对招聘难的问题："我们有事业编，但就这样，花了几年都没从卫校招来一个年轻人，护理员年龄普遍在40岁以上且学历偏低，成为提升服务品质的最大困难。"前文两次提到的L市MZ综合福利院WAX院长说："现在护理员特别难招，想招一个差不多的太难，能坚持干几年的更是少之又少。年轻人嫌脏嫌累嫌钱少，我们这最年轻的（护理员）都将近40岁。"S市PL县YB医养结合养老院办公室CJB主任也提到"一医难求"的困境："别说挖成熟医生，就是想招一个医科

① 穆光宗：《我国机构养老发展的困境与对策》，《华中师范大学学报》（人文社会科学版）2012年第2期。

大学毕业生都很难，招聘会上好多人一看是养老院，连薪酬待遇都不问就走了。”受到医护人员缺乏这一瓶颈制约，高端层次的养老服务面临着“养护医分离”这一道迈不过去的坎儿，存在难以适应复合型需求的问题，结构性矛盾日趋明显。

还需要看到的是，有能力的家庭不愿接受机构养老，一方面是考虑到高端需求无法被满足，另一方面也由于其“养老观念和养老行为受到当地社区情理的制约并且与之相适应”① ——依照传统的家庭观念，将父母送到养老机构的行为被视为不孝，这使很多家庭顾及他人评价而放弃这个选项，宁愿在居家养老中多花精力照顾老人或者多花钱雇保姆。

无论是“实存”意义上的政府行为与具体做法，还是“抽象”意义上的政策走向与制度安排，国家作为组织行动者和政治体制的复杂形态，都深刻地影响着社会行动者的群体目标及其实现手段②，这也正是在养老机构运营现状相对惨淡的情况下，依然有社会资源和市场力量在短线补贴和远景期待的驱动下源源不断地涌入养老领域的背后逻辑。然而，从养老服务供给与需求之间的张力和鸿沟可以看出，尽管社会组织、企业资本、民营机构等社会力量积极地参与到养老服务这一重要领域中来，但同质化的进入方式、单一化的投入方向与实际存在的异质性、多层次、多元化的养老需求并不能够很好地匹配，对于镶嵌于文化背景和社会底色之上的老年群体特点和养老生活方式缺乏必要而基本的认知和了解，更谈不上充分的前期调查和量身打造的针对性服务，造成收费标准相对过高、服务质量很难提升。这并不意味着国家和市场“双失灵”的结果是必然的，也不能说机构养老一定会失效，而是养老服务在部分实践中忽略了服务对象的主体价值，用臆想中单一的养老需求取代了老年人群体分化的实际情况，用单一的、数量意义上的服务方式代替了有层次的服务体系，其服务效果自然难以达成。

① 杨善华、吴愈晓：《我国农村的“社区情理”与家庭养老现状》，《探索与争鸣》2003 年第 2 期。

② Peter B. Evans，etal（eds.）. *Bringing the State Back In.* NewYork：Cambridge University Press，1985.

3. 将养老服务镶嵌在日常生活情境之中

现有研究指出，城乡社区支持下的居家养老（包括家庭养老）不仅具备节约社会资源、降低照料成本、延续亲情滋养等符合我国国情与国力的优势，同时对于满足差异化、多层次的养老服务需求具有显著的优越性[①]。然而需要看到的是，发展社区养老服务来补充和支持居家养老的做法并不必然带来成功，如果脱离社区实际情况、老年人家庭的养护能力等现实条件，社区养老和居家养老也同样会陷入“脱嵌”的困境。比如，意在减轻居家照料负担、强化社区养老责任的老年饭桌项目，在各地试行效果良莠不齐，受政策支持力度、市场进入程度、社区融入程度等因素的影响，利润太低、场地太少、规范缺乏等问题也有较多表现[②]。因此，以老年饭桌为代表的社区养老项目能否成功是需要细致考察的；如果取得了局部的、阶段性的成绩，其经验也是值得具体分析的。

（1）从“走出家门”到“留在社区”：老年饭桌的服务尝试

为解决在家庭中养老的孤寡困难及留守老人的“吃饭难”问题，X省将农村老年饭桌建设列入基本养老服务体系规划。从2015年开始，为支持老年饭桌标准化建设，利用中央专项彩票公益金支持，按照设备投资5万元、新建每平方米2000元、改建每平方米1000元的标准给予拨款，陆续在全省建设农村老年饭桌420个；加上之前试点建设的老年饭桌，共形成老年饭桌500余个，总建筑面积46570平方米，总投资9576万元。同时，为盘活闲置资产、降低建设成本，X省各区县充分利用实际条件与现有资源，“老年饭桌一般在农村幸福院、村部、废弃小学等基础上改造，老年饭桌菜谱、收费情况由当地结合实际制订。”（X省民政厅福利处YC处长）

老年饭桌基础设施建好之后，为保证其能够良性运转，自2016年起，X省每年从本省福利彩票公益金中安排资金，给予每个农村老年饭桌1万元运营补助，并要求各市县财政根据自身实际情况出台老年饭桌运营管理办法，按照就餐人数、运营天数、群众满意度等指标给老年饭桌打分评

---

① 杨善华：《老年社会学》，北京大学出版社，2018年，第97～101页。

② 闫薇等：《老年饭桌需要更多阳光》，《中国老年报》2010年6月18日第1版。

级，依不同等级，对运营资金的不足部分予以相应补助。此外，X 省各地还通过村集体补助、吸纳爱心资金等方式，对老年饭桌运营进行补贴。以 L 市 CX 镇 ZQ 村为例："村集体有 4 台拖拉机，每年能收入 12 万元左右；根据老年饭桌实际花费空缺，村里每年从拖拉机收入中拿出 10000 ~ 20000 元补贴老年饭桌。目前村里每餐收费 3 元，惠及就餐老人 70 人左右。"（该村支部书记 MYW）

老年饭桌虽然不能充分满足生活起居照料、失能老人护理乃至医疗卫生服务等一系列需求，但至少在日常三餐提供方面，让很多无意愿或者无能力选择机构养老的老年人不再为吃饭发愁。以 L 市 HQ 镇 WZ 村为例，村部老年饭桌按照季节、老年人口味和意愿制定食谱，价格也较为亲民（饺子每顿 5 元，面条盖饭等一律 4 元），每天就餐的老人有 30 位左右。该村 73 岁的村民 YS 说："自从开了老年饭桌，生活一下变了样，过去和老伴每天在家里做一顿饭吃两三天，吃饭就是为了不饿着，现在每天到点就过来，吃得又饱又好。"调查所及的村庄情况大多与此相似。

老年饭桌的本意是解决居家养老中的吃饭难问题，而这项服务的推广，不仅使老年人具备了不用"走出家门"、可以"留在社区"的基本条件，也在老年人日常生活的诸多方面起到了多样而深层的作用。其意义之一是将养老模式中的"消极依赖"机构或子女的照料，转变为"积极独立"、减少社会和家庭负担的状态。从"责任伦理"的角度来看，老年人普遍有着减轻子女赡养负担的积极性[①]；而子女在没有后顾之忧的情况下，当然也有增加收入的意愿——老年饭桌服务确实在一定程度上满足了老人和子女两方面的需求，对于生活尚能部分自理、但应付一日三餐有困难的老人来说尤其如此。正如一些社区书记所介绍的："自从有了老年饭桌，我们村里年轻人收入增加了一大截……过去没有老年饭桌时，村里年轻人为了照顾老人吃饭，不敢走远打工，还要隔三岔五回村；现在有了老年饭桌，家里年轻人没有了顾虑，去省城打工，不仅活儿好找，日收入还比 L 市高出上百块。"（L 市 CX 镇 ZQ 村支部书记 MYW）"村干部也可以通过老年饭桌了解到老年人的生活状况和各项需求……并将老年人身体状况反馈给外出的年轻人，让他们能安心在外打工。"（Z 市 SP 区 ZL 镇 KG 村书

---

① 杨善华：《老年社会学》，北京大学出版社，2018 年，第 62 页。

记 ZBW）

（2）从单一服务到多维满足：局部经验的普遍意义

“积极养老”的更深层次意义，不仅是避免老年人成为社会和家庭的拖累，更是延长其参与家庭生活和社会活动、为他人服务与实现自身价值的时间。如果将老年人“连根拔起”、移植于养老机构的陌生场景和人际环境中，切断原有的生活脉络、社会关系和日常议题，就将老年人彻底变成赡养和照料的对象，既废止了他们的社会价值也忽略了他们的丰富需求。与此相反，如果不破坏既存的社区根系，让老年人留在原有的亲缘网络或地缘组织中，就具备了这样的条件：通过社会事务和活动对他们的老年生活进行包裹和浸润，满足其嵌入在生活情境中的社会交往、文化娱乐、精神慰藉、公共商谈、社区参与等各项需求，实现更加充分的积极养老。

首先，老年饭桌成了村庄社区中的联结平台，延续或者修复了原有的社会交往网络。在调查中看到的一个较为普遍的现象是，用餐之前，老人们通常一边聊天一边等待开饭；吃完饭后，老人们也并不急于回家，而是三五成群聊天或进行棋牌、读报等活动。一些老人说：“过去人一天为吃饭犯愁，人也懒得动，每天就挨着墙根晒太阳，现在来村部吃热饭，吃完了就和伙计们打打牌、聊聊天，感觉生活丰富多了。”（S 市 PL 县 TZ 镇 TZ 社区的 70 岁 ZX 老人）通过这样的方式，老年饭桌不仅利用了原有的场所，也在一定程度上盘活了一度闲置的农村社区公共文化设施：“没有老年饭桌时，尽管村部有农家书屋、理疗器材、娱乐室等设施，但老人基本不来使用，现在来老年饭桌吃饭的老人越来越多，吃饭前后一起聊天、打牌、看书，将原来闲置的资源用活了，大家有了交流伙伴，开始注重仪态，精神头明显和过去不一样了。”（Z 市 SP 区 ZL 镇 KG 村书记 ZBW）

其次，老年饭桌既是村庄民主议事的重要议题，也是老人们参与社区治理的载体和平台。省财政厅、发改委、民政厅联合下发的《X 省农村老年饭桌管理暂行办法》不仅提出“可结合老年群体需求，拓展服务功能”，更指出各地民政部门应在确保国有集体资产不流失的情况下，按照“自我管理、自我服务”原则，将老年饭桌交由村委会直接管理或由村委会委托村老年人协会进行管理。实际执行中，老年饭桌“吃什么”“谁能吃”“怎么收费”等各种问题都由村内村民代表大会民主议事决定，并由村委会、村监会或村老年人协会监督管理。各地结合本地实际情况，做法各异，有些严格规定本村60周岁以上老人才能到老年饭桌吃饭，有些则采取差异化定价的方式对外服务。X省S市PL县QK乡LY村老年饭桌是差异化对外经营的典型，不在老年饭桌优惠范围内的人员可以按照市场价消费。村支部书记ZFS介绍："起初村里老年饭桌只向60岁以上老人开放，但一些年轻人提出能否为他们提供方便，村里决定就此上会，没想到这个议题备受关注，一下调动起了村民民主治理的热情……这件事给了我们灵感：饭桌在中国向来是协商议事的场合，我们就围绕老年饭桌开展一些村内民主治理工作，将矛盾双方或议题摆在饭桌上，这种柔性场合对矛盾纠纷调解、政策宣传等工作开展大有裨益。"由此，老年饭桌甚至在一定程度上具备了村庄议事场所和公共协商空间的意义。

再次，随着吸引力提升，老年饭桌逐渐成了宣传相关政策、了解社区情况、加强农村社会治理的新阵地。前文提到的L市CX镇ZQ村支部书记MYW以宣传农村社会养老保险的过程来举例："……最初想把老人集中到一起很困难，只能挨家挨户上门宣传，但老年人思想保守，一个人的疑问不解经常会感染多个群体，造成多家不信任。现在趁着老年人吃完饭后统一宣传、当场解答疑惑后，既避免了重复工作，也提升了宣传效果。"包括MYW在内的多位基层干部还提到，倾听老人就餐前后的聊天内容，可以获取平时难以察觉的信息线索，将老年饭桌发展为收集村情信息、了解群众诉求的重要工具。正如X省民政厅福利处YC处长所说："在经济欠发达地区，吃饭问题备受群众关心，对群众有较强吸引力，可以借此将老年饭桌作为据点，和农村幸福院、农村社区服务站等捆绑建设，在饭后开展或组织文娱活动，将其打造成为农村建设阵地。"

老年饭桌的实践不仅出现在X省的乡村社区中，在城镇社区也有推进，甚至发展得更早。如X省Y市在2010年就出台了《关于加快居家养老服务工作的意见》，鼓励社区居家养老服务站开办"老年饭桌"，并进行初始补贴和每年的运营补贴。随后，以"社区助餐点""社区配餐服务中心""长者食堂""老来聚饭桌"等为名的老年人用餐服务广泛兴起，虽然会在运营主体、使用场地、服务人数、口味偏好、收费定价等方面引发一些讨论，但在满足老年人用餐需求、人际沟通和交流需求方面，起到了与农村社区老年饭桌相似的作用；同时在改造闲置公共空间、盘活社区资源、活化社区业态、吸纳社会力量等方面，也具有显著的积极意义。

事实上，无论在城镇还是乡村，以老年饭桌为代表的社区养老模式都需要国家政策的保障（如各级政府的规划、投入和补贴）与市场机制的引入（如经营性主体的进入、以差异化定价的方式向社会开放等），但为什么较少地出现国家和市场“双失灵”的情况呢？正是因为社区养老的良性（至少是稳定）运转并不完全依赖政府和市场的持续投入，关键在于使养老实践融入了地方情境，撬动了社会生活中原有的关系、交往、网络和参与，进而调动了服务对象（即老年人）的主体性。就像X省发展老年饭桌的实践之所以取得了一定的收效，得益于在养老服务模式方面做出的三点改变。一是并没有将老年人视作“平均人”、假定其仅具有同质性和单一的被照料需求，而是看到了老年人需求的丰富性和全面性，特别是选择和追求生活方式的需求、继续发挥家庭和社会功能的需求。二是老年人不再是传统意义上脱离社会角色[①]的“服务受众和对象”，而是重要的参与主体，在解决自己养老问题上具有不可忽略的主观能动性，是戈德史密斯所说的“具有反思理性的复杂人”[②]。三是不需要老年人离开所在的社区和家庭，避免角色转变、关系断裂、环境更迭带来的意义缺失、情感困境和适应障碍，维持了他们原有社会生活的完整性和丰富性，不仅缓解了养老压力，也对广义上的社会治理产生了积极效应。从这三点来看，X省在城乡社区中发展老年饭桌项目的局部经验，代表着一种在原有的社会环境中实现的养老模式，并不仅仅意味着单向度的“服务”，同时也包含着老年人自身的意愿表达、主动参与和作用延续，对于真正实现多元共治的养老服务具有独特意义。

4. 结论与讨论：回归生活土壤的养老服务

从X省近年来发展养老服务的过程来看，“养老”并不是单纯的照料和养护，而是系统性的综合服务与社会工程。养老服务问题和困境的缘由不仅仅是“经济状况和服务质量”[③]等外显因素，而更多地来自“国家视

---

① 杨善华：《老年社会学》，北京大学出版社，2018年，第126~127页。

② 〔美〕斯蒂芬·戈德史密斯：《网络化治理：公共部门的新形态》，孙迎春译，北京大学出版社，2008年，第12页。

③ 刘红：《中国机构养老需求与供给分析》，《人口与经济》2009年第4期。

角”和“市场动机”：一方面，全面而注重实效的中央政策目标在地方执行时转变为具有数字化特征、布置指标、逐级完成并量化考核的任务，在此种视角下所看到的养老机构数量和规模“不达标”，与其入住率低、运营困难等情况是存在严重偏差的；另一方面，在政府补贴和政策愿景的双重激励下进入养老领域的市场主体，其提供的均一化服务与各类老年人群体的实际需求尚有一段距离，有研究称之为“营利化的偏离初始目标的趋势”①。概括起来讲，养老领域的问题可以归结为：建设方式与养老机构现状之间、市场行为与实际需求之间、养老事业与社会生活之间的“脱嵌”，这导致养老服务中存在着供需不匹配的矛盾和张力。

相比之下，X省大力发展的以老年饭桌为代表的社区支持下的居家养老，不仅在很大程度上解决了老年人的吃饭问题，从“厨房”里将青壮年劳动力解放出来，也因其紧密地勾连着老年人原属社区环境和关系网络，而发挥着维系社会联结、促进民主议事、建设治村平台的作用，更让人们看到了老年人在多维需求满足的基础上实现“积极养老”的可能性。其经验可以归结为：将养老问题的解决“根植”于老年人能够满足情感与自我实现需求的社区情境、社会网络和日常生活当中，使老年人在被动接受照料的同时，也可以主动塑造具有生命历程“连续性”② 和积极社会意义的老年生活。

需要再次强调的是，本文的分析无意于在机构养老、居家养老、社区养老之间分辨高下。机构养老在充分考察并有针对性满足老年人需求的情况下依然可以取得良好的服务效果（而并不必然意味着问题和矛盾）；相反，居家或社区养老如果缺乏相应的支持平台、将养老责任完全交还给家庭，无能力家庭则由于服务缺失而无法满足老年人多样化的需求，甚至连基本照料都谈不上，堕入“居”而不“养”的局面。故此，本文所见养老服务的得与失，并不是机构养老的固有不足与居家、社区养老的天然优势，而是服务理念和方式的差别所导致的。

养老服务与日常需求与生活情境的“脱嵌”造成了其自身的困境——相对于已有研究对社会中介组织、村级组织、农业经营、乡镇政权等方面

---

① 王阳亮：《责任与合作：政府购买养老服务研究》，中国社会科学出版社，2017年，第198页。

② 杨善华：《老年社会学》，北京大学出版社，2018年，第129～130页。

“脱嵌”的讨论，本文提出的“脱嵌”是指国家、市场的参与方式与群体属性、日常生活的分离：“国家视角”在审视社会实情时存在盲区，尤其在上下级数字化考核的过程中，过于关注静态的集合性事实，忽略了对实际状况的全面、真实和历时性的把握。企业和社会组织等服务机构有意在政策框架中实现营利，甚至与政府部门形成一种“委托—代理”关系①，却逐渐偏离了服务初衷和目标，更谈不上深入到社会群体的具体而细分的需求中去，提供的服务常常建立在整体概览和主观臆断的基础之上，最终导致服务失效的局面。

养老服务的经验则展现出“根植”模式的巨大力量：包括政府部门、市场力量、非营利组织在内的多元主体，将服务实践与社会土壤相结合，回归社会群体的真实样貌、实际生境和多元形态，从其内生需求（而非“局外人”构想与赋予的需求）出发，特别是从需求的层次性、多样性和复杂性入手，提供恰切的、符合人群需求和意愿的公共服务。实现这一供需匹配的状态，有赖于对社会公众和国家关系的重新解读，形成多元主体间平等的依存与合作关系，充分重视传统意义上“受众”的重要角色和主体地位，使普通公民的意愿和诉求在政策制定、服务供给、效果考察的全过程中都有制度化的表达渠道，也使蕴藏在社会大众之中的能力和价值得以发挥作用，实现“行动者的回归”和“国家与社会的相互增权”。

当然，本文只是基于X省养老服务的阶段性和局部性资料进行的分析与讨论，受到该省经济发展水平和人口结构等特殊性的影响，研究资料和发现均存在一定的局限性，进一步的研究需要以更大范围、不同领域中的调查实践为基础。

① 王阳亮：《责任与合作：政府购买养老服务研究》，中国社会科学出版社，2017年，第93页。

| 三 |

新媒介赋权下的情感话语实践与互联网治理*

——以“马航失联事件”引发的奇观为例

师曾志　杨　睿**

2014 年 3 月 8 日发生的“马航失联事件”至今未果。由于这一事件涉及面广，社交媒体上的信息传递、传播以及理解形成了一种重要的文化与社会奇观。本文试图从新媒介赋权的视角出发，分析有关事件的情感话语实践对互联网治理的意义，进而对中国互联网管制合法性基础进行探讨，为互联网治理提供相关依据。

1. 新媒介赋权下的情感传播与权力

传播与权力关系一直是传播学最为隐蔽而又最具张力的研究内容。新媒介赋权下，权力来源多样，除资源、位置、专业等占有性的权力来源之外，还有人与人对观念、意象、情感等的分享与连接，尤其是情感话语成为身份认同的重要源泉与动力。

互联网连接了人与人，社会关系与社会结构的解构与重构，其根本原因是权力关系的变革。正如汉娜·阿伦特曾指出的：“权力不能像武器一样贮存起来以应付紧急状况，它只存在于其实现中。在权力没有得以实现的地方，它也就不存在。”① 福柯在其生前的最后一次访谈中也指出：“权力关系本身并不是什么坏的、人们应该从中解放自我的东西……问题并不在于试图在一种完全透明的交往中消解它们，而在于将法制、管理技术以及在伦理学、气质、自我的实践赋予自我，这些东西将使这些权力游戏得

* 本部分原载于《探索与争鸣》2015 年第 1 期。

** 师曾志，北京大学新闻与传播学院教授；杨睿，北京大学新闻与传播学院博士生。

① 〔美〕汉娜·阿伦特：《人的条件》，竺乾威等译，上海人民出版社，1999 年，第 200 页。

以在最低限度的统治下进行。”①

正是在阿伦特、福柯等思想家权力概念的框架中，我们提出了新媒介赋权的概念，即媒介愈来愈成为权力产生与实现的重要源泉和场域，权力在社会关系生产实践中产生与实现，并在社会关系中具有了可逆的性质。新媒介赋权指的是个体、群体、组织等，通过互联网社会交往连接获取信息、表达思想，从而为其采取行动、带来改变提供了可能。新媒介赋权是传播与权力博弈的过程，强调多元主体在传播中产生、实现或消解、丧失其统治与支配的能力。

新媒介赋权下网络舆论场中国家与社会权力的博弈，影响着信息生产、再生产与传播机制的改变，使两者关系处于一种不确定的紧张竞争中，这对习惯于统一、秩序化的互联网治理思维方式提出挑战。以新媒介赋权的视野，分析中国国家与社会关系的变迁，更多的是将传播与权力之间的关系植根于人们的日常生活实践中，个体间兴趣、爱好、情感、动机等的连接性与差异性，也会形成权力并影响权力的博弈和统治。在重大突发性事件中，网络已成为重要的舆论场，其中，情感话语愈来愈成为一种力量和权力，在自我赋权、群体赋权以及社会赋权中发挥重要作用，最终也会影响组织赋权和组织治理。

2. MH370 失联引发的互联网“奇观”

马来西亚政府和马航应在事件发生后及时提供相关的权威信息，但马来西亚官方和马航存在信息屏蔽、瞒报等行为，对关键信息等语焉不详，不断否认之前公布的信息。随着事件调查的逐步深入，事件所涉主体众多，传播渠道多样，多种语言传播，第一手消息来源多头，分散在不同组织，甚至不同国家，因果关系复杂，权威性信息稀缺，公众一时难辨真相。路透社、美联社和美国有线电视新闻网（CNN）等国际知名媒体不断披露事件最新细节，事件的调查出现了数次离奇的逆转，失联原因愈发扑朔迷离。因其关系百余名同胞的生命安危，马航失联事件以罕有的受关注度牵动着全国人民的心。马航失联事件本身已构成新媒介景观，流动在微博、微信上的各式图景，我们将之概括为“互联网奇观”。

① 〔英〕詹姆斯·米勒：《福柯的生死爱欲》，高毅译，上海人民出版社，2005 年，第 487 页。

美国学者道格拉斯·凯尔纳依据法国思想家居伊·德波景观社会的理论，提出媒体奇观的概念，即“指那些能体现当代社会基本价值观、引导个人适应现代生活方式、并将当代社会中的冲突和解决方式戏剧化的媒体文化现象，它包括媒体制造的各种豪华场面、体育比赛、政治事件”[①]。凯尔纳在此基础上，进一步提出“在全球媒体占主导地位的世界，恐怖奇观的壮观场面可以被用来吸引全世界的注意力，将恐怖分子的政治意图戏剧化，同时也能用以达到具体的政治目标”[②]。马航失联事件无论是恐怖劫机还是飞行事故，一切都随飞机的失踪而陷入重重迷雾之中。

微信、微博上的内容更迭频繁。一方面，微博、微信已经成为重大事件发生后相关机构和当事人发布信息的首选平台，媒体也习惯于通过微博、微信获取和核实相关信息。另一方面，该事件的特殊性还在于，信息源的分散多头，事实真相的不确定性，人们的焦虑、不安、反省、批评、怀疑等也成为媒体报道的内容。人们在快速、体验式的浏览、转发中传递着一种流动的不安情绪，奇观正是人们情绪、情感等人格的再现。

新媒介社会化以及社会媒介化导致不安情绪在微信、微博上随着文字、图片以及视频等的传播，不断影响社会各界人士的情绪、情感、态度和行为等。这本身不仅仅是各种话语戏剧冲突的场域，人们的悲伤、焦虑、疑惑以及与之相伴的争辩、谩骂和审判，在网络社交媒体平台上蔓延和展开，不安通过话语不断地流动，也在流动中生产新的不安和话语。与凯尔纳所不同的是，我们将这种奇观看成是不安情绪、情感与其他社会权力博弈的再现，情感结构形成一种力量，成为社会生活领域中最重要的权力来源之一，也成为阿伦特所言的“最容易长久的权力，即最能使行动者保持人性的权力，是那种由非暴力行动产生的权力”[③]。以情感连接的社会，凸显的是个体的选择，这必然会解构整齐划一的社会结构，形成各种异质共同体，权力的博弈在更多元的主体间展开。

---

① 〔美〕道格拉斯·凯尔纳：《媒体奇观——当代美国社会文化透视》，史安斌译，清华大学出版社，2003 年，第 2 页。

② 〔美〕道格拉斯·凯尔纳：《媒体奇观——当代美国社会文化透视》，史安斌译，清华大学出版社，2003 年，第 196 页。

③ 〔美〕伊丽莎白·扬－布鲁尔：《阿伦特为什么重要》，刘北成、刘小鸥译，译林出版社，2009 年，第 63 页。

3. 自我赋权与异质共同体

互联网时代人们获取信息、自我表达及行动的相对独立性、自主性，让我们重新反思工业时代所谓的“单向度的人”：人是否丧失了革命性而缺乏自身的判断力和批判力？早期传播学将“大众”主要集中在传播效果的研究上，大众只是一个集合名词，有着轻视大众的倾向，将个体的差异性以及行动能力隐含在大众以及大众社会的总体判断上。网民与传统大众有了很大的区别，互联网赋权给每一位网民。互联网信息的表达与人们的行动凸显出个体的异质性，结合中国社会转型，网民意见表达因问题而聚集，形成的是多个去中心、去组织化的异质共同体，网民作为传播主体成为可能。

在关于马航的所有信息、评论传播过程中，不少媒体机构从选题讨论到内容生产的全过程，越来越依赖微信群以及微信公众号上的内容，也越来越倚重相关内容在朋友圈的传播。与微博的“弱关系”、公开性不同，微信的“强关系”和隐秘性更加强调主体的多样性和内容形式的个性化。以微信为代表的自媒体是培养相对私密的阅读兴趣、鼓励深度思考，甚至寻找共同体的有力工具。

网民主体性的加强得益于传播技术的革新，也影响传播机制的改变。网民不仅成为议程设置的主体，也促进了媒体的成长与成熟。新媒介赋权增强了个体的自我反思、自我批判、自我教育的能力，更重要的是赋予人行动的能力，即在偶然、不确定、差异化的思想、观念、规则等挑战下，话语倾听、言说、理解、判断的能力。这种能力在对话、协商甚至是妥协中深入社会的各个层面，突破了体制的束缚，成为国家与社会协调发展不可缺席的力量。

网民在共享意见的同时，也在分享意义。从经验出发再到体验感悟，大众社会由集体自我向个体自我转变。网民主体性的加强与网民多样化的公民身份有关，它与全球化的今天，每个参与者的过去、现在以及未来有关，也与其所处的社会权力结构有关。信息共时性以及分散的协同性，多元化身份认同的信息基础，带来近代所建构起的单一国家、民族、阶级等公民身份的改变。公民身份已不仅仅是权利的集合，也成为文化心理认同与归属的符号，更重要的是主体间以及异质共同体间权力实现的实践与行动。新媒体赋权将人民、国民、大众等概念，还原为一个个活生生的有着表达与行动能力的个体，每个人都在社会转型期实现与成就着自身。个体自我赋权，首要的是对自我的凝视与沉思，只有这样才可能获得一种介入与参与公共事务的能力，才能共同营造健康的舆论空间。

4. 情感话语中的意义与事实

公域与私域边界的划分，本质上是一种权力的划分。不同权力的划分，会影响公私域本身的性质以及系统运行的规则。情感话语有着表达、行动与改造经验的功能，它蕴涵着意义与事实在公私域空间中的不同呈现方式。倘若情感话语在公私域中意义和事实的表达产生混乱，就会影响情感话语实践的文明程度。

过往传播技术的不发达导致传播中的权力极易被少数人掌握。现代传播技术的革命与普及，满足了语言游戏异质化追求的可能性，进而发展出对宏大叙事的怀疑和对差异性的承认。公共空间中除了话语的掌握者如政府、媒体外，个体与群体也连接在了一起，微博、微信让更多的人通过意念、观念等连接在一起，形成一种非线性的、分布式的、自适应式的心智结构。情感因素是其中的重要组成部分，它直接影响人们的态度、行为。传播权力的去组织化与去中心化，本质上由群体的心理、观念、意象分化所致。观念、意象等所生产的幻象来源日益复杂，公众及个体内化的差异化的观念、经验等日益成为总体的社会观念、意义及价值观，它直接影响观念、意象、意义的统治。

集中在失联事发后两天的关于新闻伦理与新闻专业主义之间平衡的辩论，一度成为舆论的焦点。在机场接机的家属成为记者“围剿”的对象，一些家属情绪几近失控。大批记者将镜头对准了悲痛欲绝的家属，更有类似《马航发布会现场：家属情绪失控险砸记者相机》的现场报道，无异于借着揭发嗜血媒体的机会再消费一回灾难。大量媒体展示出了家属痛苦万分的照片，招致舆论的强烈谴责。这场批判风波一方面是对新闻人专业和人性的警醒和拷问，同时也映射出新媒体时代网民对个人的尊重，对信息传播自律和规范的诉求。

网民在这场奇观中的另一特点体现在对心灵鸡汤式煽情话语的厌弃。人们需要事实认定的同时，更需要价值认同。马航失联事件从一开始就存在巨大的事实悬疑，这需要大量切实的事实报道加以填补，也需要观念意义的重建。然而，国内媒体却把它当作一场灾难事件进行处理，除了翻译外国媒体的稿件，拿不出最新的关于进展的专业的分析评论。事发初期，以心灵鸡汤回应人们的情感需求可以理解，但无休止的煽情惹怒了公众。

互联网更多地凸显人类的价值理性，它强调的是主体间性、观念共同体，甚至是意义共同体。这意味着我们应对个体人格从私域向公域转变中的情感需求加以注意和回应。公私域中人格与非人格的复杂性和不稳定性影响着公共空间的对话、讨论、争论甚至妥协的水平和质量。情感话语是一种普遍的抵抗与排斥，还是在延展自身的能力；重新认知差异性并以此为行动的基础，还是在自恋中寻找自我满足从而最终丧失公共理性与公共生活的意义，这都成为中国互联网治理合法性研究中必须重视的问题。

5. 互联网治理的合法性思考：在实践中不断试错

互联网与中国社会转型密切相关，是社会各种症候的重要表征。随着传播技术手段的改变，跨越时空的人类传播活动得以实现，人类的情感、观念、行为、话语、认同等也在跨越时空中解构、重构着新的社会关系，产生新的意义。这就意味着全球互联网跨越国家、民族、种族、阶级、阶层、性别、代际等而发展，这也意味着对中国互联网治理的合法性基础提出挑战。

信息传播本身的不确定性成为奇观中的奇观。在此次事件中，各种信源渠道之间层出不穷的相互否认、相互辟谣，以至于只要参与微博微信上的信息沟通，无论是普通用户还是权威媒体账号，都被裹挟进了“造谣传谣”的过程。没有哪一家媒体机构能忽略微博上的最新信息。不少权威账号在内容生产上已经和普通账号无异。社交媒体尽管有自净功能，但事关人命，在传播过程中还是造成了人们的恐慌和无所适从。

美国心理学家奥尔波特认为，在一个社会中，谣言的流通量与问题的重要性和含糊性这两个条件有关：“流行谣言传播广度随其相关人员的重要性乘以该主题证据的含糊性的变化而变化，重要性与含糊性之间的关系不是加法而是乘法，因为，如果二者之中有一个为0，也就没有谣言了。”①

① 〔美〕奥尔波特等：《谣言心理学》，刘水平等译，辽宁教育出版社，2003年，第17页。

微博、微信等社交媒体上演的这场不可思议的奇观，构成了社会认知和集体行动的另外一种存在方式，再现了一种情绪的表达或投射。社会学家涩谷保认为，流言是临时的新闻，它是环境模糊时，群体根据已有的信息碎片，对事件意义和解释的建构。

现代社会长期受国家以及资本市场的统治与支配，新媒介赋权在人们日常生活关系中建构，互联网异质性共同体不断生成与发展，话语表达与沟通机制越来越复杂、多元，不同话语之间的矛盾紧张关系是互联网治理者必须面对的问题与挑战：话语愈来愈成为斗争，话语愈来愈是权力。

社交媒体在自我赋权、自我谋求合法性的问题上表现出色。话语生产与再生产机制的改变，从根本上为互联网管理提供了另外一种合法性的基础：它依靠的不仅仅是现实的资本、资源等权力，话语本身在与权力、资本的斗争中具有了统治与支配的性质，成为其存在合法性的重要源泉与动力。奇观中的不确定性决定了情感话语的权力和力量，也决定着表达中的反思、判断、意志与行动。奇观中真相似乎很难存在，生与死在悬空中唤起人们各自情感、意识的选择。奇观中“行动的一些特有要素，尤其是预设的目标、强劲的动机以及指导性的原则，都会在行动的过程中显现出来。与它们不同的是，一个负责的行动的意义只有在行动本身结束并成为可以讲述的故事时才被揭示出来”①。这意味着新媒介赋权下互联网上所呈现的公民话语与既往的基于现代民主国家的话语模式有很大的不同，即叙事主体的多样性、异质性，观点在讨论、协商、辩论中不断较量，妥协可能是达成共识的一种方式，但更多的却是不可调和的分歧，出现所谓的“交流的无奈”。正是在这复杂的多样性的可能性中，公民话语获得了自身的合法性。

互联网治理的合法性已超出了近现代民族国家发展形成的社会制度、结构、关系等的安排，它有着很强的自反性与蜕变的性质，也有着自我解构与重构的特性、行动与能力。它存在的合法性基础是思辨的，是以伦理实践以及追求社会公正、正义为目标的。现代社会需要促进和支持人们文化心理上的归属感。如果大多数人不能感到某种归属感或不能相互认同的

---

① 〔美〕汉娜·阿伦特：《黑暗时代的人们》，王凌云译，江苏教育出版社，2006年，第20页。

话，就会产生在动机和合法性层面上的又一种系统性的危机。

互联网治理合法性的研究需要反思共识，即共识是我们寻求的答案，还是问题，这已经成了问题本身。我们是否需要寻找一种共识、规制达成新的治理和规范，还是以一种新的思路、观念理解互联网治理。互联网“交流的透明性”给中国社会发展带来的变革是巨大的，但同时，它所造成的社会失范、失序也是不容回避的事实。

公民情感话语实践已成为互联网治理合法性的重要内容。互联网治理的合法性很难以过往的治理方式为理据。互联网中存在很多问题，但问题本身已不仅仅是问题，更多的是一种未知。互联网中不确定的合法性存在于整个社会、共同体的挑战、质疑、认同等实践当中，在利奥塔尔看来，合法性存在于“追求正义观念与正义实践中”。不同于政治意识形态与市场逻辑的是互联网叙事的基础发生了改变——从宏大叙事向小叙事转变。国家政治和市场资本的话语地位依然强大，但人的存在、多元价值、生命体验与意义也成为话语的重要组成部分，并最终影响着前者。公民情感话语的增权或减权不是由既定身份决定的，而是由话语斗争所形成的新的话语权力决定的，这也影响着公民新的身份的产生。社会转型中，正义的实践和交流互动是网络共同体讨论问题的源泉活水，其合法化本身就是一个不断试错的过程。

6. 结语

马航失联事件的传播报道过程，充分运用了社交媒体及时跟进、迅速到达的优势，也由于信源不力，通过自身渠道获得信息的能力不足等复杂原因，出现了混乱无序、谣言四散的网络传播局面。网友关于媒体新闻伦理的讨论和对心灵鸡汤式消息的厌弃反映了公众对个体的尊重，对理性和逻辑的呼唤，表现了网友公共讨论由私域向公域转向的一大进步。情感话语意义重大，它需要我们尊重差异化，尊重主体性的网络新生态，促成异质共同体、意义共同体的生成。

互联网治理的合法性应体现“在追求正义观念与正义实践中”，其治理方式应扎根于具体的语境与行动中。互联网的合法性以异质共同体为基础，任何简单化的规制、共识都可能由治理产生新的问题与危机。以马航失联这一突发事件的网络传播为窥镜，可以看出中国互联网生态的进步和变革挑战着传统互联网治理的合法性，线性式、均衡性的思维方式应转变为复杂化的尊重差异性的思维方式。我们需要对规则、契约重新审视与认识，在批判与经验之间，理解复杂系统的自洽性以及误构中实践的正义性和创新性。

第四章

爱的驱力与公共传播

| 一 |

沟通与对话　交往与实践：改革开放 40 年来公共传播发展*

师曾志　仁增卓玛　季　梵**

2018 年，弹指一挥间，中国改革开放已走过 40 个年头。身处其间的我们似乎对这场深刻的社会大变革早已习焉不察，但静心回溯与反思，我们不难发现，这些年来的政治、经济、社会、文化等都发生了翻天覆地的变化，“中国奇迹”让世界震惊。这一切都源于改革开放中权利与权力的博弈。传播作为一种权力，尤其是互联网的出现与广泛应用，更多地在日常生活中显现其力量。在中国社会普遍进行着自上而下的政治改革、经济变革的同时，自下而上的静悄悄的思想观念的变迁从未停止过，这种静悄悄的革命最根本的是在社会交往中社会关系发生着解构与重构，进而影响社会体制与机制的运行，社会制度与结构也随之发生革命性的改变。

1927 年，诺贝尔文学奖获得者柏格森有言：“说社会的进步是由于历史某个时期的社会思想条件自然而然发生的，这简直是无稽之谈。它实际只是在这个社会已经下定决心进行实验之后才一蹴而就的。这就是说，这个社会必须要自信，或无论怎样要允许自己受到震撼，而这种震撼始终是由某个人来赋予的。”① 邓小平无疑就是柏格森所说的“某个人”。1978 年，似乎一切都顺理成章。5 月 11 日，《光明日报》发表特约评论员文章《实践是检验真理的唯一标准》，由此引发了一场关于真理标准问题的大讨论。12 月，党的十一届三中全会正式制定了中国开始实行对内改革、对外

---

* 本部分原载于《广西师范学院学报》（哲学社会科学版）2019 年第 1 期。

** 师曾志，北京大学新闻与传播学院教授；仁增卓玛，达孜工业园区管委会，研究方向为传播民族志、媒介与社会变迁、融合新闻；季梵，北京大学图书馆馆员，研究方向为媒介与社会变迁。

① 吴晓波：《激荡三十年：中国企业 1978 ~ 1008》，中信出版社，2007 年，第 6 页。

开放的政策。“十一届三中全会后，他已经成为实际上的领导核心。”[①] 以解放思想为元动力，中国踏上了充满未知与不确定性的改革征程。

传播学创立者威尔伯·施拉姆指出：“总结像人类传播这样一个领域的困难在于：它没有只属于它自己的土地。传播是基本的社会过程。”[②] 40余年来，中国传播学关注的议题、研究的问题、提出的概念皆深深植根于改革开放的社会过程之中。对内改革使原有的权力结构被改变，对外开放使政治之外的力量进入被改变的结构中。突破了国家与社会、集体与个人二元结构，更多社会主体参与到传播过程中，其所形成的权力场域具有流动性、过程性、不确定性等特征，凸显出权力的过程实现性，它离不开日常生活中的表达与言说，传播权力正是由此而突破原有的社会关系和空间的，公共空间从隐秘中得以呈现。作为基本的社会过程，传播所形成的公共空间彰显出的话语的力量和公众舆论在40年改革进程中发挥了举足轻重的作用。

1. 追问：公共传播的内驱力

“追问乃思之虔诚。”[③] 回溯40年来公共传播发展演变路径，梳理其内涵外延时，首先要追问何为公共传播发展的内核，换言之，何为公共传播发展的内驱动力。

作为传播学重要概念之一，公共传播与其他传播概念具备相同的构成要素，如传受双方、渠道、内容等；需要相同的外部环境支撑，如技术发展以及制度保障。按排除法，显然上述都不是公共传播本身的内驱力。再次回到概念本身，“我们必须通过正确的东西来寻找真实的东西”[④]，将视阈聚焦在公共传播的“公共”一词上。

（1）公共与公共性

“公共”一词是不能将公共传播归为任何别的传播概念的唯一原因。那么，这是什么公共？

“不论是西语政治哲学界，还是汉语政治哲学界，关于公共（the pub-

---

① 范小舟：《1978 年邓小平如何从党内排名第三成实际核心？》，人民网，https://mil. huanqiu. com/article/9CaKrnJKTyy，最后访问日期：2015 年 5 月 12 日。

② 〔美〕E. M. 罗杰斯：《传播学史：一种传记式的方法》，殷晓蓉译，上海译文出版社，2012 年，第 1 页。

③ 〔德〕海德格尔：《海德格尔选集》，孙周兴译，上海三联书店，1996 年，第 954 页。

④ 〔德〕海德格尔：《海德格尔选集》，孙周兴译，上海三联书店，1996 年，第 926 页。

lic）的讨论非常热烈。有关这一主题的文献可谓汗牛充栋。但人们对于何谓公共的理解则实在需要进一步梳理。原因在于，关于公共这个概念的定义路径与使用方法，在不同的学科之间具有不同的习惯；同时，在不同的意识形态体系中也具有不同的指涉。因此，这个概念被覆盖上了极为纷繁复杂的含义。”① 由此，需要从传播学视角厘清公共的内涵和外延。

“公共比之公共性更具本源性的意义。公共是公共性的实质内涵，公共性是公共的外显属性。公共与私人相对，公共性相对的是私人性，意即人与人之间共在共处、共建共享的特性。”② 公共与私人相对，彼此互为依存，但公共领域的崛起与私人领域的消亡并不是此起彼伏的关系。“‘私人’和‘公共’这两个词最基本的意义表示有些东西需要隐藏，另外一些东西需要公开展示，否则它们都无法存在。”③ 聚焦到传播学，公开展示的意见、判断、议论、舆论等汇聚成了所谓的“公众舆论”。

作为形式概念的公共性，对其概念化的过程梳理见于 Slavko Splichal 的《公众舆论：在二十世纪的发展与争论》一书中。“他将公共性分为五个相互关联的语意层面：作为社会类目的的‘公众’（Public）、作为某种活动或空间属性的‘公共性’（Public/ness）、作为准则代表了普遍人类权利的‘公共性’（Publicity）、作为在国家和市民社会之间的社会空间的‘公共领域’（Public sphere）以及作为意义表达的公众舆论（Public opinion）。”④ 传播学视阈中的公共性集中体现在公众舆论与公共领域之内。

在《公共领域的结构转型》中，哈贝马斯梳理了公众舆论发展的历史脉络。“舆论一词来源于拉丁语，是指没有得到充分论证的不确定的判断。”⑤ 从“舆论”到“公众舆论”发展之路十分漫长。“霍布斯把良知与舆论等同起来，产生了深远的影响，成为历史重要的一环。”⑥ 霍布斯的思想对洛克产生了直接的影响。在《人类理智论》中，洛克将“神圣法则”

---

① 任剑涛：《公共与公共性：一个概念辨析》，《马克思主义与现实》2001 年第 6 期。

② 陈绪赣：《公共性：公共精神探源》，《学术探索》2017 年第 10 期。

③ 〔美〕汉娜·阿伦特：《人的境况》，王寅丽译，上海人民出版社，2009 年，第 48 页。

④ 邓力：《传媒研究中的公共性概念辨析》，《国际新闻界》2011 年第 9 期。

⑤ 〔德〕尤尔根·哈贝马斯：《公共领域的结构转型》，曹卫东等译，学林出版社，1999 年，第 107 页。

⑥ 〔德〕尤尔根·哈贝马斯：《公共领域的结构转型》，曹卫东等译，学林出版社，1999 年，第 108 页。

"国家法则"和"舆论法则"相提并论。"舆论法则的全称是关于舆论和声誉的法则，它判别的是美德和恶行，而美德又完全是根据公众的评价来衡量的。"[①] 1749 年，卢梭在其《论科学与艺术》一文中第一次使用了公众舆论一词，"他所使用的这个复合词与舆论原有的含义是一致的"[②]。对公众舆论归纳出严格概念的人是梅西耶，他指出："公众舆论是社会秩序基础上共同公开反思的结果；公众舆论是对社会秩序的自然规律的概括，它没有统治力量，但开明的统治者必定会遵循其中的真知灼见。"[③]

"资产阶级公共领域对其功能的自我理解具体表现为'公众舆论'范畴。"[④] 而在康德的研究里公共性成为调节政治与道德同一性的唯一中介。"在康德看来，公共性既是法律秩序原则，又是启蒙方法。具有批判意识的公众相互之间达成的共识具有检验真理的实际功能。"[⑤] 共识与公众舆论的内涵间有许多重合之处。

"人们，而不是人，生活在地球上和居住于世界。"[⑥] 基于生存与生活需要，人们之间展开合作就需要达成共识，由此，人们之间力图达成共识的时间和人类本身的历史一样久远，尽管这种共识并不一定具备康德意义上的批判色彩。从部落成员之间在树林中"八卦"到雅典市民在城邦广场上参政议政到资产阶级兴起后的咖啡馆与沙龙聚会，具有"公共性"的人类传播形式由来已久。随着技术的发展，受限于地理空间的"公众舆论"终于得以突破时空边界，形成现代意义上的"公共传播"。

（2）公共性与公共传播的发展

17、18 世纪以来，随着印刷术的发展，英、法两国以政治、伦理、宗教为话题的小册子、报纸盛行起来，以英国"企鹅丛书"为代表的出版业

---

① 〔德〕尤尔根·哈贝马斯：《公共领域的结构转型》，曹卫东等译，学林出版社，1999 年，第 119 页。

② 〔德〕尤尔根·哈贝马斯：《公共领域的结构转型》，曹卫东等译，学林出版社，1999 年，第 110 页。

③ 〔德〕尤尔根·哈贝马斯：《公共领域的结构转型》，曹卫东等译，学林出版社，1999 年，第 114 页。

④ 〔德〕尤尔根·哈贝马斯：《公共领域的结构转型》，曹卫东等译，学林出版社，1999 年，第 108 页。

⑤ 〔德〕尤尔根·哈贝马斯：《公共领域的结构转型》，曹卫东等译，学林出版社，1999 年，第 125 页。

⑥ 〔美〕汉娜·阿伦特：《人的境况》，王寅丽译，上海人民出版社，2009 年，第 48 页。

的发展等，都为公共传播以源于地理空间的公共领域的形成与发展创造了条件，其阅读与销售空间的扩展将社会不同阶层、不同领域的受众连接在种种复杂的话语实践网络之中，形成人们可以自由讨论世俗事务的公共空间，进而成为协商民主国家的重要组成部分，也为从理论和历史概念理解哈贝马斯公共领域的思想提供了参考①。

在技术革命潮流兴起之后，传统主流媒体面临盈利压力和生存困境，开放的、社会化的新型传播形态正在逐步形成，新闻传播方式逐步从“演讲式”向“对话式”转变②，学者们纷纷将公共传播放在新媒介和公共领域的概念下进行阐述。例如彼得·达尔格伦（Peter Dahlgren）在研究政治传播时指出：“互联网和公共领域的主题已成为当下政治传播研究的主流，当代政治沟通环境中的在线公共领域带来了政治传播系统不稳定性，其利弊可从结构性、代表性和互动性三个维度入手进行分析，而公民文化的概念则是当下理解在线政治讨论重要性的方法之一。”③

中国学者对传媒公共性的关注，也多数始于哈贝马斯相关著作中文译本出版后，其“公共领域”“公共性”等概念兴起之时。2009 年，师曾志结合汶川地震救灾重建中的社会行动与实践，将全社会救援传播放在全球化以及 2008 年中国独有的社会发展与互联网广泛应用的语境中，将风险社会、时—空分离下的脱域所引发的社会断裂等作为分析工具，探究公共性背后社会多元主体的权力与资源博弈在公共传播领域内的实践。师曾志指出：“公共传播作为分析的工具，其公共利益以及以生命为核心的社会价值观却是其存在的合理内核，更是公共传播下社会结构改变的基础。”④ 2012 年，吴飞“站在公民社会的背景下来思考公共生活参与性问题”，将公共传播作为专业传播、批判传播、政策传播的补充，认为其是“基于公共社会发展需要，鼓励受众积极参与社群实践活动”，“为人类的权利的平

① Pascal Verhoest. “Seventeenth-Century Pamphlets as Constituents of a Public Communications Space: A Historical Critique of Public Sphere Theory”. *Theory*, *Culture & Society*, June 2018.

② 张志安：《从新闻传播到公共传播：关于新闻传播教育范式转型的思考》，《暨南学报》（哲学社会科学版），2016 年第 3 期。

③ Peter Dahlgren. “The Internet, Public Spheres, and Political Communication: Dispersion and Deliberation”. *Political Communication*, 2005, 22（2）: 47.

④ 师曾志：《公共传播视野下的中国公民社会的发展以及媒体的角色：以汶川地震灾后救援重建为例》，《传奇．传记文学选刊》（理论研究）2009 年第 1 期。

等、社会公正和民主参与社会治理提供理论支持和策略支持”[①]。

不同于哈贝马斯意义上的公共领域，基于互联网形成的公共领域有其特殊的一面。哈贝马斯主要关注公共领域内的交往理性和话语实践，认为公共领域存在于私人领域和公共权力机构之间，而“大众传媒塑造出来的世界所具有的仅仅是公共领域的假象”[②]，但这一论断显然不合于媒介化的今天。李良荣指出当下技术发展迅速，在多元利益群体共存的社会结构中，媒介作为多元主体之一参与到了社会治理和国家治理中，成为各利益群体意见表达和沟通的平台，以达成社会共识[③]。“与大众传播构造的‘中介化空间’不同，多元主体的即时在场使公共传播变成具有更大的自主性的‘共享的空间’。”[④]

在这一共享空间中，公共性是其最为根本的属性。“到了大众传媒领域，公共性的意思从公众舆论所发挥的一种功能变成了各种舆论自身的一种属性：公共关系和共同努力就是想建立这样一种公共性。有些时候，公共领域说到底就是公众舆论领域。”[⑤] 由具备公共属性的大众传媒生成的舆论被称为公众舆论，拥有了与政治、商业同样的力量。冯建华指出，“新媒体兴起引发的传播秩序变革，重塑了公共传播的基本样态，拓展了公共传播的意涵，激活了对公共传播的想象”，以“公众参与”为特征的公共传播更具有“公共”属性：与大众传播构造的“中介化空间”不同，多元主体的即时在场使公共传播变成具有更大的自主性的“共享的空间”[⑥]。汤普森也批判了哈贝马斯认为大众传播领域理想中公共性的虚无的消极观点，提出“媒介化的公共性”，指出公共领域在媒介化的现代社会中重构，即作为一个开放的符号和意义之网而存在[⑦]。

互联网特别是移动互联网出现以后，媒体的公共性问题呈现出新的变

---

① 吴飞：《公共传播研究的社会价值与学术意义探析》，《南京社会科学》，2012 年第 5 期。

② 〔德〕哈贝马斯：《公共领域的结构转型》，曹卫东等译，学林出版社，1999 年，第 150 页。

③ 李良荣、张华：《参与社会治理：传媒公共性的实践逻辑》，《现代传播（中国传媒大学学报）》2014 年第 4 期。

④ 冯建华：《公共传播的意涵及语用指向》，《新闻与传播研究》2017 年第 4 期。

⑤ 〔德〕尤尔根·哈贝马斯：《公共领域的结构转型》，曹卫东等译，学林出版社，1999 年，第 2 页。

⑥ 冯建华：《公共传播的意涵及语用指向》，《新闻与传播研究》2017 年第 4 期。

⑦ 〔英〕约翰·B·汤普森：《意识形态与现代文化》，高铦译，译林出版社，2005 年，第 131 页。

化。许多传播研究者对于互联网在建构公共领域未来作用方面存在一些矛盾心理，很多研究者认为大众媒体未能充分形成强大的民主文化所必需的允许公开和反思性讨论的公共领域，但同时也有许多人认为互联网带来的双向沟通可以很好地促进这种公开和反思性讨论，互联网为大众媒体提供了独立于立场和身份之外的表达的可能，但这种发声的广泛性和有效性存在局限①。全球信息爆炸时代初起之时，辛哈（Dipankar Sinha）便观察到，一种可以被描述为“信息与沟通”的过程中会产生一种张力，信息革命的纵向深度和横向扩展使市场的工具逻辑和以人为中心的公共传播之间形成了二元对立，作为一切民主社会和政体的必要组成部分的公共领域在市场化过程中存在着向岌岌可危态势变化的倾向②。

辛哈的担忧无可厚非，但实践证明，二元对立并非绝对和不可逆转的，且有张力便有空间。随着微博、微信等社交媒介的发展对传统传播方式的颠覆，传播主体与客体间界限越发模糊，公众获得了主动发布信息权，又在转发、评论等行为中将自身信息接收者的身份转化为下一个信息的发布者和舆论、意见的表达者。

从现实的媒介实践出发，黄红英等将公共传播定义为通过多主体对话与协商达成共识，以实现公共诉求和利益的过程，并指出在技术的推动下，公共传播时代下的新闻生产在信息采集、加工处理与传播上出现了新变化与新形态，公众参与切实落实到新闻生产的整个流程中，并对新闻生产起到决定性作用③。新技术的兴起也在影响着传播学的研究方式，马西森（Donald Matheson）运用计算机辅助语篇分析技术对2011年新西兰奥特亚罗瓦发生严重地震后Twitter上的50万条相关推文语料进行处理，以此来了解社交媒体中的公共传播，以期从人们留下的社会痕迹中更清楚地识别出此前所难以描绘的公众“社会想象”的轮廓④。

对于公共领域和传媒公共性的考察，许鑫关注到了一个有意思的现

① Lincoln Dahlberg. “The Corporate Takeover of the Online Public Sphere: A Critical Examination, with Reference to ‘the New Zealand Case’”. *Pacific Journalism Review*, 2005, 11 (1): 90-112.

② Dipankar Sinha. “Public Communication in Information Age: Time for a Requiem?”. *Economic and Political Weekly*. 1997, 32 (37): 2326-2329.

③ 黄红英、黄楚新、王丹：《技术催生公共传播新生态》，《新闻与写作》2016年第11期。

④ Donald Matheson. “The Performance of Publicness in Social Media: Tracing Patterns in Tweets After a Disaster”. *Media, Culture & Society*, 2018, 40 (4): 584-599.

象，“国内学者对于中国是否存在公共领域尚存争议，但大都认可我国传媒具有公共性”，究其原因，是国内学者多以“哈贝马斯资产阶级公共领域模式”为参照，却“将公共性视为传媒的固有属性”①。

互联网时代，以微博、微信等为主的社交媒介是形成公众舆论最为重要的领域，它们开放、多元、关注各类公共议题等特征使这些社交媒介似乎天然具备了某种“公共性”特征。在此领域，传播主体、传播内容等都呈现多元化，每一个主体根据自身利益，参与到形塑舆论、影响公意的权力博弈中。由此，面向媒介化的社会现实，胡百精指出，公共传播是“现代性转型、全球化和互联网革命等多重语境下”，多元主体参与的以“公共议题及其背后的公共权力和公共利益”为传播内容，期望实现“认同、共识、承认”的“新的传播结构、格局和境况”②。

公共传播启发我们不断思索传播在社会各领域中产生何种影响的问题，也因为它为不同的政治、经济、文化领域的研究提供了框架和新问题，我们可以将“公共传播”看作赫伯特・布鲁默所定义的“敏感性概念”。对敏感性概念可粗略定义为：“用以引导理论和实证研究的探索工具。”③ 与此概念相对的是决定性概念。“敏感性概念”和“决定性概念”并非对立互斥，而是呈现为历史进程中的不断变迁迭代、绵延创变。作为时间坐标的概念，其内涵外延随着外在技术环境和内在社会制度、结构等变化发生演变的同时有了不同的阐释。

2. 概念演变：这是什么公共传播

当我们将“什么是公共传播”改为“这是什么公共传播”时，提问方式的变化会对公共传播概念的理解提供多元化的角度与视阈。传播主体的多样化，传播过程中所形成的公众舆论对社会过程的影响，超越于言说表达的传播所形成的行动和改变，此类传播溯源久矣。“在高度发达的希腊城邦里，自由民所共有的公共领域和私人领域泾渭分明。公共生活（政治

---

① 许鑫：《传媒公共性：概念的解析与应用》，《国际新闻界》2011 年第5 期。

② 胡百精、杨奕：《公共传播研究的基本问题与传播学范式创新》，《国际新闻界》2016 年第 3 期。

③ 〔丹麦〕施蒂格・夏瓦：《文化与社会的媒介化》，刘君译，复旦大学出版社，2018 年，第 6 页。

生活）在广场上进行，公共领域既建立在对话上，又建立在共同活动（实践）之上。”① 从这个意义上看，公共传播与公共空间、公众舆论以及传播所身处的社会制度、结构等实践密切相关。

（1）面向公众传播的公共传播

查阅相关文献不难发现，很多学者将传播学意义上的公共传播的兴起定位于印刷媒介出现之后，“‘媒介’在拉丁文有公共（public）的含义。印刷术发明之前不存在读者群，那时候的人也许总体上把读书人看成是一种散播的‘通货’——是那种意义上的‘媒介’”②，麦克卢汉更是有“印刷术创造了‘作者’和‘大众’”的思想。这些都意味着大众成为受众、公众是印刷革命所带来的。以此而言，公共传播隶属于大众传播，某种程度上，两者亦可互相替换。事实上，古往今来公共传播实践一直存在于哲学、历史学、社会学、人类学等多学科之中，只是没有直接用公共传播的概念，如 Park Young Shin 对 1392 年至 1910 年的儒家思想和朝鲜社会统治制度进行了考察，从历史和社会角度分析了公共空间在韩国社会中是如何形成和发展的，并重点探寻了基督教会作为促进和实施“横向”公共传播的机构是怎样帮助边缘社会力量走上公共舞台的③。我们从公共性、公共空间等方面出发，对大众、公众进行理解就可以得知公共传播历史悠久，公共传播受多方面因素影响，在不同的历史阶段会有不一样的体现。

（2）维护公共关系为旨趣的公共传播

“公关之父”詹姆斯·格鲁尼格（James Grunig）将公共关系定义为：“组织与其相关公众间沟通的管理。”西方公共关系定义中普遍强调四元素，即组织、公众、沟通与管理。从公共关系的起源与实践来看，公关学说的形成与媒体和市场机制的发展密切相关，这给公共关系加上了很深的以商业利益为中心、寻求处理好与政府、媒体、商业竞争对手、公众之间关系的烙印。

随着互联网在舆论中作用的凸显，有学者意识到公共空间的崛起以及

---

① 〔德〕尤尔根·哈贝马斯：《公共领域的结构转型》，曹卫东等译，学林出版社，1999 年，第 3 页。

② 〔加〕麦克卢汉、〔加〕秦格龙：《麦克卢汉精粹》，何道宽译，南京大学出版社，2000 年，第 407 页。

③ Park Young Shin. “The ‘Public Space’ in Korea：Some Social-Historical Observations on Its Formation and Development”. *Korean Journal of Social Theory*，2004（25）：7 - 31.

公众舆论力量的重要性，认为公共关系一词同时包含了三重含义：公共传播、公众关系、生态网络。三重含义是构成公共关系本质内涵的三个维度[①]。国内外从公共关系角度对公共传播进行研究的文献也有一个发展变化的过程，仅在公共关系学科国际顶级期刊 Public Relations Review 以"公共传播""公共关系""公共人""公共空间""公共利益""公共性""公共的善""公共领域"作为检索关键词，发现 1980 年之前只有 1979 年发表过 1 篇名为 *People to People*：*Essentials of Personal and Public Communication* 的文章；1985 年到 2018 年 7 月发表文章共有 95 篇，其中 2016 年到 2018 年 7 月就有 57 篇。

公共关系领域的一些从业者和专家的问题意识是从公共关系学科专业以及公关行业的角度出发的，他们也意识到公众参与在新技术和社会发展背景下对重塑和重新定义公共关系的重要性。公共关系的发展反映了大众传播和公共领域的准入障碍，社会的分化、组织自身合法化的社会压力以及媒体公共领域日益增长的重要性促成了公共传播的复兴，这从一定程度上也印证了大众传播的发展是社会交往合理化的过程[②]。

目前，在中国语境中"公关"一词有污名化的倾向，许多学者以及商业公司出于实际的考量，以"传播"概念代之"关系"一词。"随着市场规则越来越僭越社会生活所引发的重重危机，西方有学者也已认识到公共关系一词的局限性，开始使用公共传播（public communication）的概念来解释全球化过程中组织与公众沟通与管理间的冲突与问题。"[③] 这对认知公共传播的本质以及在新媒介环境下更好地发挥公共关系的作用打开了新的研究视阈。

（3）作为知识传播与普及的公共传播

近年来兴起的科学传播、健康传播、公益传播等概念可归入该范畴，此类型是非商业、第三方的知识性传播，其最为关键的是传播主体随着媒介发展发生了迁移，传统社会中无法拥有话语权的组织与个人也可以利用

---

① 陈先红：《公共关系学的想象：视域、理论与方法》，《现代传播（中国传媒大学学报）》2016 年第 5 期。

② Philomen Schönhagen，Mike Meißner. "The Co-evolution of Public Relations and Journalism：A first Contribution to its Systematic Review". *Public Relations Review*，2016（42）：748 – 758.

③ 师曾志：《公共传播视野下的中国公民社会的发展以及媒体的角色：以汶川地震灾后救援重建为例》，《传奇．传记文学选刊》（理论研究）2009 年第 1 期。

各种媒介形式传播自身的理念、思想，同时，它们也影响着传统主流媒体的议题话语等。政治、经济、社会的发展越来越与大众知识获取、情趣需要等相关，越来越多的组织或个体将传播内容限定在为公众服务上，将传播行为作为满足社会发展需要的各类实践活动。1980 年，詹姆斯·凯瑞（JamesW. Carey）对 108 名澳大利亚环境科学家的调查是将科学家的一些行为定义为公共传播较早的例子。以科学博客为代表的新媒介环境下的科学传播，既是科学家与年轻一辈研究人员交流的方式，也是面向大众传播科学的方式，科学家博主面向的是具有不同程度专业知识的受众，需要采取不同的话语实践，为公众提供科学的信息①。作为公共传播事业一部分的健康传播也正在接受新时代的科学检验和民主训练，以期通过知识分享、技能体验和观念协商构建信息、利益、价值共同体②。公益传播作为鼓励人们"向上向善"的传播形式，其重要意义在于新媒介赋权的背景下为更多组织与公众对社会公共事务发声提供了可能，因此，公益传播特别强调的是，公共传播在作为专业性传播方式的同时，注重沟通与对话的传播实践，说明公共传播从表达到行动再到改变的可能性，这一切又指向公共传播的生成性与实践性。

（4）作为以公众为核心的互联网时代的公共传播

互联网技术彻底颠覆了旧有的传播格局，基于传统媒介形式研究而生成的许多理论显然已不适用于当下的媒介化社会，公共传播也开始有了回溯的能力，而不仅仅是服务于当下的主流需要。赛博虚拟空间与能动丰富的社会实践相结合，发生于当下的历史性的生成与涌现中，为公共传播理论与实践提供了更为深刻的演进图景。

吉登斯在《现代性的后果》一书中认为，现代性有三种相互关联的力量相互作用，分别是时间和空间的分离、脱域机制的发展和知识的反思性运用。随着互联网技术的发展，时空分离与脱域的力量愈加显现。他认为时空分离的后果导致"脱域"（disembeding）的产生。时空分离与脱域导致的是确定性丧失，原子化个体从原有的传统的、相对稳定性的关系中脱离出

---

① MaríaJosé Luzón. "Public Communication of Science in Blogs: Recontextualizing Scientific Discourse for a Diversified Audience". *Written Communication*, 2013, 30 (4): 428.

② 胡百精：《健康传播观念创新与范式转换：兼论新媒体时代公共传播的困境与解决方案》，《国际新闻界》2012 年第 6 期。

来，“在放逐的公共领域的形成过程中，文化、传播和联系是基本的要素”①。

基于互联网的新兴媒介为放逐的公共领域提供了传播与联系的技术与平台支撑。“脱域”的个体在传统组织与结构之外，获得了主动参与沟通对话与交往实践的可能。一个个围绕不同事件及其利益诉求的公众成为公共传播中最为重要的传播主体。

在传播学领域学者的研究中公共传播经历了从政府、企业到社会、媒体、学界、个体等多主体的变迁。对我国公共传播相关文献进行梳理，从中可以一窥社会发展中传媒的公共领域角色、传播主体及其实践的动态变迁。20 世纪 80 年代公共传播作为媒介研究的重要理论问题被正式提出，斯代佩斯指出，“作为公共传播的大众传播”就是为了“探寻公众如何接近并使用媒体，公共信息和知识应该如何传播和扩散的问题”②。1994 年，江小平在解释“公共传播学”时，称其为“对人际传播学、组织传播学、大众传播学和社会传播学的补充和完善”，目的是要引导受众“积极参与公共生活和努力提高社会道德水准”，“承担并完成推动社会发展的使命”，“帮助政府领导人和政府机构管理社会和个人，并协调两者之间关系”③。随着互联网技术的不断渗透以及现代性等理论概念不断被传播学界吸收运用，关于公共传播的研究范式开始转变。公众传播研究中，对公众本身的研究成为重要领域。

3. 关于公共传播研究的定量分析

公共传播的发展变革使这一领域相关研究日益受到学者关注。笔者对国内外公共传播研究进行了梳理，以“公共传播”并“公共关系”“公共人”“公共空间”“公共利益”“公共性”“公共的善”“公共领域”等关键词，在 Wiley、Web of Science、Taylor & Francis、Springer LINK、Scopus、Science Direct、SAGE、Research Library、Periodicals Archive Online、Airitilibrary、ABI/INFORM Collection 数据库中进行检索，初步手动筛除及去重

---

① 〔美〕詹姆斯·罗尔：《媒介、传播、文化：一个全球性的途径》，董洪川译，商务印书馆，2012 年，第 292 页。

② 〔英〕约翰·B·汤普森：《意识形态与现代文化》，高铦译，译林出版社，2005 年，第 131 页。

③ 江小平：《公共传播学》，《国外社会科学》1994 年第 7 期。

后，共得英文期刊论文 881 篇；在知网、万方、北京大学学位论文库、读秀知识库、方正阿帕比电子图书平台、台湾学术文献数据库中进行检索，初步手动筛除及去重后，共得中文期刊论文 155 篇、学位论文 39 篇、图书专著 27 种。对研究成果发表年份进行研究，可以发现 40 年来公共传播相关研究不断增多，且在近几年呈现快速增长态势，这与公共传播的快速发展是一致的（见图 4－1、图 4－2）。21 世纪以来，互联网新媒体的迅速发展为公共传播研究带来很大新的探讨空间，也引发了政府和学界对公共传播问题的重视。尤其是微博、微信等社交媒体的出现使公共传播中公众的主体地位愈发凸显，其他主体诸如政府、市场等都期望通过公共传播问题研究，科学认识网络传播规律，建设自身的网络阵地，加强舆论引导，公众传播因此正在成长为传播学的学术热点。

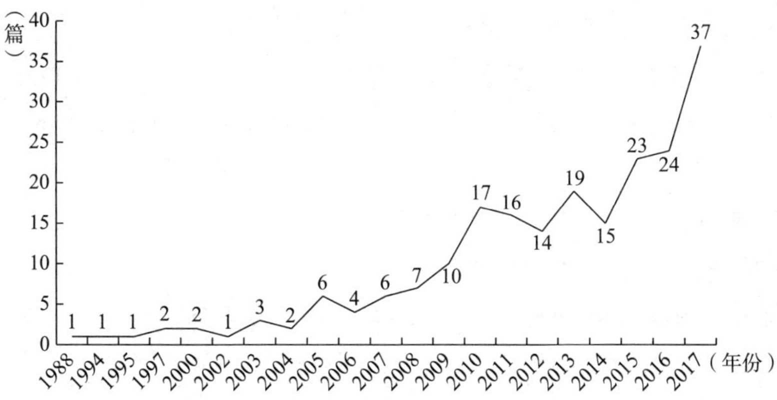

图 4－1　国内公共传播研究发文数量统计

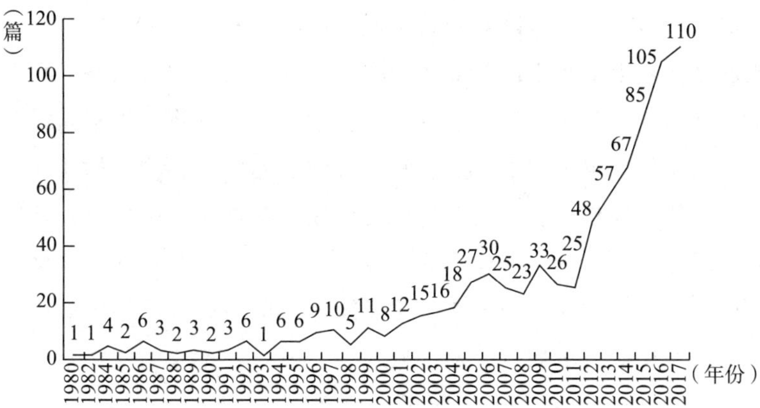

图 4－2　国外公共传播研究发文数量统计

美国传播学研究被引入中国始于 1982 年的传播学鼻祖施拉姆访华之行，当时国内便已出现了对传媒本土化议题的讨论。自 1997 年传播学成为具有授予博士学位资格的二级学科之后，中国的传播学学科随着官方地位的确立而迅速发展，传播学作为一个交叉学科的属性也越发明显。对检索而得的国内外文献进行分析可知，关于“公共传播”的期刊论文中，从所发表期刊所属类别来看，中文文献中，新闻传播出版类研究以 76.97% 的比例占据多半，政治学研究占比 11.84%，社会学为 3.95%，而诸如科技、经济、图书情报、医学、艺术等其他学科下的研究成果占到了 7.23%；英文相关文献中，各学科则分布较为均衡，新闻传播出版类文献占 18.18%，以公共关系等研究为主的管理学类文献占 17.56%，社会学类文献占 16.32%，紧随其后的是区域规划类、经济学、政治学、哲学、心理学，分别占比 10.95%、8.57%、5.48%、5.37%、3.41%。

从摘要词频看，除去检索主要关键词“公共传播”，中文文献中其他高频出现的词分别为“政府”，占比 5.82%；“危机”，占比 3.35%；“媒介”，占比 2.69%；“公众”，占比 2.51%；“新媒体”，占比 2.42%。从英文摘要词频来看，高频词汇分别为“空间（space/spaces）”，占比 8.62%；“社会的/社会（social/society）”，占比 7.76%；“媒介（media）”，占比 5.26%；“领域（sph-ere）”，占比 4.53%；“政治的（political）”，占比 3.55%；“科学/科学的（science/scientific）”，占比 2.74%；“私人的（private）”，占比 1.96%。细观中英文公共传播研究文献，尽管研究领域分布存在较大的不均衡，但主要研究的问题基本都互有涉及，比如中英文文献中都有许多关于互联网对公共领域的政治和社会影响的文章，学科领域的比例之差实际上与中西方传播学科本身的发展有很大关联，而差异主要集中在两点：一是区域规划学科、经济学科对于围绕地理空间的公共领域的研究，比如城市规划设计中空间的公共性问题，在国内的研究比例较国外而言较低，这是社会公共空间相关词成为英文文献中占比较重的高频词汇的原因之一；二是传播学领域围绕容纳和承载公共理性的运思空间的研究，比如互联网时代中的传媒公共性问题，成为国内公共传播研究的显学。对传播主体进行梳理，尽管“政府”“公众”都是中文文献中的高频词，但在 2011 年及之前的中文期刊文献摘要中，“政府”一词出现了 61 次，而“公众”只出现了 15 次，且全部出现于政府或组织对公众的信息传递问题的讨论中。而在 2012 年至 2018 年的中文期刊文献摘要中，“政府”一词出现了 80 次，“公众”出现了 44 次，比例改变明显，同时也出现了对于“公众媒介素养”等问题的研究，公众不再只是作为其他传播主体的传播对象而出现，而独立成为一个传播主体，并日益受到学者关注。

现代性转型、全球化和互联网革命的多重语境在中国正式起始于 1978 年，对内改革、对外开放的政策打破了长期以来铁板一块的中国社会的权力结构，为公共传播创造了最宏观、最根本的社会环境。下文让我们踏入历史中，细细考察改革开放 40 年来，传播系统发生了怎样的改变，揭示概念演变背后深层的逻辑脉络。

4. 改变与革新：身处多元社会的公共传播

对内改革，改变的是权力关系，革新自上而下的体制结构。1978 年之前，我国实行计划经济。彼时的传播是单向的、命令式的、宏大叙事的。无论报纸还是广播电视，都是国家的宣传阵地。随着改革开放，单纯以宣传为主的传播生态开始得以改变。

（1）源头：传播主体的多元化

改革开放首先打破了僵化的权力结构，围绕不同利益，各种权力主体开始登上历史舞台，通过媒介发声。权力主体多元化呈现出关系的多元化。“权力以网络的形式运作在这个网上，个人不仅流动着，而且他们总是既处于服从的地位又同时运用权力。”① 在福柯那里，权力是一种关系，但它不是一种自上而下的单向控制的单纯关系，而是一种相互交错的复杂网络。中国的改革使福柯所说的相互交错的关系网真正开始显现。这一关系网中节点众多，包括政府、市场、公众、媒介机构、社会组织……有多少种不同的利益集团，便有多少个不同的传播主体。政府、市场、公众三方合作博弈、对话对抗，形成了公共传播多元主体并存共生的局面。

①政府：制定规则。任何国家，不管施行何种政治制度，政府一定是最为重要的传播主体。政府是传播活动积极的参与者，是传播活动规则的制定者。随着市场经济在中国实行，政府开始意识到传媒作为社会机构，必须制定相关政策法规来界定权力与权利，责任与义务，自上而下推动传

---

① 〔法〕米歇尔·福柯：《必须保卫社会》，钱翰译，上海人民出版社，1999 年，第 28 页。

媒事业向着政府希望的方向发展。

1997 年 1 月 2 日国务院颁布《出版管理条例》，同年 9 月 1 日起施行《广播电视管理条例》。“建立在规则上的权力在现实中都是指导性的，但其结果也不一定就是压制他人。”① 此两条例规范了正在蓬勃发展的中国传媒业，使媒介机构有据可依、有令可从，创造了更加稳定的外部环境，也使政府作为传播主体，可以更加积极有效地参与到传播实践中；而管理条例的颁布施行，也为其他主体进入传播领域创造了现实条件。明确的规则犹如我们穿过地理世界的地图，为多元传播主体提供了行动纲领。

②商业：资本力量。以逐利为根本追求的商业，似乎很早就嗅到了传媒业巨大的盈利潜能，而西方学者也把大众传媒业的发展归功于资本主义的发展，这点可追溯至古登堡。“到 20 世纪 90 年代中叶，通信技术迅猛发展，其最大的受益者还是那些能从收集、储存、处理和发送信息能力扩大中获得最多物质利益的人和组织。”② 在民国时期，商业与传播曾一度联手发展，但由于种种历史原因，这一历史进程被迫中断。新中国成立后，商业全面进入传播事业始于改革开放。

与政府不同，商业进入传播就是要使其投入效益最大化。不同的利益追求使政府与商业力量之间的博弈由此形成。面对总数上有限的受众群体，商业要尽可能地吸引受众的关注，“注意力经济”概念应运而生。为了最大限度地挖掘受众注意力的商业价值，资本无所不用其极地参与到沟通与对话的传播实践中，最大限度地攻城略地。权力与资本在现实的传播实践中博弈与联手并行不悖，这点从中国各省市在官方主导下相继成立传媒产业集团便可印证。

③个体：围观与改变。技术使然，前互联网时代个体无法主动参与到传播实践中。随着互联网发展以及社交媒介广泛应用，每一个个体都有条件成为传播主体。“全民皆记者”“围观改变中国”等口号式概念背后是个体力量的崛起。“互联网技术所引发的社会剧烈变迁，动摇着在传统制度下所构成的社会结构、社会关系等的发展状态，它更多地释放出个体的差

---

① 〔美〕詹姆斯・罗尔：《媒介、传播、文化：一个全球性的途径》，董洪川译，商务印书馆，2012 年，第 292 页。

② 〔美〕詹姆斯・罗尔：《媒介、传播、文化：一个全球性的途径》，董洪川译，商务印书馆，2012 年，第 227 页。

异性，显现出个体对社会发展方方面面的作用与影响。”[①]

在社交媒介中，个体获得了叙事的主动权。“一个把叙事作为关键的能力形式的集体不需要回忆自己的过去。它不仅可以在叙事的意义中找到自己的社会关系，而且可以在叙述行为中找到自己的社会关系。”[①]公众在主动叙事中，实现了对话与沟通，并在交往实践中建立起自身与更大共同体的联系。

不同于政府、商业，个体作为传播主体，不仅是信息接收者，更是新媒介时代最为重要的信息传播者。政府有权力、商业有资本，而每一个看似势单力薄的个体汇聚成为一股不可小觑的舆论力量，与其他传播主体进行着博弈、合作、协商。政府、商业从各自利益出发试图引导公众舆论，而公众本身作为积极的传播主体，也在一定程度上改变着舆论的方向。对公众舆论进行塑造与改变从而引发实际行动是公共传播最为根本的目的。由此可见，公众作为传播主体在公共传播领域内的地位举足轻重。

（2）渠道：技术与形式的革新

传播主体的多元化除了宏观政治经济环境外，最为根本的还有互联网发展带来的技术支撑。“历史上，传播技术由资本主义社会的军事和经济权力中心发展起来并为之所利用。”[②] 每一次传播技术的变革都与发展与战争需要紧密相关，这些技术从军事领域逐渐应用到商业社会，逐步渗透到日常生活中，成为我们的环境。

①互联网技术铺就的新环境。传统媒介，从广播到电视，与互联网技术最大的不同是“技术壁垒”，即唯有机构化的媒介组织才能获得技术的使用权。公众拥有媒介接近权，但并未拥有实质意义上的自主使用权。互联网技术以及智能手机等移动终端的全面普及使公众彻底实现了自主使用媒介的可能。

如今我们生活在互联网技术铺就的环境之中，不是把技术作为人与自然之间的桥梁，而是作为自然本身。而对自然，人们往往毫无知觉，它的特征是隐而不显、难以觉察的。“环境的希腊词源是 perivello，其意义为四面八方同时来袭，环境不仅仅是容器，它们还是使内容全新改变

---

① 师曾志：《生命传播：自我・赋权・智慧》，北京大学出版社，2018 年，第 3 页。

② 〔美〕詹姆斯・罗尔：《媒介、传播、文化：一个全球性的途径》，董洪川译，商务印书馆，2012 年，第 226 页。

的过程。”[①] 新的技术环境改变的不仅有内容，还有形式本身。对此，麦克卢汉更为直接地指出“媒介即讯息”。

②“媒介即讯息”与形式即内容。“社会更大程度上总是由人交流所用媒介的性质形塑的，而不是由传播的内容形塑。”[②] 从传统媒介到新媒介，随着社会变迁及多元主体进入到传播时空中，传播内容在某种程度上确实发生了变化。但太阳底下无新鲜事，相似情节在历史中上演过无数遍，彻底被颠覆的是我们使用媒介的形式。

传统媒介属性决定了传播是单向的、自上而下的、单中心式的，互联网媒介彻底解构了由此形塑的传播关系。信息技术的发展使双向互动、多中心、多节点的传播关系被凸显。手握移动终端的每一个个体，同时成为信息传播者、传播的渠道、信息的接受者三位一体的“综合体”。

构成公共传播内容的公共议题及其背后的公共权力和公共利益，根据不同的传播主体，呈现在新媒介上。“可以毫不夸张地说，现代社会的未来及精神生活是否安定，在很大程度上取决于在传播技术和个人的回应能力之间，是否能维持平衡。”[③] 在此，也可以说，公共传播的目的能否达成，在很大程度上取决于在传播技术和传播主体间的回应能力之间是否能保持平衡。

技术创造了每一个主体都可以随时随地、随自身需要参与到传播实践中的可能。但在媒介化时代，每个主体能否真正参与到公共传播实践中，达成公共传播的目的，在于新媒介使用者能否觉知由他引入的人间事物的尺度、速度或模式的变化，从而重建一种新的关系。

5. 越界与守护：重建一种关系

“现代传播技术最初的主要社会后果，就是挑战制度化权威的权力边界。”[④] 这种越界可追溯至印刷技术发明之初，“人类社会在历史上首次心

---

① 〔加〕麦克卢汉、〔加〕秦格龙：《麦克卢汉精粹》，何道宽译，南京大学出版社，2000年，第412页。

② 〔加〕罗伯特・K. 洛根：《被误读的麦克卢汉如何矫正》，何道宽译，复旦大学出版社，2018年，第57页。

③ 〔加〕麦克卢汉、〔加〕秦格龙：《麦克卢汉精粹》，何道宽译，南京大学出版社，2000年，第241页。

④ 〔美〕詹姆斯・罗尔：《媒介、传播、文化：一个全球性的途径》，董洪川译，商务印书馆，2012年，第224页。

甘情愿地接受了一个非宗教性的社会变迁的代理者，并允许其在一个延续不断和系统化的基础上，最终改变社会生活的每一个特点”。[①] 对制度化权威的消解，在互联网时代表现得尤为明显，边界不断被突破成为常态。

（1）跨越边界：言说空间的张力场

改革开放之前，严格意义上的公共领域并不存在，社会方方面面都打上了政治烙印。

对内改革、对外开放的政策彻底打破了政治一统全局的结构关系。正如前文所述，市场经济不断发展，商业力量在官方有意引导下很快进入传媒领域。权力、资本以及在技术便利下获得传播权力的公众开始博弈、合作，为各自利益发声，导引舆论。

随着传播主体多元化，利益不同导致了对有限传播资源的争夺，张力也由此产生。“资产阶级公共领域是在国家和社会间的张力场中发展起来的，但它本身一直都是私人领域的一部分。随着市场经济关系的扩张，‘社会’领域出现了。它冲破了等级统治的桎梏，要求建立公共权力机关的管理方式。”[②] 这样的冲破同样也在中国发生，市场的兴起随之带动了社会的兴起。

哈贝马斯始终否认在大众媒介领域中形成的舆论场是他概念意义上的公共领域，但这不妨碍国家、市场、社会在新媒介赋权下，各自出发，试图不断重构原有的权力关系，彼此博弈。有博弈自然有张力，出于现实利益而生成的张力场投射到了媒介世界，在传播场域中也形成了与之相应的张力场，言说空间得以显现。

在这言说空间内，新媒介赋权使各种传播主体充分获得了媒介使用权。如何行使好这一权利是每一个传播主体应该审慎思索的命题。政治与资本如何裹挟媒介，挑动舆论，造成无可挽回的社会悲剧，以第二次世界大战为之最，但到此刻这种态势仍没有绝迹。公众舆论的力量如此强大，以至于各种利益集团（组织）都想将这种力量据为己有，断裂与撕裂也由此开始。

---

① Grant David McCracken. *Culture and Consumption*: *New Approaches to the Symbolic Character of Consumer Goods and Activities*. Bloomington: Indiana University Press, 1990: 30.

② 〔德〕尤尔根·哈贝马斯：《公共领域的结构转型》，曹卫东等译，学林出版社，1999 年，第 170 页。

打开任何一个社交软件，我们很快便能观察到社会各利益主体间彼此分裂，大家自说自话，圈地自娱。交谈和沟通在这些各自为政的声音间恐难达成。有张力才有空间，但过于剑拔弩张的张力却有可能导致社会这根弦彻底崩断。而公共传播在这样一个意见过于分化、言说过分满溢的当下，尤显重要。

（2）通变以知常，知常以应变：以“共识、承认”为依旨

不同传播主体间博弈形成了言说的张力场，如何充分利用好张力场所形成的言说空间是此刻最为急迫的问题。传播学者用媒介化社会来形容当下我们身处的世界。媒介化社会是指政治、经济、文化乃至人们的情感都被媒介逻辑形塑，人们的行动也在一定程度上遵循着媒介逻辑。“媒介逻辑是媒介的技术属性、内容属性、对内容的呈现与组织方式以及关注点的有机结合。这些制度化的媒介形式形塑了媒介内容和受众日常活动之间的关系，同时受众将这些规则内化为自身的行动准则，最终使媒介逻辑成为媒介化社会的有机构成。”① 面对强大的媒介逻辑，参与传播的主体除了被动地去适应，也应该“通变以知常，知常以应变”。在追问中，发现媒介逻辑背后鲜活的个体生命，通过对话与沟通，不同传播主体间“认同、共识、承认”，以积极的“公众舆论”去影响政策的制定者与现实的行动者，争取共赢的结果。

对“公众舆论”，李普曼持悲观态度。他在代表作《舆论学》中指出，公众的非理性和精英阶层的有意操纵使公众舆论也具有了非理性和被操纵的特征。反观当下互联网世界中的公众舆论，的确可以看到李普曼悲观论断的症候。但今非昔比，技术彻底颠覆了传统的传播生态，新媒介上的舆论样态已与李普曼身处的世界不可同日而语。

“李普曼以理性区分精英和普通公众是不科学的，其悲观的公众态度与第一次世界大战的宣传机制有着极大的关系。在一个大变动的状态之下，信息的封锁、内心的恐惧，将公众以无力和易被操纵的形象推出。而如今的时代与李普曼时代截然不同，在新媒体环境之下，传统媒体不再具有单方面的话语主导权。公众获取信息的途径不再局限于广播电视和报

---

① 郑雯、黄荣贵：《“媒介逻辑”如何影响中国的抗争？——基于40个拆迁案例的模糊集定性比较分析》，《国际新闻界》2016年第4期。

纸，网络信息的及时性和丰富性使受众能在获取更多信息的基础上接近真相。”① 在社交媒介上不断出现的“反转”事件便是公众不断去接近、探析真相的结果。

后真相时代，面对变化无端、错综复杂的舆论世界，不同传播主体唯有“以不变应万变”才能真正做好直抵人心的传播，达成公共传播的目标。在此不变的是每个人对真善美的追求，是对美好生活的向往，是个体寻求安全感与承认的需要；要改变的是传播内容组织和呈现方式，从宏大叙事回归到微小叙事，从说教、命令、断言回到对话与沟通，感知彼此相通的情感，重建生命间的联结。

重建联结是现代性之后时空断裂而招致的脱域以及个体的原子化后人们可以选择的出路之一。面对充满不确定的世界，人们开始以“结域”来摆脱个体内心的惶恐与不安。“通过现代性和全球地方化的脱域化，人们试图重新建立一个他们可以去的文化‘家园’。这种文化抱负与活动构成了结域化的过程。”② 在互联网时代，人与人之间重建联结变得简单易行，但显然联结容易相续难。

（3）公共传播：回归情感联结相续

在互联网技术的加持下，“电子媒介构成了文化、价值和态度的全局的、几乎是刹那间发生的转换。这种巨变产生剧痛和身份的迷失。只有对巨变的动态获得清醒的认识，才能减轻痛苦，减少迷失”③。数字媒介与传统媒介相比，加快了意识、观念、思想等的交互速度，影响着人们的态度、行为与行动，刹那的感觉与知觉对人情绪、情感引导下的行为越来越从不可感知、不可见、无伤大局发展为对事物发展进程起到关键甚至是突变的作用。这一切都昭示着感知与情感社会的到来。

任何组织与个人必须要意识到感知时代与情感社会对传播提出的新要求。这要求产生于多元传播主体进入传播场域而形成的新型社会关系。这关系在对传统媒介、语言、叙事方式、话语等颠覆的基础上发展而来，参

① 丁和根：《舆论学理论研究的深化与拓展》，《新闻大学》2017 年第 5 期。

② 〔美〕詹姆斯·罗尔：《媒介、传播、文化：一个全球性的途径》，董洪川译，商务印书馆，2012 年，第 291 页。

③ 〔加〕麦克卢汉、〔加〕秦格龙：《麦克卢汉精粹》，何道宽译，南京大学出版社，2000 年，第 363 页。

与式媒介带来了权力、资源的重新分配，影响社会制度的变革。

参与式媒介文化所重构的社会关系，具有动态性、复杂性、流动性等特征，与数字媒介非连续性的、非线性的信息提供方式有密切关系。这种信息提供方式，不同于印刷媒介只延伸人的听觉、视觉等部分感官功能，而是为用户所有感官的延伸提供了可能。用户在观看与阅读中能够更多地释放出自身的理性、感性、情感、感觉、知觉等，强化情感的带入与参与，用户的体验与黏性是在自我感知与情感共鸣、共情下“生成”或“合成”的。社交媒介让用户接受与分享到大量便捷有趣信息的同时，以更加隐蔽的方式将用户自我推向前台。

个体化用户间达成联结，形成共识从而相互承认是公共传播的目的也是生命传播的初心。围绕公众议题及其背后的公共权力与公共利益，公共传播过程要跳脱出过往“公关”“控制舆论”等思维，重视参与传播的个体情感、感觉，激发个体认知与感知水平，让公众主动加入公共议题的沟通与对话、交往与实践，共同去推进社会向着良善生活迈进。

6. 结语

“何为改革？改革是革命与改良之间的一种社会变迁：就其本质而言，它接近于革命——它是对于社会发展总体目标的巨大转型，更是对于社会运作基本逻辑的深刻改变；但从形式上来说，它不是既有体制从外部摧毁，而是制度体系自上而下的一场‘自我救赎’。”①

这场“自我救赎”的征途还很漫长。“概念应该说明事件而非本质。”②公共传播作为一个概念，在改革开放的历史进程中表现为无数的事件。此刻我们对概念与事件做学术梳理，试图去揭示其背后的逻辑与学理，从传播学视阈为未来向上向善的发展提供一种可能的路径。公共传播的概念从兴起到当下，其内涵外延始终处于更新变迁中，“概念之所以必须经常更新，正是因为内在的面是由区域构成的，它具有局部构成，具有相互越来越靠近的局部构成”③。

---

① 喻国明：《增量改革：中国传媒改革开放40年的实践逻辑》，《教育传媒研究》2018年第4期。

② 〔法〕吉尔·德勒兹：《哲学与权力的谈判》，刘汉全译，译林出版社，2012年，第27页。

③ 〔法〕吉尔·德勒兹：《哲学与权力的谈判》，刘汉全译，译林出版社，2012年，第28页。

当下，中国又站在了一个新的十字路口上。偌大的中国何去何从，未来我们又将经历怎样的事件，又将迎来怎样的辉煌，或许只有历史才能给出答案。但相信互联网时代不断崛起的个体，将通过对话与沟通，在交往实践中不断感知，回归情感，从旁观者转变为当事人，以自我生命卷入中国向前向上的历史进程中，这也将迎来公共传播大发展。

| 二 |

生命传播：实践中的救赎与创新*

——兼论深圳关爱行动

师曾志**

近些年，公益开展得如火如荼，这一方面与新媒介发展相关，另一方面则是社会转型的产物和需要。新媒介承载着人与人的关系，从强调秩序、稳定向一种混沌、失控状态发展，这对传统社会结构与社会关系产生了很大的影响，其根本是政府、企业、社会、媒体、公民之间关系的改变。过去，公益事业强调的是NGO和公民参与，是介于政府与市场中间的另外一种力量与权力，然而今天，“以爱筑城的深圳实践”印证了“爱”的力量和所形成的新的权力体系是社会多元“共治”与“善治”的基石。

1. “爱”的力量：社会多元“共治”与“善治”的基石

新媒介环境下社会转型中社会结构与社会关系解构与重构的基础是问题的根本，这里需要设问的是，这个基础中人与人之间的关系是如何建立的？按余英时的话来说，个人、社会、国家都是西方近代的概念，传统的中国不存在这样的划分。《大学》曰“修身、齐家、治国、平天下”。孟子也说“物之不齐，物之情也”，又说“人心不同，各如其面”。王安石强调《论语》中“古之学者为己”的说法，所以他说：“为己有余，而天下之势可以为人矣，则不可以不为人。”① 这为我们思考人与人连接的转变与社会结构概念提供了新的视阈。

深圳关爱行动十几年的实践表明，爱是一种力量，一种将社会各界连接起来、让社会变得美好的力量，也说明了社会转型期人与人、人与社会

---

* 本部分原刊于《中国社会组织》2015年第7期。

** 师曾志，北京大学新闻与传播学院教授。

① （宋）王安石：《杨墨》，《临川先生文集》卷六十八，中华书局，1959年，第723页。

之间连接的相互需要。以美籍德国犹太人艾瑞克·弗洛姆为代表的人本主义哲学和精神分析心理学的主要论点是，“人的需要与感情来源于人的存在的特殊状况”[①]。这为爱的力量在社会共治与善治中提供了理据。

2. “爱”的智慧：群己权界的重新认识

长久以来，爱的力量似乎更多的是私人领域的事情，在公共领域长久争论的是集体主义与个人主义之间的关系。群体秩序与个人自由之间关系的中介、原则、规则等构成了中国传统语言中所谓群与己的问题。严复用“群己权界论”来翻译穆勒的《自由论》最早提到这个问题。公益行动中的思想源泉是偏重集体主义还是个体主义？还是爱的智慧与体验？

余英时在其《群己之间——中国现代思想史上的两个循环》一文中提出的最为深刻的问题是，“现代中国知识分子为什么会这样快地在集体与个体的两极之间循环往复”，指出，我们对于所谓现代性的理解往往也徘徊于集体与个体的两极：在集体危机的时代我们不免以“富国强兵”为现代化的主要特征；在个体过分受压抑的时代，我们也许又会以为“个人自主”才真正代表现代化。但其在《历史与思想》一书中谈到现代化与传统的接榫问题时引用弗里德里希的话说：这里面涉及了创造性那个因素及其各种不可预料的途径。思想和行动都同样地牵连在内，不仅是宪法之类才与政治传统有关，更要紧的是思想的模式。这种判断在互联网链接一切成为可能的情况下，证明了社会实践中所形成的思想、行为方式是一个能动的生成和发展过程，而不是被人为界定和所谓的行动法则就可以规训与规定的。

互联网时代，政治、法律、经验、情感、体验等都在重新界定着个体与群体间的关系，关系是在实践行动过程中构建和发生作用的，更是在时间长河中的智慧博弈中存续与延伸的。深圳关爱行动正是在这爱的生动实践中，重新连接人与人的关系，人与组织的关系，人与城市的关系，让深圳这座移民城市摆脱“见物不见人”的弊端，实现真正人的连接，成为一座有温度的城市。

---

① 〔美〕艾瑞克·弗洛姆：《健全的社会》，孙恺详译，贵州人民出版社，1994年，第61页。

3. 新媒介赋权下的人与人的连接

互联网尤其是移动互联网的出现使人与人连接以及连接的结果与效果都与传统媒体时代有很大的区别，其根本的变化是，传播不仅仅是一种链接，一种载体、介质，它更是一种权力，它能决定谁是传播者、传播什么内容，以何种方式传播，传播效果及反馈成为下一次传播内容生产与再生产的来源，它们不断加入并定义着新的传播内容、形式等。

传播渠道的便利以及传播速度的改变，很难以媒体自身为中心，而是以问题和议题为中心，传播议题的设立也不仅仅是社长总编辑的事情，这为公益传播以及社会各界的联动打下了基础。正是在这个意义上，我们提出新媒介赋权的概念，这也是为什么我们一直强调人与人连接重要性的所在。新媒介赋权存在三重结构，一是社会交往网络中传播—行动—改变，二是关系—事件—权力，三是创新—差异—生命力。这三种结构体系还在纵向上展开，即传播—关系—创新，行动—事件—差异，改变—权力—生命力。传播重在行动，更希望改变，传播在事件中，多元主体在关系互动中试图达成创新；关系生发权力，权力生成于事件中，事件在行动与差异中推动权力格局的变化；差异影响创新的意义，生命力在差异和创新中改变与发展。

新媒介赋权三重结构中，最本质的是对权力本身及其来源的认识。很多人认为媒体是权力，政府是权力，资本是权力，也就是把权力当成一种占有和所有之物，它是固态的、静止的。福柯是权力研究方面的思想家，他一针见血地指出，权力构建、解构于社会关系网络之中。这也就是说权力是可以在关系和传播过程当中生成与实现的。权力是交流的，甚至是共享的，是动态的，是在传播过程中生发、生成与发展的。

新媒介赋权在传播、行动中的改变，从机理上应在与关系—事件—权力及创新—差异—生命力复杂关系中展开和分析，使传播—行动—改变成为有源之水，有本之木，更重要的是，让互联网时代每个人都参与其中。

4. 多元主体合力下的公益传播与公共传播

新社会关系网络中多元异质的人与人之间的关系只是为新权力的产生与发展提供了可能性，它还需要在实践行动中展开。公益实践与公益传播的利益关涉社会各阶层人士。深圳关爱行动是深圳市委、市政府大力倡导，由市文明委牵头主办推出的，得到各类企业、公益组织、群众团体、协会及市民组成的志愿者的大力支持，在社会各界的共同努力下，推动了各方共同治理并形成了一套运作模式，即政府部门主动"放权""隐身"，在政府主导下，社会协同，完成信息对称、资源共享、公共服务等工作，同时也为公益组织等的发展提供更多的空间，打破了政府对公共服务的垄断，形成公共服务的多元供给机制。

长久以来，我们认为知识只是认识世界的工具，其实知识更是能力的集成体，它需要倾听的能力、做事的能力、处事的能力。实践与行动者不仅应在符号世界中进化，更应在日常生活具体入微的事件中做到知行合一，为实践者行动提供方向与指导。我们从实践中来再到实践中去，在试错中不断纠偏与修正，在过程中激发更多的想象与创造，而不是空洞地喊着正确的口号就可以实现社会目标。

公益传播是建立在道德、伦理、公益、责任、良善等基础上的。新媒介赋权在行动—事件—差异的逻辑与机制中，不是简单地强调"公共善""公共利益"等，这是因为新媒介赋权本身也影响到以社会分工为基础建构的传统经济学发展的基础。当代经济学中的"理性人"更多地注入了社会交往、社会关系等因素，人微不再言轻，利他、担当、责任、公益、价值观甚至人性与利润的实现关系不可分离，这为公共传播时代的到来奠定基础。所谓公共传播是针对社会问题，社会多元主体构成交往网络，相互赋权，资源共享，风险共担，在沟通、对话、行动中，达成影响并改变公共政策决策机制与内容的过程。

5. 救赎与创新中的生命传播

互联网对公益传播与公共传播影响重大，需要指出的是，互联网带来的社会变革不仅仅是传统社会的组织机制与互联网的简单叠加，互联网公益与公益互联网有着本质的不同。深圳关爱行动在今后的发展中需要更多地应用互联网思维，适应互联网发展的需要，更多地强调人的体验以及人与人之间的情感、情趣等的需要，这也决定了公益传播与公共传播在未来更多的是在生命层面上的传播。

公益传播与公共传播的另外一种存在方式是生命传播，只有在生命传播的基础上，公益传播与公共传播方能持久发展。生命是政治存在的形式，还是生命的自然、自在存在，抑或是超越两者在自为、自主的层面上的存在？互联网发展的今天，生命以连接一切成为可能的传播方式存在又会生发和生成些什么？从传播到生命长河的生生不息中如何寻找其张弛有度的节奏？围绕公益行动与实践强调的是传播、行动、改变、关系、创新、差异与生命力，在时间的长河中更需要的是生命与救赎所构成的生命传播的圆融互摄。

6. 结语

总之，公益传播强调公共利益以及在公共善上的协商与协力，但在更大的时空中博弈，以公共传播、生命传播的视野，公益才能有更好的发展前景。生命心智上的感知与体验成为弥合撕裂让生命得以延存的源泉活水，新媒介赋权的三重结构好似通往“无”的中介，救赎与创新在时间中得以延续。在这个意义上，新媒介赋权应放在生命传播的虚无与存在中，通过传播所生成的生命力推动人类的自我救赎以及在自我救赎中获得新的生命力。新媒介赋权让我们认识到，生命的生成、存续及升腾强调的是将爱、生命的体验融于日常生活中，融于真正的实践与行动中。

| 三 |

情感、行动与责任：公益传播中的生命叙事*

林筱茹　李　堃　仁增卓玛**

互联网传播的快速发展，带给人们的是一场场深刻的认知革命，生命传播正基于此为传播话语实践提供了另一种可能。生命传播概念提出“就是想为传播学研究提供别样的认知与叙事方式。个体心灵、自我是社会实践的产物，个体表达行动对心灵和自我究竟有着怎样的影响与塑造，个体如何在传播中认识自我与权利，甚至在对话交流中如何感知自我与他者生命的交互、流变与生成等，都是我们打开生命传播的大门钥匙”①。生命传播注重人们认知生成的性质、交互以及形式，主张传播学更应注重生命叙事与经验体验②，强调跨媒介叙事能力已成为认知、观念和思想差异的重要原因，媒介以隐喻的方式提供了观察与认识事物的视角。在对媒介的理解中也包含着媒介变迁对社会制度以及社会关系影响的透视。生命传播基础上的生命叙事，在瓦解传统宏大叙事和信息叙事的基础上，在具体而微的微小叙事中逐渐显现其对个体认知和社会发展的意义。

1. 新媒介赋权与反赋权：媒介技术带来公益结构的转变

每一次媒介技术的革新都伴随着社会关系与社会结构的加速调整。从Web1.0时代到Web3.0时代，从第一代移动通信技术到5G，互联通信技术使传播速度不断加快，社会加速背景下，社会运行的机制也在发生变化。互联网在为人们提供海量信息的同时也在不断拓展人们的社会关系网

---

* 本部分原刊于《台州学院学报》2020年第2期。

** 林筱茹，宏华国际股份有限公司，研究方向为媒介与社会变迁；李堃，北京大学新闻与传播学院博士研究生，研究方向为生命传播、媒介与社会变迁；仁增卓玛，达孜工业园区管委会，研究方向为传播民族志、媒介与社会变迁、融合新闻。

① 师曾志：《生命传播：自我·赋权·智慧》，北京大学出版社，2018年，第10页。

② 师曾志：《互联网时代媒介叙事下的生命传播》，《中国编辑》，2018年第9期，第9~14页。

络。新媒介技术带来传播场域的变化，多元主体以多种方式加入传播实践中，异质的信息、观念、情绪在新场域和新秩序下快速流动，个体的感觉、直觉和情感被激活，个体既获得以往被机构和组织垄断的媒介接近权，也拥有在切实行动中不断改变的可能。社会多元主体在突破时空限制的同时，实现着新媒介赋权与反赋权，彰显着指向具体问题解决的“能时代”的到来。

传播速度的加快打破了原有的社会体系，改变了人们对时空的感知以及与自我、他者和社会的关系。当个体脱离封闭的、结构化的社会系统，进入充满未知和不确定的社会情境中，认知、感觉和行动能力成为公共生活的关键要素。在关系、权力和话语的易变中，原有的伦理道德和价值规范逐渐模糊，宏大叙事丧失了以往的解释力，原子化的个体在“脱域”中拥抱新技术、新信息和新关系的同时，也愈加渴望复归日常生活，抵达自我内心，实现身心平衡。

公益作为人类永恒的向上向善的追求，是衡量社会文明程度的重要表征，也是联结人与人、组织和社会的重要纽带。在相对稳定和封闭的社会环境中，传统的公益事业习惯于借助宣传口号、宏大理念和“眼泪指数”，集中动员体制内部和资本的力量，这在公益事业发展初期曾起到一定作用。互联网带来的社会权力结构和社会组织形式的变化，不断挑战着公益行业的组织形式与结构，突如其来的新冠肺炎疫情再次冲击了传统公益组织的生存境况。2020 年《疫情下公益组织的挑战与需求调查报告》（下文简称《报告》）显示，此次新冠肺炎疫情已经对全国范围内的公益组织产生了负面影响，特别是中小型公益组织。《报告》指出，“明年由于外部环境的变化，特别是政府与企业的收入锐减带来的政府购买服务和企业捐赠的减弱，将在未来一年甚至更长的时间对公益产生‘波纹式’的打击”①。

与传统公益组织力图“活下去”的生存现状不同，借助移动互联网和社交媒介，互联网公益逐渐进入人们的日常生活。“99 公益日”是腾讯公益联合社会各界共同发起的一年一度的全国公益活动，自 2015 年举办之初

① 北京益行公益信息交流服务中心：《疫情下公益组织的挑战与需求调查报告》［EB/OL］. https://www.socialworkweekly.cn/wp-content/uploads/2020/07/疫情下 NGO 的挑战与需求调查报告 0525.pdf，最后访问日期：2021 年 2 月 23 日。

便致力于发动网民以轻量、便捷、快乐的方式参与公益。出于对新冠肺炎疫情现实影响的考虑，公益行业曾对2020年“99公益日”的公众筹款环节持保守态度，但最终结果显示，公众捐赠额和参与人次等各项数据均实现增长。水滴筹、轻松筹等面向普通民众的众筹平台凭借自身高效率、低门槛等优势扩展了公众关注公益活动的渠道，“指尖公益”成为新的公益形态，“人人公益”逐渐成为新的潮流。

技术的便捷不断地提升了公众参与公益活动以及社会公共生活的热情和能力，对现实问题的解决和社会生活的改善产生重要影响。一方面，技术的发展改变了公益事业的游戏规则，这要求公益传播改变传统惯性，依据不断变化的传播和技术特点及时调整对策和方案，重新配置自身要素与优势，引发整个公益行业的化学反应。另一方面，形式、渠道和流程的改变以及时空和阶层等边界的打破并未改变公益事业的初心，而现实问题的解决恰恰是在赋权和反赋权中，在传播实践和切实行动中的不断抵达。在数字赋能背后，公益逐渐成为人们的一种生活方式和自我选择，基于生命底色的公益传播，愈加呼唤个体的自我卷入和主体意识，隐蔽的沟通在传播中发挥着愈发重要的作用。在社会加速中，其面临的现实问题是如何借助新技术的力量，调动多元主体的认同与信任，加强整合社会的有机团结，打破人与人心灵上的边界并激发“人心向善”的力量，最终改变个体异化的处境，这恰恰凸显了生命叙事的重要性。

2. 生命叙事：源自生命关怀的言说

人类的经验、记忆与行动离不开叙事。德国学者瓦尔特·本雅明在总体上将叙事分为信息叙事和故事叙事两大类：其中信息叙事“只存活于那一刻，它必须完全地依附于那一刻，并且争分夺秒地向那一刻表白自己”；而故事叙事则“不消耗自己。它存储、集中自己的能量，即使在漫长的时间以后，还可以释放出来”①。本雅明一针见血地指出，随着大众媒介的崛起，缺乏情感共鸣与无须立即卷入的、缺乏行动的信息性叙事逐渐占据了传播领域；与此相对，分享生命经验、触发情感共鸣的故事叙事日渐式

① 〔德〕瓦尔特·本雅明：《写作与救赎》，李茂增、苏仲乐译，东方出版中心，2009年，第86页。

微，讲故事的传统也随之没落。随着新媒介赋权与反赋权的反复博弈，传播渠道的垄断被打破，每个主体都有了直接而便捷地参与传播活动的途径。一种旧的传统，属于部落时代的传统——讲故事重新在当下的传播环境中焕发出新的生机，而以“讲故事”为核心的生命叙事成为不同主体在意义、情感博弈中选择的最优传播策略。生命叙事要求个体的全身心参与和切实卷入，也强调日常生活和事件的重要性，其编织的细微感觉、体验、情感、经验和智慧的不断叠加，能自然而然引发个体的共感和共鸣，在认同信任的基础上，激发人们切身行动的欲求，彰显人类生生不息的力量。

依凭新媒介技术的不断发展，在赋权与反赋权的不断作用下，借助叙事的传播从单向传播转向跨屏多向传播，人与人之间的关系借由新媒介渠道造就了“传播即行动”的可能。灾难叙事能引发我们对他者苦痛的共感及赋权自身行动的责任，在多元主体的互动关系中，基于不同主体的差异性认知，经由“个人化叙事”，在不同的意义维度上呈现出公益传播的多样性。小至个人心灵结构的运作，大致不同组织对现实意义的创造与价值体系的维系与选择，都包含在不同的叙事之中。这些叙事，借助不同的媒介渠道，传达至不同的媒介圈层，共同构成了总体性的社会意义。无论组织还是个人都需要参与到对意义的争夺中，无人能置身事外。由此，在意义的博弈中，如何获取优势地位是组织与个人都需要思索的议题。在这一过程中，人们深刻地感受到叙事的力量与魅力，凭借各类叙事，不同主体加入了公益传播的建构与维系中，依靠意义的胜出而获取公益传播的权力与权利。

对人类生命的关注，尤其是对个体生命的关怀是公益事业的底色。从传统媒体到互联网，技术的不断迭代改变了传统的意义争夺方式和场域，政府、企业、公众等多元力量加入公益传播的链条中，形成传播合力，共同为具体问题的解决提供行之有效的方案。在作为生命有机体的互联网中，公益传播的底色成为信任、合作达成的关键因素。对生命的关怀使公益传播似乎天然就具备“情感传播”的倾向，事实上，充分利用生命叙事的力量才是其能够广泛动员公众的关键因素。每一个公益传播主题背后的叙事核心都指向对他人生命的深切关怀，其中蕴含的人本主义通过生命叙事的策略和新的传播网络得以跨越更大的社会距离，抵达更广泛的人群，并持续呼唤公众的情感投入，激发人与人之间的共情和共鸣，由此提高个体全身心卷入的可能性。

3. 情感联结：社会加速下的回应与共鸣

社会加速中，竞争似乎已成为现代社会生活几乎所有领域最主要的分配原则。人们在庞大的社交网络中不断学习如何赢得竞争的同时，遭受的却是经验与意义的贫乏；在与他人交换信息和协同合作时，却无法与他人真正建立情感关系，即有回应与共鸣的关系。人们面对世界沉默、冷淡和漠然，感到痛苦与不满，这些又带来新的异化形式，这恰恰唤醒了人们对美好生活的追求，而情感在其中起着重要的作用。

彼此陌生的叙述者与听者是叙事的重要节点，以生命叙事作为关系与情感联结的方式，经由不同媒介渠道，能够引发彼此间的回应和情感共鸣。一方面，从叙事传输（narrative transportation）的观点来看，在叙事所营造的想象场景中，个体的认知和情感沉浸于故事并产生意象，随着叙事的情节发展而出现强烈的情绪反应；另一方面，叙事带来的认知丰富和情感投入改变着原有的观念，最终使个人的现实体验越来越与叙事的故事世界逐渐趋同①。生命叙事恰恰成为激发情感与生命信念的基础，使听者从单纯的“听故事的人”转向与他者在现实世界中经由情感引发的行动而产生实质性的彼此关怀与自觉的关系。

公益传播中的叙述者多以创办人和参与行动的志愿者为主体，通过将自身的所见所闻和亲身经历作为叙事主线，通过声音、音响、图像和文字等实现跨媒介传播。在叙事铺陈展开的过程中，叙述者往往需要通过再现自身亲临过的场景，述说如何借助共同的努力、行动与实践，在强调问题复杂难解的同时趋向于问题的解决。在这一叙事过程中，情感、行动、改变贯穿始终，构成公共传播的完整逻辑链条。跨屏传播则改变了“去感官化”和“去背景化”的传统叙事方式所带来的意义断裂，使听者将故事与个人的生命历程和生命体验联系起来，由此能够激发其对公益事业的回应与共鸣，并最终采取行动加入公益活动中。

---

① Melanie C. Green. “Transportation Into Narrative Worlds：The Role of Prior Knowledge and Perceived Realism”. *Discourse Processes*，2010（2）：247－266.

基于生命叙事的公益传播除了能够引发生命想象并激发情感外，也具有叙事疗愈的意义。在叙事疗愈的视域下，叙述者能够唤起听者的自我想象或内在记忆并引发实质性的情感共鸣，诱发人们反思过去经验并增添其未来采取行动的可能性。围绕不同主题展开的生命叙事，在叙述者和听者之间建立了共鸣，在彼此肯定与同理心的氛围中，双方会因动人的故事产生回应与共鸣，个体面对的不再是他人的沉默和麻木，而是在与世界的呼应和情绪起伏、情感联结中进入个体与环境的具身融汇及心理救赎的经验实践中。

4. 个体行动：基于叙事与共鸣的选择

以生命叙事作为出发点，叙述者的故事在传播中得到了意义的再生产，将孤立的、断裂的活动转化为具有实质性的情感共鸣，由此加强了故事的合理性和吸引力。在新技术释放出个体能力和权力的背景下，人们可以遵循自我意识“完全可以实现另一种行动的可能性，以此来追求主体自己的目标或实现自己想实践的事”[①]。生命传播更是在权力主体及其延伸的各种关系中运行，个体在思想自由、身体行动和自身能力权衡下所做出的每一个行为与决策，都是在象征世界与社会建构中集结众多选择之后所形成的，在传播、行动与改变中触发更多个体的生命底色而逐渐具有社会影响力。

公益传播的力量来自其能够汇聚多方力量，将口号和倡导转化为行动，带来社会问题的解决和社会政策等的改变。以水滴筹、轻松筹等为代表的互联网公益平台之所以能够快速发展，使“指尖公益”成为人们日常生活的一部分，主要是依托技术带来的便捷性和中间环节的减少，人们能够在很短的时间内完成捐赠，达成善举。在媒介社会化和社会媒介化的过程中，公益传播的社会动员考验着多元主体的讲故事以及引发人们情感共鸣和积极回应的能力。

随着新媒介的发展与跨屏传播时代所交织的异质和无序，在新媒介赋权与反赋权中，个体的知觉、感觉和能力等得到释放，个体的意识情感等

① 〔德〕哈特穆特·罗萨：《新异化的诞生：社会加速批判理论大纲》，郑作彧译，上海人民出版社，2018年，第114页。

被激活，叙事主体在将自身从问题中解放出来后，将其经验和情感借由生命叙事进行转述，在“传播即行动”的情绪激发下，促进施动者与接受者行动的交互更迭使意义得以延伸。在不断打开的共同体世界中，公益传播需要在尊重个体多元选择的基础上，激发支撑其行动的信念和勇气，这恰恰是一种建立于生命叙事和情感共鸣之上的自我选择。

生命传播强调自我身心自觉不自觉地卷入各种传播活动中，从而影响传播形态、内容、过程乃至传播背后权力、资源、资本、能力、专业等的博弈。自我身心与他者联系了起来，在交流互动中自我获得了自主性，这是生命传播的另一个特征。生命叙事是一种典型的、以生命传播为基础建构起来的讲故事的方式，在沟通和互动中，诸多差异性的感知、信念和判断彼此回应并形成共鸣，实现了叙事结构中差异性中的同一性。生命叙事最终将个体引向自我卷入的切实行动之中，异质的个体在故事和经验分享中，达成对他者苦痛的共感和同情，从悲悯之心到身体力行，不断激发出人们对于美好生活的憧憬以及决定赋权自身行动的责任。

5. 责任达成：依托感觉的共同体的意义建构

人工智能等新技术赋予人们构建自我差异化世界的可能性，显示了自我的存在和自由。个体在看似无约束的日常生活实践中却日益感受到当下时空的不断萎缩，人们在生活步调加速的过程中，习惯于多任务处理，争取在更少的时间内完成更多的事情，以保持自身竞争力，而过去、现在和未来以及人与世界却出现了意义的断裂。人们看似可以自由选择，实际上却是在违背自己的意志而行动，在没有外在要素压迫的时候，人们在短暂的体验中，忘记了行动的目标和意义。自我游戏成为社会运行的底层逻辑，个体在游戏中看似处于自我解放与自由的状态，实则自我游戏应与社会发展联系在一起，个体越自由越凸显出个人能力和责任的意义。

社会加速中，传统的观念、规则以及规范等已无法适应现代社会的快速演化，社会的稳定性和连续性被打破，“世代之间实质上就会等同于活在‘不同的世界’，让社会的象征的再生产遭遇到断裂的危险”①。此时，

① 〔德〕哈特穆特·罗萨：《新异化的诞生：社会加速批判理论大纲》，郑作彧译，上海人民出版社，2018年，第98页。

社会问题的解决和美好生活的实现考验的是个体解决问题的能力以及承担责任的勇气。“传播即行动”的生命叙事经由跨屏传播与现实同存互在，行动者个体则是在个体的自由意志与能力所及之间进行选择，并将无序的片段在互文责任中进行理解，进而采取相应的措施。

公益传播将个体与自我、他者的互动关系纳入传播过程中，在真诚的自我生命叙事中感受到良知并获得自我疗愈，并让他者产生共鸣，担负起自身的责任。作为行动者的叙事主体，不论是在人际传播还是在跨屏传播中，传播与反馈皆是将自身投入更广泛的社会情境中，促使其以身作则并且持续行动，以维持互为主体的构建。

基于对生命关怀的共鸣所引发的行动，即赋予自身行使权力而发挥促进改变的影响力，对故事人物的认同成为自我赋权并行动的动力。不论是物质支持，还是心理支撑，自我赋权皆使其在生命困境中生发出信心，在彼此互动中获得心灵的充盈与救赎。生命叙事的交互作用将组织成员逐渐凝聚为想象的共同体，在共同的想象与情感共振下，形塑并维持共同体的感觉，并使生命传播在结合各方资源与力量的过程中累积社会资本而得以发挥自身的影响力，为公众提供参与公共事务的平台，共同担负起组织和成员间声誉与行为的责任。最终，行动的达成是衡量意义胜出的关键要素。作为社会实践的动物，人在受到情绪感染后会产生行动，行动会带来种种改变。改变是生成性的，叙述者经过观众的体验与反馈省思自身，提供给观看者不断提升自我的能量，两者相互影响，也使公益传播在更大的时空中延展。

6. 结语

在充满多元化、差异性的媒介世界中，生命无疑是共通的媒介，是所有传播得以生成的基石。在信息洪流中，生命叙事可能式微，但绝不会消逝。基于生命的叙事力量以自我和他者的生命关照为基点，倾听两者间的共同际遇与经验使彼此从陌生走向熟悉。个体在认知和情感沉浸于故事当中而产生了同样的意象，并随着叙事的情节发展产生强烈的情绪反应，促使施动者与接受者对于身份认同的交互转换产生情感的共鸣。公益传播在心灵、自我、社会的相互关系中进行着解构与重构，并在相互交往的权力结构中，以共鸣、共情、共在凝聚想象的共同体。在万物互联的众声喧哗中，生命传播诉说着生命的坚忍顽强，以情感为出发点，以切实行动为中介，以实现责任为落脚点，将生命叙事引发的微小行动作为实现改变的方式，个体在互动交流中，不断实现认知的提升和身份的跃迁，承担起共同的自我赋权和生命责任。

| 四 |

人工智能在突发公共卫生事件管理中的赋能效用研究：以全球新冠肺炎疫情防控为例*

周　慎　朱旭峰　薛　澜**

1. 引言

公共卫生风险威胁人民生命安全和身体健康，事关经济社会稳定与可持续发展。由于公共卫生风险因素与事件的成因多样性、传播广泛性以及影响复杂性，全球承受着防范卫生健康领域重大风险的巨大压力。新冠肺炎疫情再次证明人类生活在一个命运与共的“全球风险社会”之中，提醒我们要更加警惕新发与再发的传染病，需要构建起强大的公共卫生体系，为维护人民健康提供有力保障。

人类战胜大灾大疫离不开科学发展和技术创新①。人工智能作为新一代信息科技的代表性技术，以其在计算机视觉、语音识别、自然语言处理、内容生成、数据分析等方面的技术优势，能够为突发公共卫生事件危机管理提供技术保障。在全球新冠肺炎疫情阻击战中，人工智能在危机管理周期的各个环节中已经开始释放其赋能效用。国内外人工智能领域从业者以其创造力和行动力，在抗疫的各个应用场景中寻找用武之地，开拓创新，使疫情防控的组织和执行更加高效。深入研究人工智能在突发公共卫生事件管理中的赋能机制、内在规律和现实应用方式，对构建起强大的公共卫生体系具有重要的理论意义与应用价值。

---

* 本部分原载于《中国行政管理》2020 年第 10 期。

** 周慎，清华大学公共管理学院博士后，助理研究员；朱旭峰，清华大学公共管理学院副院长，教授，博士生导师；薛澜，清华大学苏世民书院院长，公共管理学院教授，博士生导师。

① 习近平：《习近平总书记在专家学者座谈会上的重要讲话指明科研攻坚方向》［EB/OL］. http://www.xinhuanet.com/politics/leaders/2020-06/04/c_1126074999.htm.

2. 人工智能赋能机制与技术能力

技术赋能创新正在形成一套以应用为基础的社会问题解决机制。[①] 人工智能助力突发公共卫生事件管理，首先需要搞清楚人工智能何以及如何赋能。

（1）人工智能的赋能机制

人工智能作为提高突发事件管理效能的使能技术，对其作用的研究在自然灾害、事故灾难、公共卫生事件和社会安全事件四大类突发事件中均有涉及。相对而言，更多研究集中于对自然灾害应急管理的赋能。有学者对人工智能助力洪水应急管理的情况开展调查，展现并讨论了运用人工智能进行洪水管理的现状与挑战[②]等；在地震应急管理中，有研究基于计算机视觉来跟踪地震位移[③]，将神经网络模型应用于地震信号探测和震相拾取[④]等；还有的研究关注人工智能在火灾[⑤]、干旱[⑥]、泥石流和雪崩[⑦]等自然灾害管理中的作用。部分研究关注其他三类突发事件：运用深度学习来预测城市交通安全事故[⑧]，机器学习在传染病预测、诊断、分类和抗菌药

---

① 关婷、薛澜、赵静：《技术赋能的治理创新：基于中国环境领域的实践案例》，《中国行政管理》2019 年第 4 期。

② Farnaz Fotovatikhah，Manuel Herrera，Shahaboddin Shamshirband，et al. "Survey of Computational Intelligence as Basis to Big Flood Management：Challenges，Research Directions and Future Work". *Engineering Applications of Computational Fluid Mechanics*，2018（12）.

③ Kai-Uwe Doerr，Tara C. Hutchinson，Falko Kuester. "A Methodology for Image-based Tracking of Seismicinduced Motions". Proceedings of SPIE，The International Society for Optical Engineering 5758，2005.

④ S. Mostafa Mousavi，William L. Ellsworth，Weiqiang Zhu，Lindsay Y. Chuang and Gregory C. Beroza. "Earthquake Transformer—an Attentive Deep-learning Model for Simultaneous Earthquake Detection and Phase Picking". *Nature Communications*，2020（11）.

⑤ J. R. Martinez-de Dios，B. C. Arrue，A. Olleroa，L. Merinob，F. Gómez-Rodríguez. "Computer Vision Techniques for Forest Fire Perception". *Image and Vision Computing*，2008，26（4）.

⑥ Youngkeun Song，John B. Njoroge，Yukihiro Morimoto. "Drought Impact Assessment from Monitoring the Seasonality of Vegetation Condition Using Long-term Time-series Satellite Images：A Case Study of Mt. Kenya Region". *Environmental Monitoring and Assessment*，2013，185（5）.

⑦ Mesay Belete Bejiga，Abdallah Zeggada，Abdelhamid Nouffidj，Farid Melgani. "A Convolutional Neural Network Approach for Assisting Avalanche Search and Rescue Operations with UAV Imagery". *Remote Sensing*，2017，9（2）.

⑧ Honglei Ren，You Song，Jingwen Wang，Yucheng Hu，Jinzhi Lei. "A Deep Learning Approach to the Citywide Traffic Accident Risk Prediction". IEEE Conference on Intelligent Transportation Systems，Proceedings，ITSC，2018.

物管理中的应用[①]以及用于理解恐怖袭击事件的形成机理[②]等。

Wenjuan Sun 等学者较系统地从大量文献中梳理出人工智能赋能自然灾害管理的 17 大领域[③]，如风险预测、灾害影响评估、实时监测、破坏评估、重建跟踪等。这些应用的共性在于利用人工智能方法在分析海量数据上的优势，快速提取有用和可靠的信息，以支持灾害管理中的有效决策。Jessica Morley 等学者对健康信息数字化工具进行分析，提出“数字技术赋能的局限”，认为数字技术赋能过于狭隘地侧重于监测和获得信息，其假设是更知情的决策过程就是赋能本身[④]，应当实现对“信息赋能”的超越。

人工智能赋能不同类别突发事件管理的机制和效用运行逻辑的共性大于特性。相互之间的差异主要体现在不同类别突发事件所涉及的具体管理问题；共性则在于都需要建立在人工智能基础层和技术层的基础之上以及内在的解决方案生产逻辑。（见图 6－1）

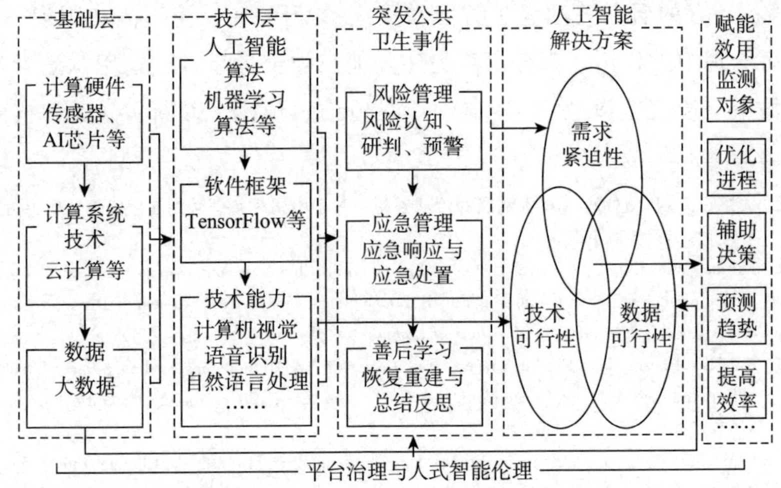

图 6－1　人工智能赋能突发公共卫生事件管理的机制和效用运行逻辑

---

① N. Peiffer-Smadja, T. M. Rawson, R. Ahmad, A. Buchard, P. Georgiou, F. X. Lescure, G. Birgand, A. H. Holmes. “Machine Learning for Clinical Decision Support in Infectious Diseases: A Narrative Review of Current Applications”. *Clinical Microbiology and Infection*, 2020, 26 (5).

② Fangyu Ding, Quansheng Ge, Dong Jiang, Jingying Fu, Mengmeng Hao. “Und-erstanding the Dynamics of Terrorism Events with Multiple-discipline Datasets and Machine Learning Approach”. *PLOS ONE*, 2017, 12 (6).

③ Wenjuan Sun, Paolo Bocchini, Brian D. Davison. “Applications of Artificial Intelligence for Disaster Management”. *Natural Hazards*, 2020 (7).

④ Jessica Morley, Luciano Floridi. “The Limits of Empowerment: How to Reframe the Role of mHealth Tools in the Healthcare Ecosystem”. *Science and Engineering* Ethics, 2020 (26).

（2）人工智能技术能力

根据当前人工智能发展水平，本文梳理出 7 类 21 种可能用于突发公共卫生事件管理的人工智能技术能力，其中 14 种可归属于计算机视觉、语音识别和自然语言处理三大类。其他 4 类包括人工智能支持的机械应用和数据分析以及内容生成和强化学习。（见表 6－1）

表 6－1　人工智能技术范畴与能力种类

技术范畴	技术能力	人工智能突发公共卫生事件解决方案示例
计算机视觉	1. 人脸识别	在图像和视频中识别具体的某人
	2. 人员监测	在图像和视频中检测是否有人的存在
	3. 图像和视频分类	在图像和视频中区分检测对象
	4. 目标对象检测	在医学图像中识别病征，提高诊断效率
	5. 光学字符识别	病人诊断记录数字化，加快患者健康史搜索
	6. 定位与跟踪	追踪行动轨迹，进行流行病学调查
语音识别	7. 人员识别	根据声音特征验证特定人员身份
	8. 语音转文字	服务特殊人群，提高危机沟通效率
	9. 声音检测和识别	识别具有危险信号的声音并发出警报
	10. 语言翻译	便利风险研判、信息收集及国际沟通协调
自然语言处理	11. 文本信息挖掘	在大量文本分析关联中获得新知
	12. 语言理解	聊天机器人、谣言识别等
	13. 情感分析	危机中的大众情绪与社会心态等
人工智能支持的机械应用	14. 无人机	无接触配送、消毒、监测等
	15. 无人车	无接触配送、消毒、监测等
	16. 可穿戴设备	提示卫生行为及保持社交距离
	17. 其他自动化	防疫物资自动化生产线等
人工智能支持的数据分析	18. 结构数据深度学习	优化进程、决策支持等
	19. 其他分析技术	预测趋势、效果评估等
内容生成	20. 内容生成	快速进行应急科普与危机沟通内容生产
强化学习	21. 强化学习	大规模和高速模拟建模

3. 分析框架与研究设计

为揭示人工智能在突发公共卫生事件管理中的赋能效用，本文搭建了以危机管理生命周期为基础的分析框架，在收集全球私营部门提供的人工智能抗疫案例基础上，对国内外在不同危机管理阶段中所运用的人工智能技术能力种类数和解决方案数量进行了统计。

（1）危机管理的生命周期

危机从形成到消亡相当于完成了一个生命周期。在这个生命周期里，随着时间的变化而变化，在时间序列的不同阶段呈现不同的特征，需要根据不同的特征采取与之相适应的危机应对方式，才能起到预防危机发生、减轻危机伤害，甚至转危为机的目的。虽然不同的学者对于危机管理阶段存在不同的划分方法，但基本上大同小异，可以从风险管理（事前）、应急管理（事中）、善后学习（事后）三个阶段来大体把握危机的发展演变过程（见图6－2）。[①]

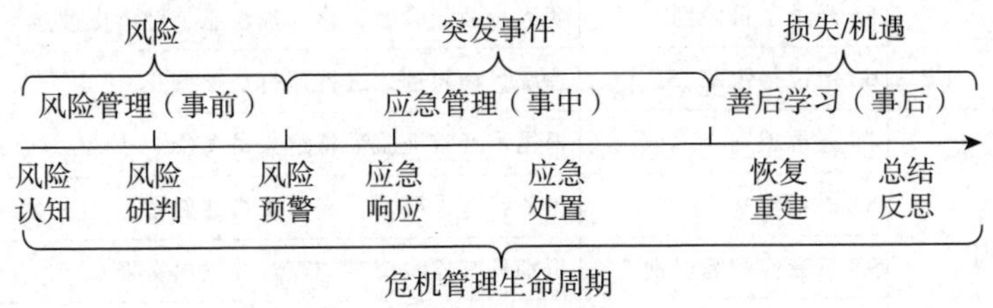

图6－2 危机管理生命周期

以危机管理生命全周期为框架，既有助于下述人工智能应用案例的归类，显明薄弱环节，又可以帮助相关人工智能从业者梳理疫情防控应用场景，倡导和启发更多在公共卫生事件及其他危机事件中的人工智能解决方案的创新。

（2）案例收集与归类

为探究人工智能在新冠肺炎疫情防控中所发挥的作用，较全面地掌握全球范围内私营部门运用人工智能抗击疫情的具体做法，获得国外在应用人工智能进行疫情防控的经验与启示，并总结人工智能赋能突发事件管理内在规律，本研究分别在国内、国外两个维度上对人工智能应用案例进行了收集。本次案例采集的时间区间为2019年12月1日至2020年5月31日，共采集国内外案例171个。

在国内案例采集方面，本文主要通过以下三种方式进行：以“人工智

① 薛澜、张强、钟开斌：《危机管理：转型期中国面临的挑战》，清华大学出版社，2003年。

能 + 疫情”作为关键词组合，在百度、微信公众号、新浪微博的搜索引擎中进行初步数据抓取和批量采集，并在此基础上手动筛选出更贴近人工智能技术运用的案例；提取筛选《知识图谱助力疫情防控和复工复产案例集》①、《数字健康技术疫情防控应用案例集》②（一、二、三）、《疫情防控中的数据与智能应用研究报告》③ 中选用的案例；研究积累与专家咨询。最终在采集时间区间内收集到国内案例 83 个。

在国外案例收集方面，本文主要通过以下四种方式进行：以“AI + Coronavirus”（人工智能 + 新冠病毒）和“AI + COVID – 19”（人工智能 + 新冠肺炎）作为关键词组合，在 Google、Facebook、Twitter、Medium 的搜索引擎中进行初步数据抓取和批量采集，在此基础上手动筛选出更贴近人工智能技术运用的案例；对包括 Techcrunch，MIT Technology Review，Popular Science，the Verge，Wired，Venturebeat 等知名科技新闻与风险投资网站的每日报道实时跟踪监测；提取欧洲议会智库报告《用人工智能对抗新冠病毒》④ 中选用的案例；研究积累与专家咨询。最终在采集时间区间内收集到国外案例 88 个。

事中应急管理阶段分为应急响应和应急处置两个环节。本文将武汉采取封城措施（2020 年 1 月 23 日）的前三天，即 2020 年 1 月 20 日至 22 日的工作看成应急响应；对于国内其他地方来说，将 1 月 25 日中共中央政治局常务委员会召开研究新型冠状病毒感染的肺炎疫情防控工作会议后的三天（即 2020 年 1 月 25 日至 28 日）看成应急响应，之后为应急处置。对国外而言，本次新冠肺炎疫情波及全球，其应急响应阶段较难定义，鉴于收集到的国外人工智能案例大多数出自美国企业，本文将美国白宫宣布进入“国家紧急状态”的美国东部时间 3 月 13 日作为国外应急响应和应急处置的分界点。

---

① 中国电子技术标准化研究院：《知识图谱助力疫情防控和复工复产案例集》［EB/OL］. 2020。

② 中国信通院：《数字健康技术疫情防控应用案例集》［EB/OL］. 2020。

③ 中国信通院：《疫情防控中的数据与智能应用研究报告》，（1.0 版）［EB/OL］. 2020。

④ European Parliament：What if we could Fight Coronavirus with Artificial Intelligence? https://www.europarl.europa.eu/thinktank/en/document.html?reference=EPRS_ATA（2020）641538.

通过将上述171个案例根据其实际应用场景归类到危机管理的不同阶段，并对案例进行技术分析后，全球私营部门“人工智能抗疫”解决方案统计一览见表6-2。

表6-2 全球私营部门“人工智能抗疫”解决方案统计

		风险管理（事前）		应急管理（事中）				善后学习（事后）	
		风险研判	风险预警	应急响应	应急处置			恢复重建	总结反思
		监测分析	预报预警	初始反应	防范管制	医疗救治	信息管理	复工复产	反思学习
国内	案例数	0	0	6	25	16	21	15	0
	技术种类数	0	0	6	7	6	8	3	0
国外	案例数	4	1	5	24	22	13	14	5
	技术种类数	7	8	4	6	7	8	3	4

注：①在事前风险管理阶段中，省略了风险认知的环节。风险认知强调个体和社会对存在于外界客观风险的主观感受和认识。②有的企业在危机管理周期的多个环节中提供了多种人工智能解决方案，原则上根据其最初或主要应用在归类时统计一次。

4. 事前：人工智能与风险管理

人工智能深度挖掘和处理海量非结构化数据的能力在风险管理中能够起到一定的识别新的危机发生的作用。在这一阶段中，危机管理的目标指向明确，人工智能赋能主要体现在信息赋能。

（1）疫情风险研判

危机事件具有高度不确定性，人工智能可用来从蛛丝马迹中探寻危机发生的可能迹象，还可以借助传播动力学模型、动态感染模型等大数据分析模型和实践技术来进行风险态势研判。在本次新冠肺炎疫情中，由波士顿儿童医院开发的健康地图（Health Map）系统，较早预测了新冠病毒的全球大流行。[①] Kinsa通过智能物联网温度计和手机应用，收集和处理用户体温、症状等生物体征数据，以及用户年龄、症状持续时间和地理位置等

① Online Map Tracks Coronavirus Outbreak in Real Time. https://www.wsj.com/articles/online-map-tracks-coronavirus-outbreak-in-real-time-11583354911.

信息，运用神经网络深度学习的方法处理数据，预测传染病地区走向和发展趋势。[①] 一家位于旧金山的 Metababota 公司提前警示病毒传播可能造成的社会和政治风险。例如，该公司将美国和中国由新型冠状病毒引起公众焦虑的风险评级为“高风险”，将刚果民主共和国由猴痘病毒可能引起的社会风险定为“中等风险”。[②]

（2）疫情风险预警

在疫情风险预警中，人工智能虽然无法代替人类做出决策，但可以基于风险研判的结果，供专家进一步分析使用。政府和公共卫生官员至少可以利用人工智能分析的初步结论，对风险形势加以注意和采取积极行动，为可能爆发的疫情提前做好准备。加拿大一家受非典防控启发而成立的名为“蓝点”（BlueDot）的公司，通过使用自然语言处理技术来浏览数以万计的涉及 65 种语言的官方公共卫生机构声明、新闻报道、全球航空票务数据、牲畜健康报告和人口统计数据等文本，较早就以报告的方式向其客户发出了传染病警告。通过对全球航空票务数据进行分析，蓝点还预测病毒在首次出现后的几天内将相继扩散到曼谷、首尔、台北和东京。[③] Kinsa 公司也通过开放接口和开放嵌入等方式与客户建立了预警合作系统。

5. 事中：人工智能与应急管理

在应急管理阶段，人工智能在应急响应，特别是应急处置阶段发挥了重要的赋能效用。这一阶段危机管理问题最多，也是人工智能抗疫案例数量最多的阶段（见图 6－3）。不同的人工智能解决方案提供商根据自己的业务类型和技术优势等具体情况，确定问题并设计及部署解决方案（见表 6－3）。

---

① Aaron C Miller, Ryan A Peterson, Inder Singh, Sarah Pilewski, Philip M Polgreen. Improving State-Level Influenza Surveillance by Incorporating Real-Time Smartphone-Connected Thermometer Readings Across Different Geographic Domains. *Open Forum Infectious Diseases*, 2019, 11 (6).

② How AI is Battling the Coronavirus Outbreak. https://www.vox.com/recode/2020/1/28/21110902/artificial-intelligence-ai-coronavirus-wuhan.

③ How Canadian AI Start-up BlueDot Spotted Coronavirus Before Anyone Else Had a Clue. https://diginomica.com/how-canadian-ai-start-bluedot-spotted-coronavirus-anyone-else-had-clue.

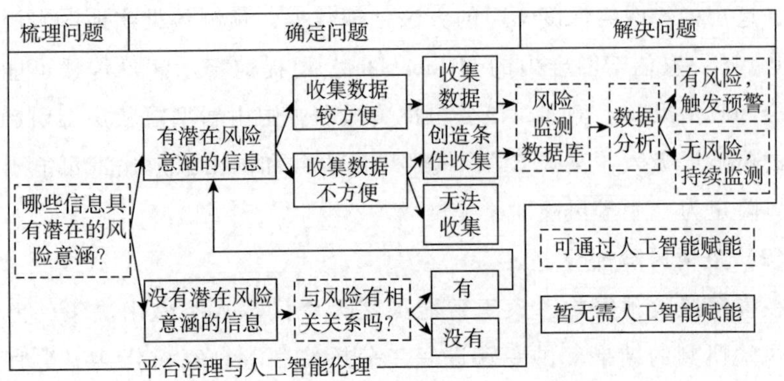

图 6-3　风险管理中人工智能赋能内在机制与流程

表 6-3　国外“人工智能抗疫”典型案例

<table>
<tr><td rowspan="2">风险管理</td><td>风险研判</td><td>监测分析</td><td>HealthMap：波士顿儿童医院开发的健康地图（HealthMap）系统较早预测了新冠病毒的全球大流行。健康地图通过收集以几种语言呈现的新闻报道、社交媒体、专家论坛和官方报告等网络数据，实时监测疫情的早期信号，分析可能出现的突发公共卫生事件。</td></tr>
<tr><td>风险预警</td><td>预报预警</td><td>BlueDot：加拿大蓝点（BlueDot）公司通过使用自然语言处理技术来浏览 65 种语言的数以万计的官方公共卫生机构声明、新闻报道、全球航空票务数据、牲畜健康报告和人口统计数据等文本，以分析报告的方式较早（报道称 2019 年 12 月 31 日）地向其客户发出了可能发生的传染病警告。</td></tr>
<tr><td rowspan="4">应急管理</td><td>应急响应</td><td>初始反应</td><td>Immutouch：在美国政府未充分重视新冠肺炎疫情时，一家名为免疫接触（Immutouch）的可穿戴设备初创公司在西雅图成立。免疫接触手环中植入加速度等传感器，当佩戴手环的用户无意识地用手触摸脸时，手环就会震动发出警告，提醒用户停止触摸脸部，养成好的卫生习惯。</td></tr>
<tr><td rowspan="3">应急处置</td><td>防范管制</td><td>UVD：丹麦一家 UVD（UV-Disinfection Robot）机器人公司开发的添加了紫外线消毒灯硬件的无人驾驶机器人。该款机器人在医院、隔离区等场所自动行走，起到杀灭病毒的作用。</td></tr>
<tr><td>医疗救治</td><td>DeepMind：谷歌的 DeepMind 将其生物人工智能 AlphaFold 系统用于病毒研究，使用通用蛋白质资源数据库（Universal Protein Resource），预测了六种可能的新冠病毒蛋白质结构。</td></tr>
<tr><td>信息管理</td><td>Pinterest：通过由其内部内容安全运营团队和用户举报的内容提供的标签来训练谣言模型，以发现具有谣言特征的相关关键字，Pinterest 利用机器学习来识别并屏蔽在其平台上可能违反“卫生错误信息政策”（Health Misinformation Policy）的内容。</td></tr>
<tr><td>善后学习</td><td>恢复重建</td><td>复工复产</td><td>Covid Credit：英国金融科技企业 11FS 开发新冠信用工具（Covid Credit），通过开放银行技术和人工智能内容生成等功能，帮助自由职业者生成疫情期间的财务损失报告。自由职业者可将报告提交给英国税务总署以获得与全职工作者同样待遇的政府财政支持。</td></tr>
</table>

续表

善后学习	总结反思	反思学习	AI2：艾伦人工智能研究所（AI2）等机构收集了超过29000多篇与新冠病毒和冠状病毒家族有关的各学科领域研究论文，并随着疫情发展和研究的深入不断扩充论文数据库。围绕此数据库开展数据科学竞赛，要求参赛队伍通过机器学习等方法就病毒溯源、风险要素、疫情社会影响等10个关键问题，在数据库中学习到重要信息。

（1）应急响应

应急响应是进入紧急情况后的初始反应阶段。将上文中阐述的国内外应急响应和应急处置的分界点看作时间戳，对案例进行筛选后发现，在武汉应急响应阶段，百度在1月21日上线“新型肺炎”栏目，收集了早期关于武汉新冠肺炎的最新消息。用户在百度地图中搜索“发热门诊”，可寻找到离其最近的开有发热门诊的医院。22日，小米增加实时了解新冠肺炎疫情的“小爱捷径”功能，用户通过小米手机上的AI键或者对小爱同学说“实时肺炎疫情”来查看实时疫情信息。Facebook在1月就开始处理平台上出现的不实信息，Google在相关的搜索排名上优先显示世界卫生组织的权威发布。

（2）应急处置

人工智能解决方案大量出现在应急处置环节。通过对该环节案例的相似应用进行合并，发现人工智能在应急处置中的疫情防范管制、疾病医疗救治和疫情信息管理方面起到了重要的辅助作用（见图6-4）。

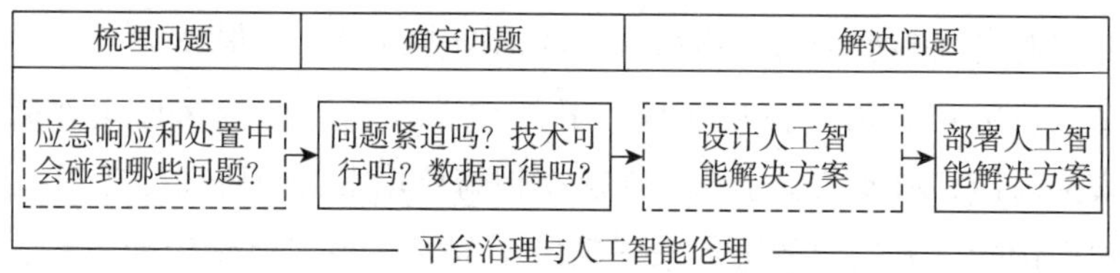

图6-4 应急管理中人工智能赋能内在机制与流程

①疫情防范管制。在疫情防范管制中，人工智能技术可用来助力发现传染源、切断传染途径、保护健康人群。

发现传染源。人工智能支撑的大数据分析、人脸识别等技术可用来更快地发现并控制传染源。一方面，通过对包含地理位置和出行时间等的手机数据进行分析，人工智能可辅助绘制传染源的行动轨迹；另一方面，根据传染源的行动轨迹和同行时间较长的伴随人员，可以推断出密切接触者，并进行流行病溯源分析。这大大提高了防控队伍的信息捕捉能力，为预测高危地区和潜在高危地区提供了精准依据。发烧是新冠肺炎的一个显著症状，为此，百度通过装有热传感器的摄像头来检测人流中每个人的体温[①]，这在快速发现传染源的同时，也加快了人流通过关卡的速度，避免交叉感染。旷视、商汤等企业的类似解决方案也在商场、机场、火车站、地铁站、大型社区等重点区域得到应用。

切断传染途径。智能机器人可用来实现无接触配送、清洁消毒、监督防疫政策执行等功能，减少人与人之间的接触，切断病毒传播途径，在无接触的同时又能使医疗和生活物资得到供应，对于保障隔离期间的生活所需，抗击病毒传播至关重要。疫情突袭而至后不久，京东在疫情核心区开始尝试智能配送；广州一家农业人工智能解决方案提供商改造了原来用于喷洒农药的无人车；深圳一家航空科技无人机企业在中国多个城市部署了上百架集热感、消毒、巡逻等功能于一体的无人机；滴滴通过其车载录像设备采集的图片，运用计算机视觉来识别司机是否佩戴口罩等。

保护健康人群。人工智能运用在识别和保护健康人群的同时，也便利了其疫情期间的生活。“健康代码”系统在本次疫情防控中被大量使用，该系统利用大数据分析，根据市民的旅行历史、在疫情高发地区所停留的时间，以及可能接触到携带病毒的人等信息来识别和评估每个人的风险，并分配风险等级不同的绿色、黄色、红色代码。人们可以方便地通过微信或支付宝申请获取代码。对持有不同颜色代码的人采取不同的政策，为疫情态势实时研判和疫情防控措施的精准部署提供了有力指导。

②疾病医疗救治。在疾病医疗救治中，人工智能技术已用在辅助诊断、线上问诊、科研攻关上，并有较多创新应用案例和研究发现。

辅助诊断。人工智能可用来辅助医学判断，提高病毒诊断效率。新冠肺炎传染性强、扩散性广，大量疑似病例需要快速诊断消化。通过对新冠肺炎医疗影像的机器学习，“AI + CT”可有效地辅助医生进行决策。武汉大学人民医院等机构在 MedRxiv 上发表文章，通过对 51 名确诊病例和 45000 多张匿名 CT 扫描图像进行学习，深度学习模型的诊断准确率可以达

---

① How Baidu is Bringing AI to the fight against Coronavirus. https：//www. technolo-gyreview. com/s/615342/how-baidu-is-bringing-ai-to-the-fight-against-coronavirus/.

到 95%，诊断时间缩短 65%。[①] 此外，一项来自华中科技大学的研究表明，用武汉同济医院临床数据训练出的机器学习预后模型，只需要对重症病例的 3 个临床特征进行分析就能预测重症生存率，准确率超过 90%。[②]

线上问诊。人工智能支撑的线上问诊，无论是知识图谱和推理机的专家系统还是网络平台的应用，都能起到减轻医院负荷、整合医疗资源、帮扶弱势群体、减少人群聚集等作用。清华大学基于国家卫生健康委员会新冠肺炎诊疗方案，开发了问答式的疾病自测评估软件，为用户提供新冠病毒感染风险层级评估并给出保健和就医指导意见。丁香园、好大夫、微医、有来医生、阿里健康等平台提供线上“不见面”义诊服务。科技赋能平台实现了跨地域、跨医院调动医生资源，大大缓解了医疗资源紧张、线下服务交叉感染风险高的压力。据中国互联网络信息中心统计，截至 2019 年 6 月，我国网民规模达 8.54 亿，农村网民规模达 2.25 亿。[③] 这显示线上问诊还有助于生活在边远地区，远离医疗资源的人群获得医疗服务。

科研攻关。人工智能可助力蛋白筛选、药物/疫苗研发等工作，提高病毒科研攻关的效率。鉴于疫情的严重性和时间的紧迫性，需要更快速的方法来认识和攻克病毒。Benevolent AI 公司致力于利用人工智能技术来加速药物研发，通过机器学习从大量类似病毒的科学研究文献中提取有关信息，寻找可能有用的现有治疗药物。[④] 在新药开发上，人工智能有望通过模拟小分子化合物跟靶标蛋白质之间的相互结合作用，在庞大的分子库中遴选出可能的候选分子，避免了盲目的活性筛选，从而降低了发现有效化合物的人力、时间和财力成本。同时，疫苗研制是一个困难和耗时的过程，人工智能可以通过检查来自相似病毒的数据来加快这一进程。人工智能还可以用于寻找跟药物应答相关的潜在生物标志物，从而有助于疾病的精准治疗等。

---

① Jun Chen, Honggang Yu, et al. Deep Learning-based Model for Detecting 2019 Novel Coronavirus Pneumonia on High-resolution Computed Tomography. *A Prospective Study. MedRxiv*. 2020 (2).

② Li Yan, Ye Yuan, et al. Prediction of Criticality in Patients with Severe Covid-19 Infection Using Three Clinical Features: A Machine Learning-based Prognostic Model with Clinical Data in Wuhan. MedRxiv, 2020 (3)

③ 中国互联网络信息中心：《第 44 次中国互联网络发展状况统计报告》[R].2019 (8)。

④ Peter Richardson, et al. Baricitinib as Potential Treatment for 2019 – nCoV Acute Respiratory Disease. *The Lancet*, 2020, 10223 (395).

③疫情信息管理。在疫情信息管理中，人工智能技术可应用于信息采集、疫情通报、谣言管控，并在某些方面已较深度地投入使用。

信息采集。人工智能在线上信息填报、自动呼叫等信息采集和疫情信息平台建设方面发挥了重要作用。传统的主要依靠基层社区卫生中心人员手工采集和更新个人健康数据是一项高强度、高重复性的工作，且这种方式收集和汇集数据的效率低，核验数据正确性成本高。借助人工智能的智能外呼等手段，社区只需提供需要询问的问题列表，导入居民电话号码，就可以进行自动呼叫。目前已有多地辅助采用线上健康自查填报、疫情线索填报、智能外呼填报等方式来开展筛查和信息收集。

疫情通报。人工智能能够助力更快速、更全面、更直观的疫情通报，以便公众和国际社会及时了解疫情发展情况。在对我国31个省（自治区和直辖市）和新疆生产建设兵团的疫情通报方式研究中发现，不同地区在疫情通报上各有创新：如有的地方每天通报两次，有的地方用中、英、法、德、日、韩、老、俄8国语言进行通报，有的地方自制疫情地图，还有的地方在数据通报的基础上列出图表并做简单的数据分析，预测疫情发展趋势等。这些方式都能够通过人工智能的内容生成、机器翻译、数据分析等技术来实现，从而提高疫情通报的展示和抵达效果。世界卫生组织在WhatsApp中还发布了一款聊天机器人，根据用户需要在交互中为用户提供疫情最新数据、防护措施、旅行建议、新闻报道、辟谣、捐赠等信息或渠道。①

谣言管控。人工智能可以用来识别虚假和恶意信息，从而对谣言进行妥善的管控。突发事件总是伴随着虚假信息传播、恶意营销等，处理不当将会产生负面的社会影响。通过对谣言的机器学习可以提高鉴别谣言的效率，目前已有相关对基于深度强化学习的谣言早期检测模型，基于情感分析的网络谣言识别方法等研究。Facebook和Instagram规定过滤虚假信息，禁止那些制造新冠肺炎疫情紧张感，暗示供应有限和声称100%效果的产品广告。② 同时，良好的虚假信息人工智能解决方案还应当研究如何通过算法创新等方式将谣言和预警很好地区分开来。

---

① The World Health Organization Launches WHO Health Alert on WhatsApp. https://www.whatsapp.com/coronavirus/who.

② Facebook is Banning Ads that Promise to Cure the Coronavirus. https://www.bus-inessinsider.com/facebook-corona-virus-cracks-down-ads-2020-2.

6. 事后：人工智能与善后学习

全球疫情大流行形势依然严峻，但人类终将战胜新冠病毒。人工智能在恢复重建阶段，可助力复工复产和促进反思学习（见图6－5）。

（1）复工复产复学

人工智能不管是在监测经济恢复、支持数据驱动的复工复产决策，还是用作复工复学工具开发和其自身作为支撑产业等方面，都能为经济社会生活全面恢复提供保障。微众银行人工智能部揽月团队挖掘和分析卫星遥感图像等另类数据，对经济系统恢复情况进行实时感知、量化和预测，开发中国经济恢复指数，为复工复产和投资管理提供决策依据。[①] 春耕时节，通过“MAP智农”App可以获得农情监测、精准农业气象、农业遥感、农业知识等各种信息，农民在家即可知道庄稼的长势。疫情期间的在线办公、远程协作、在线教育、在线娱乐等新模式、新业态为复工复学提供了强大的工具支撑，人们的行为模式也开始转变，随着疫情缓解，这些领域有望得到长足发展。疫情还在复工难、招工难的情况下，倒逼制造企业在某些适用环节进行人工智能化改造，打破长期以来受劳动力短缺限制和守旧思维造成的企业发展困局，带动如工业机器人产业链上下游企业的发展。人工智能本身作为信息科技产业也将加快发展，按照党中央、国务院决策部署，人工智能相关基础设施建设将成为疫情之后新基建的重点，也将带来经济发展新动能。

（2）事后反思学习

人工智能在事后反思学习中可以为全面复盘梳理课题方向，搜寻政策建议，获得难得的洞见等。疫情期间，在国内外各个平台发表了为数众多的科研成果，通过自然语言处理和数据分析等技术，可在庞杂的文献中理清头绪，挖掘一批具有决策参考价值和实践指导意义的应用类和跨学科类选题，发现冷门、绝学等在抗疫中的应用，并能在此基础上凝练出科研基金招标课题。艾伦人工智能研究所（AI2）、微软研究院和美国国家医学图书馆等五家机构合作收集了超过29000多篇与新冠病毒和冠状病毒家族有关的各方面研究的论文，其中13000多篇已经经过处理，方便计算机读取

---

① 微众银行：《基于AI与另类数据的疫情下中国经济影响分析》2020年第3期。

和分析数据。围绕这一数据库，该项目开展数据科学竞赛，要求参赛队伍通过机器学习等方法就 10 个关键问题在数据库中发现重要信息，获得洞见。① 这 10 个问题包括病毒溯源、遗传特性、治疗方案、疫苗研发、风险要素、社会影响、跨界合作等。②

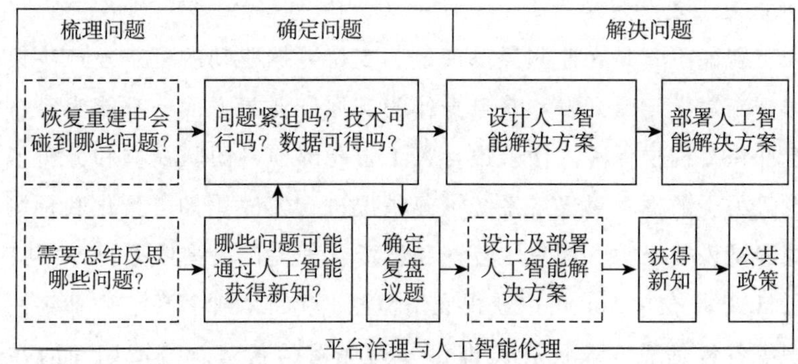

图 6-5　善后学习中人工智能赋能内在机制与流程

7. 人工智能抗击疫情的中外比较

中外运用人工智能抗击疫情上，在整体、危机管理各阶段和环节及应用特点等方面存在差异。

从整体上来看，中外在“人工智能抗疫”上旗鼓相当。在数量上，在案例采集的时间区间内，国内的人工智能应用案例数量在 2020 年 4 月 30 日前多于以英文为主要语言收集的国外案例，之后国外案例数量逐渐反超。这与抗击疫情的主战场已经转移至国外有关。在规模上，中外相关科技企业都积极参与疫情防控工作，中国科技企业，特别是头部科技企业提供了一整套人工智能解决方案，涉及危机管理应用场景的多个方面，在国内较大规模使用且科技平台优势较为明显。国外头部科技企业人工智能解决方案往往专注于某个方面，就单个科技企业而言，应用场景较为单一，规模较小。在企业特征上，国内大中型企业应用案例较多，而国外中小型企业，特别是初创企业的应用案例较多，且在危机管理阶段的不同环节中

① Researchers Will Deploy AI to Better Understand Coronavirus. https://www.wired.com/story/researchers-deploy-ai-better-understand-coronavirus/.

② COVID-19 Open Research Dataset Challenge (CORD-19). https://www.kaggle.com/allen-institute-for-ai/CORD-19-research-challenge/tasks.

分布较广，在创新扩散上呈现反向学习的情况。有些国内案例是通过反向收集的方式获得的。

从危机管理的阶段和环节来看，中外各有优势和侧重。在危机管理的阶段上，国外在事前风险管理和提前为善后总结学习做准备方面优势较为明显，国内在这些阶段未发现相关的人工智能应用。但国内在应急处置阶段优势特别明显，大量的应用案例出现在这一阶段，各个环节都有较充分的应用。在危机管理阶段的环节上，国内外人工智能应用各有侧重，国内更多侧重于将人工智能应用于应急处置阶段的疫情防范管制环节，而国外更多侧重在应急处置阶段的医疗救治环节，特别是将人工智能运用于辅助科研攻关上，例如助力药物筛选和疫苗研发。从应急响应环节上看中外科技企业的危机反应速度，研究发现，中外大型科技企业对危机的反应都较为敏捷，但与国内企业相比，国外初创企业更加活跃，能够迅速识别机会，且快速地实现从创意到创业到产品到推广。

从风险认知的角度来看，国外将科技运用于危机防范关口前移，风险意识更强。由于信息的零散分布，能否有针对性地收集多元信息并开展科学研判以形成较完整的风险认识，对人的认知能力是一个巨大的挑战。国外在风险管理中，较有前瞻性和针对性地运用数据挖掘等技术收集有潜在风险意涵的信息，如基于计算机视觉识别、监测和跟踪图像数据中可能包含的公共卫生风险要素；基于语音识别和自然语言处理，将分散在多国的不同语言的音频、文本信息快速机器翻译成本国语言并开展进一步分析；基于数据处理，发现和预测潜在风险；基于内容生成，将机器初步研判结果快速形成预警报告。不管是早前谷歌流感趋势（Google Flu）对H1N1 甲型流感的预测，还是上文提到的健康地图、蓝点公司等将人工智能大数据等技术应用于传染病风险的研判和预警，都反映出国外较强的风险意识和超前思维。除此之外，这种前瞻性还体现在国外提前为善后阶段的学习反思持续积累素材，且更多地将人工智能运用在基础研究和科学攻关上。

从人工智能应用的创新性来看，国外产品的表现形式更加多样活泼。如 Snapchat 通过分析用户地理位置、出行、手机使用等行为数据来判断使用者的居家隔离状态，并以此推出“宅家挑战赛”。朋友们在记分排行榜上可以看到过去三天中谁在家花的时间最多，谁更好地保持了社交距离，并能够在各个社交平台上分享排行榜和新冠病毒预防技巧小贴纸。[①] 一家名为免疫接触（Immutouch）的初创公司在可穿戴手环中植入加速度等传感器，当佩戴手环的用户无意识地抬起手想要触摸脸时，手环就会震动发出警告，提醒用户停止触摸脸部的动作，养成好的卫生习惯。[②] 同时也正是因为国外初创企业较多参与到疫情防控中，努力探寻新的应用场景，所以产生了更多有创意的科技解决方案。

从人工智能伦理角度来看，国内外都需要警惕人工智能滥用可能造成的隐私侵犯等问题。世界经济论坛发布的一份声明中敦促企业不要为了单纯加快防疫速度而忽视对人工智能的适当监管。[③] 在疫情防控的流感调查、隔离监督、疫情趋势分析等方面涉及的对公众行为、地理位置、生物体征等数据的获取分析和人脸识别等技术的应用，如果未能在安全的网络环境和合理的人工智能伦理原则和治理框架下进行，将会对公众的隐私造成极大的侵害，给公众带来严重的困扰。隐私保护和大众健康都是公共利益的重要部分，在面临提高防控效率和避免使用公众行为等数据的两难时，应妥善处理两者的平衡关系。与国内相比，国外更注重对隐私的保护，这也使国外在应急处置阶段的人工智能应用案例较少。重要的是，全球都需要重视新兴科技本身可能带来的社会风险问题。

8. 结论与讨论

通过将人工智能嵌入危机管理生命周期，绘制全球“人工智能抗疫”图谱，进行国内外人工智能应用比较，我们可以看到人工智能有助于我们更高效地进行突发公共卫生事件管理。但同时，也应该警惕夸大人工智能作用及忽视人工智能伦理可能导致的不良后果。为增强应用人工智能进行危机管理的能力，激发人工智能解决方案创新活力和指导人工智能健康可持续发展，针对研究中反映出的问题，提出以下几点建议。

建立人工智能大数据等技术支撑下的公共卫生风险监测预警系统，作

---

① Snapchat's Zenly Launches Shelter in Place Leaderboard. https://techcrunch. com/2020/03/24/zenly-stay-home/.

② Immutouch Wristband Buzzes to Stop you Touching Your Face. https://techcrunch. com/2020/03/09/dont-immutouch/.

③ Coronavirus is Forcing a Trade-off between Privacy and Public Health. https://www. technologyreview. com/s/615396/coronavirus-is-forcing-a-trade-off-between-privacy-and-public-health/.

为传染病网络直报系统的补充。研究发现，将科技应用于风险研判和预警是我国危机管理的一大短板，这需要我们转变观念，将危机管理工作的重点从事件应对转到风险防范上来，更好地发挥技术在风险管理上的支撑作用。新冠疫情暴露出传染病网络直报系统在疫情初期难以第一时间发现危机的弊病，建立独立于人的意志之外的公共卫生风险自动监测平台能够作为直报系统的重要补充，及时为公共卫生官员提供可能的参考。建立起真正高效起作用的风险监测与预警系统的关键还在于对风险传导机制的深入研究，探析有关数据与潜在风险的因果或相关关系，找出不同类型的危机中可通过机器识别并进行跟踪检测的风险要素。

梳理人工智能抗疫经验，甄选人工智能疫情防控产品与解决方案，为全球危机提供技术援助。新冠肺炎疫情再次证明我们处在“全球风险社会”之中，人类是一个命运共同体。在与国外对比中发现，我国在应用人工智能进行疫情防控上与国外旗鼓相当，较充分地发挥了人工智能作为新兴科技在新型传染病危机管理中的赋能效用，其做法和经验能够并已经为他国提供借鉴。对我国人工智能在本次疫情防控中的应用进行梳理总结，筛选一批可行有效的人工智能防控产品和解决方案，在我国力所能及的情况下，在对外援助时除人、财、物之外，同时加强技术援助，对主动提出需求的地方，在充分沟通的基础上，投放与当地文化和普遍的人工智能伦理原则相适应的人工智能解决方案。

发挥市场机制作用，引入多元主体，探索科技应用背景下的平台治理模式。在研究中看到，国内外私营部门积极参与到疫情防控的工作中，产出了众多具有创造力和实际效果的创新应用，同时也发现了我国初创企业在危机初期的应急响应阶段反应不足。充分发挥市场机制，引导科技向善，购买优质的企业服务，培育初创企业，加强创新生态建设，引入平台企业、行业协会、社会公益、社区等多元主体参与社会共治，都将有助于激发市场活力，建设创新型国家，提高全社会危机反映和处理的能力和效率。

加强培训，提高地方党政干部在应急管理中应用科技防控的能力。科学技术是人类与传染病等危机较量最有力的武器，应当积极落实《全民科学素质行动计划纲要》中有关领导干部和公务员提高科学素质行动的相关内容，在研究制定领导干部和公务员培训规划时，加强各级党政干部的应急管理培训。对于有能力的培训提供方，应适当在课程中增加有关新兴科技认知和应用科技手段进行各类突发事件应急管理的内容，特别是新兴科技的原理、伦理、赋能与反赋能机制和典型运用案例等，使我们的干部具备应用科技进行危机管理，并对科技本身可能带来的社会风险进行治理的能力。

理性看待人工智能发展水平，警惕人工智能风险，积极应对人工智能可能带来的伦理与治理挑战。虽然人工智能在技术上获得了很大的突破，但技术能力仍很有限，尚处于弱人工智能阶段，所能解决的问题需要从数据、任务难度等各方面来综合考量。在发展人工智能，发挥其正向作用的同时，要警惕人工智能本身带来的社会风险和伦理挑战，开展与之相适应的敏捷又有原则的科技治理，在“和谐友好、公平公正、包容共享、尊重隐私、安全可控、共担责任、开放协作、敏捷治理”[①] 的原则下，加强伦理审查和数据立法。

新冠肺炎疫情防控既是对我国治理体系和能力的一次大考，也是优化治理体系、提升治理能力的重要契机。以新冠肺炎疫情防控为例，探讨人工智能在突发公共卫生事件管理中的赋能效用，梳理其赋能机制与技术能力，掌握国内运用人工智能抗击新冠肺炎疫情的整体情况，获得国外疫情防控中应用人工智能的经验与启示，将有助于我们转危为机，提升我们应用科学技术进行公共卫生事件管理的意识和能力，推进国家治理体系与治理能力现代化。

① 国家新一代人工智能治理专业委员会：《新一代人工智能治理原则——发展负责任的人工智能》2019 年第 6 期。

第五章

认知革命与观看“跃读”

|一|

情感时代基于生命传播的观看与"跃读"*

师曾志　杨　睿**

万象世界，波澜笔下，这一切都昭示着因陀罗网从想象到人间。随着微博、微信、快手、抖音、喜马拉雅 FM 等社交媒介平台的兴起与发展，听说读写的方便快捷让交流沟通无所不在，无可不能，甚至无处可逃。媒介叙事中感觉、欲望、情感等的释放与其在交互中的话语和行动的不断相成、延绵都已成为互联网时代必须正视的特征。各种观念、思想、意识等的隐映互彰无法回避的是社交传播中媒介形态、媒介叙事、叙事方式、媒介代理等都影响并改变着人们的态度、心理及行为，也在静悄悄地改变着社会，它们越来越成为社会发展的底层逻辑；无法回避的是以生成性为底色的生命传播通过精神分析、心理认知、交流互动、建立关系等显化其在个体和个体间微小叙事中构建社会价值、社会共识等的重要性。事实上，生命传播早已被纳入自然科学、人文社会科学以及人工智能、计算机深度学习等跨学科的研究视界之中，情感知觉在观看与"跃读"中是如何影响人们的认知与行动的，这可以成为理解技术对人类影响的路径之一。

1. 观看与阅读作为感知世界的方式

麦克卢汉的观看包括了后天习得的能力、印刷术创造了"作者"和"大众"等思想，即使在今天依然是石破天惊、叹为观止。麦克卢汉很早就指出媒介与认知的关系，提醒我们注意媒介所引发的环境变化。"察觉由媒介诱发的人的延伸的能力，曾经是艺术家的专用领地，但是现在它已

---

* 本部分原刊于《中国编辑》2019 年第 6 期。

** 师曾志，北京大学新闻与传播学院教授；杨睿，开封广播电视台。

经拓宽了"[①]。身处新媒介环境中的我们，是否依然用麦克卢汉"后视镜"方式作为心理与行动的基点，即我们是否依然用旧媒介时代的经验、思维方式观看与阅读新媒介时代的自我与社会，而忽视或者努力回避模糊不清、无法确定的人类的现在与未来。在"后视镜"下的观看与阅读动机是为了安全、可靠，然而，这种无视新媒介对个体及社会发展影响的省力、省心、不动脑子的做法所带来的实际效果却可能是舍弃未来。

观看与阅读是人们思想观念的来源，也是人类观照自我与看待世界的方式，它们已受到社交媒介的深刻影响。哈耶克曾说过："观念的转变和人类意志的力量使世界形成现在的状况。"[②] 社交媒介中各类组织、个体以各自的利益与方式参与信息的生产与传播，用户参与媒介所塑造的拟像世界的各种交流互动，媒介代理可以给人带来超真实的感觉与幻觉，似真似假，真假难辨。媒介叙事制造了任由我们选择的场景与背景，身体感知与场景背景变幻莫测，让身处媒介中的我们难以辨别真实与虚幻。用户自我以及与他者在动态、过程、事件中互动、互鉴，参与式阅读让我们从追求"悦读"转变为"跃读"成为可能。

互联网时代有关观看与阅读的研究多集中在媒介转型中，立足于传统意识形态，少有摆脱作为产业发展需要的研究视角，或是将媒介内容作为主要的研究对象，不幸的是，这种观察将问题自身变成了问题本身。我们该设问的不仅仅是社交媒介上人们在观看与阅读什么，以道德与喜好的姿态去评判媒介内容，而是更应关注社交媒介究竟对我们做了什么，如何影响我们观看与阅读的性质。另外，考察社交媒介给观看与阅读带来怎样的影响，还应放在媒介环境的变化对个体与社会究竟引发了怎样的变革框架中进行思考。

2. 观看先于阅读的认知方式

长期以来，语言作为人类最伟大的创造物，在解放人类自身、推进文明进程中发挥巨大作用的同时，也让概念、符号遮蔽了个体思维方式的差

---

① 〔加〕麦克卢汉、〔加〕秦格龙：《麦克卢汉精粹》，何道宽译，南京大学出版社，2000年，第361页。

② 〔英〕弗里德里希·奥古斯特·冯·哈耶克：《通往奴役之路》，王明毅等译，中国社会科学出版社，1997年，第19页。

异性。概念、符号与自我关联后对意义理解与认知的差异性使概念、符号所表达的意义或有着无限的延展性，或有着有限的确定性的意涵。用户利用各种社交媒介的自我表达与展现，是他们日常生活的真切体现，也是他们生命底色的显现。概念、理论、阐释等越来越切入人的日常生活，人的态度与行为、话语与行动因人而异。互联网时代社会转型与变革正是通过各种差异、边缘、模糊、麻痹、不确定性等声音展示其穿越渗透于日常生活中所激惹出的潜在活力，社会正是其生动体现的产物。

英国艺术批评家、作家约翰·伯格曾经说过：“观看先于言语。儿童先观看，后辨认，再说话。但是，观看先于言语，还有另一层意思。正是观看确立了我们在周围世界的地位；我们用语言解释那个世界，可是语言并不能抹杀我们处于该世界包围之中这一事实。我们见到的与我们知道的，二者的关系从未被澄清。”① 由此，观看与阅读属于可见性，也属于不可见性，万事万物有其自身的逻辑与生成性法则，生成中的变幻莫测，正是现象学中的基础——现象性。观看与阅读活动中很难存在绝对主体性，它们更多地与个体的认知能力相关。认知能力包括学习的能力，尤其重要的是改变与转化的能力。

感知是一个认识形成的过程，其必不可少的是与自我在不同观念、意识中聚合与辨别的能力。支配我们感知的是内在的、外在的还是内外共同作用下的结果？感知是通过经验对现象的认识、识别、接受从而对人的态度、行为产生影响。这种影响是通过他者作用的，同时也能使他者发生改变。生命的成长即在自我生命中觉知自我，在自我生命中感受他人。

感受需要时机与契机，有原因、触动、反应、回应等过程，这个过程是在人们不知不觉中完成的，重要的是它对人的认知与思维框架、程式或模式进行了潜移默化的塑造，这种塑造可能是摧毁性的，也可能是加强性的，其关键在于，它是开放性的还是封闭性的感受模式。语言符号和视觉再现，阅读中的相似性与排斥性是一对矛盾紧张关系，共识强调相似，而差异是叙事的方式，差异也是话语的特质，与众不同成为吸引人们阅读的手段。不同方式强调、再现所谓看得见的世界的同时，一个不可见的世界隐没其后，它们之间的矛盾紧张关系引导阅读与观看不断分化与深入。

① 〔英〕约翰·伯格：《观看之道》，戴行钺译，广西师范大学出版社，2005 年，第 1 页。

3. 观看与“跃读”中的媒介代理与媒介身临其境

古往今来无论是怎样的复杂系统，都一直存在着自我平衡、自主、自立的要求，只不过在相对稳定的社会结构中个体叙事的能动性往往被媒介代理，个体的媒介沉浸在生命倾向性之中又在其叙事逻辑与方式中，不断发问、思考、召唤指向的自我、自我意识与观念正是在追问与事物对我们的召唤间跃动的。互联网时代阅读发生的深刻改变不仅仅是阅读信息的大规模以及方便快捷，更重要的是对我们自身的拷问：阅读究竟是自我选择的，还是被迫的；是结合自我生命体验的阅读，还是对作者、事实性知识的过分依赖。前者我们称之为“媒介身临其境”，后者我们称之为“媒介代理”。

我们所面临的是一个谁都知道、谁都无法解决问题的互联网误构时代。个体经验与体验在社会发展中的凸显，个体对问题的来源与判断应得到高度重视，统一彻底解决问题是印刷媒介时代下线性思维的逻辑，互联网非线性思维方式需要在问题上承认有共识存在的同时，更要认识到误构已成为我们时代的特征，即问题不是有答案就能解决，问题还在不断产生。谁都想解决，谁也总是无法解决，这正是由个体化的差异性所导致的。“后视镜”与“夜光灯”思想的结合将过去、未来纳入现在，现在的认知模式中既包含过去，也面向未来。

听视觉叙事的兴起让受众身心同时卷入了意义的生产与消费中，媒介身临其境更是有了超真实的感觉。有的社交平台直接提出“新声活”理念，场景调动人的知觉与情感，杂糅的信息以及资本促进下的产品多样化也为阅读的感知和情感的宣泄提供了各种可能性。人的知识在不间断地累积，它可能是简单的知识的重复累积，也可能唤起人们不知道自己知道的和不知道自己不知道的的知识。表面碎片化的观看与阅读一旦与自我结合，一切便清晰了起来，乱中有序，秩序的可见与不可见，一以贯之的是自我经验、体验。

媒介身临其境取代媒介代理，其显著特征是风险是在总体性与个体性间展开的。风险无处不在，无所不能，每个人的态度、情感、情绪等的倾向性在偶然性中会对事物发展产生必然性的影响。个人的自主性是在自我利益以及尊重他者的平衡基础上获得的。交流、交往中的协商对话与对话的能力相关，遇到问题不仅仅需要寻找“是什么”“该如何”的思想意识，更需要不断地“做”与持久地“能”。实践与行动需要的是团队的合作精神，每个成员的能力需要在各尽其能中生成、相成以及合成。一旦落实到具体事情上，思想意识应从宏大叙事的层面转变到小叙事之中，它显化的是公共事务与公共责任中对个体“不合常情”“私有情感色调”的尊重。同时，个人的自制能力、自我关系决定着与他者时空的关系，对危险、威胁保有警惕的同时，保持真诚，放下心智上的“武器”，洞识对方的发展动向与潜力，用平等、尊重的方式认知与发展自我。

4. 在自我认知中对自我的再认识

社交媒介对自我的影响是多样的，而印刷媒介所形成的制度体系、权力结构等的运行方式、思维定式等也都无不影响着人们的观看与阅读。本质上，社交媒介继电子媒介之后又引发了一场感知与认知革命。个体自我感知与认知的不同会让不同思想观念、意识形成一个无形的、不可见的世界。人的观看与阅读正是挣扎在这个观念、意识不断变动的社会中，自我分裂与转变需要不断地与自我和解，与自我和解又需要探寻这是什么的自我，由此，方可找寻到一种自洽的存在方式。社交媒介上所体现的社会焦虑在某种意义上正是每个个体寻找自我的表征。

福柯在其《主体与权力》一文中将斗争分为三类：反对统治形式（伦理、社会和宗教的统治），反对将个体和他们的产品分割开来的剥削形式，反对个体自我束缚并因此而屈从他人的行为（这是反对臣属、反对屈从和主体性形式的斗争）①。当今，社会充满着对制度、体制的反思，它具有时代的合理性，不过，对体制的反思往往与对自我的省察是同构的。自我的身心在沉迷、征服、探寻、神秘、焦虑、混乱甚至是灾难中认知自我或沉沦，情感与激情若导向依赖便成为灾难的根源，情感社会的主要特征是自我的显白，自我显白是在人的心理欲望与需求层次上展开的。

自我是一个难以被界定的概念，德勒兹指出：“并不是当人们将自己视为一个自我，一个个人或一个主体的时候，人们才以个人的名义讲话。

---

① 〔法〕米歇尔·福柯：《自我技术：福柯文选Ⅲ》，汪民安编，北京大学出版社，2016年，第114页。

相反，在经历过严重的自我感丧失之后，当个人倾心于贯穿其整个身心的多样性和强烈感觉时，他才获得真正的个人名义。这个名义，作为对一种强烈感觉的多样性的即时感知，构成了哲学史所造成的自我感丧失的对立面。哲学史所造成的这种自我感的丧失，是一种爱的自我感的丧失，而非服从的自我感的丧失。”① 德勒兹认识到没有经历过严重的自我感的丧失，没有爱自我也爱他人的自我感，自我是难以企及的。

社交媒介的发展凸显了“反对个体自我束缚并因此而屈从他人的行为”的重要性，人们在具体的观看与阅读中决定着自我的视角、态度、行为甚至行动，这对个体自我认知提出更高的要求。每个人都是在自己的生命底色上说话，自我认知需要在自身求新求异中不断变化，对知识的吸收不仅仅是思想意识上的，更重要的是穿越生命的对自我与他人灵魂的关切。

5. 自我观看与“跃读”的能力

社交媒介上的观看与阅读，有着发展自我与建构社会关系的深意，它能增强或削弱人际关系，本质上这是自我赋权的结果。对思想、规则的尊重与洞察，按福柯的说法即“思想便成为一种‘危险的行为’，一种首先是对自己的暴烈”，这是因为“人们一思想，便必然面对一条事关生与死、理智与疯狂的线，这条线将你卷入”②。由此，自我在社交媒介上的表达有着可见与不可见的任意空间，自我阅读的深度与广度只是自我思想的呈现，而思想本身“永远是实验，不是解释，而是实验，而实验永远是现实，是新生，是新，是正在做的东西”③。思想根植于人们的日常生活，日常生活成为智慧的源泉活水。

观看与阅读是一个过渡的过程，观看相对于阅读更为重要，它让不可见的外在于文字符号、视觉图像的个体感知、情感与意义形成意象并飘浮起来，从而在观者与阅者的凝视下捕获其深意，这意味着观看者自身的经历、视角、水平等决定了阅读的深度，阅读总归是自我感知、觉知、思想的体现。在阅读中看到阅读之外的意涵，这正是阅读分化与断裂的美妙之

---

① 〔法〕吉尔·德勒兹：《哲学与权力的谈判》，刘汉全译，译林出版社，2012 年，第 7 页。

② 〔法〕吉尔·德勒兹：《哲学与权力的谈判》，刘汉全译，译林出版社，2012 年，第 117 ~ 118 页。

③ 〔法〕吉尔·德勒兹：《哲学与权力的谈判》，刘汉全译，译林出版社，2012 年，第 120 页。

处，它使可见与不可见、可读与不可读中有了某种断续，断续是一种断裂与连续的隐蔽的置换，不断地遮蔽与敞开，需要在差异关系中再现。这种断续是一种思想、真理追问的卓尔不群的洞察力等能力。可见与不可见并不是哪个更重要的问题，而是在可见中见到不可见，在不可见中见到可见，在可见与不可见中发现其神秘秩序。

观看与阅读各种可能性的存在，追根溯源是知识合法性的问题。我们正遭遇知识合法性的深刻危机。它主要的表征是过剩，技术发展所带来的符号世界的漂移浮动，表征碎片化的同时，也分离出种种不同的个体，个体有可能由消费者变成生产者，又在自身的知识网络中编织着自我的想象与认知。符号碎片化的同时，知识变成了可见的与不可见的、可读的与不可读的、可听的与不可听的、可感知的与不可感知的。

用户数量与流量是社交媒介平台的生存法则，跨界、融合、资本运作的迅速分化蚕食，从隐蔽到敞开，好似打开了潘多拉盒子，彼此想要征服对方，集体表演与狂欢，在各自的需要下展开博弈，力量对比不同，套路不断翻新，然而，还是有人很快能识破所谓的套路，事件引发的效应持续时间越来越短，三观不正很难有永远的赢家。因此，这些不满的、愤怒的甚至无耻的情感与感知，在差异化的观看与阅读中也可能转化为去中心化的、重新部落化的契机，人们在宣泄中实则是想要寻找一种温暖和爱，这一切都说明，直达生命的感官体验在交错与跃迁中越来越成为人们生存最基本的需要。

公众舆论在各种话语权的牵引之下，往往分散议题，让讨论流于表面。对问题的认知与提出建设性的洞见及判断需要在解构自身基础上重构一种新的认知模式，事物在神话与迷思中的呈现将越来越飘忽不定。人们对舆论一贯要求速战速决，然而，很多事件不了了之，人们还在疑惑之中时，下一个热点又出现了，人们又开始重新以愤青、战斗者等姿态出现。久而久之，人们明白舆论共识与事件解决方案是很难达成的，于是开始了自我更多的思考，将事件连接起来，将异见与发表者联系起来，貌似正确的观点因为有了诸多现象联系在一起的分析而变成了褊狭，冷静下的思考激发出人们更多的感觉、知觉以及情感，进而发生思想的转向，而这恰恰是自我的生命底色。

6. 生命传播在观看与“跃读”中的涌现与生成

在互联网时代新旧媒介转化中，权力不单单是由社会权威、地位所决定的，资源也不完全等同于资本与物质，社会关系中的情感、感知与知觉能力在交互中都可能成为权力资源的来源。生命传播强调的是感觉之“势”与感觉之“流”，其中注重的是知往知返、知进知退、知耻而后勇等的价值与意义。感觉与知觉交相呼应所形成的势能在生命传播的具体语境中成为人们观念、想法进化的内在驱动力，揭示出思想观念的变化比外在物理环境更能对事物发展进程产生影响。

媒介事件微观层面上积极或消极、建设或摧毁可能恰恰丧失了其在总体性中的活力与力量，而狂欢在个体性中的感知与情感，也可能涣散了事物的危机性与紧迫性。在不断发生的媒介事件中，在人们思想观念被打开、被唤醒的情况下，舆论中的误构已成为思想观点交锋的主旋律，人们很难在事件中寻找到取得多数人认同的答案。讨论事物已不仅仅在就事论事的层面上展开，它对每个人提出的观点不仅从文字本身来认知，更是从话语，即其身份变化的过程、社会地位的变换、以往文字表达与自身言行等方面进行判断与解读，其重要的特征是感觉与知觉、情感与理智贯穿于整个事件发展过程中，事件的人人可参与性赋予了事件一种很难被谁宰制的被高高悬置的姿态。

感知与情感能动于事物发展的性质，而性质是连接万变事物的节点，让事物在不同的理解层次上跳跃，体现出事物的多种层次以及复杂多变。德勒兹一直强调“柏格森不断地说，时间就是敞开，就是随时随刻都在不断改变性质的东西”①。这正是人们感觉、情感与行动的具体体现，即感知与情感是敞开的，穿梭于历史之中，不断延伸、分叉又汇合、聚集，连接着断裂与伸张、沉寂与辉煌。正是因为感知、情感存在，所以我们才能尽可能多方面地感知到行动的可见与不可见，发展的动与静，从静止看到流动，形成更为深刻的流动。

与自我相关的观看与阅读、凝视与命名，是一种理解，一种探源溯流，无论是观看还是阅读，一时的存在感，远远不能替代厚重的现实感和

① 〔法〕吉尔·德勒兹：《哲学与权力的谈判》，刘汉全译，译林出版社，2012 年，第 65 页。

历史感，更难以避免让自己的情感与感知受到影响。对事件逻辑的分析，对人有着更高的要求，人很难通过自身的圈层、阶层、地位等思维逻辑获得对普遍生活世界的理解。言说中的逻辑自洽、振振有词，遮蔽不了自身的无知与薄情，与其说是在不同的层面上探讨问题，不如说是在相异的世界中自说自话。对现实世界的无察，对自我缺乏认知，其深层次的原因是缺乏真诚与有勇气的自我感知能力。讨论者的优越感、精英意识，在公共事务中的发言往往借民意之名，在反对乌合之众时，其自我逻辑自洽中隐现的却是伪妄，因而让共识的取得难上加难。

生命传播注重的不仅仅是信息的传播，更重要的是引发自我身心的改变。生命的生生不息让否定成为幽灵游荡的表征，生命在言说符号世界中游走，又在观望，它在解构、在破坏、在粉碎，更是在窃窃私语、幸灾乐祸中获得其自主性。身处极度自我的“铁笼”，无法抵抗的不仅仅是欲望，更是无法感知到那无处不在、无时不有的澄明道路。缄默与再现，始终处于断裂与连接之中，这种持续性隐没在草蛇灰线、扑朔迷离之中。意义的终结点也是起始点，起始与终结始终合二为一，持续再现还是断裂本质上是由凝视者、观众、读者、评论者所决定的。生命传播强调的是不确定性、开放性、不可逆转性，偶然性中的个体在自我与他人的交流互动中实现自我，这种自我交流与自我和他者间的赋权对社会变革发挥着深远的作用。在生命传播的视域下观看与阅读具有以下特征。

其一，观看与阅读是一种情绪，一种迷恋。观看与阅读不仅仅是为了职业、专业、业务的发展，其所提供的瞬时的快感有效地缓解了现代人生存压力、复杂人际关系等所造成的情绪与情感上的焦躁、孤独、无聊、无所适从，自我不断与自我和解或隐或现一直是人的日常生活方式。身临其境的媒介体验，显现出个体存在的意义：有些人会沉浸其中，甚至会上瘾无法自拔；有些人则体现出了本雅明所说的“游荡”的特征，即观看与阅读的“跃读”很难被谁规定，协同一致，它们是在人们内心世界中不断编织、流动、移情的图景，感知、情感、意义都在自我描绘的图景中跳跃与跃迁。

其二，观看与阅读是逸出性的。媒介的复杂多样生成性，观看与阅读方式的逸出性表现为阅读延展的各种可能性，如身体阅读、知觉阅读、情感阅读、行动阅读、陪伴阅读等，它们需要人们拥有各自感官心性延伸的能力。读写能力与行动、话语、实践都构成了不断变化的媒介环境，新旧媒介的内容与形式在发生着隐蔽的递变与置换，用户变成了生产者，自我生命倾向性在内容叙述中显白，叙事形式与叙事方式成为媒介内容核心的重要组成部分，在无言中置换着交流的场景，也改造着内容本身，命名与意义的确定已不再是少数人的权利，话语处于自上而下与自下而上的反复争夺之中，历史又一次出现所谓精英与大众文化的冲突。

其三，观看与阅读是一种姿态。姿态是意义的性质、特征的无穷幻化的能力，是将言说、符号、概念等碎片化后让意义通向自由的必经之路。言说、符号自身具有无常性，在阅读中的粉碎、颠覆，重新伸展出重重无尽、事事无碍的意义。书写印刷、音视频等媒介性质，穿透媒介种种的叙事、形式、方式等，在心智自由的思考下，其回归的恰是事物本身。感知与情感作为知识的重要组成部分，情感无法替代感知，而感知也无法代替情感，由此，观看与阅读可以戴着面具跳舞，在冥思与行动中为我所用。

7. 结论

人工智能技术正在“侵入”人类日常生活的方方面面，人类从未如此真切地感受到技术的迫近与进逼，也从未如此深切地难以预知技术会将人类带向何方。社交媒介为普通人提供了表达行动甚至改变的平台，局限于个体的知识水平、认知习惯，内容生产多偏向于迎合用户的趣味，也有的只是自我欲望的体现，释放着低级趣味、矮化、堕落、荒诞、狂妄的气息。然而，观看与“跃读”本质上是人们不同生命底色上的自我选择，当我们问自己互联网社交媒介上的阅读“我们是做怎样的观看”时，就会打开我们对观看与阅读的认识，观看中的阅读也就能自然转变为“跃读”，这种从自我有限的视野飞跃到具体的普遍性中是由自我对自我的认知所决定的。

借用麦克卢汉的话：“只有等到古登堡这本书关上之后，故事才开始登场。”[①] 在社交媒介发展的今天，多样化的观看与阅读已在行动中不断接受、创造与消解着我们的社会。媒介叙事早已拉开新世界的帷幕，社会团结与社会共识更多地存在于微小叙事中，谁在场、谁不在场，这的确是个问题。

---

① 〔加〕麦克卢汉、〔加〕秦格龙：《麦克卢汉精粹》，何道宽译，南京大学出版社，2000年，第403页。

| 二 |

后阅读时代"跃读"的实现与意义*

师曾志**

1. 后现代阅读时代："跃读"作为一种阅读传播方式

阅读原指人类从编码系统中获取信息并理解其含义的能力，后又特指人类对书写在物体表面上的连续文本符号的理解。随着媒介技术的发展，阅读还包括了人类从电子屏幕上获取编码信息的能力。阅读演变与传播过程也是考量人类进步的依据。

在某种意义上，阅读的历史也是媒介发展的一种折射。在文字出现以前，阅读意味着朗诵和说话，口头文字在传递知识和记录交易等方面承担着"见证者"的角色。口头事实也伴随着歪曲、争执和遗忘，作为表达形式用以记录事实的文字便由此诞生。直到纸本早期，阅读仍是少数人的事情，识字、书籍、教育都是特权阶层的专属品，人们对文本尤其是经典作品往往怀着虔诚和敬畏之心，阅读传播是一种权力与权威的象征，这是传统阅读时代的显著特征。随着印刷术、数字技术的发展，书写文字的力量被释放，复制书籍快速取代手抄书稿，也催生了现代阅读。原属于少数人的阅读走近了大众，经典作品也从神圣迈向日常。

传播技术与手段的发展并未减损人们对书籍的敬畏，作为获取知识的重要媒介，书籍仍保持着原有的权威性和神圣性，阅读经典一直被视为一种有深度的审美活动。然而，随着后现代思潮对权威的解构和对经典的消解，再加上技术发展带来阅读形态的转变，人们进入了后阅读时代。

美国学者伊哈布·哈桑通过对文学领域的后现代特征进行考察与分析

---

* 本部分原载于《人民论坛》2019 年第 27 期。

** 师曾志，北京大学新闻与传播学院教授，北京大学新闻与传播学院博士研究生李堃对本文亦有贡献。

后发现不确定性与内在性是后现代主义的两大核心构成原则。不确定性是后现代思想及后现代文学的根本特征，文学作品中的模糊性、间断性、反叛与曲解都是后现代主义的精神品格。内在性是指文学不再具有超越性，不再对精神、价值、终极关怀、真理之类超越性价值感兴趣，相反，后现代文学是主体的内缩，是对后现代环境的内在适应。后现代文学的碎片化、平面化、互文性和反体裁的特点不仅体现在版式、印刷、字体等形式上，也表现在阅读传播层面，由此，我们说人类进入了后阅读时代。

不同于现代阅读，后现代阅读指的是在互联网技术的支持下，读者打破以往的线性阅读模式，根据自身需要选择作品、解读文本、生成意义并在此基础上获得自我认知、激发自我体验的阅读方式，碎片化与差异性是后现代阅读最重要的特征。

后阅读时代人们常常不按作者和文本本身的顺序阅读，在随意浏览的过程中不断跳转、反复、腾挪，打破了印刷文本线性阅读的秩序，一种新的阅读方式——“跃读”由此产生。“跃读”是指读者根据自身的知识、兴趣和过往经验、体验不断越界，阅读逐渐由时间的连续中断裂出来，转向时空并置，实现阅读历时性与共时性的共在。“跃读”突破作者权威和文本中心，互联网带来的超链接文本更是赋予了人们根据自身需要、兴趣、知识和过往经验进行阅读的选择空间。读者个体的经验、体验和认知方式决定了“跃读”的程度与水平，为自我实践提供态度及行为的基础，正因如此，阅读传播本质上影响了社会的变革。

2. 经典阅读传播的途径：格物致知，知行合一

西方社会有关后现代的研究更重视外部世界的变化，在他们看来，社会是碎片的和断裂的，而东方智慧则强调感性与理性的统一。由此，外部世界的断裂实则强调的是个体间差异的分野，个体自主性和能动性唯有在格物致知、诚心正意、止于至善的前提下才能形成有机整体。

传统社会中阅读与日常生活常常处于分离状态，对经典作品的认知和理解往往属于“知”，而日常生活和行为则归于“行”。古有纸上谈兵的赵括、坐而论道的王公和“两耳不闻窗外事”的书生，今也有徒陈空文、不见之于行事的空想家，阅读若只是一种精神、思想活动，则很难在传播实践中生成智慧，进而化为行动的力量。

互联网传播速度加快，万物皆媒的连接成为可能，从而彻底改变了人们的时空观，也大大激发和延伸了人的各种感官，人们的认知与信息快速流动、交换、生成和行动的实现联系在一起，对经典作品的认知和理解不再是空洞的说教，而是不断在现实行动中转化为解决问题的智慧和能力。

互联网唤醒了人们思想与行动的统一，它与传统文化所倡导的知行合一不谋而合。孔子曰“我欲载之空言，不如见之于行事之深切著明也”；老子言，“上士闻道，勤而行之”；王阳明则继承了先人的思想并通过体悟和实践直接提出致良知和知行合一的主张。良知是人人自足、一种不假外力的内在力量，而致则是兼备知行的过程，强调行动和实践的重要性，致良知就是将良知具体入微到日常生活的点滴之中。

近代以降，传统文化与现代社会的隔离在不知不觉中斩断了阅读、智慧和日常生活的紧密联系。经典阅读传播强调的是将阅读与自我实践结合在一起，灵活运用各种知识，服务社会，解决问题。经典作品的价值不只是记录先人的经历和空洞的、抽离了感觉和情感卷入的知识，其真正的魅力在于穿越时空的限度找到与个体生活密切相关问题的解决方案。因此，经典阅读不仅要重视“跃读”，更重要的是身体力行的阅读传播，不应只是书斋里的闷头苦读和苦思冥想，更应该在阅读经典的同时体悟生活，将对经典文化和智慧的理解与个体对现实的关怀与创造结合起来，寄知于行，行中致知，使传统经典依然能够在传播中焕发出新的生命力。

3. 经典阅读传播的落点：止于至善

柏拉图认为，善是一种理念，是真理、知识和智慧，而亚里士多德则认为善是一切事物或活动的目的，这与孟子以为善是“可欲求的东西”一致，将善作为一种目的与动力存在。这时的善便不再仅限于理论层面，而成为一种选择和行动。善一词来源于人们对美好生活的追求，在中国古代文化中，善不仅指美好的事物和品质，还具有权变之意。《大学》中有“大学之道，在明明德，在亲民，在止于至善”。明德、亲民和止于至善是儒学三纲，至善则指的是最高境界，是根本目标，这既包括独善其身，亦包含兼善天下。至善的达成则既需要格物、致知、诚意、正心、修身、齐家、治国、平天下，又需要知止不殆与知行合一，由此看来，无论是诚意正心还是知行合一最终都需止于至善。朱熹也有“止者，所当止之地，即至善之所在也”，止于至善的意义便在于“知止而后有定，定而后能静；静而后能安；安而后能虑；虑而后能得”①。

阅读是手段，不是目的，真正的目的应在于善己和善人。止于至善“跃读”经典为我们提供了更为广阔的视野。后现代思潮在打破元叙事和元话语的权威时，也凸显了社会的不确定性和异质性，个体获得自主性的同时也在不知不觉中处于失去原有生活目标和信仰的危险之中，新价值体系亟须建立，修身修己迫在眉睫，这正是阅读经典的意义所在。经典作品通过历史的选择，能够为个体提供丰厚的精神食粮，这是快餐式的网络阅读所无法提供的。

互联网在赋予个体表达的同时，也使现实矛盾、问题在网络世界中不断扩大和发酵，在互联网中人们往往看到的是不公平、丑恶的社会乱象，人与人之间的竞争、不信任日益加强，人越来越陷入社交恐慌，甚至拒绝发展新的关系网络。经典作品传播具有疗愈的功能。在阅读过程中，读者在宁静平和的状态中，找寻与他人相处和交流的智慧，在感觉、知觉与情感的回归中利己、利人。个体在经典阅读中打开自己、汲取养分，同时对事物保持敬畏之心，以找寻自我并安放好自我为目的。

经典作品之所以成为经典正是在于其浸润心灵的穿透力以及培育民族精神的滋养力。经典作品传播涉及人类生存与发展的根本问题，蕴含着丰富的智慧和经验，它们流淌在国家民族文化基因之中，是国家民族的精神底色。

4. 经典阅读传播的起点：至诚知止

传统阅读文化建立在以书籍为代表的纸质媒介基础上，作者权威和观点是文本的根本原则，读者的阅读和理解都遵循文本内容，作者的（最初或最终）意图决定着作品的含义，读者在通过阅读获取确定性知识的同时，也与纸质媒介共同塑造了作者与文本的权威。出于对作者和知识的尊崇，人们阅读的出发点在于与先贤沟通，增长学问，了解自我与世界，以增加对生命智慧的体认。

随着后阅读时代的到来，互联网一方面改变了阅读介质和阅读方式，

---

① （宋）朱熹：《四书章句集注》，中华书局，1983 年，第 3 页。

人们由线性的纸质阅读转向超文本的屏幕阅读，可以在文本中自由选择与穿梭，深度阅读成为奢侈品；另一方面互联网也解构了作者话语、文本和知识自身的权威性，阅读越来越与自我的生命底色相关。

在信息爆炸、知识触手可及的时代，经典作品依然具有不可替代性，其中蕴含的跨越时空的思想和经验、体验仍然能穿透当下个体自我的需要，是传道解惑的有力工具。由于时间和注意力的有限性以及浅层、跳跃性的阅读习惯，人们很难拿出时间和精力专注地品味一部经典作品，而是转向选择在泛滥的经典全解和经典速读中远离原著，以获得对其所谓“标准化”的理解。当经典作品成为消费对象而不是观止对象时，汲取知识和安置心灵就不再是阅读经典作品的主要目的，获得竞争的象征性资本和社交的通行证反而成为阅读经典的主要推动力。

互联网时代，经典作为精神食粮，既事关价值、信仰和理想的重建以及民族精神底色的传播，也与自我成长密切相关，阅读的出发点不应是“得利”，在一定意义上阅读的根本出发点应该是诚意正心。《中庸》有云：“唯天下至诚，为能尽其性；能尽其性，则能尽人之性；能尽人之性，则能尽物之性；能尽物之性，则可以赞天地之化育；可以赞天地之化育，则可以与天地参矣。”①

在知识日益商品化和标准化的今天，经典阅读传播的意义在于人们可以穿越时空，与先人交流，从他人智慧中获取经验、乐趣、想象、力量、责任与担当，取得解决现实问题的答案以及找寻到自我身心安置、生命和心智成长的道路。

经典阅读不应以拼速度和比数量为起点，更不应该以标准化的解读为正解，读者应懂得至诚方可知止的智慧，在阅读经典过程中学会“知止”。墨子曰：“知止，则日进无疆，反者，道之动。知足不辱，知止不殆。”②知止不仅仅指永无止境的外在求索，更强调其内在至诚达性的意涵。知止并不是停止阅读或放弃阅读的意思，而是知道自己为何读书、读什么书并据此采用不同的阅读方式与规则，在诚意正心中不断抵达和探索其中的智慧，为我所用。

---

① 王国轩译著《大学中庸》，中华书局，2006 年，第 106 页。

② 文中子著《止学》，北京联合出版公司，2018 年 ，第 137 页。

5. 作为“强盗”的“跃读”中的传播

互联网时代呼唤的是人们思想与行动的同时卷入，读者不再是单纯的接收者和旁观者，而是消费者、体验者及传播者。后阅读时代，经典作品中的格言、警句等让人产生强烈共鸣，也直击人的灵魂。个体自主性和差异性带来了文本阐释的歧义性、模糊性，个体在脱离作者意志的唯一性的同时，灵活“引文”会使文本获得生生不息的活力。

在德国文人瓦尔特·本雅明看来，“引文”不仅仅具有论证功能，还具有很强的自主性，换言之，不同于学院派视“引文”为工具，本雅明赋予“引文”以生命。他注重人在“跃读”中增强自我理解，并将其运用到自己的工作与学习中。偶然、碎片化的思想结晶看似对作者意志与信念具有很强的“挑衅性”与“冒犯性”，实则是对知识的真正传承。

从本雅明的引文和格言警句出发，阅读经典本身是一种收藏，读者在阅读过程中获得对经典作品的内容、格言、词语和思想的使用权，经典作品不仅能够为我所有，更能为我所用。经典作品成为收藏品，每个个体都成了这个意义上的收藏家。

借助互联网技术平台，人们的自我选择和自我改造能力得以释放，个体可以结合自己的生命体验生产意义和建构知识，在各自生命倾向性的引导下，在阅读中通过分解、移置、切割、拼贴、充足等形式不断打破和解构作者和文本的权威，不断生成新的解释和意义。

6. 结语

总之，互联网时代的“跃读”恰恰如本雅明笔下的“强盗”，从阅读到“跃读”的转变，彰显阅读者的自主性和生命底色，这既是一场对作者权威和文本中心的革命，也是一场对个体自我认知思维方式的革新。后阅读时代技术变革重新塑造了阅读的方式与意义。经典阅读不应追随热点和潮流，不应盲目追求速度和数量，更多地应该以至诚知止为“跃读”的出发点，通过知行合一，最终止于至善。以“跃读”经典为传播途径回归阅读的应有之义，不仅能够促进自我心智和生命的成长，更能在与先人的对话交流中建立新的表达、行动乃至改变传播机制。

| 三 |

数字多重超文本阅读下的出版业认知转向：在“跃读”中实现“悦读”*

师曾志　马　婷　仁增卓玛**

随着媒介技术和社交平台的快速发展，电视、广播、出版物等都借助于互联网平台，跨越文本自身的载体，以语言信息符号的形式变成超链接的多重超文本。数字超文本阅读是互联网技术全面“侵入”人们日常生活的表征之一，用户阅读行为已突破了载体的边界，不管是随意浏览网页还是使用社交媒介与人交流，甚至在网购时也无不进行着阅读，阅读的内涵已不再是过去基于纸质文本的阅读本身，而已成为超越文本的数字化阅读。在此背景下，媒介载体、渠道、方式等的演变，让碎片化阅读、文本符号的能指与所指在更大时空中进行着反转腾挪，意义在传播过程中不断生成与快速迭代，这将直接或间接地引发纸质出版物表现形式与生产机制的变革。

出版业是超链接多重文本中的一环。在互联网带来的出版业改革中，社交媒介所引起的阅读者心智认知的变化是引发出版业变革的主要原因之一，由此，在强调纸质出版物内容为王的前提下，关注媒介渠道的变迁，注重用户超文本阅读的体验，理解用户自我选择的“跃读”是实现“悦读”的不二法则。从根本上来说，这也是出版界人士需要经历的又一场认知革命，出版物表现形式、阅读者习惯、渠道以及出版物性质、属性、生产机制变革等已成为出版业研究的重点。

1. “越界”实现“多重超文本阅读”

数字超文本多重链接为个体阅读开启了无限的可能性，从某种意义上

---

* 本部分原载于《现代出版》2018 年第 3 期。

** 师曾志，北京大学新闻与传播学院教授；马婷，北京大学新闻与传播学院硕士研究生；仁增卓玛，北京大学新闻与传播学院博士研究生。

说，媒介融合正在改变着整个出版业发展的生态，是否需要出版物已不是问题，而问题是如何适应“万物皆媒”所释放的语言符号活力对出版物生产与再生产方式的影响。基于麦克卢汉的观点，媒介技术的不断变迁使超文本链接技术能够让用户超越原有的文本内容与形式，语言符号在多种文本叙事中跳跃与任意连接，多重文本意义的产生反过来又丰富了文本自身。

媒介融合底层结构的改变实则是由语言符号的流变所引发的。麦克卢汉很早就意识到：“真正伟大的、持久不变的大众媒介不是文献，而是语言。语言既是一切媒介之中最通俗的媒介，也是人类迄今为止所能创造出来的最伟大的艺术杰作。”[①] 在媒介发展相对稳定的时代，语言符号在文本中的意义主要是重复与强调，而在新媒介赋权的环境下，语言符号在任意连接中的随意、偶然都会对文本意义产生颠覆、错置、背叛、背弃等影响，真与实、现实与幻象等有了恣意想象的空间，意义在时空中延伸、逸出与扩张，这就意味着用惯常观念与思维方式已很难理解数字多重超文本阅读的意义。

“超文本”所要表达的是随着语言符号基础的变化，文本已不仅仅是语言符号意义的重复与强化，而是极大地丰富与提升了阅读者的自主性和能动性，这导致媒介之间的关联性在非线性的文本叙事中传递信息并不断叠加迭变出更多的意义与意涵，多重超文本正是在此基础上存在的。在这个意义上，多重超文本阅读是指阅读者阅读从自身需要出发，打破了传统“出版社出书，阅读者看书”的线性传授模式，以语言符号为媒介贯通人们的阅读需要，在阅读中不断生发出新的意义，这些新的意义也随时加入内容的消费与生产中，意义在个体超越时空中不断衍化，形成动态、多层次的多重超文本。

所谓“多重超文本”，就是在网络技术的支持下，基于阅读者阅读或是获取信息的需要，允许从当前阅读位置直接切换到超文本链接所指向的任意位置，阅读行为不再受固定文本、载体的时空限制，文本间的异质化信息可以产生多重关联与衍生，各种超越时空或是超越介质的文字信息组织在一起生成网状、动态信息流。阅读让文本与文本之间不断发生着交

---

① 〔加〕麦克卢汉、〔加〕秦格龙：《麦克卢汉精粹》，何道宽译，南京大学出版社，2000年，第423页。

互，持续不断地生产出新的文本内容和意义。在当前数字化和网络移动技术的冲击下，传统出版物在保证内容质量的前提下，应另辟蹊径，将内容与技术相融合，从平面到立体，从一元到多元，从线性到非线性，建构出版物的“多重超文本”，在此基础上实现“越界”阅读。

“越界”这一行为最终的执行者是阅读者，出版社只是基于阅读者的阅读需要提供了这样一种衔接信息的平台与方式。在传统出版物中也存在着越界超文本链接，如平面纸质文本中的参考书目或是相关信息和数据，阅读者通过“超文本”就可以跳转或是切换到引用的文本中。这种跳转或是切换就是一种“越界”操作，在不同的文本之间实现信息的流动和意义的生成。互联网时代的阅读，不仅仅是文本本身的越界，更是不同感官媒介、介质之间的越界。

2. 在越界“跃读”中实现“悦读”

技术打通了不同媒介介质之间的阻隔，“越界”得以随时随地进行，从而使阅读者个体的能动性在数字超文本之中得到解放。在法国思想家罗兰·巴特看来，阅读者是“无历史、无生平、无心理的一个人；他仅仅是在同一范围之内把构成作品的所有痕迹汇聚在一起的某个人。”① 阅读者在阅读中参与到超链接、多重超文本的意义建构、解构与重构之中，多重超文本阅读本身犹如点亮下一根蜡烛的蜡烛，点亮动作完成的当下，也就完成了自身使命，随后便是阅读者依据自身生命底色所建构起来的多重文本家园，文本阐释主体由作者转为阅读者，阅读者自身的知识、视野，甚至歧见等旺盛了文本的多义性、模糊性、差异性、奇异性，阅读者显现自我选择与改造的能力，从“识读”跳跃到“辨知”，通过自身，让文本充满生机与活力，抵抗与消解着文本。

在数字化和网络化的逼近下，这种质变的升华已具备了技术上的前提，基于关联性和异质性的链接技术，为阅读者自主建构意义和生产知识提供了可能。过去，我们的阅读以作者为中心进行破译和解读，但在超文本等诸多新媒介技术的助推下，“作者已死”② 与“文本永生”的意义开

---

① 〔法〕罗兰·巴特：《罗兰·巴特随笔选》，怀宇译，百花文艺出版社，2009 年，第 301 页。
② 〔法〕罗兰·巴特：《罗兰·巴特随笔选》，怀宇译，百花文艺出版社，2009 年，第 301 页。

始跃然纸上。

作者从在场转为不在场，其中原因多样。文本本身就是多维空间中词与物的符号编织物，文本自身随着阅读者的选取而进行着任意的跳转。作者逐渐消隐、隐匿、缺席、远离，抽离作者写作的时空，阅读者陷入或沉浸在自我的经历与体验之中，以作者为中心，一成不变的文本在“作者已死”的情景下获得了“永生”。这就凸显了在文本叙事的场域中，借助媒介技术或平台，阅读者对文本的自我觉知生发出无限的可能性。阅读者主观能动性得以解放，这种解放体现出阅读者自我的觉知与能力。阅读者能动性的解放，也让文本得以解放，文本解放使文本内容、形式、意义处于延绵不断、无边无际之中，个体在无限的时空中选择、解构、演绎、获取自身需要的意义与价值。

认知叙事在展开的同时，相信或不相信，信任或不信任就此产生，其深远意义仍然在于认知革命。它拒斥僵化、固守的理性与原则。文本是人们现实生活以及表达行动的思想、观点、动力、合作等的来源，在超越个体时空的更大范围内让大家共同相信，帮助人们抵达和合共生、守正出新。因此，阅读者阅读由“量”的堆砌开始走向“质”的升华，出版物由“一维”叙事变换为“多维”叙事，都将在媒介技术变迁的背景之下书写出别样的事件。

3. “跃读”中的自我“陌生”

阅读者的阅读习惯和阅读兴趣、出版界的数字化转型、整个社会对出版物的意义建构是出版界需要格外关注的议题。出版业自身与其一再提倡或传播基于纸质文本的传统阅读理念，不如更加注重自身思维以及认知上的变革，在行动中调适传统的出版思维去适应不断变化的数字超文本阅读习惯。这种认知上的转变不会因为阅读载体、出版物价格和媒介技术等诸多外在因素的变化而有所动摇，它是一种对互联网时代阅读者阅读行为与方式的发自内心的认同和感知，真正理解麦克卢汉所说的“鱼到了岸上才能意识到水的存在”，做到以编辑人的实际行动随水流动，为读者提供更多“悦读”选择，随着新技术发展适应从“跃读”到“悦读”。阅读者从辨知到体悟是一个渐进的过程，这其中有对内容文本的解读，也有对媒介技术的感知，更有基于自我生命色彩的出版物或数字多重超文本阅读的能力。

当文字跃然于纸上、意义了然于心中，如何将文字的指向性和意义的生成性衔接起来，又如何在“纸质化”与“无纸化”之间实现无缝连接，这就需要媒介技术带给我们平台和界面转换，而这里体现出的技术精神就是一种对现代性的反思和对主体间性的诠释。福柯在《事物的秩序》中正是以康德为例来展现出一种独特的求真意志的，对这种求真意志来说每一次挫败都不过是一种新的激励，用自我的经历、体验甚至命运去加入知识生产与再生产。现代性的知识形式以一个难题为标志，那就是认知主体越来越指涉自我，它从形而上学的灰烬中升起，在完全知道自身有限力量的情况下，却许诺了一个需要无限力量才能走完的征途。这里对于有限和无限的界定早已超脱了时空的序列，而在技术的变迁中给未知的事物一个可想象的图景，阅读者在自我间离与陌生化中让知识和意义流动起来并将这种图景具象化，“跃读”正是对阅读者的激发，是一种求真意志的诠释和知识生产的推进，不断地试错、筛选、创新。

“跃读”所呈现的动态读书体验，是内容和界面的切换，更重要的是阅读者思维模式的跳跃，这种跳跃关注的不仅仅是学习知识本身，更重要的是要了解知识是如何连接和组织的。此外，“跃读”这一概念的新意更重要的是一个“跨语际”话语的展开，不同的语言、不同的地域、不同的文化都可以包含在这个范畴之内。阅读者在“读”这一行为中追问语言、言说的形式，探讨交流与合作的重要性，对于不同文本所书写的内容和媒介表达形式的理解终将回归到生命的本源，将读书、求知、洞察归结到对生命的体悟上。

在媒介技术的变迁中，阅读者被解放了，不再单纯地执着于过去出版物的内容、形式和意义，它们在一个跨媒介、跨平台、跨语际的交织状态中全景式呈现于阅读者面前，这种呈现方式既是对出版物生命的延续，也是数字多重超文本阅读中意义的不断生成与延展。阅读者“跨界”的阅读行为对出版业来说不仅仅是挑战，更多的是机遇，而要抓住这个机遇就要不断转换出版从业者自身的认知模式，从单纯的文本内容的提供者转变为数字多重超文本内容的生产者。

4. 知识付费——一种从“跃读”到“悦读”的示例

2015 年，喜马拉雅 FM 作为互联网音频企业，以有声出版行业的代表企业入场上海书展，这不仅让外界关注到了“有声阅读”这个市场，更让人们关注到这家企业成长背后所折射出的国内有声出版业的发展前景。“从 2012 年到 2015 年三年时间，喜马拉雅 FM 完成两轮融资，A 轮融资 1150 万美元，B 轮融资 5000 万美元，预估市值超过 30 亿元人民币。”① 音频成为知识付费的主要形式之一，有声书、听书、听报、听小说纷纷入局知识付费。从“阅读”到“跃读”，实现了读书这一行为从身体感官到媒介工具的双重跨越。音频平台依托传统优质作者群和内容源提升了用户的观感体验，在线上与线下、虚拟与现实之间搭建了一个充满想象的空间，充分利用人们碎片化的时间，使“耳朵”阅读成为可能。这种新颖的传授模式无疑是对传统出版业的又一次挑战，读者从“碎片化阅读”“快餐式阅读”中寻找到一种新的出路，为读者重新找回深度阅读的乐趣提供了一种可能的选择。

知识付费经济借助多元的媒介平台给读者带来视听和阅读的双重体验，使读者在不同的叙事场域中实现感官和媒介之间的切换，即阅读者以消费者的身份入场，以体验者的身份在场，最后以判断者的身份退场。阅读者经过这样一轮身份的转换，意味着媒介表达形式与内容都有着跨越自身的可能性。

面对这样一种新型的知识付费形式，传统出版社需要借助互联网移动端搭建阅读者和出版社之间的联系，重建一种新的阅读和学习的快乐，实时推送优质出版机构和作者的最新动态，使阅读者与作者之间产生良性互动，实现知识付费经济中“悦读”的体验和“跃读”的跨界，同时也在介质转换之间延长出版物知识的“价值链”，使读者不仅愿意为纸质书本身买单，更愿意为包含出版物在内的数字多重超文本链条上的知识买单。

5. 出版业的叙事场域与越界能力

面对互联网时代阅读方式的转变，出版业要正视新媒介技术对传统行

① 方芳：《成立仅短短三年，喜马拉雅 FM 缘何估值超 30 亿?》[EB/OL]. http://www.forbeschina.com/review/201508/0045002.shtml.

业的冲击，这一冲击背后更多的是思维方式与认知革命之间的较量。对于同一本书，在超文本的链接与互动中，陌生人依据共同想象与共同相信就有建立起大规模合作并快速创新的可能性，从而促进社会跃迁。这种合作和创新是由阅读者主导的，进而促成了知识由平面向立体转化，加快了知识的流动与延伸。因此，出版业如何在数字化媒介中寻找生存空间，关键就是将“认知革命”中的认知叙事最大限度地发挥出来，即阐释的重点不仅仅是文本或是内容本身，更是强调在时空中出版生产与再生产机制叙事场域中的越界能力。

互联网技术改变了阅读惯习。媒介技术迅猛发展的今天，固化的身心图式发生了反转，基于媒介技术变迁的“超文本”技术强调时空中的叙事场域，注重“阅读者本位”，一旦从文本中跳转出来，就会发现作者与阅读者、阅读者与阅读者之间的疏远、间距、间离甚至对立。这种基于意义建构的差异性成为知识或是信息的生产与再生产的动力源泉。因此，非线性的、交互性的、跳跃式的“跨界阅读”已然不是对文本的浅层解读，而是突破认知的局限，打通不同的媒介渠道来表达“阅读”的多元维度，不只是在读内容，更是在读技术、读变迁，从而确立起自我的认知，这种“越界”既是对出版界的考验，也是对阅读者自主性回归的挑战。

6. 结语

总之，互联网时代，技术改变了人们的阅读方式与惯习，不管是过去听故事，还是现在进行数字超文本阅读，背后不变的是人们内心对“阅读”本身的需求。在个体崛起，叙事回归个体化、私人化的今天，阅读行为本身将回归到对个体生命的意义本身的探寻。这种意义只有在自我与不断变革的社会背景中寻找才能体现出更大的思想力量与价值。出版业发展应从传统的关注自身行业的发展转为关注整个媒介融合发展的大环境，理解“重要的是随着新技术而发展的框架，而不仅仅是框架里的图像”①，在大环境或大框架里认知出版业的权力机制与社会建制的变迁，掌握出版权力从以出版生产者为出版行业发展的中心转变为以阅读者为中心，从简单

① 〔加〕麦克卢汉、〔加〕秦格龙：《麦克卢汉精粹》，何道宽译，南京大学出版社，2000年，第408页。

化的“内容为王”“渠道为王”思想转变为不断适应社会多重超文本系统阅读的实际，理解语言符号意义的不断变迁，创新知识的生产方式与生产机制。媒介的变迁、受众的分流、产业的转型等都将在这个飞速流变的时代实现新与旧、快与慢、守与变、虚拟与现实的协同演进。出版业及其从业者也要在认知革命的基础上，培养自身的越界能力，在今日数字多重超文本阅读的现实中主动争取更大的话语权。

| 四 |

跨屏传播对传统广告业的影响与挑战*

师曾志　林筱茹　李　堃**

数字化技术带来跨屏传播的快速崛起，网络直播、直播带货成为跨屏传播的主要表现形式。跨屏传播将虚拟场景与现实世界结合，使"一云多屏，多屏合一"成为可能，为跨屏传播即屏与屏跨媒介的链接与连接提供了现实基础，尤其是其中的灵魂——算法及算法伦理在与现实的博弈中不断演变。从叫卖吟唱、印刷广告到户外广告和网络广告等，每一次媒介技术的变迁必然带来广告产业的革命。跨屏传播改变了传统广告生产链条，其中广告政策制定者、广告主、广告经营者、广告发布者、广告消费者等多元主体间的角色定位、关系策略、存在形态与参与程度等都在不同程度上延展了广告的内涵与外延。

1. 传播场域变化与传统广告产品意志变革

加拿大学者马歇尔·麦克卢汉（Marshall McLuhan）曾指出："没有一种媒介具有孤立的意义和存在，任何一种媒介只有在与其他媒介的相互作用下，才能实现自己的意义和存在。"① 印刷文明对理性和秩序的强调，使现代广告自诞生以来便遵循线性传播的思维逻辑。尽管广播和电视广告的出现加强了广告业对声音和视觉影像的关注，但其仍然在广告业管理体制与运营机制上延续着线性的、分而治之的模式。

5G、人工智能等技术的发展，大大加快了信息传播速度，直接加速了

---

* 本部分原刊于《网络传播》2021 年第 3 期。

** 师曾志，北京大学新闻与传播学院教授；林筱茹，北京大学新闻与传播学院博士研究生；李堃，北京大学新闻与传播学院博士研究生。

① 〔加〕麦克卢汉：《理解媒介：论人的延伸》，何道宽译，商务印书馆，2000 年，第 56 页。

传播反馈机制并对传播主体与客体之间的关系产生影响，其中作为广告接受者的消费者甚至能以不同的方式参与广告生产、制作与发布。短视频和网络直播，不仅能够传达传统广告难以展现的情感，而且将人们的感觉和知觉加入整个传播链条，直接影响消费者的心理与行为。这意味着依托短视频和网络直播等跨屏传播形式不是文字、声音与影像的简单叠加，而是对广告多元主体的观念、逻辑和思维的重塑。

广告产品意志指围绕产品所建构起来的象征资本，它是推动传统广告发展的力量并规定着广告业的发展方向。广告本身属于一种象征资本，广告主、广告经营者、广告发布者和消费者等作为主体存在的意义是从广告中获益。然而，传统广告传播中产品的价值与价格、精神性与物质性在象征世界中发生了分化，广告产品物化世界为象征世界所取代，实在主体被抽象为虚无主体。

屏幕使人们由习惯文字阅读转向适应视频消费，在虚拟与现实之间体现的是人们观念和思想的变化，它们都参与到社会关系网络的快速解构与重构之中，实现着新媒介赋权。新媒介赋权的重要推动力量是人们思想观念的变化，其所带来的直接后果是权力、资本、资源与社会地位等的重新配置，进而在社会“场域”的深层变动中影响社会结构与制度等方面的变迁。

2. 跨屏传播中广告场域的解构与重构

场域是由不同位置之间的客观关系构成的网络，政治场、经济场、文化场、学术场、技术场等从来都不是相互独立的，它们以多重场域的方式相互连接、相互作用，有学者用“博弈”一词来形容场域中的各种策略与斗争，因而场域具有动态、互动与生成的特点。跨屏传播穿透屏幕间的集成与互动，实际上是政府、广告商、媒体、互联网平台、网红博主和用户等利益相关方权力博弈的体现，交互中所形成的跨行业、跨场域、跨媒介等力量的冲突、调试与协作带来传统广告场域的变革。

直播带货是跨屏传播的表现形式之一，是在技术的支持与推动下，不断被激发出的新业态、新组织、新方式和新手段的重要表征。从表面上看，直播带货改变了广告的内容配比和分发渠道，但其最重要的意义在于对“在场域中活跃的力量，是那些用来定义各种资本的东西”[①] 的激活，对个体自我在社会系统中业已形成的具有倾向性的思想与行为模式的挑战。由此可见，跨屏传播对传统广告场域解构的最明显的特征是去中心化、分散化与多样化。

各种利益和力量在社会关系网络中的共同作用使作为场域中活跃力量的资本不仅仅是资源、内容、渠道等，而是更强调对话、交流和博弈的能力，尤其强调实现能力。在某种意义上，跨屏传播对传统广告业发展最大的挑战仍是如何调整观念、思维与认知来应对技术迅猛发展下的广告传播环境的变迁。事实上，中国传统广告结构的调整早已开始，资本、投资、广告主体、消费者等的实质性变化早已发生，只是传统广告业很难直接转换为互联网环境下的广告业，传统广告业对失控的恐惧成为阻碍自身发展的根本原因。

3. 跨屏传播中多元主体的互动博弈

每一种新技术在诞生之后都会通过各种渠道和手段不断渗透到日常生活中，以扩大自身的影响力并最终对现实世界产生影响。随着互联网基础设施的不断完善，移动互联网技术和智能终端等新技术在中国社会被广泛应用，个体被赋予表达、行动和改变的可能性。短视频和网络直播等跨屏传播技术的发展进一步打破了文字的限制，以视听影像为主的新型沟通行为和表达形式赋予网红、UP 主、网络主播等群体参与内容生产和广告营销的权力。这类人群通过提供丰富且多元的内容，吸引用户的持续观看和投入，最终转化为基于信任和共情的购买行为，这彻底改变了传统的广告和营销链条。

在传统广告生产中，广告公司往往处于中心位置。广告公司从广告主的需求和产品特性出发，确定目标受众、创意策划和发布渠道等，并最终依据市场时机、媒体定位和策略等进行媒体购买并投放广告，在这个过程中消费者往往处于被动的接收地位。随着互联网技术的快速发展，新闻业和广告业等传播领域日益重视受众的价值，也逐渐动摇了广告公司的垄断

---

① 〔法〕皮埃尔·布尔迪厄：《文化资本与社会炼金术》，包亚明译，上海人民出版社，1997年，第121页。

地位。早期互联网平台的连接和互动属性孵化了一大批消费领域的意见领袖，这类博主主要通过图片和文字的形式分享自己对特定产品的使用经验和感受以进行产品推广。这类营销模式尽管呈现分散化的特征，但文字和技术门槛的限制仍然将大部分用户排除在外，短视频和直播带货等的兴起则改变了这一局面。各具特色的视频博主和网络主播借助各类媒介渠道直接推广产品，互联网平台则借助大数据等技术跟踪了解用户喜好，并借助MCN（Multi-Channel Network）的运作模式进行内容推送和产品推广，在保障内容持续输出的基础上，实现广告的稳定变现。用户的观看、评论和分享成为主要的流量蓄水池，因此对用户需求的了解和精准化服务则成为新的广告运转模式的核心，这彻底改变了以往广告适配性低的局面。

广告业借助新一轮的技术变革实现时空跨越，但仍须直面特定社会的管理体系和制度规范。2018 年，《中华人民共和国电子商务法》正式出台，为规范电子商务行为和保障各方主体利益提供依据；2019 年 11 月 1 日，国家广播电视总局发布《国家广播电视总局办公厅关于加强“双 11”期间网络视听电子商务直播节目和广告节目管理的通知》，明确资讯服务、植入广告、创意中插、直播购物、购物短视频等是网络视听节目的重要组成部分，在政策层面上肯定了电商直播的存在，也为直播带货中至关重要的直播公益广告环节制定了新的“游戏规则”，即要求短视频和直播电商充分利用新技术，助力脱贫攻坚，实现精准扶贫。

多方资源的合力动摇了广告公司在传播和营销过程中的中心位置，去中心化、分散化与多样化的特征体现的是社会关系网络中围绕产品营销所生成的“人”的价值与力量。在新的关系网络中，由政府、企业、媒体、技术、消费者等集合生成的广告业态看似以产品的推广与营销为中心，但实际上满足的是人们对美好生活的需求，传统广告也逐渐由单纯的宣传或商业行为转变为重视人的需求。

4. 跨屏传播中的关系交互与口碑传播

著名经济学家弗里德里希·奥古斯特·冯·哈耶克曾提出，知识是分立的，没有任何一个人或机构可以拥有全部的知识，每个人拥有的是关于特定时间地点的知识（别人往往无法得知），只占全部知识极小的一部分，个人对其他大部分知识处于必然无知状态。经济活动中的信息扩散由不同的经济主体完成并为不同的人所拥有，不同主体拥有的信息是不对称的，这种信息不对称恰恰确立了广告的重要地位。

进入信息社会之后，人们已然意识到信息对经济运行、社会管理和交往的重要作用，并不断通过新的技术手段提升信息获取、存储和处理的能力。有学者提出，广告是“关于物的言论”，信息是所有广告所包含的本质内容，广告传递也是一种信息传播。在大众媒体时代，由于内容匮乏和渠道垄断，传统广告运行体系中的广告商、广告公司、媒体和受众对信息的掌握程度和理解程度的差异形成多重信息不对称的局面。面对产品日益丰富和消费者选择多样的市场，广告成为消费者重要的信息源，通过不断减少消费者对产品的不确定性，促使其进行产品选择和购买。

广告场域的解构和单一主体格局的打破使政府、企业、广告公司、媒体、网络主播和消费者等主体全部进入广告的传播结构中。消费者不再是被动等待信息的群体，而是深度参与到销售链条中。此时，只有基于交流和对话的广告行为才能够促成流量变现，只有基于信任与认同的营销手段才能保障用户的持续购买，并最终依靠产品质量形成口碑传播。随着传播渠道、交易平台、支付手段、物流系统等在现实中的持续扩散，网络世界和线下世界的融合已不可逆转，尤其是在新冠肺炎疫情期间，浏览短视频、收看直播、网络购物、在线教育等快速进入人们的日常生活，直播电商更是在政府、企业和用户的多种助力下，直接改变了信息和产品生产、传播、消费的传统模式和链条。生产商和销售商进入直播间和网络主播、明星等直接对接，不断压缩中间环节，加强产品流通透明性的同时，推动广告的功能和定位转变，也扩大了其内涵和外延。

在人与人连接的过程中，信息传递必不可少，但是关系交互对于产品销售和推广也日益重要，这其中不仅涉及广告商与消费者的关系，也涉及各权力主体的互动。“天猫双十一狂欢夜”（下文简称“猫晚”）是跨屏传播的典型案例，也是众多直播带货分散与集成互动生成的典型代表。猫晚主办方结合当年社会事件、网络热点以及网友心愿单设置节目，并通过各大互联网社交平台实时更新晚会情况，利用各视频网站的弹幕和游戏功能与观众实时互动；与各大电视台和视频网站的合作又丰富了晚会自身的分发渠道，满足不同受众群体的需求；阿里巴巴集团内部各类平台的分散与交互既满足了用户娱乐、购物和情感互动的需求，也增强了晚会的互动性，吸引大量流量和交易额，让晚会本身成了“新国民记忆”的一部分。

以直播电商为代表的跨屏传播的发展得益于新技术的广泛运用，网络已经成为人们工作与生活须臾不离的工具，大量用户能够熟练应用各种工具，同时创造出新的语言与话语，吸引更多的人融入其中，也实现着现实世界的虚拟化、虚拟世界的现实化。沉浸于多重场景和双重世界不断融合的用户，既在顺应时尚与潮流，也在不断打造与创造新的记忆与趋势。具体到广告行业，不断增强的感官刺激和情感连接改变了人们在相对稳定的社会制度和结构框架中所形成的思想观念和认知方式，也改变了广告业的传统运行逻辑。

但问题的根本在于如何让产品与消费者产生黏性，这种黏性又不再以组织、机构和群体为中心，而是以消费者个体的意识和认知为中心。新的广告呈现形式也打造出新的意义，消解了以往建构的主体、结构与形式，个体能够通过新的媒介技术获得更多可能。在这个过程中，始终不变的是人们对自我幸福的追求。相对透明的传播环境凸显个体和社会差异性，这需要个体在新技术、新工具的使用中不断调适自我与他者利益的平衡，也需要政府、商家尤其是广告公司的相关工作人员重新审视自我，在颠覆自我的基础上不断学习与创新，在社会、政治、经济、文化、技术等诸多方面的变革中进行深刻的互动与共情，对未知与未来保持敬意与尊重，以更为开阔的视野去理解时代和用户，在变革中寻找顺应广告业未来发展的方案。

第六章

重新部落化与社区治理

｜一｜

“重新部落化”*

——新媒介赋权下的数字乡村建设

师曾志　李　堃　仁增卓玛**

乡村是中国人情感所系，是孕育出灿烂中华文明的根基所在，也是我们急速迈向现代化，过上都市生活后仍然想要回望与安放乡愁之地。无论从宏观还是微观发展战略来看，中华民族的伟大复兴需要乡土中国的崛起与复兴，唯有曾经在城镇化建设中一度被忽视的乡村得以恢复，美丽中国才能呈现其完整画卷。为此，党的十九大报告将乡村振兴战略列为国家未来发展的七大战略之一，随后党和政府先后发布了《国家乡村振兴战略规划（2018－2022年）》《数字乡村发展战略纲要》（2019.5）等一系列重要文件，为乡村振兴、乡村重建提供了坚实的制度保障。现代信息技术的发展与普及为将乡村发展与振兴的顶层设计落到实处提供了历史性的绝佳机遇。新媒介赋权背景下，乡村社会获得了以“数字乡村”的业态重获新生的可能。数字乡村的题中之义不只是乡村经济和治理体系的简单数字化，它必然要包含乡村社会结构和社会关系的深刻调整与重构，由此引发在城乡政治、经济、社会和文化等深层结构中的巨大变革，激发出乡村振兴的内生动力，为实现电力时代加拿大学者马歇尔·麦克卢汉所洞见到的“重新部落化”提供可能。

1. 多元共同体：当下乡村振兴的基础

中国社会受悠久的农耕文明影响从而具有典型的乡土性。以自给自足为特征的自然经济，以血缘纽带为基础的治理结构和以孔孟之道为核心的

---

* 本部分原刊于《新闻与写作》2019年第9期。

** 师曾志，北京大学新闻与传播学院教授；李堃，北京大学新闻与传播学院博士研究生；仁增卓玛，北京大学新闻与传播学院博士研究生。

社会思想共同塑造了有浓郁中国特色的乡土文化。基于此文化，人们形成了较为固化的心理结构和行为模式，基于个体间的信任和情感是乡村社会重要的黏合剂，维系着社会的运行和发展。不同于现代社会，乡土社会是以一种“并无具体目的，只因在一起生长而发生的社会”[①]面貌出现的社会形态，这是一个“熟悉”的社会，从人与空间的关系上看，它具有相对的确定性；从人与人在空间的排列关系上看，生活在一个聚居社群里的人相对于外界而言是孤立和疏远的。在这种社会形态中，所处同一生活空间中的人们彼此是熟悉的，但各个不同聚居群体间是陌生的，这造成了一种既紧密又松散的形态。

改革开放以来，城乡人口的快速流动推动了城市经济发展和文明进步。然而，大量农民离开家园造成乡村空心化愈演愈烈。随着乡村的不断空心化和城市病的不断涌现，人们愈加意识到重建和振兴乡村的重要性和紧迫性。村落是乡土社会的单位，乡村中的有机团结、熟悉关系、信任机制、情感与道义关系恰恰是解决当下城市折叠问题的关键。作为维系乡土社会存在和发展的物质基础和空间载体，乡村不仅孕育着几千年中华文化的基因，也承载着数千年的社会记忆和道德伦理，这是中国社会生存和发展的根本。重塑多元共同体的乡村社区不仅符合几千年来隐含在乡土中国中的生成逻辑，也契合当下互联网时代数字乡村、美丽乡村建设的现实要求。

从20世纪初的乡建运动到当下的乡村振兴，几代中国人孜孜以求、身体力行践行着这一美好愿景。随着城市文明以及工业革命的发展，城乡流动、城乡二元化管理等一直都与国家民族命运以及现代化进程紧密结合。改革开放以来，以城乡统筹、城乡一体、产业互动、节约集约、生态宜居、和谐发展为基本特征的新型城镇化强调新型农村社区的协调发展，强调城乡权力结构和关系网络的变化——从传统行政管制下的乡村向社区转变，使不同背景的组织、人员与当地农民组成新的富有生机的社区共同体。

“共同体”概念最早由德国社会学家斐迪南·滕尼斯提出，在他看来，共同体是指“由自由意志占支配地位的联合体”[②]。在共同体中，人们基于

---

① 费孝通：《乡土中国》，〔美〕韩格理、王政译，外语教学与研究出版社，2012年，第6页。

② 〔德〕斐迪南·滕尼斯：《共同体与社会》，载冯钢编选《社会学基础文献选读》，浙江大学出版社，2008年，第179页。

共同的历史、传统、信仰、风俗及信任形成一种亲密无间、相互信任、默认一致的关系，边界感、认同感、安全感和凝聚力是共同体的基本要素和特征①。乡村具有天然的多元共同体属性，对中国人来说乡村更是意义非凡。

第一，乡村社区是一个生活共同体。就空间形态而言，乡村由一个个村落构成，村落是乡土社会和乡土文化的标志之一。在村落中，村民与其他组织、成员等共同享有特定范围内的资源，人们在该范围内共同生活并在长期生活中形成认同感与归属感，由此，村落不仅仅是一个基于特定实体范围的物理空间，更是一种生活共同体。作为一种共同体，村落社区既有地域的共同性，即人们聚居在这个共同地方已有的历史延续性，也有其社会经济与文化心理的共同性，即村民在生产生活与文化心理上有着密切的互动和联系，因而具有许许多多的共同之处②。尽管村落不断受城镇化和工业化的冲击，但其作为人们的生活共同体，为乡村社区结构的形成和转变提供了时空基础。

第二，乡村社区是一个功能共同体。共同体是一定的人群在特定的范围内，基于共同体验、情感和认同而形成的社会生活的基本单元。这种共同体不仅具有经济性，能够满足人们生存和发展的需求，而且能够满足人们的精神需求，作为特定人群的文化空间载体，乡村能够为人们提供安全感、认同感和归属感。当下乡村振兴要求乡村不仅要具有传统的经济功能和生活功能，更要具备社区功能，为多元主体参与乡村建设提供博弈合作的空间。

第三，乡村社区是一个治理共同体。从历史上来看，中国乡村共同体经历了地域家族共同体、政治共同体和利益共同体的发展阶段。在封建社会中，自给自足的小农经济在社会上占统治地位，此时人们为应对风险，往往以家庭为单位形成传统村落，这种共同体适应当时的生产方式，保证了乡土社会的稳定性。彼时村落的治理主要以家族为核心，同时还依靠自然经济、宗族力量、士绅系统、熟人社会、礼俗传统等实现自治。新中国成立后，原本依靠地缘和血缘建立起来的自然村落逐渐解体，以政府行政力量为主导的政治共同体逐渐形成，人们的日常活动与政治联系紧密，社

① 〔德〕斐迪南·滕尼斯：《共同体与社会》，载冯钢编选《社会学基础文献选读》，浙江大学出版社，2008 年，第 188 页。

② 陆益龙：《后乡土中国》，商务印书馆，2017 年。

会治理主要依靠行政权力和意识形态，血缘和地缘认同逐渐被政治认同代替。改革开放后，随着公社制度的瓦解、市场经济对集体资源的激活、人们观念的转变，经济利益成为维系和整合乡村的重要力量，经济理性成为乡村社会交往和团结的关键[①]。现代乡村社区，不同的主体共同参与乡村振兴与建设实践，治理的共同体呈现出多元异质性。

第四，乡村是文化的共同体。一方水土养一方人，基于不同的自然社会环境，各地逐渐形成了独具特色的风俗习惯、仪式规约。在这些文化中其内生的社会秩序与历史文化、宗教、宗族等的传承息息相关。乡村文化是乡民在几千年的农业生产、生活和社会交往中逐渐形成的道德、伦理规范、仪式习惯、宗教信仰、社会心理和行为方式等，它以身体力行、潜移默化的方式影响着生活在乡村中的人们，在不知不觉中体现着乡村人们的为人处世原则，它既是乡村生活的重要组成部分，也是人们的精神依托和诉求所在。不同于城市文化的复杂多变，乡村文化更多体现为朴素和稳定，它承载着人们长久以来的乡愁、乡情，以及人们对乡土和乡音的向往。

乡村社区多元共同体的特征使乡村对中国人情感来说意义重大。面对麦克卢汉所言的电力时代的“重新部落化”，乡村社区如何以数字化、信息化等技术为抓手，实现社会结构与权力关系的迭代重构，实现适应时代的“重新乡村化”，真正凸显乡村社区多元化共同体特征，是乡村振兴的题中之义。

2. 什么是数字技术时代乡村的“重新部落化”

按麦克卢汉所说，人类社会已经历了部落化、非部落化的发展阶段，当下正在经历重新部落化的过程，占据主导地位的媒介从口语、印刷媒介转向电子媒介。传统部落由空间、语言和地理位置决定，这一时期由于时空边界难以打破，交流和信息传递只能在特定的物理空间范围内进行，人们的感官觉知处于平衡的状态；文字和印刷技术的出现导致信息传播的时空局限被打破，文字、书籍使人们进入了一个以知识为中心的去部落化时代，理性、逻辑、单向性和阶层化的社会心理逐渐形成；电力媒介再次打

---

① 刘祖云、张诚：《重构乡村共同体：乡村振兴的现实路径》，《甘肃社会科学》2018 年第 4 期。

造了一个时空同步的世界，人们的观念正在发生结构性变化，这种变化恰恰是通过人们各种感官同步互动而实现的，人们重新回到了部落化时代的感官同步时代。个体的能动性被不断释放出来，传统的宏大叙事和权威叙事被打破，部落化的微小和个体叙事再次回归到重要位置。

不同于都市，乡村社会始终是一个情感有机共同体。共同体中“尽管有种种的分离，仍然保持着结合；在社会里，尽管有种种的结合，仍然保持着分离”。[①] 在数字时代，将乡村作为共同体，为其内种种分离的不同成员充分提供了彼此博弈、合作、共赢的平台，使曾经的乡村管理转向了社区式治理。构建和完善数字时代治理体系是乡村振兴的重要一环，也是最难突破的一环。从依靠乡绅治理、行政管理到法治约束，乡村治理体系关系着社会结构的稳定、社会关系的建立以及社会权力与各种资源的分配。

过去，乡村管理是垂直式的，缺乏双向反馈机制，共同体内部的各个主体之间未形成有机联结，结构单一。曾一度由于信息不透明和不公开，乡村社会中的政府、企业、社会组织和个体由于缺乏沟通便互相猜疑，这不仅增加了乡村治理成本，也增加了治理难度。信息技术的飞速发展与普及为改变此种状况提供了绝佳的机遇。互联网是信息传递的工具，更是沟通交往的媒介，是实现信息充分共享的天然桥梁。它加快推动了政策公开和信息透明，同时作为一种新的交流工具为不同主体间沟通对话提供了便捷的渠道。

在数字乡村建设现实中，2019 年 7 月国家发改委正式发文向全国推广第一轮全国特色小镇十大典型经验之一的安徽合肥三瓜公社小镇（以下简称三瓜公社）经验。在上级政府、村民、村委会与企业、社会组织、学者、专家等各方协同努力下，展开交流对话，推动各方了解与理解，充分调动了各方主体的积极性，当地建立了法治、德治、村民自治相结合的现代治理体系。在政府的推动下，企业成为数字乡村建设的引擎，源源不断地提供乡村振兴的动力，市场化不仅激活了当地农业经济，而且将传统村落外的土地、人和乡土文化再次联结起来，具有显著的“重新部落化”特征。

信息时代多元主体的治理体系不仅发挥了农民的自主性，也使个体与

① 〔德〕斐迪南·滕尼斯：《共同体与社会：纯粹社会学的基本概念》，林荣远译，商务印书馆，1999 年，第 95 页。

政府、企业在治理权力的博弈中实现了动态平衡。建设数字乡村需要将一元化的乡村治理转变为多元共治的社区式治理，为不同主体提供在乡村振兴中积极作为的空间；同时，不同主体本身也要深刻理解在历史长河中以及在当下数字化时代乡村基于中国人的意义，从而在互联网构筑的新环境中不断凸显传统乡村社区固有的多元共同体意义。

3. 数字乡村建设：乡村社会结构与关系的重构

数字乡村建设依托于以互联网为代表的数字技术的发展，这不仅是乡村治理的简单数字化，更涉及乡村振兴过程中的核心问题——社会结构与社会关系的重构。这种重构在颠覆传统权力分配的基础上，也给乡村发展带来了新的可能性。当不确定和不稳定性成为常态，传统乡村稳定不变的关系、结构和机制就需要进行新的调整并在多元主体的努力下，不断寻找新的平衡。乡村振兴也不再是单纯的政府行为，村民、村委会、学者、专家与企业、社会组织需要形成命运共同体，参与其中的个体的知觉、情感和信任将在其交流对话中发挥日益重要的作用。

如何理解以互联网为代表的新媒介在数字乡村建设中的作用直接关系到对数字乡村建设的理解以及数字乡村建设的方向。关于媒介对社会变革所起的重要作用，在麦克卢汉的“媒介即讯息”“媒介是活生生的漩涡”“后视镜思想”“鱼到了岸上才知道水的存在”等思想观点中已体现得淋漓尽致。新媒介是旧媒介的环境，环境是形式，形式则是社会结构和社会关系的权力运行机制所呈现的状态，而社会结构与社会关系则是权力运行机制的具体表现。所谓新旧媒介直接与社会结构与社会关系相关联，是指其运行最为关键的沟通、对话、传播中无处不在、无所不能的权力机制的变化。新媒介“只能是相对意义上的新”[①]，“任何时间节点上都有新媒介，或者更加准确地说都有比较新的媒介”[②]。新旧媒介不再以其呈现的形式、过去有无来界定，更重要的是以对变革社会的影响，以新旧社会关系以及其在社会结构中所处的位置来界定。

---

① 〔加〕罗伯特·洛根：《理解新媒介——延伸麦克卢汉》，何道宽译，复旦大学出版社，2012年，第11页。

② 〔加〕罗伯特·洛根：《理解新媒介——延伸麦克卢汉》，何道宽译，复旦大学出版社，2012年，第5页。

新媒介除了具有一般意义上的按时间顺序出现介质、渠道、工具等属性外，其总是处于变动之中的。在一定意义上，微小叙事取代了宏大叙事，传播系统机制中凸显交流对话中微小叙事的牵一发而动全身的力量，互动彰显出自我传播与人际传播、群体传播、大众传播共同的重要性，尤其是参与乡村建设的不同个体的认知与学习能力在交流互动中不仅决定其表达的深度，更重要的是决定了其行动的方向和具体改变的能力。因此，麦克卢汉相信“有了电力媒介以后，知识的学习与获取就成了人类的主要活动”，他将“电子媒介”替换为“新媒介”，认为“知识就是利用信息（语境化的数据）并达到目标的能力”①。

利用语境化的数据，乡村以数字化的形式实现着结构与关系的重构。“以时间换取空间，以空间换取时间”是三瓜公社在行动中总结的经验，这恰恰体现出新媒介在颠覆传统时空观念，为乡村振兴提供新思路、新生态的生动实践。数字乡村建设是在一个动态平衡中实现的过程。结构与权力的调整与重构是动态平衡、动态实现的过程，具有鲜明的过程性与阶段性，需要相关主体在产业、生态、文化和治理等方面合力推动，实现乡村数字化在横向和纵向上的不断发展。

4. 数字乡村形态：新媒介赋权与反赋权

新媒介连接了人与人之间的关系，也改变了社会关系和社会结构，其背后最根本的原因是社会权力、利益与资源等的变革。在传统社会结构中，组织代替个体行使权力，个体的自觉性和主动性被宏大叙事所掩盖。新媒介在改变人们的认知和思维方式、影响人们日常生活的同时，使去中心化和去组织化成为社会发展的常态。新媒介赋权指的是个体、群体、组织等通过互联网社会交往连接获取信息、表达思想，从而为其采取行动、带来改变提供可能。新媒介赋权是传播与权力博弈的过程，强调多元主体在传播中产生、实现或消解、丧失其统治与支配的能力②。个体的需要变得与组织的合理性甚至合法性同等重要，这就加强了权力、利益、资本、

---

① 〔加〕罗伯特·洛根：《理解新媒介——延伸麦克卢汉》，何道宽译，复旦大学出版社，2012 年，第 38～39 页。

② 师曾志、杨睿：《新媒介赋权下的情感话语实践与互联网治理——以“马航失联事件”引发的恐惧奇观为例》，《探索与争鸣》2015 年第 1 期。

资源、情感等的平衡处于反复争夺中的流动性与过程性，这正是新媒介赋权的同时存在着反赋权的事实。

新媒介赋权中反赋权的存在，其意义不仅仅在于新媒介赋权与反赋权的相互作用与形构，更重要的深意在于其能够达成理性与感性、理智与情感的统一。一方面，新媒介赋权中多元主体的相互连接、沟通和联动要求权力的公开和透明，强调权力的公信力；另一方面，其所形成的网络空间改变着人们的观念与意识，原本中心化、组织化的连接方式转变为基于知觉、情感和信任等的认同方式，在资本、权力、利益的不断再分配的背后实则与交流对话中的情感、信任、认同等密切相关。

个体和组织在新媒介赋权的基础上不断觉醒，参与到自治和社会发展中来，多元主体的权力博弈在不知不觉中解构与重构了传统的合法性，企业、社会组织和公民开始在国家与社会的协商对话中参与公共议题的讨论和公共事务。新媒介赋权的今天，社会关系以及社会结构中的权力关系发生了变化，过去处于边缘地位的组织和人，有了获得权力、权威、机会、资源的可能[①]。正如麦克卢汉所说，“在电速条件下，消费者变成生产者，因为公众成了参与式角色的游戏人”[②]。

重建乡村是几代中国人的梦想，过去乡村建设主要以政府为主，以行政力量推动乡村改革和发展，单一力量虽起到一定的作用，但很难激活乡村振兴的内生动力。依托信息技术而发展的数字乡村，不凸显某个单一的主体，而是在政府主动破题的前提下，调动村委会、企业、社会组织、农民、专家、学者共同参与，使不同权力主体在这一过程中各有定位，利用政府的信誉、企业的时效、村委会的动员能力、社会组织的公正性、农民自身的自觉性、学者专家的平台连接，保证“专业的人做专业的事”，在多元主体的共同参与、努力和技术加持下，共同促进数字乡村建设，在激活主体、激活生产要素和激活生活本身的基础上，激发乡村振兴的内生动力，打造可持续的乡村振兴模式。

在新媒介赋权下，数字乡村不仅仅是传统乡村的延伸，数字乡村的形

---

① 师曾志：《新媒介赋权视阈下的国家与社会关系》，《北大新闻与传播评论》2013 年第 12 期。

② 〔加〕罗伯特·洛根：《理解新媒介——延伸麦克卢汉》，何道宽译，复旦大学出版社，2012 年，第 37 页。

态表现为：一是城乡之间的有机流动，基于城乡发展法律制度政策是一方面，更多的是出于个体自主性的选择，这让数字乡村有了更多的灵变与活力；二是数字乡村是多方权力、利益、资本、文化、思想等博弈的结果，数字乡村体现出多样化的生态系统，不仅形式多样，更重要的是对原有城市与乡村概念的解构与重构；三是数字乡村是一个开放的概念，意味着其多元性与包容性，随着信息、支付、物流的日益便捷，个体的安定更多的是个体自我的选择，选择的标准将更为复杂与多样，其蕴藏的实质性改变是数字乡村去中心化、多中心化的特征愈加显著。数字乡村建设有着无限的想象力，以三瓜公社为例，数字乡村满足现代人对乡愁需求的同时，其从根本上已成为一种新的生活方式。在立足本地优势的同时，数字乡村也可能创造性地出现没有本地产业支撑的新的产业形态。

5. 数字乡村治理：善治与共治

数字乡村建设与发展是互联网对乡村社会结构与社会关系的迭代重构，由此绝不等同于扶贫；数字乡村综合发展可以达到扶贫的目的，但并不意味着可以用扶贫的思路和手段来进行数字乡村建设。在当下数字乡村建设实践中，通过新媒介赋权，在多元主体权力博弈和利益平衡的基础上，实现乡村振兴的良性循环和可持续发展是第一要义，这其中有共治，但更需要共治与善治结合。

善治强调多元主体围绕数字乡村建设发挥各自所长，合作共赢。在此过程中，政府起着最为根本的作用。政府不仅是政策的制定者和执行者、监督者，更是数字乡村建设的参与者、引导者。然而，这并不意味着政府是过去“大包大揽”式的政府，反而政府应深刻认识到新媒介环境中社会结构与权力关系重构的现实，在参与过程中做到“有所为有所不为”。土地产权是数字乡村建设中最为难解和敏感的问题之一，无论是宅基地使用权如何转变为建设用地、怎样让拆迁安置工作顺利进行，还是如何合理规划建设公共基础设施等，都牵动着各方主体的利益。政府要切实了解百姓需求，在这些难点和敏感问题中充分发挥权力者的优势，主动及时地对相关政策做出调整，为数字乡村建设扫清根本障碍。

村民是数字乡村建设的行动者。乡村振兴中最核心的人群是村民，只有调动村民的主动性和积极性，才能够实现多元主体的善治。乡村振兴要以村民为主体，保持在地化意识，尊重村民意见。“互联网 + 乡村”为乡村振兴提供了无限的可能性，但是也要求人才、创意、设计等的快速迭代以适应技术发展及目标客户需求。电子商务最大的优势就是实现线上线下的无缝连接，低成本、易复制的特点使人人都可以参与进来。数字乡村应激活村民的主体性，这样既能够使村民参与到乡村建设和治理中来，也能更好地落实政府的各项政策。

企业是数字乡村建设的引擎。市场化是发展的动力，它激活了小农经济，这也是“重新部落化”的显著特征之一。依托互联网传播，让乡村与城市联结并流动起来，在城市居民和村民的相互影响和渗透中，恰恰可以唤醒乡村具体的价值、意义与情感。企业以其资本与管理优势促进数字乡村建设形态的变化，满足人民对美好生活的向往，为人们过上有尊严的生活提供保障。通过商业为现实提供基础，吸引年轻人回乡创业，带动城乡之间信息、产品、人员的频繁流动，为乡土文化的保护与传承提供源源不断的新鲜血液。

在新媒介赋权下，数字乡村建设为人力、物力和智力的流通渠道的打通提供了新的可能，“外脑”成为数字乡村建设过程中非常重要的智力支撑。因而数字乡村建设需要通过与外界联系，建立专业的学术智囊平台，引入更多的学者、专家，在学中干、干中学，在乡村振兴过程中不断总结经验教训，积累与政府、企业、媒体、农民打交道的智慧，不断扩大具体乡建的存在与发展空间。作为数字乡村建设的先行者，三瓜公社从一开始就注重搭建学术平台，其中“半汤乡学院”致力于发展“有体温的现代乡学”，打造“互联网 + 三农”智囊基地，“半汤论坛”则是国内目前唯一一个依托乡村振兴实践基地，联合多部门、跨学科、跨行业而举办的乡村振兴主题论坛。三瓜公社通过智力支持平台与全国各地的市、县政府、单位、机构建立了多元、紧密的协商合作关系。

6. 数字乡村实现：生命传播与个体认知

数字乡村建设在关注技术的背景下，显示了政治、经济、文化等各种复杂权力结构相互博弈中个体交流对话的能力与水平，凸显出生命传播的意义。生命传播强调自我的觉知与觉醒，注重即时性传播的重要性，提出认知在感觉流动和交流对话中的不断形成与发展。认知是在事物的性质、形式、属性上展开的，由此，传播中凸显出时机和机缘的重要性，彰显出传播中表达、行动与改变的连续性，强调认知过程与创变过程的合二为一[①]。认知情境是动态变化的，更加强调感觉、情感、情绪的力量，这些力量也在不断改变着认知情境本身，由此，生命传播强调审时度势与择机而动的能力。

数字乡村发展强调一事一议，事事相连，要求人们提高对不确定事物的动态适应能力，传统思维中的建构模式和大规模推广模式显得不合时宜，这正是生命传播所强调的事物的生成过程对结果更为重要，要有把握时机、择机而动的认知与能力。数字化过程中一切都在变化之中，不稳定和不确定是常数。数字化乡村建设并不只有一种模式，共治与善治也并不只有一种路径，它受到大的社会环境的影响，也是一个多方利益博弈的过程，交流对话对事务进程起着关键的作用。

数字乡村建设与国家整体战略的发展相适应。在连接一切皆有可能的互联网时代，我们对国家与社会的关系应有新的认知。美国政治学家乔尔·S. 米格代尔是国家理论，尤其是国家-社会关系理论的代表性人物，他曾提出“社会中的国家”“国家-社会相互赋权”（mutual empowerment）“相互形构”（mutual transformation）等思想观点。互联网时代，国家与社会更是在流动中成为有机整体，国家法制政策强制性愈发重要的同时，个体认知、知觉、情感间的认同也是国家治理中需要强化的内容。

生命传播决定了数字乡村建设不仅仅是政府、企业、媒体、村委会、农民个体层面的问题，更揭示出乡建过程中多元主体间具体而微的复杂多变的交流对话的重要性。归根结底，它是对参与其中的所有个体认知与行动能力的考验，其利益的分配更由微妙、细小的具体而微的语境、情境中的矛盾与冲突所左右。在注重符合制度政策规定的同时，强调在制度政策落实中对传统、文化、仪式、乡风民俗等已有的社会行为准则等的差异化的承认与尊重，尤其需要警惕与预防的是长期以来人们所形成的对乡村落后、不开化等的标签性认知。数字乡村建设者自身的意识形态也将影响数字乡村的建设、发展与实现。

① 师曾志：《生命传播：自我·赋权·智慧》，北京大学出版社，2018 年，第 33 页。

7. 小结

数字乡村发展是一个各方结构、要素等长期博弈的过程，是在社会结构与社会关系变革基础上展开的，从“重新部落化”中探索，就是希望能先立其大，洞幽察微，以柔克刚，强调数字乡村发展的自我否定之否定的能力，认识感知能力得以恢复与不断动态平衡的可能性，重视数字技术作为一种新媒介赋予人们把握时机、随机应变、择机而动的能力。无处不在的观念与定见支配着我们，在天时地利人和的基础上观照城乡冲突与个体认知、思维方式密切相关，数字乡村发展不可逆转，唯有在基于个体生命底色的交流对话中、多元权力主体在不断沟通对话中通过共治实现善治，推动数字乡村的健康发展，才能让乡村更像乡村并传承乡土文化，在安放我们乡愁的同时，让数字乡村建设成为互信、共生社会秩序重构的有力支撑。

|二|

以社区治理与服务实现为目标的多元主体互动*

——生命传播视域下的社会组织与物业企业

师曾志　季　梵**

党的十八大以来，习近平总书记多次强调“人心是最大的政治”，为中国政治、经济、社会等的变革提供了根本依据。随后，党的十八届三中全会提出要“创新社会治理体制”，明确了社会组织在解决社会问题中的地位和力量，并陆续提出“三社联动”“群团改革”等意见，探索建立以社区为平台、社会组织为载体、社会工作专业人才为支撑的新型社区服务管理机制，坚持眼睛向下、面向基层，将力量配备、服务资源向基层倾斜，更好地适应基层和群众需要。从中可以看到，中国社会改革由不同部门主导，从各自工作的改革中将社会治理从政策宣传落实到了项目实践，从推动倡导具体到了问题解决，实现多重力量汇合在“人心是最大的政治”上。在新的传播技术环境下，应重新思考社会组织存在的价值，倡导与行动都需要落实到具体而微的日常生活中。由此，我们希望将社会组织的研究落实到社区治理中，社区治理中的多元主体在解决具体问题时无论组织的性质，首要的是以个体自我身份出现。那么，个体自我在新媒介赋权中究竟发生了怎样的变化；业主委员会在街道领导下与物业组织在解决具体问题中是如何沟通对话的；随着互联网技术、5G、人工智能等在国家与社会治理中逐步应用，“云社区”将打破物理社区的局限，这会如何影响社会组织在多元主体联动共治美好社会中的地位与作用等是本文将要回答的问题。

---

* 本部分原刊于《新视野》2020 年第 5 期。

** 师曾志，北京大学新闻与传播学院教授；季梵，北京大学新闻与传播学院博士研究生。

1. 社区治理中个体沟通对话的意义：生命传播与“能时代”的到来

在传播技术迭代、加速发展的当下，组织与组织、人与组织、人与人、人与自我等的交流对话愈来愈彰显生命有机联系与个体重归自我的能力。各种现实问题的及时解决是社区治理与服务的核心，也是社区情感共同体的基本共识。多种身份的个体组成了多元主体，并参与到社区治理中。围绕需要解决的问题本身，在政策、资源、资金等支持下，如何在短时间内解决问题成为社区治理与服务的关键所在。这需要在大问题中找到环环相扣的不可忽略的小问题。只有在小问题被一个个突破的基础上，才能最终解决大问题。在这个意义上，批判和解决问题的思路、做法的差异性凸显了多元主体中个体自我交流对话的重要性。

“能时代”是高科技驱动下形成的以问题解决为目的的社会导向，它连接信任基础，强调个体的感知、认知、情感以及行动的能力，其最终指向是人类美好生活的实现。“能时代”到来的提出，其出发点并不仅仅是批判，更是传播技术对社会问题的解决。也正是因为“能时代”给个体自我认知与思维方式带来深刻改变才衍生出“生命传播”的思想。生命传播关切的是人类交流互动形式、方式运行的机制，关注交流互动中生命的自我背弃与背叛，揭示生命生生不息背后各种复杂力量的博弈，强调跨媒介叙事中对概念、意义的不断延展与反思及其释放的遮蔽其后的感觉、情感、知觉、意念、体验等的潜能、张力。所有这些信息在交互中的不断生成与变化影响人的态度、行为，使人在复杂多变的时代重视自我的觉知、内省的力量并有所作为[①]。生命传播关注情感、感觉、知觉维度下个体的感知与体验对个体行为的影响，以实现为目标，在是什么、为什么的问题上强调如何做、如何能的问题，并成为人际、群体、组织、媒体乃至社会传播的基础。

生命传播将互联网世界与现实世界理解为一个有机共同体。在生命传播视阈下，我们需要面对一个个有差异的个体以及具体不同的问题，社区治理与服务的关键是在微小叙事中切实解决问题，而不仅仅是在宏大叙事上的启蒙与解放。微小叙事强调的是个体在身体、语言、言语等方面的沟

---

① 师曾志：《生命传播：自我·赋权·智慧》，北京大学出版社，2018 年。

通交流能力。互联网无处不传播的今天，印证了利奥塔尔所说的“‘自我’是微不足道的，但它并不孤立，它处在比过去任何时候都更复杂、更多变的关系网中”①。

马克思提出人的本质是“一切社会关系的总和”，人类生活在一个与自然界积极交互的关系之中，技术和文化是这种交互关系的结果和表现，无法独立征服自然的个人更无法独立地获得自由。生命传播强调个体在和外部世界的快速沟通与感知中深化对自我精神的认知，在自反性的作用下调整行动，形成实践与反思的联动，并在沟通与表达中体现与实现。个体在组织内部地位与作用的提升，带来的是作为多种传播类型基础的生命传播的价值提升，生命传播中个体刹那间的情绪体验与知觉改变对人际传播、群体传播、社会传播乃至组织传播产生了愈发关键甚至是突变的作用。

“能时代”的到来与生命传播的存在要求社区基层治理关注个体的能动性，也要求关注个体的自我经验、情感、觉知、体认、洞察作用下的生命底色，及其聚合而成的社区底色。目前，社区治理研究多集中在“多中心治理理论”“新公共管理理论”等，它们都已关注到多元社区主体之间的共同协作问题，认为我国城市社区“一核多元”的治理结构之下需强调居民参与的重要性，但“有限授权”的治理模式使我国的社区建设始终维持着自上而下的推进方式，形成行政本位的“外生性自治”状态，缺乏内生性的发展动力②。而即便是“内生性自治”模式中，学者们也多认为业主委员会领导下的“强人治理”模式才是行之有效的途径。导致社区治理困境的主要原因是社会主要群体不在场，即职业群体的主要生活在职场而非社区，因而缺乏关心社区发展的时间与意愿③，造成社区居民的归属感不强、参与积极性不高，业委会整合能力欠缺进而导致内部结构失衡④。

---

① 〔法〕让－弗朗索瓦·利奥塔尔：《后现代状态：关于知识的报告》，车槿山译，南京大学出版社，2011 年。

② 付诚、王一：《新公共管理视角下的社区社会管理创新研究》，《社会科学战线》2011 年第 11 期。

③ 刘少杰：《新形势下中国城市社区建设的边缘化问题》，《甘肃社会科学》2009 年第 1 期。

④ 郑杭生、黄家亮：《论我国社区治理的双重困境与创新之维——基于北京市社区管理体制改革实践的分析》，《东岳论丛》2012 年第 1 期；孟伟：《建构公民政治：业主集体行动策略及其逻辑——以深圳市宝安区滢水山庄业主维权行动为例》，《华中师范大学学报》（人文社会科学版）2005 年第 3 期；吴晓林：《中国城市社区建设研究述评（2000—2010 年）——以 CSSCI 检索论文为主要研究对象》，《公共管理学报》2012 年第 1 期。

这些研究成果说明了当前社区治理中的一些问题，其不足在于停留在传统社区研究的思路上，没有详细考察多元主体个体间交流互动对社区治理的意义。数字化时代，技术的发展变革着人与人之间的关系，即便是完全陌生的独立个体间的关系纽带也得以不断重建，个体间联结变得便捷易行，数字媒介平台中的频繁交往互动增强着居民间交往和互助的意愿，提升着居民间的互相感知与情感共鸣。

2. 个体与社区共同体交流沟通的双重实现

社区基层治理的参与主体既包括各类共同体也包括能动的个体。社区共同体一方面是个体基于共同制度、共同动机等主观或被动因素形成的相互联系状态；一方面也是个体基于社区建设和发展等共同目的建立起的交融共处状态。“公共意愿”既非“权威意愿”，也非“群体意愿”的简单集合。个体的能动性为社区共同体的多样化提供了可能，也要求社区服务与治理必须向满足个体认同的本源回归，在从权威性的话语体系转变为多元性的话语体系的过程中，需要意识到个体话语中蕴含的个体权力的作用，并在此基础上构建社区共同体共识。

（1）社区底色的形成

社区治理全过程中的行动者、参与者、旁观者都无法跳脱社会学中的人的范畴，这也就意味着必须理解社会的人、历史的人这对双重意蕴。城市社区大多具有人为设置的地理界线，物理空间上较强的排他性使社区居民具有更加明晰的共同产权边界，对安全性、隐私性和财产保值等问题的关注点具有天然的相似之处，也更易找到与自己境遇相近的个体，形成一定的社会关系连接。研究社区治理过程中的个体行为，必须了解其社会关系，认识其社会关系对其生命底色的影响，进而探求个体生命底色和个体行为间的相互作用。历史的人，指的是在面对社区治理过程中的个体困扰时，需要在一定的时间跨度下进行研究，从环境中的个人困扰中提炼出社会结构中的公众论题，尽管“在人类历史的大部分时期，历史的变迁在卷入历史的个体身上并不浅显易见，甚至在那些实践历史的人身上也不多见”[①]，但现实的即时变化性与特定趋势下的普遍性，让现实与历史具有了

① 〔美〕C. 赖特·米尔斯：《权力精英》，李子雯译，南京大学出版社，2004年。

一定的相关性。

社区的底色正是在参与社区治理的个体的两重属性合力下，拥有了区域和结构的双向作用因素。在我国城市社区发展与建设的过程中，福利分房制度、货币化改革、城市化建设等相关政策的变动形成了单元楼社区、商品房社区、村改居社区等不同社区类型，各类型社区间在产权归属、物业管理服务、治理模式、社会形态等方面在一定程度上都存在相异之处，社区居民的人员分层及流动情况也有所差别。尤其是随着住房商品化改革和房地产市场的繁荣，房屋完成了由居住空间向不动产的本质性转变，资产保值或增值成为居民参与社区治理的重要动因，社区结构性底色对社区治理的影响日趋显著。社区的底色改变了社区管理模式在基层的传播方式，并进一步作用于社区管理模式的效用发生机制，制度和体系的相似表面之下，涌动着各异的鲜活阐释与灵活变通。

（2）从“强制的同质化”走向“被启蒙的多样化”

在现代技术的作用下，一方面，当社区共同体较大之时，随着共同体人员数量的增加，网络让个体在降低表达成本、快速寻求意见同盟的同时，不再会显著增加参与和交流成本，这就为借助强制手段建设高度同质化社会以减少冲突与分歧的观念带来了巨大挑战；另一方面，城市社区共同体的连接并不完全等同于传统乡村式人际关系，不再以封建的、宗法的、行会的内容为纽带的邻里关系给了城市居民护卫基本隐私的自由。

当技术消减了个体参与交流的成本以及表达不同意见的成本，尤其是在“能时代”的背景下，被启蒙的多样化的个体与社区共同体使“强制的同质化”愈发难以达成所期待的治理效果。在互联网时代万物皆媒的当下，情感传播的重要性得以凸显，传统叙事中可交流的信息在逐渐褪色，不可交流的信息叙事逐渐兴起。通过动员、说服以实现群体意志最大可能共识的模式在互联网时代甚至有可能引发负面效应，恰恰是嬉笑怒骂间的情感互动反而更可能实现由情感传播构成的反规训的网络景观，将理性的群体意志赋予叙述性的合法性，让群体间更有意愿将长久性的公益置于短暂性的个益之上。

个体的生命底色描绘着社区底色，社区底色也同样作用于个体的生命底色的形成。社区共同体，正如黑格尔论及的如家庭、市民社会、制度等社会条件一样，不是个人自我实现的限制，而是个人自我实现的条件，受制于历史、经济和社会的主体自我，参与共同体生活都可能面临“自我异化”，在对自我主体性价值充分肯定的前提下，也要对自我的理性有限、理性不及和理性无知保持清醒认识，遵循主体自我的社会化，在参与交往的社会实践中习得伦理，这是构成共同体共识的自我哲学基础①。个体自我实现成为参与社区共同体建设的动因，个体只有在共同体中才能作为，个体的能力也只有在共同体中才能体现。个体自我实现的意愿提升了个体参与社区治理与服务的意愿，为解决共同体的追求与“共同体困境”提供了有效途径；在协同实现社区共识与目标的过程中，个体通过参与共同体内的交往互动，对自我的行为进行审视、反思，保证了个人自由，促进了个人的自我实现。个体的主观积极行动形成了自我与共同体的相互促进、共同成长，帮助个体实现自我反思的平衡能力的提升，进而促进共同体共识的生成。

3. 社会组织与物业企业：个体与社区共同体的对话

社区内多样化的个体与城市中多样化的社区对城市社区治理与服务提出了新的要求，作为城市社会治理的基本单元，城市社区的治理与服务机构的改革也成为完善国家治理体系和提高治理能力的重要组成部分。如果说个体“能时代”的到来反映的是基层治理与服务中物业企业日益成为自下而上的服务与沟通中的重要角色，成为个体参与的重要桥梁之一，那么，在社会沟通中政府对个体情感共识度和关系认同感的重视则体现了物业企业作为自上而下的市场力量让社会组织参与社区治理的专业性，物业企业使社会组织作为重要的社区治理力量走进社区。除了党委和居委会外，市场主体越来越深入社区改革中，企业逐渐成为小区的重要治理和服务主体，并与社会组织一起协同促进社区多元善治。

(1) 作为社区底色外显者的社会组织

我国基层社会治理模式经历了从“单位制”到“社区制”的变迁，其本质是城市治理结构从全能空间向合作空间的转换，同时也是国家与社会

① 陈毅：《“自我实现伦理”：达成共同体共识所依赖的自我哲学基础》，《江苏行政学院学报》2019 年第 6 期。

关系的重新组合[①]。在现代社会，政府、企业与社会组织一起构成了三大组织体系，他们构成了社会管理的三大支柱，彼此联系，相互配合[②]。社区共同体是一种区域概念，社区社会组织是一种组织概念。社区社会组织，既包括产生于社区外部的外生型社会组织，也包括通过社区居民自我组织和管理而形成的内生型社会组织。前者多数以具备某一方面专业知识的社会工作者、专业技能人员等构成，以提供专业服务为任务，多数以政府购买公共服务的方式参与城市社区治理[③]。后者主要由社区居民依据共同兴趣、意志、利益、志向、愿望自发组建，包括社区内的业主委员会、社区文体团体、福利组织等，近几年兴起的社区线上团购等组织也是其中一类。

指向社区多元力量融合“善治”变革的种种政策，是政府持续推进“以人民为中心”，打造“共建共治共享”社会治理格局的重要保障，也是社区权力结构与关系网络重塑的体现。然而在具体实践过程中，内生型社会组织饱受行政化的诟病，外生型社会组织形式不够丰富且过于迎合基层政府等公权力部门的需求而非居民需求。因此，如何有效将社区中既有的多元主体资源挖掘、转化为社区治理的能动性资源，改善社区仅作为服务平台而带来的社区居委会或社区居民角色缺位问题[④]，构建真正互联、互动、互补的城市社区联动治理格局，需要在沟通和对话方式上做出改变。

关注个体生命底色，激发个体参与意愿，是促进内生型社会组织机构扁平化的主要着力点。个体在表达、行动中自身的话语权及与之结合的现实权利得以展现，并逐渐取代以策略、动员而取得共识的强人治理模式。在各类官方或非官方的数字化沟通平台上，社区居住主体间的个性化、多样化、差异化需求和意见表达在数字化时代得以高效率地传达并凝聚共识，推动社区内生力量得以精准地挖掘、培育、运用。单一的维权事件、

① 侣传振：《从单位制到社区制：国家与社会治理空间的转换》，《北京科技大学学报》（社会科学版）2007 年第 3 期。

② 陈洪涛、王名：《社会组织在建设城市社区服务体系中的作用——基于居民参与型社区社会组织的视角》，《行政论坛》2009 年第 1 期。

③ 张文龙：《城市社区治理模式选择：谁的治理，何种法治化？——基于深圳南山社区治理创新的考察》，《河北法学》2018 年第 9 期。

④ 姜振华：《社区协同治理视野中的“三社联动”：生成路径与互构性关系——基于北京市将台地区的探索》，《首都师范大学学报》（社会科学版）2019 年第 2 期。

某一具体文体活动类别、某类社区团购物品等主题都是形成或大或小的内生型社会组织的契机，在促使内生型社会组织数量不断增加的同时，内生型社会组织发起者和参与者的数量也在大幅增加。传统业主委员会强人模式下社区内部“一言堂”的情形在移动互联技术日益发达的当下愈发容易被瓦解。

重视社区底色，从社区实际需求切入，是培育和引入外生型社会组织的基本出发点。只有认识到社区底色的存在，在引入社会组织时才会更加考虑资源、服务、需求的精准匹配，并借助各类居民交流平台即时性地对社区所需社会组织的服务进行收集、调整、推动。而一些基于群团组织专项项目发展而成的综合性社会组织，因为承接了社区服务中心项目，对社区底色适配度更高，通过将原有的“街道—社区工作站”行政隶属模式变为“街道—社区服务中心”的政社共治关系，有利于促进政府职能转移的落地，从而为社区居民提供专业性的多样化社会服务①。

通过社区共同体内个体间多元化的、扁平化的交往互动，个体能动性开始凸显，社区底色的多样化得以体现。内生型社会组织的类型、数量、结构都会因社区不同而有所变化，外生型社会组织的引入条件也会随着社区不同而不断调整。社区底色成为参与社区治理的各类社会组织的主要影响因素，各类社会组织的存在也使不同的社区底色显露出来。

（2）作为社会组织沟通者和引入者的物业企业

在城市基层中，每个社区一般都下辖几个小区，总的来看可以分为两类，即老旧小区和商品住宅小区。在商品住宅小区的治理模式上，社区党委、居委会与居民业主联系较少，物业企业始终作为“最后一公里”而具有不可替代的作用。而在老旧小区中，政府也愈发意识到物业企业的“稳定器”与“减压阀”作用，提出实施综合改造老旧小区物业管理长效机制，通过业主缴费与政府扶持相结合，推行门岗执勤、清扫保洁、车辆管理等专业化物业管理，将物业服务作为政府购买服务的一项内容。政府要实现对社区的治理，必须充分发挥物业企业的作用，推动企业治理社区、服务社区，确保“到位不越位、监督不对立、合作不替代”。物业企业在

① 徐选国、徐永祥：《基层社会治理中的“三社联动”：内涵、机制及其实践逻辑——基于深圳市H社区的探索》，《社会科学》2016年第7期。

服务过程中协同实现基层社区治理，成为社区自治主体、社工以及各类社会组织联动的关键环节。

在居民的日常生活当中，物业承担了极大的沟通协调职责，也是许多活动的主办者和协办者。由于基层政府机构设置、工作框架所限，加之以商品房小区为主的部分社区的封闭式管理等原因，基层组织社区传播与沟通中存在一定的断层现象：许多居民言谈间对国际局势高谈阔论，却不知所在社区的居委会主任姓甚名谁；居委会认为年轻居民不关心社区事务，而年轻人却在自发组建的网络平台中对社区事务讨论得热火朝天①。居民和居委会间的疏远与隔离既说明社区政务透明度、公开度有待提升，也说明作为治理主体的社区组织和居民之间缺乏有效沟通。物业与居民日常的、大量的、琐碎的接触与沟通等“微小的行为”看起来琐碎，却恰恰是构成居民和物业包括其他小区组织间信任的支撑点，是各个主体间良好沟通的坚实基础，为小区内部多种活动的开展提供了重要助力，是基层政府了解居民、组织居民、管理居民、引领居民的重要抓手，也是形成“社区—楼栋—楼门”社区网格体系的重要补充。构建社区共同体，需要物业企业激发内生型社会组织活力，适宜地利用政府引入的外生型社会组织，并在物业企业与社会组织合力的基础上实现社区多元治理主体间的良性互动，提升个体能动性，参与社区共同体建设，实现社区有效治理。

内生型社会组织与物业企业构成了监督与被监督、相互协助、互为补充的关系。业主委员会的自治权源自业主的物权，有别于源自政府对基层社会管理的需求而形成的具有政治属性的居民委员会，属于经济性自治组织，是居民参与社区日常事务及重要决策的主要途径之一，物业企业既可与业委会加强沟通，充分引导其发挥能动性，同时也可在业委会“缺位”时发挥“治理枢纽”作用，助推构建社区党组织领导、居委会指导、业委会自治、物业公司服务的社区治理体系。移动互联网平台多中心、扁平化的传播特点带来传播主体间关系和地位的转变，社区秩序构建也呈现多元主体参与的特点，借助社交网络在居民与物业企业间形成的多中心格局实质上对传统业主委员会的“代议式”组织结构形成了话语权力的挑战，也是促使业委会充分发挥自治作用的压力所在。其他社会组织虽然不是居民

---

① 陈福平、李荣誉：《见“微”知著：社区治理中的新媒体》，《社会学研究》2019 年第 3 期。

参与社区治理的平台，却构成了居民日常生活交往互动的重要平台。通过为居民自发成立的内生型社会组织提供场地、资源等多样化支持，开展丰富活动搭建平台培育内生型社会组织，物业企业成为内生型社会组织活力提升的关键环节，提升个体参与良好社区共同体营造的意愿，通过积累居民间的信任感和责任感，帮助居民成为对自己和彼此负责的、具有能动性的、积极的个体。

外生型社会组织与物业企业构成了协助与支持的关系。除了政府购买模式，物业企业可以借势抓资源，实现服务和治理能力双效提升。在群团工作社会化和政府购买服务的模式下，社会组织承担了政府转移出来的部分社会治理服务职能，群团组织通过购买服务的方式将部分职工服务类、青少年服务类、妇女服务类事物通过委托、承包、采购方式交给专业社会组织，在劳动就业、帮困救助、化解矛盾、家庭服务等领域发挥社会组织专业所长。物业企业由于在服务过程中较多地了解了居民的需求，因而有能力助力外生型社会组织充分发挥专业服务能力，实现社区专业化、精细化、定制化治理。

(3) 多元共治中的“物理社区”与“云社区”沟通

物业企业在城市社区中发挥起愈发重要的桥梁作用，成为连接基本无血缘关系，仅以地理位置、产权关系为联结纽带的城市社区居民间的重要环节。技术作为新的联结方式，与物业企业之间存在的并非互补，而是递进关系。智慧社区的发展将社区区分为物理社区和云社区。数字化时代的人类同时在一个数字化的空间内生存，传统以“刚性边界”“静态社会”为基本逻辑的物理社区制度体系和治理理念已无法充分适应“大流动时代”的社会结构特征和社会价值基础[①]。“人地分离”的社会现实促使社区的治理与服务向云社区维度转移，住宅从“居住属性”向“资产属性”的变化也使同一个体可能同时存在于多个“云社区”空间里，以个人财产保值增值等目的为动力参与多个“云社区”的事务，以技术为工具真正可能为自我赋予多个公共生活角色。

物理社区与云社区一方面有赖于各级政府部门对各项网络技术设置的部署与推进，另一方面物业在技术使用与业主维护上更需要发挥主动能动

① 邱泽奇：《智慧生活的个体代价与技术治理的社会选择》，《探索与争鸣》2018 年第 5 期。

性。自2013年7月万科推出第一个社区App“万科新街坊”以来，万科、首开、彩生活、龙湖、绿城等众多企业参与到线上物业服务平台的构建中，对物业服务、公告通知、周边商铺、社区活动、社区团体等信息进行整合。同时，政府也在建立社区内的沟通和反馈平台，为居民提供线上的重要事项表决、报修、物业评价、收支报告、物业费和水电费缴纳等渠道。智慧社区一是把业主与业主联系起来，二是把业主和政府联系起来，联动多方资源，培育社区共同体。物业企业以技术为手段，可以更好地实现人与人之间、多元主体之间的互动连接，也因为技术手段的存在，实现了社区治理与国家治理的贯通，使社区治理切实成为国家治理体系的重要组成部分。

技术手段打破了时空壁垒，挖掘了社区潜在的治理资源和优势，为社区居民赋予了突破时空距离而参与社区公共事务的权利，降低了居民参与社区活动的成本，这种成本既包括时间和空间的成本，也包含了精力、能力、资源的成本。个体的参与既需要沟通的“大道”也需要可以休憩的“树荫”，技术在丰富个体参与形式的同时也为个体提供了灵活控制自身投入程度的方式。在云社区空间中，居民参与的活动数量得以增加，活动参与不再是割裂的、逐项完成的，而是存在多活动并行参与的状态。面对持续时间较长、所需精力较多、所需资源较多的活动，沟通者的视而不见、听而不明实则也是一种沟通策略，居民可以只在自己想参与的时间内选择一部分参与。脱离了血缘关系的邻里关系给了城市居民护卫基本隐私的自由，可以避免不必要的纠缠和因必须担负的责任导致的连锁效应。

4. 结语

基于“人心是最大的政治”的思想理念，中国实际上进行着一场真正的自上而下与自下而上权力结构相结合的改革实践，政府职能也在逐步转移到不断满足人民对美好生活的向往上。在此大背景下，社区是城市的空间单元，是居民居住的场所和生活圈所在。尤其是近年来出现了愈来愈多的市场化主导下的住房社区，在某种意义上这类社区也在重新定义着人们日常生活的方式。事实上，社区治理成为了社会多元主体联动共治的一个具有代表性的缩影，由此，物业企业、社会组织应为社区提供专业的、切实解决实际问题的制度与服务，并从服务到治理逐步深入拓展功能定位的过程中，与业主进行良好的沟通并建立起深刻联系与信任。这种信任为进一步的沟通对话降低了成本，并有效转化为治理所需的情感维系，共同推进社区多元主体的协同合作，实现社区建设资源整合，构建基于地缘的精神与情感共同体。需要注意的是，社区服务中个体利益让渡来源于对个体隐私的尊重，越来越多的“云社区”的出现，得以将个人隐私隐匿，传播技术使共同体团结的形成减少了对个体私人空间的入侵，个体参与社区治理的成本也在不断降低。这对社会组织与物业企业改进传统的管理与服务、高度关注与重视各项技术的应用提出了新的要求。

| 三 |

智慧社区发展的未来趋势：从设计本位到生活本位*

王　迪**

随着信息化技术的快速发展，传统城市向智慧城市转变的过程在逐渐加快①，城市社区的组织方式和治理结构也在发生显著的变化。在这样的变化中，基于大数据、云计算、智能终端、物联网、移动互联网等新一代信息技术的智慧社区，正在以新的形态和模式，试图实现对城市社区党建、人口管理、公共活动、商业运营、家居生活等要素的数字化、网络化、智能化、互动化和协同化的服务与治理。②

发展智慧社区具有显著而重大的意义。从国家战略角度来讲，“互联网+”与社区治理的结合，是对党的十九大报告提出的通过互联网、大数据、人工智能等技术创新对“网络强国、数字中国、智慧社会提供有力支撑”的积极回应，也有利于以基层社区的信息化、科学化、精准化治理来推进国家治理体系和治理能力的现代化。从具体实践角度来看，对传统社区运转模式进行创新与转型升级，以新理念、新技术、新模式发展社区服务平台，有助于提升基层政府治理能力，破解目前我国社区治理中存在的行政化、结构不合理、交互性差、智能化程度低等难题，完善社会公共服务功能，提高社区治理效率和城市居民生活品质，为社会发展提供强劲的

---

* 本部分原刊于《福建论坛·人文社会科学版》2020年第8期，《人大复印报刊资料》全文转载。文责由作者本人承担。

** 王迪，北京大学社会学系副教授，主要研究方向为城市社会学、社会变迁与技术治理。

① Castells M. *The Informational City*. Oxford：Blackwell，1989：P. 104.

② 李琼、杨洁、詹夏情：《智慧社区项目建设的社会稳定风险评估——基于Bow-tie和贝叶斯模型的实证分析》，《上海行政学院学报》2019年第5期。

推动力①。

1. 技术、制度与社会：现有解释路径及其问题呈现

智慧社区在全国范围内迅速铺开的同时也呈现出一系列问题，如城乡差距、数据垄断、信息泛滥、网络安全、技术依赖、智能低效、监管缺失等问题和风险②；一味扩大和泛化智慧社区的作用，试图一蹴而就地解决各类社区矛盾；政府与市场权责不明、推进手段单一、模式僵化、盲目跟风、建设趋同、丧失区域特色、远离社区实际等③。近年来，学界对这些问题做出了卓有成效的研究与反思，形成了“技术落后论”“制度掣肘论”和“社会脱节论”三种解释路径。

“技术落后论”将智慧社区发展不充分的现状归咎于技术原因，认为智慧社区作为“无线城市—数字城市—智能城市”整体演进的一个部分，是“新一轮信息技术变革和知识经济进一步发展的产物”④，对社区软硬件配套要求高、建设周期长、涉及范围广，需要专业人才支持、加强技术创新并投入大量资金⑤。而我国的信息技术发展尚难言成熟，在提升智慧社区整体水平方面能力有限。这种观点具有部分解释力，但应看到的是，智慧社区所需技术的现状并非绝对匮乏，而是在地区之间、城市之间、社区类型之间存在结构性差异和不均衡；而即便是技术相对领先的北京、上海、深圳等地，依然在不同程度上存在智慧社区的发展困境⑥，其原因并不能简单归结为“技术落后”。

---

① 参见赵联飞《“互联网+”时代下社会治理的若干问题》，《社会治理》2015年第3期；陈跃华《加快智慧社区建设，破解社区治理难题》，《人民论坛》2019年第2期等相关研究。

② 陈荣卓、刘亚楠：《城市社区治理信息化的技术偏好与适应性变革——基于“第三批全国社区治理与服务创新实验区”的多案例分析》，《社会主义研究》2019年第4期。

③ 胡佳艳：《智慧城市研究进展与展望》，《科技管理研究》2014年第17期。

④ 赵四东、欧阳东、钟源：《智慧城市发展对城市规划的影响述评》，《规划师》2013年第2期。

⑤ 张洪东、郭云鹏：《“互联网+社区”背景下城市社区公共服务供给模式探析》，《传播力研究》2019年第12期。

⑥ 比如，上海的信息化发展水平与先进国家和地区的平均水平保持同步，但依然存在“资源开发不够、智慧应用不足、信息资源共享和部门协调有待加强”等问题。参见《上海智慧城市建设发展报告（2015年）——智慧社区的建设与发展》，上海社会科学院出版社，2015年，第33、94~96页。北京的情况与上海相似，参见梁丽等《智慧社区与智慧北京——北京市智慧社区实践与探索》，中国社会科学出版社，2019年，第85~90页。

“制度掣肘论”主要指出两方面的问题：一是“顶层设计缺位”，系统规划和整体安排不够完善，缺乏统一标准，相关法律法规不健全，滞后于信息化进程——当然，随着中央与地方相关文件和配套措施的陆续出台，“顶层设计”的问题正在逐步得到缓解[①]；二是“协调整合不畅”，政府各部门之间、政府部门与企业组织之间缺乏相互配合与统一平台，或参与不足，或各行其是，或业务分割，或管理重叠，从而造成实施过程碎片化，有若干零散甚至重复的“智慧项目”而无整体“智慧社区”的状况制约了社区的治理水平和运行效率[②]。实际上，“难以形成合力”的问题在传统社区治理中即已存在，政府部门、企业组织和社会机构各有目标和运行逻辑，各方如何达致共识并有效开展制度化合作，需要找到一个共同落脚点。

“社会脱节论”则指出技术理念与居民群体之间“双盲”的问题，也就是说，智慧社区所提供的技术支持和公共服务具有供给错位、与需求不匹配的倾向，而社区居民对智慧社区的服务功能认知度不高，大多“不清楚”“不了解”“无所谓”“不会用”。[③] 针对这样的情况，一类观点认为问题症结在于社区缺乏专业人才、居民缺乏智慧素养和使用能力，应该强调“人的智慧化”，培育“智慧社工”，提升居民对智慧社区的参与意愿等，却缺乏对技术本身及其实践路径的反思；另一类观点虽倡导在社区服务“智能化”中强化居民需求导向，却鲜少从根源上解释为何当下的智慧社区缺乏“居民意识”，更未能具体说明如何转变思路、改变做法、使服务供给与居民需求相匹配，这类倡导也就显得相对空洞[④]。

回顾既有研究及其中存在的局限性，本文提出并试图回答以下问题。

---

① 比如2017年6月，《中共中央、国务院关于加强和完善城乡社区治理的意见》明确指出要“实施‘互联网+社区’行动计划，加快互联网与社区治理和服务体系的深度融合”，并在平台和内容等方面给出了引导方向。运用社区论坛、微博、微信、移动客户端等新媒体，引导社区居民密切日常交往、参与公共事务、开展协商活动、组织邻里互助，探索网络化社区治理和服务新模式。

② 黄宇、黄蕾：《智慧社区建设与治理相关问题及对策研究——基于国内72篇核心期刊论文的统计分析》，《中国管理信息化》2018年第23期。

③ 张洪东、郭云鹏：《“互联网+社区”背景下城市社区公共服务供给模式探析》，《传播力研究》2019年第12期；王毅：《城市居民对智慧城市认知的实证分析——以山东省泰安市为例》，《山东农业大学学报》（社会科学版）2018年第3期。

④ 张鹏：《智慧社区公共服务治理模式、发展阻碍及整体性治理策略》，《江淮论坛》2017年第4期。

在技术已经取得一定进步的情况下，我国智慧社区发展的相对滞后与阶段性困境是缘何形成的？智慧社区的未来发展如何能够让政府、企业、社会组织在共同的方向上形成合力？又应以怎样的具体方式贴合实际需要和居民需求？——这不仅是智慧社区发展所面临的问题，也是城市社区应该如何营造的一般性问题，更是我国在社会治理体系和治理能力现代化的道路上亟待思考和解决的问题。

2. 设计本位的源流与智慧社区的隐患

如果将智慧社区的发展问题置于城市变迁的总体脉络中来看，会发现在相当长的历史时期和较为广泛的文化传统当中，城市规划与管理的制度模式之选择权并不在市民群体手中[①]；作为城市的细胞，社区（或者说历史上类似于“社区”的居住聚集区）的运行逻辑与日常生活相分离的现象也便不足为奇。比如中国古代城市一直与中央集权国家的意志紧密地联系在一起，城市从属于国家，是最高权力的象征和统治工具[②]，城市样态主要由政治制度和等级秩序建构，城市社区的空间安排和组织形式亦以服务国家为最终目标——这可以看作国家对于社区的“管理型设计”（或称“统治型设计”）。随着近代的科学发展和城市建设相关专业的进步，规划师、设计师、建筑师开始以规范化、理性化的方式建造或改造城市，“现代景观”意义上的城市交由科学和专业来改写，社区也转而由设计师在沙盘图、模型图上打造并付诸实施，强调审美、程式、功能分隔，是建筑和规划的专业理念的表达[③]——这可以视为专家对社区的“科学型设计”（或是“理想型设计”）。时至当代，城市已在很大程度上成为资本控制和作用下的人文物质景观和“第二自然”，“人造环境”[④] 意义上的城市是由资本和商业的力量来重绘的，经由房地产开发而形成的商品房小区被切割分解

---

① 当然，马克斯·韦伯所论及的西方自治城市情况有所不同（〔德〕马克斯·韦伯：《城市：非正当性支配》，阎克文译，江苏凤凰教育出版社，2014 年）。

② 〔英〕刘易斯·芒福德：《城市发展史——起源、演变和前景》，宋俊岭等译，中国建筑工业出版社，2004 年，第 546 页。

③ 〔法〕勒·柯布西耶：《明日之城市》，李浩译，中国建筑工业出版社，2009 年。

④ 〔英〕大卫·哈维：《资本的城市化：资本主义城市化的历史与理论研究》，董慧译，苏州大学出版社，2017 年，第 14 页。

为“可以买和卖的标准的货币单位”和“扩展城市的标准单位”[①] ——这意味着资本对社区的“经营型设计”（或是“趋利型设计”）。虽然这三种设计在城市形成、发展和成熟的历史进程中缺一不可，但也造成了诸多问题。智慧社区一如城市发展的整体，也在国家管理、资本经营、专业规制这三类因素的驱动之下获得了巨大进步，却又因脱离社区土壤而遭遇了发展的瓶颈。

（1）管理型设计与“反治理行为”

国家的管理型设计提供制度保障，是智慧社区的“奠基人”。既有研究发现，智慧社区的发展确实在一定程度上有助于国家强化基层管理，促进了互联网信息技术与社区管理体系的融合，实现了“公共服务、党建服务、志愿服务、便民利民服务等社区服务信息资源集成，建设包括智慧政务、智慧党建、智慧物业、智慧治理等在内的综合应用，全面形成集网络、数据、支撑、应用等于一体的智慧社区体系”[②]。

然而不能被忽略的事实是智慧社区的发展路径是自上而下的，由政府主导，社区居民、基层工作人员及其他社会主体只是被动接受，并无表达意愿和主动参与的机会[③]。比如陆颖在对北京西城区、上海陆家嘴街道、广州天河区等国内具有代表性的智慧社区的特征梳理中发现，其建设模式均为“政府主导”[④]。智慧社区的形态往往照搬原有管理逻辑，使自身成为既有行政体系和档案、信息、台账的线上替代品，把原本应该上下联动、政社结合的智慧社区搞成了单向度的数字办公平台。究其本质，仍然是旧有的社区“管理”思维驱动下的产物，由政府的权力和发号施令来解决问题[⑤]（或是控制权在政府不同层次之间移动[⑥]），只不过将这一过程移植到了信

---

① 〔英〕刘易斯·芒福德：《城市发展史——起源、演变和前景》，宋俊岭等译，中国建筑工业出版社，2004 年，第 438 页。

② 陈荣卓、刘亚楠：《城市社区治理信息化的技术偏好与适应性变革——基于“第三批全国社区治理与服务创新实验区”的多案例分析》，《社会主义研究》2019 年第 4 期。

③ 类似的现象，在一些以往研究中也有所涉及，如常恩予、甄峰：《智慧社区的实践反思及社会建构策略——以江苏省国家智慧城市试点为例》，《现代城市研究》2017 年第 5 期等。

④ 陆颖：《智慧社区的模式比较及建构路径》，《管理观察》2015 年第 7 期。

⑤ 〔英〕格里·斯托克：《作为理论的治理：五个论点》，《国际社会科学》（中文版）1999 年第1 期。

⑥ 周雪光：《中国国家治理的制度逻辑：一个组织学研究》，生活·读书·新知三联书店，2017 年，第 428 页。

息化的智慧平台上而已，并没有实现由“管理”到“治理”的理念转变，政府以外的各种社会机构和个体行动者也没有参与到治理的实践过程中来。这种模式的结果就是无可避免地滋生了社区中的“反治理行为”（即“智能低效、技术怠工、智能破坏、官僚主义智能化和过度治理”[①]“技术应用门槛与治理短板、数据指标硬化与治理内耗、信息安全监管与治理风险”[②]等），看似国家管理得到了强化，实则唯技术治理、唯数字化治理、“一阵风”治理之弊病均又重现。

（2）经营型设计与“实际发生的成本”

资本的经营型设计提供财力支持，是智慧社区的“注资人”。作为某种程度上的回报，智慧社区的推广也在资本经营的意义上降低了社区维护和治理的成本。尤其是在商品房住宅小区中，形态各异又大体相似的智能物业服务管理平台提升了社区服务的资源整合效率、诉求响应速度和处置标准化程度，减小了社区运维者（包括物业企业、管理部门等诸多主体在内）的人力投入规模、重复作业风险和内部管理难度。同时，智慧社区的发展经验也被逐渐引入到老旧社区的日常治理中。

然而，我们要对这类做法抱有谨慎乐观的态度，因为名义上的、可测算意义上的成本被降低的同时，要留意在社区治理中另一类“实际发生的成本”。一是从服务执行者的角度来看：所谓的“智慧”之处主要建立在“互联网+人工服务”的基础之上，比如设备报修是通过互联网平台实现的，但需要服务人员到位处理；车辆占道是通过监控中心发现的，但需要保安人员到场协调；邻里扰民的问题是通过微信群或专用平台反映的，但需要物业人员全时段的“线上在场”和及时调解，等等。于是，智慧社区只是实现了“自动化”地呈现问题和发布命令，而未全面实现“智能化”地解决问题和执行任务，其间的缝隙要靠工作人员延长服务时间、提高劳动强度来弥合；加之引入了智慧平台后，工作人员的岗位数量又被削减，这就无可避免地带来一线工作人员的疲劳、抱怨甚或服务质量的下降和治理水准的降低——这是实际发生着的工作成本。二是从服务对象的角度来

① 刘永谋：《技术治理、反治理与再治理：以智能治理为例》，《云南社会科学》2019年第2期。

② 陈荣卓、刘亚楠：《城市社区治理信息化的技术偏好与适应性变革——基于“第三批全国社区治理与服务创新实验区”的多案例分析》，《社会主义研究》2019年第4期。

看：如果说在智慧社区推行过程中产生的适应成本只是阶段性问题的话，那么我们听到很多业主抱怨“可以‘看到’的服务人员、物业人员的减少”而带来的“安全感降低”“感觉服务品质下降”则是会伴随智慧社区更久的心理成本和信任成本，均可能会对未来造成深远的消极影响。

（3）科学型设计与“抽象的社区群众”

专家的科学型设计提供技术标准，是智慧社区的“精修人”。在居民生活空间中注入科学理念和专业设计固然能够提升民生服务的规范化、标准化、一体化和均等化程度，但存疑的是，柏拉图意义上“整齐的”“划一的”[①] 智慧社区设计真的能够达致“善治”吗？

以深圳智慧社区的建设为例，采取“统一规划，统一实施，统一接口，由深圳市住房和建设局统一部署……同时通过市场牵引，社区电子商务驱动的模式推进，提供整合的公共服务接口”[②]。由此产生的物业管理、智能楼宇、居家养老、安防监控等服务，其标准是“一刀切”的，其规格和形制是具有高度一致性的，然而这种属性显然不能与社区类型和居民样貌的繁杂性与多样性相适应——即便在深圳这样相对“年轻”的城市也不能理想化地制定一套普遍适用的智慧社区法则，更不要说在其他“上了年纪”、情形更加复杂的城市。比如最基本的智能门禁系统，要考虑社区居住人口数量及每日通行人流量（数量过大会影响出入效率造成不便，过少则人均成本过高而太不经济），又要顾及自有住房户与租户的比例关系（租户流动性较大，则给门禁管理带来持续存在的障碍），还要考虑社区内业态是否丰富（如商业店铺、医疗诊所、银行网点、教育机构都在社区内有所分布，则无法通过门禁将内部居民与外部人员简单区隔开来）。如此，涉及社区禀赋、硬件条件、人口基数、流动性、内部资源的复杂性等要素不一而足，绝难用狭窄的眼界、标准的算法、简单的系统、均等的方式来处理。

因此，目前的智慧社区所追求的“科学”和“专业”，名义上以社区群众的幸福感为出发点，实则只是针对抽象概念意义上、面目模糊不明的

---

① 参见柏拉图对“化多为一”的评价（〔古希腊〕柏拉图：《理想国》，郭斌和、张竹明译，商务印书馆，1986 年，第 197 页）以及亚里士多德对“城邦的划一性”的批评（〔古希腊〕亚里士多德：《政治学》，吴寿彭译，商务印书馆，1983 年，第 56 ~ 57 页）。

② 朱跃生：《从智慧社区到智慧民生》，《中国物业管理》2013 年第 8 期。

“社区群众”，或是针对设计师在计算机程序前、科技产品前想象出来的缺乏生活气息的“社区群众”。即便这类“概念产品”能够在局部社区试点，为居民中的特定群体创造安全、高效、舒适、便利的居住环境，也很可能并不具备代表性和普遍性，绝不可贸然铺开使用，而需要在推广的过程中结合实际情况再做具体设计和调整。

现有智慧社区建设模式的分类方法并不单一①，但各种类型均表现出“设计本位”的共性特征，即从设计者自身的立场出发，聚焦于强化行政管理、降低可见成本、体现科学理念等目标，容易造成且忽略“反治理行为”“实际发生的成本”“设计脱离群众”等一系列问题。当然，并不是说政府、企业、科研团队作为主导力量就一定会造成负面结果，“设计本位”的根本症结在于设计者单向度地考虑行政职能、商业利益或专业诉求，而与执行者、使用者相分离，甚至根本不了解社区工作和居民生活的实际情况，其所秉持的设计逻辑与社区运行的逻辑常相抵触。最终，设计想法脱离居民生活的需求、推行做法脱离一线工作人员的经验、治理过程缺乏社区居民和基层人员的广泛参与，也就无可避免了。由此可见，所谓智慧社区能够在“降低治理成本”的同时“实现特色化、精细化、科学化治理”之类的优势不是顺理成章、自然兑现的，而要配合规划理念、具体条件和推进方式的转变才能够成为现实。

3. 生活本位的转向与智慧社区的未来

20世纪60年代之后，遵循设计本位的城市规划出现了诸多现实问题。无论从简·雅各布斯对霍华德、勒·柯布西耶等主流规划理念的抨击（斥之为“脱离城市运转机制”）②，还是从詹姆斯·斯科特对“清晰化、简单化的国家项目”和“极端现代主义城市”的批评③，我们都可以清楚地看到权力对空间的拘束、科学对生活的专断、资本对城民的异化是如何成为

① 如从智慧社区建设导向、建设动力、资源配置方式等角度进行分类，参见索超《创新导向的智慧社区建设途径研究》，《城乡治理与规划改革——中国城市规划年会论文集》，2014年。

② 〔加〕简·雅各布斯：《美国大城市的死与生》（纪念版），金衡山译，译林出版社，2006年，第13~21页。

③ 〔美〕詹姆斯·C. 斯科特：《国家的视角：那些试图改善人类状况的项目是如何失败的》，王晓毅译，社会科学文献出版社，2004年。

当代城市体制僵化、阶层冲突、生活无趣、缺乏活力等一系列痼疾之显见诱因的。于是，在城市规划理念层面的“生活本位”转向应运而生，新的思潮更加注重城市空间和建筑设计的人性化，并迅速产生了巨大的影响。1977年，国际建筑协会在利马会议上通过的《马丘比丘宪章》甚至以“人民的建筑是没有建筑师的建筑”这样的表达来突出人民和生活的意义与价值。在此种思潮影响之下，“社区建设”“社区治理”或“社区营造”的理念也逐渐从自上而下的行政安排和僵化设计，转而注重生活便利、居民体验、环境宜居、功能实现等方面，强调向本地居民赋权，让其发现社区的问题并着手解决[①]，从而使社区形貌成为日常生活需求的具象表达。相应地，在“智慧社区”的概念大行其道的今天，很多研究也在强调“新时代的社区治理应以增强社区居民的归属感和幸福感为根本目标……借助信息技术实现智慧治理”[②]。然而，所谓的“人文关怀”“惠民原则”“换位思考”“人本导向”[③] 等抽象提法和治理模式转变要在智慧社区的未来发展中得到体现，尚需要从“生活本位”的原则入手，通过一系列改造步骤加以具体实施。

（1）“智慧”服务于生活中的需求

智慧社区的发展需要坚持“为了更好的生活”的原则，强调其创制动力和灵感源泉服务于社区居民的内生需求。如前所述，现行智慧社区的设计标准主要由上级政府部门、外部研发团队或公司企业来确定，满足设计者的需求、或满足设计者臆想中的使用者需求；而只有使智慧社区的重心下移到社区居民需求层面、权力下放到社区治理主体层面、资源下沉到社区服务平台层面，才能够从“自下而上”的视角出发，合理地制定智慧社区发展规划和具体方案，在“统筹协调社区资源配置、推动社区融合发展、提升居民生活便利程度”[④] 等方面发挥优势。

第一个层面是要看到居民在日常生活中实际存在的需求，如出行无阻、治安良好、环境舒雅、购物方便、停车便利、空间通畅、信息通畅、

---

① 山崎亮：《全民参与社区设计的时代》，林明月等译，海洋出版社，2017年，第42页。

② 如彭珊《新时代的社区治理之路》，《人民论坛》2019年第27期等。

③ 如申悦、柴彦威、马修军《人本导向的智慧社区的概念、模式与架构》，《现代城市研究》2014年第10期等。

④ 张聪丛等：《社区信息化治理形态研究——从数字社区到智慧社区》，《现代情报》2019年第5期。

舆情清朗等，都是社区居民常见的基本需求，智慧社区平台及其模块当然要优先对这些需求进行回应，而不仅仅为了严格管控、降低成本、彰显科技。另外需要注意的是，“没有人是相同的，社区发展包含着不同的风俗、需求和问题，这些文化是复杂的和经过长期发展的，并随时间变化”①，于是从分化和差别的视角去看待社区生活中的需求就显得尤为必要。

第二个层面是要看到居民需求在横向意义上的多样性和复杂性。“社区居民”的概念下掩藏着极其分化的各类年龄群体（老人、中青年人、少年儿童等）、职业群体（收入高低、工作时间长短等）、兴趣群体（广场舞或其他体育运动、养宠物与否等）、身份群体（自有住房户、外来租户等），由此形成的居民需求也具有极大的差异性，甚至矛盾性，要结合类型各异和空间形态多样的社区、社区内不同情况的居民构成、由居民构成所形成的特定需求结构，来搭建各具特色的个性化智慧平台，以及确定于社区平台上添加哪些功能模块，诸如在线议事厅、智能居家养老、安防监控、电子商务等。特别是在相互矛盾的功能之间（比如无噪声与广场舞、出行无阻和治安良好、环境舒雅与购物方便、停车区域与活动“领地”等都存在一定的矛盾）安排符合本社区情况的优先性次序。

第三个层面是要看到居民需求在纵向意义上的深入性和连贯性。比如，只是在小区门口对车辆一进一出的识别、收费和“抬竿”并不能构成智能管理的全部——这依然只是前文所说的“自动化”，真正的“智能化”需要通过切实合理的算法，回应小区内的车位布局动态调整、监控外部车辆是否挤占私家车位及对其停放时间进行限制、车辆阻路或挡车之后的协调车主与提前疏导等一系列连续的、更具有深度的居民需求。又如，形态与名称各异的社区信息平台和报单、报修系统，确实可以让居民在上面反映涉及管线照明、水暖通堵等方面的维修需求，关乎人身财产、异常动向的安全隐患等，通过社区物业、服务站、上级城市管理部门实现“接诉即办”，然而智慧社区之所谓“智慧”，更重要的是具有前瞻性和预判性地发现潜在的安全风险（如通过日常监控发现在社区内停留徘徊的可疑人员、长期无主的流浪狗或大型烈性犬、不易看到的深堑沟渠等）、可能老化的

① 〔美〕卡罗尔 L. 斯蒂梅尔：《智慧城市建设——大数据分析、信息技术与设计思维》，李晓峰译，机械工业出版社，2017 年，第 23 页。

物料设施（如通过数据收集甄别逾期未检的电梯、年久失修的管道、信号异常的网络、表数异常的水电路等），在“接诉即办”的基础上逐渐进化到“未诉先办”的程度。

（2）“智慧”来自生活中的经验

智慧社区的发展需要坚持“依靠社区主体”的原则，强调其设计方案来自社区一线人员（包括社区工作者、物业员工等）的经验，其建设、完善和修补的过程则依靠包括居民在内的社区原有力量的广泛参与——毕竟他们比政府官员、企业家、开发商、设计师、程序员都更了解社区生活的实际情形。

首先，社区居民是生活主体和使用者，对社区状况的了解是周期性和全方位的，也是社区兴衰的直接受益者或受损者，当然应该是智慧社区规划设计的提案人和参与者、智慧社区运行管理的建议人和监督者。智慧社区的实现不是“一锤子买卖”，不是一挥而就和一成不变的，需要在自身演变（如季节变化、自然老化）、内部功能（如商业、服务、培训等功能的进入）、外部因素（周边配套、环境状况等）的变化过程中不断发现问题，对智能化治理的设置进行补充，而置身其中的居民无疑对这些变化最为敏感、最为关注，也对“哪里需要信息”“如何使用技术”最有发言权。在国外一些卓有成效的智慧社区实践案例中，居民参与都发挥了巨大的作用，以美国的几项应用为例：在线社区规划和决策系统（WebPolis）中的知识和专家组件只是功能之一，更重要的是通过用户、社区参与等组件鼓励社区成员参与当地事务的决策；类似的，电子民主工具（Beyond Voting）、电子监督工具（My Bike Lane）、地理信息工具（INFOMAP）也都无一例外地强调“赋权”于社区居民，重视智慧系统管理者与他们之间的沟通，或者直接向更大范围的公众开放①。此外，在一些“周期性恶化、季节性爆发、阶段性激化”的问题上，更需要居民发现隐患、及时反映并升级智能防患措施，予以持续监督。比如，社区内商铺的油烟和排水污染、噪声废气扰民、消防安全隐患等问题，往往由消防、环保部门联合整治而很难保持，这就需要社区环境监控的智能系统充分吸纳居民的生活经验，并在居民的不断监督下自我完善。让“最熟悉本社区的人”在智慧社区治

① 参见刘婧《网络环境下的社区治理研究》，武汉大学出版社，2016 年，第 66 ~ 78 页。

理的参与过程中更为直接地表达想法，根据生活和工作中的诉求和痛点决定未来发展方向，也依靠其经验和智慧帮助社区服务变得更为精准、更有效率、更加“智慧”。

其次，社区中原有的自治组织（如业主委员会、楼委会、弄委会等）、社会网络（如线下的社会关系或线上的居民微信群）、社区内居民群体（如妈妈群、团购群、老年人协会）或兴趣团体（如阅读、体育、文艺、棋牌、旅游等方面）可以成为推动智慧社区发展的重要力量。在传统社区治理中，居民群体的形式不像个体化的居民那么零散，又比政府、街区等整体化的单元灵活，还比 NGO 或 NPO 等外部组织熟悉本社区情况，尤其是以业缘、趣缘或小范围地缘为纽带联结而成的社会群体，可以更具代表性地、精准地聚合具有相同或相似活动节奏的人群，从而彰显对生活需求和服务形式进行筛选的天然优势①。这样的优势当然可以在智慧社区的时代持续发挥作用，把集群性的需求、建议、观点通过社区信息平台和智慧服务模块表现出来。特别是在智慧社区规划与设计时缺少话语权、大数据不易呈现又容易面临困难的群体，更需要智慧社区的关注。如通过老年人协会获知该群体诉求、打造“互联网+社区养老”服务体系；通过妇女儿童保护组织或家庭协会掌握儿童视角下的社区需求，在数据化和信息化的基础上搭建服务系统和数字平台，以及营造广义上的“儿童友好型社区”等。正如一些研究所见，在社区空间形成的居民自组织网络、草根性社会组织对智慧社区建设意义重大，能够通过“智慧社区服务联盟”“创客中心”等形式，为居民提供定制的、独特的社会服务和商业服务②。需要看到的是，不同于“传统社区组织业已发育成熟、继而进入到智慧社区时代”的情况，由于我国一直存在社区内生性社会组织发育不足、活跃度不高、发展不均衡③甚至“空心化”的情况④，社区组织与智慧社群⑤的共同

---

① 王迪：《从国家包揽到多方参与——公共文化服务体系建设中的社会治理理念与实践》，《学术论坛》2017 年第 1 期。

② 相关案例如攀枝花阳城社区、合肥市方兴社区等，参见汪碧刚主编《新时代 新生活——2018 中国智慧社区发展报告》，中国社会出版社，2019 年，第 222 页。

③ 管兵：《城市政府结构与社会组织发育》，《社会学研究》2013 年第 4 期。

④ 桂勇：《邻里空间：城市基层的行动、组织与互动》，上海书店出版社，2008 年，第 106 页。

⑤ 关于“智慧社群”的概念和特点，参见张丹媚、周福亮主编《智慧社区管理》，重庆大学出版社，2019 年，第 194 页。

生长和彼此强化还要经过一个相对长期的过程，方能见效。

最后，但同样重要的环节，也是常常被当前智慧社区的设计者们所忽略的环节，是要意识到传统的社区工作者们不是该被缩减的劳动力成本，也不能够被机器、人工智能或系统平台所替代，而是最宝贵的社区治理财富。有一些社区中常见的实例。比如南方沿海地区台风高发的城市，高层住宅如采取向外开窗的设计，就很容易造成风灾期间的坠窗事故，常需要逐户排查、消除安全隐患。智慧社区的规划者、安防监控系统的设计者们往往并不知晓这些，没有将其纳入风险防范、自动预警的体系当中，而此类情况对于社区一线工作者来说几近常识，足见他们的经验是多么有价值。又如很多居委会或物业人员常凭借对居民构成、住宅面积等方面的了解，指出智慧系统存在的一些不合理之处，并提出解决方案——如果门禁系统每次都要求业主到家门口响应访客、按键解锁，会给业主，特别是户型较大的业主带来不便，不如由业主给访客发送二维码扫码入门，以取代原有的“伪智能”方式。类似的案例均显示无论是居委会还是物业，社区一线服务人员了解居民在安全性、便利性、私密性、医疗卫生、纠纷调解等各方面的需求。要尊重工作者、服务者们的社区贡献，充分听取、吸纳和转化他们的建议，珍视他们在与居民入户访谈、现场交流、线上联系、解决问题的过程中积累的操作化经验和在地化智慧；信任和授权他们参与到智慧社区的规划与设计当中，根据实际工作中发现的“真问题”“真需要”“真困难”，有针对性地提升技术，富有实效地提高社区的智能化水平。

归结起来，在“生活本位”的视角下，智慧社区的发展目标和设计标准是服务于居民需求和提高生活质量的，这与斯蒂格利茨等人提出的社会进步原则如出一辙：“要下大力气，在社会联系、政治发言权和不安全感这些能被用来预测生活满意度的方面制定并实施有力和可靠的衡量标准。”① 从参与主体角度来看，“生活本位”的智慧社区并不拒斥政府、市场和专家的作用，只是其建设过程和逐步完善是依赖于社区中各类行动者的广泛参与的，即以基层工作人员之客观、真实的判断为本，以社区居民的需求表达为本，从而实现一种社会协商的结果（而不是会议室里的决策

① 〔美〕约瑟夫·E. 斯蒂格利茨、〔印〕阿玛蒂亚·森、〔法〕让－保罗·菲图西：《对我们生活的误测：为什么 GDP 增长不等于社会进步》，阮江平、王海昉译，新华出版社，2014 年，第 53 页。

或实验室里的产品）。在不同社区的物质情况和人文条件之下，出现的可能是截然不同的结果[①]——智慧社区也应该是“因地制宜”的，由社会环境、社区土壤、人口构成、组织状况、条件禀赋等因素塑造。

4. 结论与讨论

当前智慧社区发展中的诸多问题，其根源是“设计本位”的城市规划和建设视角在新技术、新平台的使用过程中的复归与重现，在管理逻辑、科学逻辑和资本逻辑的三重控制之下，智慧社区的实践成为“技术扩张式的对大千世界和人的生活本身的改造”，这种“技术改造是一种统治欲的表达，导致了外在和内在自然的异化”[②]，既失去了生活的目标也偏离了生活的逻辑。如果此种情形不发生改变，那么，“即便拥有了大数据和智能系统，脱离现实体验、缺乏生活感知的‘上帝之眼’也很难做到‘洞察一切’”[③]。

对现有问题的思考与解决，呼唤着智慧社区发展趋势中的“生活本位”的回归。正如亚里士多德在《政治学》中所言，“城邦（城市）的长成出于人类‘生活’的发展，而其实际的存在却是为了‘优良的生活’”[④]，智慧社区的发展原则和步骤都应紧密围绕在“如何让新技术成为优良生活的组成部分”这个核心议题的周围，使技术（至少是技术“在哪里应用”“如何应用”的决定权）“掌握在那些希望为改善人类生活做出贡献的人们手中”——也就是为社区生活服务的治理者或是社区民众本身，感知并服务于生活中的需求，尊重并充分汲取生活中的经验，以迎接我们所处的、长期变化的社会经济文化环境所带来的挑战。须知智慧社区乃至智慧城市的价值“并不在于技术的完善，而是在一个不完善的世界中提供充足的服务供给”[⑤]。

---

① 〔德〕阿明·格伦瓦尔德主编《技术伦理学手册》，吴宁译，社会科学文献出版社，2017年，第224页。

② 〔德〕阿明·格伦瓦尔德主编《技术伦理学手册》，吴宁译，社会科学文献出版社，2017年，第312页。

③ 〔美〕阿莱克斯·彭特兰：《智慧社会——大数据与社会物理学》，汪小帆、汪蓉译，浙江人民出版社，2015年，第12~13页。

④ 〔古希腊〕亚里士多德：《政治学》，吴寿彭译，商务印书馆，1983年，第7页。

⑤ 〔美〕卡罗尔 L. 斯蒂梅尔：《智慧城市建设——大数据分析、信息技术与设计思维》，李晓峰译，机械工业出版社，2017年，第23页。

当前中国智慧社区的发展尚处在设计思维支配与生活意识觉醒的组合状态之中，具有过渡性和阶段性的特征，其参与主体也无疑是模糊和多样的。本文在试图塑造并阐释“设计本位”和“生活本位”这两种理想类型工具的时候，无意于将“政府、市场、专家”同“社区、居民、社会组织”对立起来，而是更希望强调二者在出发点与考虑方向上的不同——前者从设计者本身的立场出发，而后者则更有可能关注生活中实际存在的需求及其满足方式。智慧社区的健康发展和发挥效用，正有赖于向设计思维中注入日常生活视角，并重新思考“何为智慧？智慧为谁?”的问题。

从更具一般性的、城市发展的叙事与决策逻辑的层面来看，无论时代如何向前、技术如何进步，城市建设都不能由（至少不能只由）自上而下的官僚体系、痴迷于理性测算和规范制图的科学专业、依循利益最大化逻辑的资本力量来主宰，而应该将城市中的栖居主体请回“城市如何发展、空间如何使用、街巷如何改造、社区如何宜居”的聚议堂。有鉴于此，我们需要重新审视以往的城市记录手段、表达渠道和叙事方式，倾听流淌在街头巷尾、院落坊间的寻常故事、朴素话语和真实诉求，寻找城市大发展与城民小生活之间的细致交叉点，并在未来致力于促进二者之间的和解与共生。

第七章

人类命运共同体与对外传播

| 一 |

“命运共同体”视阈下的对外传播*

师曾志**

当人类满怀信心又充满困惑地站在21世纪第三个十年的路口，亲历着数字技术快速发展带来的全球化“地球村”，见证着想象共同体宏大叙事的纷纷消散，国与国、地区与地区间合作伴随着误解，交流充斥着偏见，人们急切地想要了解他者而又忧思重重。此景凸显了我国长期以来奉行的规范国际关系与交流合作中强调的“互相尊重主权和领土完整、互不侵犯、互不干涉内政、平等互利、和平共处”五项原则全要素动态调适与平衡的意义。这五项原则的动态调适与平衡在具体而微的交流与对话中得以交锋、冲突与实现，这也正是习近平总书记在“全过程民主”思维框架下提出全过程“命运共同体”的时代背景。

人类命运共同体的实现在当下变得愈发迫切与紧要，社会团结正在传媒学者麦克卢汉提出的“重新部落化”中不断绵延伸展，交流对话中的矛盾与冲突直指人心，语言承载着传播主体的“姿态”，媒介叙事中的微小叙事成为交流与对话的基础，在对双方差异的相互尊重中，感觉、情感、认知等传播在关系解构与重构中的价值与意义越发显现。对外传播在矛盾冲突中加深的是交流的广度与深度，需要在更复杂、更难以理解的场景中增进相互的包容与理解。

1. 构建人类命运共同体，需要将利益共同体、责任共同体、价值共同体等要素纳入全生命周期的实现过程

在古希腊，“命运”一词被认为是一种主宰一切的神秘力量，这种力

---

* 本部分原刊于《人民论坛》2020年第18期。

** 师曾志，北京大学新闻与传播学院教授，北京大学新闻与传播学院博士研究生仁增卓玛对此文亦有贡献。

量既外在于现实世界但也决定了现实世界。对于这一神秘力量的探讨始终贯穿于古典哲学的几乎全部经典作品中。从柏拉图的“守护神”到柏格森、怀特海强调的“生命意向性”“创造的冲动”等，都指向“命运”这一琢磨不定的神秘存在。叔本华在其《论命运》中也说：“所有上面这些称谓和说法，都是对我们正在考察的问题借助寓言、形象表达出来的看法，总的说来，除非运用寓言和比喻的方法，否则，我们无法理解最深刻、最隐秘的真理。”① 人类把许多偶然性的事情都归于“命运”，正是在先哲思想的引领下，事物发展的偶然性在命运的时空绵延中有了生命生生不息的必然性理据。

中国古代哲学中关于“命运”的讨论大多是通过“天人合一”表达出来的。北宋吕蒙正曾在《命运赋》里指出，“人道我贵，非我之能也，此乃时也、运也、命也”②。命运在中国哲学中既指先天所赋的本性，又指人生各阶段的穷通变化，“命”是与生俱来的，但“运”则会随着时空转换而有所不同。

“共同体”一词与“命运”一样，同样古老，而对“共同体”的追求与向往也深深地镌刻在人类历史发展的每一阶段中。亚里士多德认为，人们对善的共同追求使人们获得了相应的利益，而国家本身是一个具有道德性的共同体，是“必要之善”。斐迪南·滕尼斯在《共同体与社会》一书中将共同体从社会的概念中分离出来，用以表示建立在自然情感一致基础上，紧密联系、具有排他性的社会联系或共同生活方式。在他看来，“共同体”主要是以血缘、感情和伦理团结为纽带自然生长起来的。齐格蒙特·鲍曼也总结了共同体的特点。他认为，首先，共同体是一个“温馨”的地方，它就像是一个家，可以遮风避雨；它又像是一个壁炉，在严寒的日子里可以暖和我们的手。其次，在共同体中，我们能够互相依靠对方。但“令人遗憾的是，‘共同体’意味着的并不是一种我们可以获得和享受的世界，而是一种我们将热切希望栖息、希望重新拥有的世界”③。从以上

---

① 韦启昌：《叔本华思想随笔》，上海人民出版社，2005 年，第 299 页。

② 吕蒙正：《命运赋》，https://wenku.baidu.com/view/a7b3f53433d4b14e84246824.html，最后访问日期：2020－08－10。

③ 〔英〕齐格蒙特·鲍曼：《共同体》，欧阳景根译，江苏人民出版社，2003，第 2 页（序言）。

对“命运”和“共同体”的阐述中，我们知道“命运共同体”不是空洞的口号，而是人类始终在追求着的温馨之所。

2019 年 11 月，习近平总书记在上海长宁区虹桥街道古北市民中心考察社区治理和服务情况时强调“我们走的是一条中国特色社会主义政治发展道路，人民民主是一种全过程的民主”。“全过程”意味着多维度、全要素同时动态推进与生成，而不偏向单一维度、单一要素。这要求我们在构建命运共同体时，需要涵盖利益共同体、责任共同体、价值共同体等全生命周期的实现过程。全过程“命运共同体”的构建，不同国家、地区会以自身的历史、语言、文化、形象、形式、形态等呈现出来，在交流对话中应以行动的达成取代空洞的口号，以具深的人心抵抗无处不在的风险，以全过程抵达共在与共生的人类命运共同体。

2. 以“人心与共识”对抗“时—空”分离中的脱域风险，不断提升自我认知与行动能力

随着数字化技术推动的全球化进程不断向前推进，人与人之间、群体与群体之间联系和交往的纽带突破了传统的血缘和地域，多样化的联结使“地球村”日益成为现实。面对此景，人类似乎又可以再次出发，探寻构建人类命运共同体的新道路。安东尼·吉登斯提出“脱域的共同体”的概念，他认为，“现代性的一个特点是远距离发生的事件和行为不断影响我们的生活，这种影响正日益加剧。这就是我所说的脱域，即从生活形式内‘抽出’，通过时空重组，并重构其原来的情境”①。当前，在技术与媒介的双重作用下，“时—空”愈加分离，长久以来所形成的社会生活与组织模式都发生了剧烈的变革，不知不觉中解构与重构着人们的观念、思维，并由此带来社会关系以及组织、法律制度的变迁。

吉登斯将“时—空”分离作为现代性发展的动力机制之一，其关怀的依然是社会生活是如何被组织起来的。时间与空间的分离导致在场与不在场边界的消失，从传播学角度而言，传播系统由倾向封闭走向多元开放，传者与受者的角色也可转化与互换。随着数字化技术的发展，“时—空”

---

① 〔英〕安东尼·吉登斯：《现代性与自我认同：现代晚期的自我与社会》，赵旭东、方文译，生活·读书·新知三联书店，1998 年，第 169 页。

分离中的脱域愈来愈与解域、结域和再解域连接在一起，具体场域在新媒介赋权下处于不断脱域、结域与解域的系统结构中，最为重要的是打破传统的权力结构，直接或间接挑战着象征标志与专家系统，信任越来越建构在人心之上。

建构在“人心与共识”上的信任成为风险社会的安全阀。信任的达成，更多需要个体间不断地沟通与对话，在每一次交往实践中，实现有效传播。传统社会占主导地位的是外部风险，但随着后工业社会的到来，“人化的风险”成为占据主导地位的风险，人为的不确定性带来一系列风险、危险和副作用，需要人们建立起“双向合作风险治理模式”。一方面，在政府、企业、媒体、社区和非营利组织之间构建共同合作治理风险的网络联系和信任关系，建立起资源、信息交流与互补的内部平台；另一方面，风险的全球化也呼吁各国政府突破国界，构筑共同治理风险的国际网络和国际间的信任机制，共同应对未来可能发生的全球性风险。

风险预示着一个尚未发生、需要避免的未来。人的力量在风险社会中日益凸显，个体成为应对风险社会的安全性策略之一。中国的国家形象和中国企业在外发展的舆论环境是由每一个中国公民在外的形象、语言和行动共同组成的，也是在具体沟通交流中不断生成的。这既提醒中国在外公民要尊重和理解当地的文化、传统和身份认同，主动沟通交流，在了解与理解中实现有机团结；也提醒在外的以企业为主的不同的组织在重视资本、资源、人力等看得见的要素的同时，关注贫富差距、利益分配、宗教文化等看不见的因素的影响，重视当地民众的参与感和满足感，降低沟通风险，为中国在外发展提供良好的民间环境，将信任的达成真正落实到“人心与共识”上，共同抵抗风险，筑牢团结的基石，从脱域走向结域，以开放的心态应对各种变化，在理解和接受各种结域的同时，不断提升自我的认知与行动能力。

3. 数字时代构建人类命运共同体，既应分享共同的利益，也要尊重不同的文明

鲁迅先生在《这也是生活》中写道：“无穷的远方，无数的人们，都

和我有关。”[1] 在电力媒介把全人类重新卷入地球村的当下，这一表述成为我们眼前的现实。这不仅仅是因为媒介高度发达使我们犹如身临其境地见证着世界每一个角落的欣喜与苦难、希翼与恐惧，更因为此时此刻，我们比起先人更能深切地体会到构建人类命运共同体不仅仅是对未来的期许，更是当下责无旁贷的义务。

数字化技术使时空边界被无限拓展，无穷的远方、无数的人经由媒介可以共处同一场域，实现互相交流、彼此沟通，曾经被地理隔绝的人们，借助技术可以彼此倾听、互相倾诉。然而，传播技术的高度发展并未自然地带出全人类和谐交往的图景，我们看到的媒介景观是：每个人都在自说自话、不同利益群体各自为营，不同国家各自为政，民粹主义、单边主义、保护主义、宗教极端主义正在席卷全球，众生喧哗中我们似乎远离了构建人类命运共同体的目标。

在技术拓展时空的当下需要重审目标、重思行动。在麦克卢汉看来，随着口语媒介、文字和电子技术的不断发展演进，人的感知能力经历了“完整—分裂—重新完整”的阶段，与此相对应的是人类社会也经历了“部落化—非部落化—重新部落化”的变化。在电子媒介的影响下，人们重新回到了部落化的感官同步时代，个体的能动性被不断释放出来，人们的知觉、感觉、信任和情感等作用强势回归。由此，共同命运之上的有机团结既要求公开和透明，也要求基于情感和理解的认同方式的转变。

当下的全球化是一个多方利益博弈的过程，以往固定的渠道和模式被打破，多元主体加入其中，不确定性和不稳定性成为常态，这要求不同主体要有足够的耐心与定力，要有不断平衡和校准的能力，做到审时度势，择机而动。我们要在提出问题的基础上解决问题，在动态平衡和适应中把握战略发展的时空关系，进行制度创新，为构建人类命运共同体提供现实的基础。

共同体的团结是在互动中得以实现的，如何使彼此相互影响产生效能正是对外传播的核心任务。对外传播要落到实际，需要在动态生成中相互尊重和理解，既强调主体与对象的亲密有距，也能潜于对象的情感心理，观察和领悟对外传播中的微小差异与隔阂，牢记真正的命运共同体，既分

---

① 鲁迅：《且介亭杂文末编》，江西教育出版社，2019 年，第 104 页。

享共同的利益，也尊重不同的文明。

4. 人类命运共同体视阈下，对外传播是同异共生的，这意味着尊重与包容差异成为对外传播的主要特征

人们越来越认识到任何一个共同体的存在和发展都有其内在的联系和逻辑，不存在优劣好坏的绝对标准。宗教、族裔、语言、传统等文化特性仍是连接人们的重要纽带，强烈的民族认同和共同依存的意识使不同族群存在着内在凝聚力，其精神遗产无论外部世界如何变迁、技术如何发达都依然发挥着无处不在的作用。

多样化需要使对外传播回到具体事件与日常生活中。“全球性的思维和地方性的行动”这一20世纪60年代被提出的革命性口号，在当下仍然值得不断重申，它是对当前人类联系交往日益密切却更彰显自我选择的多元性和复杂性这一境况的最好概括。差异性和复杂性正是全球化的底层逻辑，不同的价值观念和风俗习惯并没有随着全球化而消失，它们反而呈现多样化的形态和繁荣景象，为世界经济发展注入了新的活力。由此，对外传播应该在每一个具体的细节、案例、故事当中呈现多样化的发展与繁荣，突出不同主体的共同利益。承担共同“命运”首要解决的一定是共同生存的问题。自利则生、利他则久。当前，贸易保护主义兴起，全球产业转移的背景下，需要通过利益共享推动中国与其他国家、地区的合作。

“重新部落化”正是社会分化的具体呈现，对外传播意味着将我们的倡议、看法、观点、意图传达给不断圈层的“部落”，这时必然会遭遇与中国不同的当地法律、制度、风俗、文化等的抵抗。这不仅是政治制度和经济水平等权力的博弈，更是不同语言、情感、信仰的交锋，其间隐藏着更多的交流风险和不确定性，也更加凸显在尊重和认同基础上的理解和共享的重要性，在传播中摒弃宏大叙事，经由具体而微的沟通交流展现共商、共建与共享的理念。

5. “命运共同体”视阈下的对外传播，要在尊重的基础上达成彼此的认同，致力于促成不同国家与民族之间的团结协作

在全球经济整体下行的当下，中国能为世界发展提供的不仅是市场与产品，更是五千年中华文明孕育的现实发展的智慧。此种智慧强调包容与

开放思想，强调不同社会主体在交往合作中悬置自我，摆脱自我中心主义和独断论的束缚，将不同的情感、意志、信念等都纳入对彼此的感知和了解中，在构建全过程命运共同体中注重利益共享、责任共担，在具体现实中指向对事物本质的直觉把握，在尊重的基础上达成彼此的认同，不断满足各国人民对美好生活的向往。

传播技术的极大发展，未能自然地为我们带来一幅全人类“袒露心扉、畅所欲言、沟通无界”的美好图景，反而使各族群、民族、国家间的种种差异被放大，随之而来的是偏狭、排挤、刻板印象的加剧。面对此种景象，每一个对外传播的主体都需重新审视与反思对外传播实践，追问尊重差异多元的对外传播如何具体实现。

当前，针对“一带一路”沿线国家与非洲国家的传播是我国对外传播工作的重点之一。中国以何种姿态与这些国家展开对话、交往、合作考验着我们的智慧。正在日益崛起的中国在对外传播中塑造何种形象事关在构建人类命运共同体的过程中我们扮演何种角色。当中国作为话语的主导方时，应把共同的利益追求视为我们处理好此种关系的有力突破点，在不损害自身利益的前提下，充分为他者的利益实现搭建平台，在携手合作中实现对外传播的目的，不重蹈西方覆辙。

“重新部落化”过程中，人们的感觉、知觉、情感等被唤醒，凸显出个体与自我的重要性，也彰显了日常生活和普通事件的重要性。经验的分享，需要基于讲故事的人与听故事的人之间的共鸣与共情。经济已日渐繁荣的我们需要对所谓贫穷、落后国家和地区的生活状态与行为方式进行反思。任何一篇报道、影像背后都站着鲜活的个体，他们彼此拥有不同的生命经历与体验，会编织出各具特色的情感、理性和智慧。对外传播效果的最终达成，需要突破曾经的宏大叙事和信息叙事，转向故事叙事和生命叙事，在微小叙事中挖掘新闻背后他者的生命智慧，挖掘普通事件的重要意义。从这一角度出发，媒介叙事不仅要重视个体的行动与改变，还要注意感觉、情感以及情绪的重要作用，在实时和动态过程中审时度势，抓住时机，在注重传播效果的同时，也看重传播过程，在认知与行动中，共同促成不同国家与民族之间的团结协作。

6. 结语

由此，构建全过程“人类命运共同体”视阈下的对外传播，其目的不是将我们逐渐变成“一致”，而是在参差多样中实现不同族群、国家、地区间的多样发展，恰如习近平总书记在 2018 年上合组织峰会上提出的，“提倡创新、协调、绿色、开放、共享的发展观，践行共同、综合、合作、可持续的安全观，秉持开放、通融、互利、共赢的合作观，树立平等、互鉴、对话、包容的文明观，坚持共商、共建、共享的全球治理观”，这应该是关于构建全过程“人类命运共同体”我们能期待与实现的最好图景。

| 二 |

“一带一路”中的微小叙事[*]

师曾志[**]

在“万物皆媒”的时代，互联网认知革命带来了思想、观念、意念、意识等思维方式的深刻变革。认知革命的根本在于人类学会了讲故事，能够共同相信和共同合作，陌生人根据共同想象与共同相信就有建立起大规模合作并快速创新带来人类发展跃迁的可能性，就可以在合作基础上不断创建出各种社会结构和制度。

经过四年多的发展，“一带一路”已经取得了重要成果，并成为最受欢迎、前景最好的国际合作平台之一。“一带一路”合作的重点以政策沟通、设施联通、贸易畅通、资金融通和民心相通为主要内容，其中就蕴含着缔造共同想象与共同相信的智慧。

品牌的打造是共同想象与共同相信的具象之一。在我看来，品牌的关键是要深入人心，品牌的力量越来越彰显它的不可替代性。因此，国家十分重视中国品牌的建设并专门设立了“中国品牌日”。事实上，品牌跟我们每个人都息息相关，它是人与人心灵之间的连接，这种连接具备可持续性。

在推进“一带一路”建设的过程中，社会责任和社会公益是通向心灵最重要的方式，对于品牌的树立至关重要，所以中国企业“走出去”要将企业行为和公益慈善形成合力，通过多元主体共同铸造中国品牌。

对品牌来说，有很多商业品牌或者国家民族形象品牌，都是通过增进人们对情感的认知来强化品牌力量的。在当今社会，需要打破狭隘的民族主义，减少经济和政治利益影响，更多地为人类的命运而思考，其中公益和慈善就是特别好的方式。

---

* 本部分原载于《中国建设报》2018 年 1 月 24 日第 003 版，原标题为《用中国品牌讲好中国故事》。

** 师曾志，北京大学新闻与传播学院教授。

“一带一路”提倡“五通”，其中“民心相通”就是指通过情感的认同实现品牌的塑造。从人类命运来看，应该更加关注爱和慈善。中国文化倡导推己及人，我们有自己的传统文化传承，也要尊重其他国家的宗教信仰和文化传统。所以，做好品牌，更多强调的应是微小叙事，而不是宏大叙事。

微小叙事、私密叙述在强化或瓦解我们对事物的看法的同时也在不经意间瓦解着过去僵硬的语言符号系统以及与之相随的宏大叙事。以建筑业和房地产业品牌为例，建筑本身就是一种媒介，它有很多寓意，连接着过去与现在、宗教思想与人文景观等情愫。建筑不仅仅是简单地满足人们的物质需要，而是越来越多地成为人们精神需要的一部分。建筑承载了人对历史和文化的尊重，连接着人与人之间的关系。此外，建筑不仅仅是一种住所的文化，还是身份认同的文化。从这个角度出发，房地产与人们的日常生活紧密相连，品牌可以涉及的领域就更加广泛。

企业在“走出去”的过程中，要不断更新观念，因时、因地、因人而动。比如，城镇化发展到今天，城市建设、建筑行业、房地产行业都已不再是传统意义上的概念，而已经历了迭代式的发展。碧桂园推出的 SSGF 体系就是这样一种迭代式发展的例子，它包含了一种大视野，让大家看到技术本身带来的改变，更重要的是通过技术建构了一种新的社会关系，这其实就是在新的社会关系网络中利用新媒介赋权，让社会发生了翻天覆地的变化。

企业要有温度、有个性、有风格，要根据人们的需要建造各种各样的建筑，而不是简单地做一个“灰盒子”。房地产企业不是在简单地盖房子，而是需要用打动人心的方式，考虑怎么把各个环节上的人们连接起来，形成一个可以良性互动的社群，比如 LBNB（“分享住房”模式）或许将成为未来建造房子的一种形式。

此外，企业还要处理好和当地居民的关系。一些中国企业在“走出去”的同时也给当地带去了“中国温情”。例如，碧桂园邀请公益组织在马来西亚开展社会公益慈善活动，受到了当地居民的欢迎。对企业而言，专业的公益活动取得了良好的社会效益；对公益组织来说，也需要找到一些切实可行的项目，确保项目的可持续开展。满足社会各方面需求是一个大前提，但是如何去满足，则是术业有专攻，需要多元主体合力解决其中可能遇到的障碍。

| 三 |

让吉布提建设得更像吉布提*

——对话交流中的人类命运共同体

师曾志　李　堃**

2017 年，中国共产党第十九次全国代表大会通过《中国共产党章程（修正案）》，将坚持正确义利观、推动构建人类命运共同体、遵循共商共建共享原则、推进"一带一路"建设等内容正式写入党章，表明了中国对"一带一路"建设的重视以及开展"一带一路"沿线国际合作的决心。习近平总书记指出，"我提出'一带一路'倡议，就是要实践人类命运共同体理念"①。人类命运共同体是五千年中华文明的智慧结晶，小到百姓的生活，大到民族国家间的相处，中华文明一贯坚持尊重、平等、互惠、和平、认同的关系之路，在互信与互利中实现人类的互在与共生。

在人类交往活动中，交流对话具有连续性，事物正是在矛盾冲突和周而复始中不断趋达。在国际合作与交往中，理想的公平与正义、道德与良知、激情与信念等无法简单地在不同的文化、语言、习俗中形成共识，达成友善与和平的过程性既凸显了在差异化中彼此承认与协作的意义，同时也开启了另外的冲突与矛盾，愈加呼唤持续的对话与沟通。人类发展趋向中蕴含着命运的召唤，而命运是决定事件趋向的能力，有着形态、态势之内涵，变化莫测对其而言不是偶然而是常态。人类把控自我情绪的能力、见识的深刻性、洞察力的穿透感以及行动的有效性都将成为命运的决定因素。

---

* 本部分原刊于《中国非洲评论》（第九辑）2021 年 12 月。

** 师曾志，北京大学新闻与传播学院教授；李堃，北京大学新闻与传播学院 2018 级博士研究生。

① 李伟红等：《习近平出席中国共产党与世界政党高层对话会开幕式并发表主旨讲话》，《人民日报》2017 年 12 月 2 日。

自新中国成立后，中国与非洲各个国家始终保持密切的往来并结下了深厚的友谊。中国医疗援非至今已经延续了几十年，成为中非交流中一道亮丽的风景，为当地人所赞扬，为民心相通奠定基础，也为中国企业走出去、建立良好的政治商业外交以及民间社会关系提供了服务。除此之外，中国有大量的国企在非洲深耕多年，架起了“一带一路”倡议下中非合作和交流的桥梁。目前，国内一些公益组织也在非洲设立了自己的办公室，通过公益项目增进双方沟通和理解。伴随新一轮产业革命的转移，非洲的战略地位日益凸显，与非洲各个国家建立起中长期的战略合作关系在当下显得更加重要。

数智时代的到来，短视频等传播媒介的兴起与发展，个体在社交平台上的表达使中非交流从宏大叙事转向微小叙事，凸显出具体化、过程性的日常沟通的意义，人类命运共同体所蕴含的尊重、平等、互惠与和平不仅是言语的表达，更需要在对话交流中不断抵达。

1. 吉布提纹理概略

国家处于历史之中，是完全历史性的①。不同国家在各自的形成和发展中生成了不同的历史脉络和社会肌理，其中不仅包含区位、要素、自然环境、资源等，更重要的是风俗、习惯、语言和文化等的差异，而这种差异常常在追逐投资回报速度的过程中被忽略。这种忽略并不简单地由制度、结构所致，反而是由以个体意识为核心的看待人与事物的生命底色不同造成的。民族属性及民族主义既是一种特殊类型的文化人造物，也是权力关系的产物。想要适当地理解这些现象，我们必须审慎思考在历史上它们是怎样出现的，它们的意义怎样在漫长的时间中产生变化，以及为何今天它们能够掌握如此深刻的情感上的正当性②。区域研究首先应该限制自我的偏好与判断，具备在事物的差异性中寻找相似性的能力，而这些恰恰需要亲身的体验与思想的洞见。

吉布提是世界上公认的关键小国。地处东非之角，吉布提东南与索马

① 〔美〕本尼迪克特·安德森：《想象的共同体》，吴叡人译，上海人民出版社，2016年，第245页。

② 〔美〕本尼迪克特·安德森：《想象的共同体》，吴叡人译，上海人民出版社，2016年，第4页。

里接壤，南、西与埃塞俄比亚毗邻，西北与厄立特里亚为邻，北、东濒临亚丁湾，隔曼德海峡与也门相望，是红海通往印度洋的门户。吉布提所处的地理位置，在地缘上具有十分重要的战略价值[①]。在古代，作为埃及、苏丹和埃塞俄比亚等地通向印度洋的必经之路，吉布提便是阿拉伯人和埃塞俄比亚人互相竞争的重要场所。到了16世纪初，葡萄牙人率先袭扰吉布提沿海一带，但并未得逞；随后，英国、法国、意大利等西方国家都曾想要将其占为己有，最终经过多方角力、共谋和分赃，吉布提成为法国殖民地。法国最初主要是将吉布提视为红海与印度洋之间的加煤站；苏伊士运河通航后，法国又着力将吉布提港口扩展为贸易中心；到第二次世界大战之后，吉布提已经成为法国在海外的第一个军事基地，成为法国飞机、军舰等通往印度洋和太平洋的中转站。

重要的地缘位置使法国在非洲民族独立运动高涨之时仍采取拖延政策，阻碍吉布提独立。1977年，法国被迫承认吉布提独立，但仍通过各种措施维护自身在吉利益。法国在吉布提实施殖民统治后，当地居民被剥夺了一切政治权利，政府机关的一切公文使用的是当地绝大多数人看不懂的法文。殖民地当局虽然同意当地人成立工会组织，但是规定不许进行民族主义宣传[②]。自此，吉布提的发展便被打上了深深的法国烙印，这一点从当下吉布提的语言、法律、文化等方面着眼便可以了然。

由于法国重视的是吉布提在地缘政治中的区位优势，只是将该地视为自身的海外领地和中转站，所以在占据吉布提的一百多年里，法国一直忽视当地基础设施建设、农业和畜牧业的发展，只关注港口和铁路带来的经济利益，这些遗留问题仍然是制约当下吉布提发展的重要原因。目前，吉布提仍然是世界上最不发达的国家之一，再加上气候和自然资源的限制，吉布提国内工农业基础薄弱，95%以上的农产品和工业品依靠进口，交通运输、商业和服务业（主要是港口服务业）在经济中占主导地位，约占国内生产总值的80%[③]。2013年，吉布提政府制定“2035愿景规划”，希望

① 顾章义等编著《索马里 吉布提》，社会科学文献出版社，2006年，第254页。

② 顾章义等编著《索马里 吉布提》，社会科学文献出版社，2006年，第273页。

③ 中华人民共和国外交部：《吉布提国家概况》，https://baike.baidu.com/reference/421969/e91f_c0JjScVtEcZQqb-MNtp_dxGbrVxzKQOhdbalRj1zWeLjD0yms2NA3kfKAT4ZxUtkTEkIwcEBmFfcCljZKS2SGZwWCtaV329_TD2mePZntEgsqJk1-Ma0rwQyGt-ulU3t-aIeUatX7ZPco7TU9ttgvf6，最后访问日期：2020年8月10日。

在未来20年，通过发展交通、物流、金融、电信、旅游等行业，利用区位优势，将自身打造成地区性的航运港口与商业中心。

历史上被侵略和被压迫的经历以及在新时期各个国家对该地区的高度关注使吉布提在独立后坚持奉行“严格中立和不结盟”并“在平等、互相尊重和不干涉别国内政的基础上同世界各国进行合作”的政策，主张维护世界和平、稳定和安全，通过和平方式解决争端[①]，在与不同国家展开多元合作的基础上，提高自身在本地区和国际上的地位。在与中国的交往中，吉布提坚持奉行一个中国政策，重视发展与中国的友好关系，通过人员互访、经济合作、贸易往来以及医疗、教育和文化合作等形式相互支持和配合。“一带一路”倡议提出后，吉布提是最早回应的非洲国家之一，近些年来中吉合作也成为“一带一路”国际合作的典范。

2. 中吉合作是中国长期扎根非洲的结果

法国占领吉布提期间便十分重视吉布提港的建设，在当地建立起煤炭供应站、供水系统和码头，但是由于时间久远和地主港的运营模式，吉布提港因设施旧、规模小、货运装卸运转周期长、运作管理方式粗放等原因不仅没有发挥独特的地理优势，反而限制了自身的发展。2013年，吉布提政府决定升级改造老旧港口，随后招商局、中土集团等中国企业进入考察并承担相关设计和建设工作，推动当地政治、经济、文化等全方位立体发展。完善的基础建设、先进的设备和技术、高效的管理模式向吉布提和世界展示了中国速度和中国模式，这一方面是各个企业调动资源、共同合作的结果，另一方面也是中国在吉布提等非洲国家长期扎根的结果。

(1) 政策沟通：平等的国际交往与合作

中国与非洲国家的合作和友好关系历史悠久且有着良好的发展基础，正如2013年3月25日习近平总书记在坦桑尼亚尼雷尔国际会议中心的演讲中提到的：“中非关系不是一天就发展起来的，更不是什么人赐予的，而是我们双方风雨同舟、患难与共，一个脚印一个脚印走出来的。”[②] 中国与非洲的直接交往开始于唐朝，当时中国对外交通发达，丝绸之路可通往

① 顾章义等编著《索马里 吉布提》，社会科学文献出版社，2006年，第323页。

② 杜尚泽等：《中非永远做可靠朋友和真诚伙伴》，《人民日报》2013年3月25日。

多个非洲国家，至今仍能在史书中找到当时中非交流的记载。到了近代，共同的苦难经历又把中非两地紧密地联系在一起，二者之间有着患难与共的感情，也因此结下了深厚的友谊。新中国成立后，中国也十分重视与非洲国家建立长久联系和合作，曾先后提出“和平共处五项原则”“求同存异”方针等加强与非洲国家之间的联系。20 世纪 50 年代后，面对非洲民族解放运动的蓬勃发展，中国也积极支援非洲民族国家独立，帮助其摆脱殖民统治。

作为地理位置优越的关键小国，不同于现代意义上的民主国家，吉布提政府建立起以强领导和强政府为代表的强人政治，在面对复杂多变的国际事务时，吉布提奉行中立、不结盟和睦邻友好的外交政策，主张与世界各国在平等的基础上发展合作，这与中国始终坚持的特色大国外交理念不谋而合。从 1979 年 1 月 8 日起，中国与吉布提已建交 40 余年，共同的历史遭遇、共同的发展任务和共同的战略利益使双方在交往中始终平等相待、相互尊重和相互支持。中国始终秉持大小国家一律平等的原则，尊重吉布提主权和领土完整并对吉方提供力所能及的援助，吉布提方也始终坚持一个中国的原则，积极参与中非命运共同体的建设，双方在政治互信、经贸往来的基础上建立起战略合作伙伴关系，共同构建新型国际关系和人类命运共同体。

（2）贸易畅通：密切的经贸合作与往来

在全球化经济格局逐渐形成和全球价值链不断链接的局势下，非洲仍是人类最后的一块发展沃土，这片大陆是否能够更好地介入全球发展，对于其自身独立发展和人类命运共同体建设都至关重要。

吉布提独立之前，一些中国轻工业产品便已进入吉布提市场。中国与吉布提互利合作则始于 20 世纪 80 年代以后，随着改革开放和出国热潮的掀起，中国的一些国有企业和个体商户不断走进非洲，分别从事与商贸和建筑项目等相关的经济活动，中国土木工程公司、中国建筑工程总公司分别于 1982 年、1985 年在吉布提设立办事处并承接工程项目①，推动了中吉双边经贸关系的发展。自 1995 年以来，私营企业也获得了走出国门的权利，以华为等为代表的民营企业带着资本、技术和员工进入非洲市场，在

① 顾章义等编著《索马里 吉布提》，社会科学文献出版社，2006 年，第 331 页。

开拓海外市场的同时，也加强了中国与非洲大陆的联系。2013 年，习近平总书记提出“一带一路”合作倡议，强调积极发展与“一带一路”沿线国家的经济合作伙伴关系，共同打造政治互信、经济融合、文化包容的利益共同体、命运共同体和责任共同体。随着“一带一路”倡议的提出，发展中国家尤其是非洲国家的战略重要性进一步提升，中国对非的援助、支持和投资不断增加，双方经贸合作越来越频繁和密切。

作为走进非洲的企业代表，中土集团已经在吉布提发展多年，参与了多哈雷港口、亚吉铁路以及中国保障基地的工程建设。在负责亚吉铁路东段建设的过程中，中土集团与中国中铁合作获得了亚吉铁路六年的运营技术服务合同，从以往的建铁路转向管理铁路，打造从投融资、设计施工到运营在内的全产业链闭环。中土在吉布提早年的发展为后续企业进入吉布提提供了可供参考的经验。在不断调适和平衡中，中土集团总结出了独特的“亚吉模式”，即一方面是通过全产业链把“中国标准”带出国，另一方面是通过铁路带动沿线经济发展，形成经济带。

(3) 民心相通：多元的民间交流与互动

在全球化工业格局变化和产业转移的背景下，在“一带一路”和打造人类命运共同体的倡议下，中吉合作和交往呈现出新的态势，也站在新的起点。在合作共赢理念的推动下，如何借助多元主体，尤其是民间力量深化双方合作凸显了日常交流与传播的重要性。2015 年，在约翰内斯堡峰会上，习近平总书记提出为打造全面战略合作关系，中非要在“政治上平等互信、经济上合作共赢、文明上交流互鉴、安全上守望相助、国际事务中团结协作”，在这五大支柱的基础上，重点实施“十大合作计划”。2018 年，中非合作论坛北京峰会又再次提出“八大行动”等新举措，不仅充实和丰富了中非合作的框架，也将人文交流摆在了与经济、安全等同等重要的位置上，再次强调了民心相通的重要性。

中国与吉布提签有医疗、教育和文化合作协定。自 1981 年起中国便开始向吉布提派遣医疗队，至今三十多年始终不曾间断。通过派遣医疗队、培训医护人员、发放药品等形式提升当地的卫生医疗水平，医疗队也长期扎根当地的有机生活区，与当地民众交往密切并结下了深厚的感情。根据教育合作协定，中国每年会通过中国政府奖学金资助一定名额的吉布提留学生到中国学习。“一带一路”倡议提出后，由天津市人民政府、吉布提教育部、天津铁道职业技术学院、天津市第一商业学校、吉布提工商学校、中国土木工程集团有限公司共建的鲁班工坊将吉布提选为自身在非洲的第一个着陆点，通过将高标准教学区和实训基地结合的方式，弥补了吉布提高等职业教育的不足，也为亚吉铁路项目和当地经济发展提供技术型人才。另外，中国还曾派长春杂技团、铁道部艺术团等前往吉布提进行演出和文化交流，推进双方民间沟通和理解。

中国政府长期的、不间断的对外援助工作使吉布提当地人对中国企业和中国人的印象普遍较好。近些年，中国公益组织在非洲不断落地，越来越多的学者和学生开始关注和重视非洲研究，大规模、频繁的民间、在地接触和了解，提供了除官方外交外的另一种彼此认知和理解的可能性。

3. 共商、共建、共享的秉承、践行与实现

19 世纪初哥伦比亚的自由主义者彼得罗·费敏·德·瓦加斯在其所拟的《平策蛮议》里提到，“欲扩张吾人之农业，必先使印第安人西班牙化。彼等之怠惰、愚昧以及对正常应付出之努力所持之漠然态度，令人思及彼等乃源于一堕落之种族，且距其源头愈远愈形退化……唯今之计，应使印第安人与白人通婚，宣告彼等已无进贡与其他义务，再发给私有土地，使之驯至灭种”[①]。相比于使用枪炮和细菌来使印第安人灭绝的后来人，彼得罗选择了通过“通婚”和“发给私有土地”等形式使印第安人灭种，但二者对于自身独特神圣性的强调和对人类可能的生活形式的无视和不屑确是相同的、自觉的、毫不自知的。

任何一个共同体的存在和发展都有其内在的联系和逻辑，不存在优劣好坏的绝对标准，宗教、族裔、语言、传统、风俗等文化特性仍是连接人类的重要纽带，强烈的民族认同和共同依存的意识，使不同的族群不仅没有失去基本的凝聚力，其精神遗产反而在全球化的推动下生发出新的需求和活力。“经济的全球化并不能代替或者磨灭掉种族、宗教和文化的全球化。倒不如说，正是由于多样化的文明才可能孕育出全球化的繁荣”[②]。中

---

① John Lynch, *The Spanish American Revolutions 1808 - 1826*, W. W. Norton & Company, 1986, p. 260.

② 〔美〕乔尔·科特金：《全球族：新全球经济中的种族、宗教与文化认同》，王旭等译，社会科学文献出版社，2010 年。

国企业在进入东道国之时，必然会遇见当地的法律、制度、风俗、文化和习惯等，这不仅是政治制度和经济水平等权利的博弈，更是不同语言、情感、信仰的交锋，隐藏着更多的交流风险和不确定性，也更加凸显在尊重和认同基础上的理解和共享的重要性。

世事无常中却有着事物发展的不间断性，当宏大叙事被摒弃，更加重要的是在具体而微的交流和传播中所展现的共商、共建与共享的理念。微小叙事自古有之，极权社会拒绝对话，但不等于对话不存在。法国思想家雷蒙·阿隆在其访谈录《介入的旁观者》中曾指出："苏联制度的实质是拒绝对话。至于我，在我选择的社会里，三十五年来一直存在对话。这种对话应该尽可能地合乎理性，但也接受感情用事和不理性，对话的社会是人类的关键所在。另一种社会建立在拒绝相信被统治者之上，建立在少数寡头的强词夺理之上，也就是大家所说的，他们自认为掌握了自身和未来的绝对真理。对此，我坚决反对。我与之战斗了三十五年，而且还要继续战斗下去。这几个寡头强词夺理，自以为掌握了历史和未来的真理，真叫人受不了。用今天的话来说，这是不可接受的。"[①] 交流对话中的旁观与介入是有差异的，人文主义者瓦拉曾把主宰命运的上帝分成两部分：上帝的预知（旁观）和上帝的意志（介入），两者的作用犹如希腊神话故事中的阿波罗和宙斯，其中，阿波罗能够预知未来，却不能决定未来，而决定未来的是宙斯，他代表上帝的意志。因此，上帝的预知并不是人的自由意志的障碍，而真正决定人的命运的是上帝的意志[②]。中国传统哲学中"天道无亲，常与善人"的思想，恰恰说明个体人性是参差不齐的存在，交流对话就是需要保持良知，激发善，遏制恶，让更加人性化的社会长久发展，这是人类生生不息的必然选择。

人工智能（AI）等技术的发展带来沟通对话媒介的日益丰富，同时人的感觉知觉系统也加入到了沟通对话之中，并且成为沟通对话是否可能的关键因素。庄子有言："若一志，无听之以耳而听之以心，无听之以心而听之以气。听止于耳，心止于符。气也者，虚而待物者也。唯道集虚。虚

---

① 〔法〕雷蒙·阿隆：《介入的旁观者》，杨祖功等译，吉林出版集团有限责任公司，2013年，第248页。

② 佘碧平：《〈介入的旁观者〉：谈雷蒙·阿隆与萨特的不同命运》，《东方早报》2013年11月21日。

者，心斋也。”[①] 在他看来，认知方式有三种，最低等的认知方式为“听止于耳”，其次是“听之以心”，最高级的认知方式则是“听之以气”，即借助直觉认知，在空名的心境中感受和了解事物本身，“虚以待物”。胡塞尔也认为：“合理化和科学地判断事物就意味着朝向事物本身，或从语言和意见返回事物本身，在其自身所在性中探索事物并摆脱一切不符合事物的偏见。”[②] 不同的国家、民族、组织和个人在交往和合作时，只有在悬置自我的存在之后，才能摆脱自我中心主义和独断论的束缚，将情感、意志、信念等都纳入对彼此的感知和了解之中，还原事物的本来面目，从而指向对事物本质的直觉把握，在尊重的基础上达成彼此的认同。“全球性的思维和地方性的行动”这一在20世纪60年代被提出的革命性口号，在当下仍然经得起不断地重复，它是对当下人类联系交往日益密切却更彰显出自我选择的多元性和复杂性这一境况的最好概括。“参差多样，对幸福来讲是命脉”[③]，差异性和复杂性正是全球化的底层逻辑，不同的价值观念和宗教认同并没有随着世界性而消失，反而呈现出多样化的发展和繁荣势头，为世界经济的发展提供了新的活力。

以往中国在走出去的过程中往往更强调“以我为主”的文化输出，但随着对东道国的认知和理解不断深入，对民心相通重要性的认识不断加深，中国企业在东道国的经营和活动愈加体现出对当地的尊重和理解，在悬置自我判断的认同和尊重之上，在具体而微的交流和互动中，不断寻找当地的内在秩序和逻辑，寻求对基础价值的理解与共享，其中涉及语言、观念、定见、思维模式、民族认同等多个层面。

近些年，中国企业越来越重视当地员工的宗教信仰，遵守当地的劳动制度和法规，保障员工的权利，很多企业鼓励中国员工学习当地语言，使当地百姓能够切实地感受到中国也在向他们学习，增强了彼此的信任，也拉近了彼此的距离。中国企业在走出去之后，逐渐扎根于当地，受到政府和民众的信任，既与其调动全球资源，发挥自身优势，切实推动当地发展密切相关，更离不开一直秉持的共商、共建、共享的发展理念。在人类命

① 孙通海译注《庄子》，中华书局，2016年，第79页。

② 〔德〕埃德蒙德·胡塞尔：《纯粹现象学通论》，李幼燕译，商务印书馆，1994年，第75页。

③ 〔英〕罗素：《西方哲学史》（下卷），马元德译，商务印书馆，1976年，第40页。

运共同体的指引下，中国企业在与吉布提合作过程中始终坚持正确的义利观，建立互信、平等合作的伙伴关系，在商业利益驱动双方合作的同时，也通过采用所有权和运营权分离等多种手段，保障吉布提的权利。中国企业不仅负责硬件设施建设，也负责输出技术、人才和管理经验，随着吉布提员工比例的不断提升，最终实现的是吉布提人对自身的本土化管理，这种平等的合作方式也营造了平等对话的机制，增强了当地人对中国政府和企业的信任。

4. 科技发展下的核心竞争力：技术标准及效率提升

从 20 世纪 80 年代开始的互利合作算起，中国企业进驻非洲国家已经有几十年的时间，在这一过程中，中国企业曾在很长一段时间内主要以低端劳务输出为主。以 20 世纪 90 年代为例，当时中国主要依靠建筑队伍走进非洲，大量廉价的建筑劳动力进入非洲承担基础设施建设工作，以成本优势参与国际竞争；与之相比，当时法国人只需派一两个本国人到非洲负责技术和管理工作，基础性工作都交由当地人和建筑机械完成。但随着中国自身技术、经验和效率的提升，中非合作的合作力度和领域越来越大，中国企业的技术优势逐渐显现，自主承建项目逐年增加，中国方案、中国模式不断在非洲大陆落地，二者合作也逐渐由劳务输出、工程输出转向技术和标准共享，不断形成管理模式等全产业链要素的合作。

信息技术转型以及其背后的社会结构、社会权力和社会关系的转变使人类社会进入新的社会形态，技术标准越来越成为企业技术水平和自主创新能力的重要体现，标准化战略已成为提升企业核心竞争力的关键性核心要素。标准的输出不仅涉及企业在国际贸易中的话语权、规则制定权，更涉及设备、产品、技术、服务等全产业链要素的输出和落地。由于欧美发展行业标准的时间较久，体系完善，其标准已经成为世界通用的“语言”，再加上非洲国家往往自身标准体系建设水平较低且大多沿用欧美国家的标准体系，所以以往中国企业在非洲承建项目时一般采用欧美标准和设计，即使中国企业承担项目的资金投入、技术支持、材料、人员、施工等，但由于技术标准限制，企业仍处于被动局面。标准并不是冷冰冰的参数，产品才是标准真正的载体，中国企业不断在技术赋能的基础上与吉布提共同探索提升技术标准自主权和效率的可能性路径。

标准是一种游戏规则的改变者，通过在基础设施领域制定标准，中国将与吉布提共同重新确立一套秩序与规则。目前吉布提与埃塞俄比亚之间货物运输的数据通道并未建立起来，目前通关主要以人工监管为主，但由于工作时间、法律监管和随意性强等问题，通关效率不高，数据流的缺失更是使两国通关存在很多灰色地带。以招商局为代表的企业也正在与政府合作，通过政府推动数据通道的建立，实现信息流和数据流同步，通过技术的发展和标准的建立打破现有民族国家语言和文化的藩篱。

“一切技术手段都要起来防止未来的震荡”①，与吉布提等非洲国家的合作愿景的达成定要依托技术的发展。技术的发展赋予了个体获取信息、表达和行动的权利，在此基础上实现的是整个社会关系、社会权力的解构与重构以及对社会结构的颠覆。技术的发展也会使原来权威的、确定的观念、思想和战略成为一种遮蔽，让人在思维定式和刻板印象的误导下产生误判和迷思。吉布提的新一轮发展要乘着全球化市场格局变化的东风，必然要扭转传统工业发展中的管理规则和理念，将技术的发展纳入整体的发展框架构思中，以更大的视野和格局，通过网络技术、通信技术等数字技术的提前布局，主动接入到世界发展的潮流中。

5. 人类命运共同体下的利益共同体

《中国的和平发展》白皮书指出，经济全球化成为影响国际关系的重要趋势。不同制度、不同类型、不同发展阶段的国家相互依存、利益交融，形成“你中有我、我中有你”的命运共同体②。2012 年 11 月，中共十八大报告提出，“这个世界，各国相互联系、相互依存的程度空前加深，人类生活在同一个地球村里，生活在历史和现实交汇的同一个时空里，越来越成为你中有我、我中有你的命运共同体”，这是人类命运共同体的先进理念首次载入中国共产党的重要文件，成为我党执政兴国的重要指导思想。2017 年 2 月 10 日，“构建人类命运共同体”的理念首次被写入联合国

① 〔美〕戴维·哈维：《时空压缩后现代的状况——对文化变迁之缘起的探究》，阎嘉译，商务印书馆，2003 年。

② 国务院新闻办公室：《中国的和平发展》，https://baike. baidu. com/reference/3629241/7363txJU5oAwQXhbX8GoyLwOso0l7zlsTMmeoK-iAD5vbJ8QDeCrqXtVPVMxnAyLds07qEDqBD3wwdeDEdDa2aL8TI4wDtcXXThlca-wCj-d-rZImsRu_TPJct0，最后访问日期：2019 年 4 月 22 日。

决议，表明了国际社会对这一理念的认同。人类命运共同体既是有关人类社会的新理念，也是对人类共同利益和共同价值的再次寻求，更是解决当下全球性问题和治理焦虑的智慧，其中蕴含着中国几千年的智慧，也恰好回应了当下复杂多变又彼此联系的国际关系。

(1) 从“命运”到“命运共同体”

在古希腊，“命运”一词被认为是一种主宰一切的神秘力量，这种力量既外在于现实世界但也决定了现实世界；“命运引领顺从者，但拖拽不情愿的人”[①]，一切看起来偶然发生的事，都是必然的；杨布利柯提出，灵命指主宰和守护着人的一种抽象精神力量，它受神意支配又支配凡人，无论如何，运气或灵命不可能突破命运，只能在命运限定的范围内左右具体事件。在中国古代哲学中也有很多关于“命运”的说法，有人曾做过分析，中国传统的命运哲学是通过“天人合一”表达出来的，依据天、人及天人合一的不同可以将中国传统命运哲学分成十四种不同的流派[②]。北宋吕蒙正曾在《命运赋》里指出：“人道我贵，非我之能也，此乃时也、运也、命也。”[③] 命运在中国视阈中既指先天所赋的本性，又指人生各阶段的穷通变化，“命”意味着与生俱来，但“运”则随着时空转换而有所不同。人类命运共同体正指出人类走向共生与共在的定数，即必然性，但同时也指出其中可能存在的时空转化和穷通变化，即偶然性，这就要求国家、民族、企业、社会组织以及个人在相互依存的前提下，以共同利益为纽带，在为自身谋利益的同时兼顾对他人的合理关切，在谋求自身发展的同时，也促进他人的发展。

亚里士多德认为，人们对善的共同追求使人们获得了相应的利益，而国家本身是一个具有道德性的共同体，是“必要之善”，这是西方对共同体认识的起点[④]。1887 年，德国社会学家滕尼斯在《共同体与社会》一书中将共同体从社会的概念中分离出来，用以表示建立在自然情感一致基础上、紧密联系、排他的社会联系或共同生活方式，这种社会联系或共同生

① 〔德〕叔本华：《叔本华论说文集》，商务印书馆，1999 年。

② 魏义霞：《中国人的命运哲学》，黑龙江教育出版社，2010 年。

③ 吕蒙正：《命运赋》，https://wenku.baidu.com/view/a7b3f53433d4b14e84246824.html，最后访问日期：2020 年 8 月 10 日。

④ 龚群：《自由主义的自我观与社群主义的共同体观念》，《世界哲学》2007 年第 5 期，第 72 页。

活方式产生关系亲密、守望相助、富有人情味的生活共同体。在滕尼斯看来，“共同体”主要是以血缘、感情和伦理团结为纽带自然生长起来的，其基本形式包括亲属（血缘共同体）、邻里（地缘共同体）和友谊（精神共同体）[①]。

近年来，现代信息和交通技术推动着全球化进程，人与人之间、群体与群体之间联系和交往的纽带已经不再受到传统的血缘和地域的限制，吉登斯提出一种“脱域的共同体”概念。他认为：“现代性的一个特点是远距离发生的事件和行为不断影响我们的生活，这种影响正日益加剧。这就是我所说的脱域，即从生活形式内‘抽出’，通过时空重组，并重构其原来的情境。”[②] 这意味着“历史终结论”并没有兑现，全球化带来了另一种可能，宇宙普遍性和现世特殊性的并列意味着不同的区域共同体会以自身的形象呈现出来，最终实现的是共在与共生的人类命运共同体。

（2）基于利益共同体的命运共同体

关于“共同体”的争论仍没有定论，人们普遍认为，“共同体”之所以有别于社会、社区、组织等其他社会结构，是因为“共同体”一定具有自己的共同目标，具有共同目标的一群人结成的组织则可以被称为利益共同体，共同的目标是形成共同体的基础。人类命运共同体的发展和实现离不开共同的利益，共同的利益是命运共同体获得生命和生机的客观基础和强大动力，人类命运共同体下的利益共同体指明了不同国家在合作时要扎根共同体各方利益，秉持共同利益观，以利益共谋、共享，打造利益共同体。利益共同体的实现需要合作双方坚持合作共赢和互利互惠的理念，并在此基础上消除合作疑虑，提升合作的积极性和主动性。

在全球化产业转移的背景下，通过利益共享推动中吉合作，为吉布提下一步的发展提供充足的孵化期和培育期对其未来的自主可持续发展至关重要。中国企业与吉布提合作过程中始终秉着诚实的态度与当地“做生意”，而不是完全的无偿援助，支持非洲依靠自己进行建设和发展。中国企业也需要在保证国有资产保值或增值的前提下，在中非发展基金的支持

---

① 〔德〕斐迪南·滕尼斯：《共同体与社会：纯粹社会学的基本概念》，林荣远译，商务印书馆，1999年，第Ⅲ页。

② 〔英〕安东尼·吉登斯：《现代性与自我认同：现代晚期的自我与社会》，赵旭东、方文译，生活·读书·新知三联书店，1998年，第169页。

下，在金融配套服务上，在投资控股、贸易结算、金融贷款、融资、投资、证券、债券、私人银行、运营管理、人才培养、技术培训、金融政策架构等方面与当地形成“你中有我，我中有你”的利益共同体。

中国企业进入吉布提之初都曾面临过被打量和怀疑，这种怀疑既是当地政府和民众对企业能力的怀疑，也是对企业诚意的怀疑。“中国速度”“中国质量”在吉布提快速落地，为当地政府带来了实实在在的收益，也在很大程度上扩大了当地的就业，推动了当地经济的跨越式发展。在对吉布提的投资和建设中，中国企业始终坚持以商业成功推动社会进步，但这里的进步既包括中国的进步，也包括吉布提的进步，其中最重要的就是遵循商业投资逻辑和商业规则，为吉布提自身的持续发展创造条件，这种在利益和目标共享基础上的双边合作，才符合打造中非命运同体的本质要求。

在各国相互依存、休戚与共的“地球村”时代，只有牢固树立命运共同体意识，才能实现互惠共赢。利益共同体不是指一时一地的短期利益，而是指长远利益，这是人类命运共同体的纽带和发展动力，是人类命运共同体形成的必要而非充分条件。人不是单一的经济动物，人类命运共同体的建设是人类不断彼此认知、尊重、理解的过程，也是人类不断在其中共担风险的过程，在利益共同体的基础上，还需推动责任共同体和价值共同体的达成，在阿德勒形容的“共同体感觉”的基础上，在人类社会建立起有效的情感连接与有机团结。

6. 重新部落化：命运共同体中的有机团结

“经过三千年专业分工的爆炸性增长以后，经历了由于肢体的技术性延伸而日益加剧的专业化和异化以后，我们这个世界由于戏剧性的逆向变化而收缩变小了。由于电力使地球缩小，我们这个地球只不过是一个小小的村落。一切社会功能和政治功能都结合起来，以电的速度产生内爆，这就使人的责任意识大大提高。”① 在20世纪最著名也最受争议的预言家麦克卢汉看来，随着口语媒介、文字和电子技术的不断发展演进，人的感知能力经历了完整—分裂—重新完整的阶段，与此相对应的人类社会也经历

---

① 〔加〕麦克卢汉：《理解媒介——论人的延伸》，译林出版社，2011年，第5页。

了部落化—非部落化—重新部落化的变化，“就我们这个星球所关注的而言，我们已经废除了空间和时间”①。人类命运共同体正是在全球时空不断转换的基础上，在人们之间联系愈加紧密的时代，对全体人类命运中的有机团结、共同责任，对和谐世界的共同追求的呼应。

中国企业想要与以吉布提为代表的“一带一路”沿线国家共商、共赢，这一愿景的实现与所在国的发展和命运休戚相关。跨文化经营的利益分配由微妙、细小的具体而微的语境、情境中的矛盾与冲突所左右。在时空动态平衡中的尊重与理解强调主体于对象的亲密交会与融合，一种主体全身心的潜于对象的情感体验，基于观察与领悟之上的生活体验的差异而没有隔阂，打造真正的命运共同体，既分享共同的利益，也尊重不同的价值观。

（1）媒介大时代与叙事小时代

互联网技术的更迭和发展，使人们迅速进入万物皆媒的时代，连接一切、快速迭代成为这一时代的主要特征；伴随着新媒介技术的发展而来的还有平台社会，线上生活和线下社会的联动越来越紧密，信息的流动、人们是否以及如何行动以及之后的变化强弱体现出交流与沟通的重要性。在这个过程中，自我的感觉、直觉与情感变得越来越重要，万物皆媒的时代也蕴含着媒介微小叙事时代的到来。

一方面，媒介是人们获取信息、感知世界的重要手段，既能够帮助中国企业了解当地各主体的情况，也能够提升国内对非洲的认知，甚至推动当地政策、法律和法规的调整。中国媒体在塑造非洲形象的时候，以“自我”为中心，进行宣传报道，这种对非洲形象的简单化、概念化报道框架在不知不觉中加剧了非洲贫穷、落后和急需帮助的形象，并未呈现非洲的自在，加强了受众对非洲的刻板印象，既无利于中非友好交往，也会影响非洲对中国在外建设的态度，甚至会引起西方媒体的过分解读。另一方面，语言符号中既有委任，也有暴力。随着中国的快速崛起，原有的以西方为中心的传播话语体系和信息传播机制已经无法满足国际社会对中国的好奇，中国媒体积极走出海外正在逐渐改变国际传播格局。但是受传统传

① 〔美〕戴维·哈维：《后现代的状况：对文化变迁之缘起的探究》，阎嘉译，商务印书馆，2003 年。

播体制和观念等影响，面对西方较为成熟的话语体系，中国在国际传播格局中的力量较弱，仍然处于被叙述和被建构的被动状态，尤其是在涉非报道中，中国媒体往往更注重对英、美等发达国家的传播和回应，反而忽视对非洲国家的关注，不知不觉落入西方媒体的话语陷阱。

简单来说，媒介叙事指的是意义的不断生成，媒介不同，讲故事的方式和内容等都会不同，这与媒介生产的权力场域、认知能力密切相关。媒介叙事是一种能力，它需要讲故事的人将自己与他人的经验纠缠在一起，要求其跟随受众的态度、情绪等实时情况调整故事内容，同时具有唤醒倾听者经验和体悟的能力。随着技术发展带来的传统时空观念的转变，人们的感觉、知觉、情感等被唤醒，原有的故事叙事回归并逐渐取代信息叙事，凸显了个体与自我的重要性，也凸显了日常生活和普通事件的重要性。在这种情况下，每个个体的信息都是一种传播，正如蝴蝶效应一样，其背后的观点、意义和理念不断叠加，会产生更大的影响。

对贫困、落后等的再认知是中国媒体做好媒介叙事的重要基础。在外人眼里贫穷、落后的吉布提人其实享受着一种豁达、闲适的生活状态，街边的很多流浪汉大多都是周边国家的难民；当地人工作意愿低的原因也并不全是因为懒惰和工作水平，也受当地宗教等因素的影响，当地人们共享一种朴素的家庭观念，十分强调互相帮助与扶持；卡特草在外界看来将会制约吉布提的发展，但是对当地人来说它意味着一种生活的意义感……截然不同的观念和理念相冲突在此凸显了媒介叙事的重要性，媒体在采访报道时要在互动中将自己置于一个于对象自身特性较为适宜的特定观察地位，然后再去观察、体认和领悟，直觉在其中就是最重要的敏感力、洞察力、接受力和穿透力。

任何一篇报道、文章背后都站着鲜活的个体，他们彼此持有不同的生命经历和体验，也自然编织出了不同的、各具特色的情感、理性和智慧。国际传播效果的最终达成，要突破之前的宏大叙事和信息叙事，转向故事叙事和生命叙事，从真情实感的小叙事出发，挖掘新闻背后的互动因素，挖掘普通事件的重要意义。从这一角度出发，媒介叙事不仅要重视个体的行动与改变，还要注意感觉、情感以及情绪的重要作用，在实时和动态过程中，审时度势、抓住时机，在注重传播效果的同时，也看重传播过程，在认知与行动中共同推动传播效果的达成。

（2）沟通对话中的包容、友善与尊重

城市是人们生活的场所，也是人们美好生活的承载者，包容友善是城市最好的气质。这意味着吉布提的城市发展需整合政府、企业和各类资源，探索生态圈式可持续发展的模式，通过完善基础设施建设等，满足人们需求，提升自身综合服务能力；通过社区开发、绿色开发等途径，打造全生活链条的服务体系；通过促进人与人之间的平等互利，激活社会的能动性与创造性，增强城市的包容性和友善性。

正如习近平总书记所言“人心是最大的政治，共识是前行的动力”，对个体生命的尊重也是城市友善、包容发展的应有之义。早期中国在非洲做了大量的投资和建设，但是并未获得与之相对应的声誉，其中很重要的原因是交流的缺失和普通百姓获得感的不足。中国在非洲的经济活动被形容为“飞地经济”，即与当地不发生任何联系，无文化和人员的交融，也无技术上转让的经济合作，这种合作模式多停留在政府和精英层面，对当地普通人的影响不大。秉持“与吉布提共成长”的理念，中国企业在重视推动当地经济跨越式发展以增加就业外，也尝试积极履行社会责任，通过建设安居住房、成立基金会和培训中心等举措，直接服务于当地普通民众，既彰显自身的实力和诚意，也激发出了民间社会的资本与力量，形成上下联动，促成包容友好城市气质的形成。

城市的包容性与友好性也体现在规则基础的开放和包容。通过社会综合治理与服务设施的配套（幼儿园、学校、医院等）吸引拥有不同文化背景、不同专业的人才，保证专业的人做专业的事，为城市发展提供原生动力；同时通过公共空间的建设，给予人们按兴趣爱好满足个体身心需要的可能，人们在认同和体验中产生热爱城市、维护城市和保护城市的自觉意识。规则和制度的开放性给予城市自我修复和自我发展的能力，给予城市应对高科技发展可能给社会带来风险的能力，也赋予城市不断在发展中调试和应对问题的能力。中国企业在与吉布提合作之初便注重与当地合作，始终关注当地需求，双方共享平台基础设施、专业管理服务、创新资源，在不断改善投资环境中，培育城市的运营能力和发展动力，打造利益共同体。

对话和合作成为中非交流不可或缺的选择，在沟通对话中的谈判，寻求的是沟通对话过程中的共识，尊重交流协作中彼此的差异，减少沟通成本，也是重建对外交流制度体系必不可少的环节。个体间的交流对话需要警惕的是人的激情与信念，激情与信念是支撑个体最为重要的力量，然而，它们与人的认知、思维方式又是紧密相关的。我们所应警惕的是囿于自我的浅见与想象来看待、判断变化莫测的世事，而没有意识到所看到的世事背后所看不到的种种限制，无法了解自身生命的底色以及机制背后种种人为的有奈无奈的制约，在这种情况下，对话中的执着与奋争可能会激发各种各样潜在的矛盾冲突，无序而又无情的交流会让人不断怀疑自己，甚至"反噬""吞没"自己，从一个极端走向另一个极端。

(3) 以时间换空间，以空间赢时间

社会实践活动是人类进行跨时空交往的真正动力和源泉。随着全球化市场的形成和信息技术的发展，人们对时间和空间的体验方式实现了革命性转变，先前所认定的时间和空间的客观品质已然不复存在，取而代之的是人们对时间的加速和空间的缩小的深刻体悟，它导致"世界进入我们视线、世界呈现给我们"的方式的根本性改变。时空压缩在时间维度上表现为"现存就是全部"，在空间维度上表现为地球村的出现[①]。时空的压缩和转换使过程性和动态性的意义不断显现，动态适应与动态平衡是交流、合作和治理中的应有之义。

中国与非洲在合作中既形成了自上而下的政策沟通，也有自下而上的贸易畅通。中国已经连续十年成为非洲最大的贸易伙伴，在助力非洲快速崛起、持久和平等方面做出很多努力。但是，作为人类的起源地，非洲在几千年的发展中形成了独特的历史文化和人文面貌，其自主的持续性发展也必须依靠自身，人类历史上不存在任何简单改造一个民族、一个国家、一片大陆的情况，所以中非合作不是中国对非洲的单方面救助，命运共同体的打造需要在利益和目标共享的基础上"让吉布提建设地更像吉布提"。

在电子媒介的影响下，人们重新回到了部落化时代的感官同步时代，个体的能动性被不断释放出来，人们的知觉、感觉、信任和情感回归，基于共同命运之上的有机团结的达成既要求公开和透明，也要求基于情感和理解的认同方式的转变。在时空平衡和校对的过程中，海外经营是一个多

① 〔英〕戴维·哈维：《后现代的状况——对文化变迁之缘起的探究》，阎嘉译，商务印书馆，2003年。

方利益博弈的过程，以往固定的渠道和模式被打破，更多元的主体参与进来，不确定性和不稳定性更加交杂，这要求多元主体要有足够的耐心和定力，要有不断平衡和校对的能力，做到审时度势，择机而动，在提问题的基础上，学会解决问题，在动态平衡和动态适应中把握战略发展的时空关系，不断进行制度创新。

中国企业在海外投资应将双方合作放在长期合作框架中，既关注经济效益，也强调综合治理，在项目前期通过顶层设计、风控、法务、审计等结构性工作为投资把脉，将短期利益和长远投资结合，但同时也强调打破时点的限制和人的灵活，在时空的不断变换中调整自身的战略和布局。“以时间换空间，以空间赢时间”，中国数字乡村建设先行者总结出的经验，也同样为中国企业在海外发展提供了新的理念和思路。中国企业走出去也是一个在动态平衡中实现的过程，结构与权力的调整与重构是动态的平衡和实现，具有鲜明的过程性与阶段性，需要多元主体在认知、尊重和理解等方面合力推动，实现合作与交往的不断发展。

（4）全过程战略中的动态平衡

人类社会向来是一个风险社会，风险社会是现代化不可避免的产物。现代工业化文明在不遗余力地利用各种科技手段创造财富的同时，也处处产生和遗留了不可胜数的“潜在的副作用”，当这些副作用变得明显可见，并将当代社会置于一种无法逃避的结构情境时便产生了风险社会。在传统社会中，占主导地位的是外部风险，但是随着后工业社会的到来，“人化的风险”成为占据主导地位的风险，人为的不确定性带来一系列的风险、危险和副作用，需要人们建立起“双向合作风险治理模式”。一方面，在政府、企业、社区和非营利组织之间共同建立治理风险的网络联系和信任关系，搭建起资源、信息交流与互补的民族内部平台；另一方面，风险的全球化也呼吁民族、政府突破国界，构筑共同的风险治理国际网络和国际间信任关系，共同应对未来可能发生的危险①。

风险无处不在，但风险是战术问题，而不是战略问题，风险弥漫着阶段性和过程性的特点，其中更凸显了细节和试错的重要性。政府、企业和公益组织需共同合作，意识到风险的存在，在动态平衡中把握和预防风

---

① 〔德〕乌尔里希·贝克：《风险社会》，何博闻译，译林出版社，2004 年。

险，不断提升自身追问、调整和改变的能力，在不断碰撞和磨合中突破障碍。中国企业在海外发展离不开良好的中国国家形象，以招商局为代表的央企要充分发挥自身的平台优势和架构优势，通过教育培训和能力建设提升自已快速发展和多道并发解决问题的能力，同时激发公益组织的社会资本，将战略规划和行动结合起来，在动态平衡和适应中，把握战略发展中的时空关系，不断进行制度创新。

风险预示着一种尚未发生的、需要避免的未来。人的力量在风险社会中日益凸显，个体成为应对风险社会的安全性策略之一。中国的国家形象和中国企业在外发展的舆论环境由每一个中国公民在外的形象、语言和行动共同组成。这既提醒中国在外公民要尊重和理解当地的文化、传统和身份认同，主动沟通和交流，在了解中实现有机团结，也提醒在外的中国企业既重视资本、资源、人力等看得见的因素的作用，也关注贫富差距、利益分配、宗教文化等看不见的因素的影响，重视当地民众的参与感和满足感，降低沟通风险，为中国企业在外发展提供良好的民间环境。

7. 结语

过去在现在，现在却孕育着未来，任何正义都需要加上时间的纬度，在历史中去考量和评判。中非交往与合作不是一时之事，非一时之功，中国企业在海外发展的过程中要始终坚守自己的使命和担当，在悬置自我的判断中，寻找其内在的秩序逻辑，在共享利益的基础上，也尊重当地人特有的价值观、人生观和世界观，在动态平衡与动态适应中，把握战略发展中的时空关系，运用足够的耐心与智慧，用更大的视野与格局去布局，不断调整战略规划与行动的关系，在时空的不断校准和平衡中，坚持国际市场原则和中国技术标准，在不断提问和追问中，发现问题和解决问题。技术的发展赋予企业行动和改变的权力，企业要将战略规划与实干结合起来，在不断试错和改错中，坚持一事一议，事事相连。企业通过自身的高素质、专业化队伍和独特文化探索新的海外发展模式，需要既看到眼前利益，也关注长远利益，既关注经济利益，也关注战略意义，既关注看得见的因素，也强调看不见的条件，在允许试错的前提下，实现基本价值的理解与共享，抹平差异带来的不可能性，加强普通民众的获得感，推动中非命运共同体的构建。

| 四 |

智库外交及其行为实践：智库在对外交往中的功能、角色与活动*

周　慎　赵彦云　朱旭峰**

党的十八大以来，中国特色新型智库成为国家治理能力体系和治理能力现代化建设进程中的重要内容，习近平总书记在十九大报告中明确提出“加强中国特色新型智库建设”，智库建设被提升到国家战略高度①。由此，掀起了一股智库研究的热潮。时至今日，智库研究和建设工作在国内各个领域都显得越来越重要。国际关系与外交实践是智库发挥效用的前沿阵地。党的十八大以来，中国外交安全智库迅猛发展，国内学界对智库的关注主要集中在两个方面，或探讨智库在外交政策制定中的作用，或关注西方国家的智库及其与外交事务之间的互动，而鲜少将“智库外交”作为一个明确的概念及领域来进行系统探讨。要满足大国外交和全球治理对理论和实践双向供给的需要，使智库能更好地服务于国家对外交往活动，亟须从根本上对智库外交及其行为实践有一个全面的了解。

本文第一部分为“作为社会行为实践的外交”，阐释了外交性质的变迁；第二部分为“作为外交参与主体的智库”，定义了智库作为外交参与主体的性质，并对“智库（公共）外交”的研究进行了文献综述；第三部分为“智库外交职能与角色分析”，在《维也纳外交关系公约》中有关外交职能的界定基础上，建立了智库外交的分析框架；第四部分为“全球智库外交实践典型案例”，在智库外交的分析框架中，结合全球智库中典型

---

* 本部分原载于《智库理论与实践》2020 年第 5 期。

** 周慎，清华大学公共管理学院博士后，助理博士研究员，博士；赵彦云，外交学院国际关系专业研究生；朱旭峰，清华大学公共管理学院副院长，教授，博士生导师，智库研究中心主任，博士。

① 人民网：《加强中国特色新型智库建设》［EB/OL］. http://theory. peo-ple. com. cn/n1/2017/1229/c40531-29736006. html.

的外交做法，对每项智库外交职能与角色进行了论述；第五部分为“中国智库外交存在的问题与建议”，在发现问题的基础上提出中国智库如何修炼参与外交的“内功与外功”的建议；最后是文章的结语，再次凝练主题，总结全文。

1. 作为社会行为实践的外交

《世界外交大辞典》中将外交定义为：“外交是指国家以和平方式通过正式代表国家的行为在对外事务中行使主权，以处理与他国关系，参与国际事务，是一国维护本国利益以及实现对外政策的重要手段。不同的国家利益和对外政策决定一国外交的不同性质、内容和特色，形成不同形态的外交。”① 作为一个有着悠久历史的社会实践方式，外交与民族国家的诞生息息相关，各国通过交换特使和大使来管理彼此发展中的关系。外交的仪式和程序以及形成的精英文化在一代代外交人身上传承。

有学者认为上述外交传统的连续和对传统外交形式的遵守会带来外交停滞②。有学者认为传统外交未能跟上世界发展的速度，给世界带来的是更多的问题而不是解决方案③。外交学者们从不同的角度对外交的演变进行了描述，提出的概念有旧外交和新外交④、俱乐部外交与网络式外交⑤、传统外交与综合外交⑥、多边外交、催化外交和超级外交⑦等。旧外交或俱乐部外交模式只涉及少数国家官方外交官，且在很大程度上是将自己局限于国家的官僚程序中秘密地履行其外交职能，并因此具有典型的等级特性和精英性质。尽管各国官方代表之间的传统外交仍然是现代外交的重要组

---

① 钱其琛：《世界外交大辞典》，世界知识出版社，2005 年，第 2045 页。

② Andreas Sandre. *Twenty-first Century Statecraft'*, *Digital Diplomacy*: *Conversations on Innovation in Foreign Policy*. Maryland: Rowman and Littlefield Publishers. 2015: 4.

③ Jorge Heine. *On the Manner of Practicing the New Diplomacy*, *Global Governance and Diplomacy*: *World Apart*? . London: Palgrave Macmillan, 2008: 273.

④ Brain Hocking. “Privatizing Diplomacy?”. *International Studies Perspectives*, 2004, 5 (2): 147 - 152.

⑤ Brian Hocking. “Catalytic Diplomacy: Beyond ‘Newness’ and ‘Decline’”. in Melissen. J. *Innovation in Diplomatic Practice*. London: Macmillan Press Ltd, 1999: 21 - 42.

⑥ Parag Khanna. “The New World Order... Really: Mega-Diplomacy”. *European view*, 2011, 10 (2): 153 - 158.

⑦ Geoffery Wiseman. “Polylateralism: Diplomacy's Third Dimension”. *Public diplomacy magazine*, Summer 2010: 24 - 39.

成部分，但今天的外交已变得更加扁平化和多元化。

运输和通信技术的发展、非国家行为体的出现及其自我实现的意愿不断高涨以及非传统安全挑战的出现都给传统外交体制造成了压力。为了更好地处理和适应新的挑战以出色完成外交任务，各国外交部及其外交人员越来越多地主动或被动地将新的行为主体纳入传统的外交领域，使外交不再只是少数人的专利，而可以是多数人的实践活动。虽然官方外交官仍然是外交的主要代理人，但外交界现在包括了各种各样的行为主体，这些新的行为主体包括智库、非政府组织、慈善团体，甚至名人，他们从事的活动和采取的方法都发挥了一定传统外交的作用①。

外交领域新的行动者的出现以及外交概念与实践方式的演化表明，外交已经从传统意义上的僵化制度逐渐回归到“外交”的字面意义，即一种外部交往实践。在本文要讨论的智库外交中，如果将智库及智库专家与国家系统中的大使馆与外交官相提并论，还是用传统外交的制度、程序、仪式来理解智库外交，则智库外交是不可想象的，但将外交作为一种各种外交职能自觉履行的行为实践的话，则智库外交的概念和行为就不难理解了。

2. 作为外交参与主体的智库

当代，智库已成为对政策制定过程产生重要影响并对社会发展起巨大推动作用的组织②。第一个提出现代意义上的智库概念的学者是保罗·迪克森：“智库是一种稳定的相对独立的政策研究机构，其研究人员运用科学的研究方法对广泛的政策问题进行跨学科的研究。对与政府、企业及大众密切相关的政策问题提出建议。”③ 关于智库的定义，本文采用中国智库研究学者结合国内智库建设实际情况给出的定义——“智库是一种相对稳定的且独立运作的政策研究和咨询机构”④。

对于智库外交这一概念，目前学术界尚无统一定义，由于各国不同的政治、文化、经济背景，各国学者对智库外交的定义存在纷争。美国学者

---

① Wheeler Mark. “Celebrity Diplomacy”. in Costas M. Constantinou, Pauline Kerr, Paul Sharp *The SAGE Handbook of Diplomacy*. London: SAGE Publications, 2016: 530 - 539.

② 朱旭峰:《改革开放与当代中国智库》,中国人民大学出版社,2018年,第4页。

③ Dickson Paul. *Think Tanks*. New York: Atheneum, 1971: 1 - 3, 26 - 35.

④ 薛澜、朱旭峰:《“中国思想库”:涵义、分类及研究展望》,《科学学研究》2006年第3期,第324页。

普遍强调智库的独立性和非营利性，认为智库是独立于政府之外的，非政府、非党派组织的、非营利性的研究机构。同时需要认识智库不是处在社会真空中的，“智库是介于学术界、政界、商界和传媒界之间的混合型组织”[①]。因此，智库的运转表现为谨慎的平衡运动[②]。基于对智库和外交的理解，可以说智库外交不从属于官方外交，但难免与官方诉求交织在一起。在相对独立的维度，智库充当外交的第二轨道；在密切关联的层次，智库外交是大外交的重要环节，是官方外交的重要补充，也是外宣工作的重要内容。也因此，相对于国家行为主体的外交，智库外交具有特殊的优势，各国承认并利用其独立及非营利的优势开展自己的外交活动。

虽然有大量文献讨论智库对外交政策制定的贡献，但几乎没有直接提出智库外交概念的。在牛津现代外交手册和萨奇外交手册中找不到“智库外交”的词条。外文文献中最开宗明义也是首次提出智库外交的是 2017 年在《外交与对外政策》上发表的文章[③]。中国学者从公共外交和传播学的角度，提出“智库公共外交”的概念，并将其解释为：“智库作为一种积极的公共外交行动主体、传播媒介和目标受众三位一体的角色，以高水平的政策专家和其创新的思想成果为基础，以国外智库和各界公众为目标受众，运用人际传播、组织传播、大众传播等各种传播模式，以融合传播的方式，全媒介、多网络传播思想成果，开展对话与交流，影响他国公共政策和舆论。智库公共外交的核心是思想的双向对称交流和舆论传播，智库公共外交的作用是加深理解、增进互信、促进和平。智库公共外交的根本目的是在国际舆论空间构建和提升本国意识形态权力。”[④] 国际智库之间的合作是“一轨外交”之外的新型国际合作形态。在 2007 年，有学者通过建立政策过程理论和国际机制理论相结合的“二轨国际机制”模型来分

---

① Medvetz Thomas Mattheu. *Think Tanks as an Emergent Field. New York*：*Social Science Research Council.* 2008：1 – 10.

② Medvetz Thomas Mattheu. *Think Tanks in America.* Chicago：University of Chicago Press. 2012：10 – 21.

③ Melissa Conley Tyler，Zhea Matthews，Emma Brockhurst. *Think tank diplomacy*（*diplomacy and Foreign Policy*）Boston：Brill Academic Pub. 2017：1 – 96.

④ 王莉丽：《智库公共外交：概念、功能、机制与模式》，《中国人民大学学报》2009 年第 2 期。

析国际智库网络的行为与作用①。2012 年，在多种外交形态的论述中，有学者直接提出了“智库外交”形态：“智库外交是指主权国家通过智库间的国际交流，实现国家外交目标的活动。智库外交是公共外交的重要载体。智库外交既包括以智库为主体、智库之间的国际交流，也包括以他国智库为对象与目标的国际交流。”②

3. 智库外交职能与角色分析

随着 17 世纪国际法的产生，国与国之间的外交往来日渐频繁，在事实上的国家间外交关系已经存在的基础上，联合国外交往来和豁免会议在国际法委员会草拟的公约草案基础上通过了《维也纳外交关系公约》，为之后国家间发展外交关系奠定了原则和规范基础。在公约中使馆的外交职能主要分为五点：第一，在接受国中代表派遣国；第二，在国际法许可范围内，在接受国保护派遣国及其国民的利益；第三，代表派遣国与接受国官方政府办理交涉；第四，运用合法合理手段调查接受国的状况及发展情况，并向派遣国政府报告；第五，促进派遣国与接受国之间的友好关系发展，维护两国之间的经济、文化与科学关系③。

从中可以总结发现，《维也纳外交关系公约》中规定的外交职能主要为代表母国的功能、保护母国和母国人民利益的功能、交涉的功能、收集情况的功能、促进友好关系的功能。《维也纳外交关系公约》制定十几年之后，理论家赫德利·布尔指出了外交的五个关键功能：沟通、谈判协议、收集情报或信息、尽量减少国际关系中各国之间的摩擦、象征着“国家社会的存在”④。而随着时代的进步和全球化的发展，这些外交功能智库都可以直接或间接实现。目前，越来越多的国家开始认识到智库发挥外交职能的重要性，有意识地把智库外交纳入外交活动之中。智库之所以对外交至关重要，是因为其在外交职能的每个点上都能直接或间接地发挥重要

---

① 朱旭峰：《国际思想库网络：基于“二轨国际机制”模型的理论建构与实证研究》，《世界经济与政治》2007 年第 5 期。

② 仪名海等：《战略、策略、技巧：多种外交形态透视》，清华大学出版社，2002 年，第 395。

③ 黄金祺：《维也纳外交关系公约的特点和意义》，《外交学院学报》2002 年第 2 期。

④ Hedley Bull. *The Anarchical Society*: *A Study of Order in World Politics*. London: Palgrave. 1977: 156 – 177.

作用，扮演重要的角色。

第一，智库发挥间接代表母国的功能。虽然智库不是国家的官方代理人，但智库属地和智库专家国籍都在无形中代表国家，智库的报告以及相关研究都会在无形中被打上所在国的标签。智库专家是其本国的准大使，尤其是他们在大学任教，做客座讲座，参加研讨会或多学科和跨国研究项目等时。有些智库具有鲜明的党派性，也是某些政党的代言人，这也恰恰增强了智库在外交活动中重大的影响作用。

第二，智库发挥单向释放信息或多方沟通弥合的功能。智库可以通过举办有关问题的学术交流会和研讨会，为具体问题的讨论设置议程、提供平台。在政府外交陷入僵局的时候，为双方的沟通提供有益的补充，担任积极助推政府外交的角色，从而有效加深双方理解与互信。同时，在智库组织的活动上，决策者还能测试和传播他们的观点。

第三，智库发挥交涉的功能。谈判是一项核心的外交技能，外交官的作用是通过对有关各方的了解以及说服和沟通，促进共同利益的实现。这需要证明一方所谋求的目标符合对方的利益，也符合自己的利益。缺乏资源、经验和专门知识来证明双赢情况和提供双赢机制是交涉需要克服的重大障碍，而智库可以利用自己独特的研究优势和专业的分析技能来弥补这一缺陷，为外交谈判交涉提供服务。

第四，智库发挥情报收集和分析的功能。智库是对外政策的研究者，而研究是建立在充分了解情况的基础上的，在信息过载的世界中，外交官并不能单独履行这一职能。智库作为拥有广泛网络的公共机构，在收集和报告信息方面处于有利地位，也具备专业能力准确分析形势、及时制定有效对策。因此，智库专家成为外事部门最常接待的客人之一，他们的参与及提出意见成为对外政策制定过程中的重要环节。国家每当即将进行重要的官方访问或即将启动一个大型的对外关系项目时，都会定期咨询智库专家。

第五，智库发挥建立及维护友好关系的功能。一般认为智库具有的独立性和非营利性给了智库开展交往活动天然的信任基础，也就使其有了更广阔的交往领域和强大的资源池。有学者将智库称为所谓的“跨国宣传网络”中的核心行动者，通过这种跨国网络，智库在政府、企业和民间社会之间建立联系。此外，智库更擅长使用社交媒体积极接触外国和国内受众，以促进了解和宣传本国、本智库及其产品，以促进他们的事业发展。

同时智库非常敏捷，在接近商业和技术界方面往往领先于外交部门，从而在开展多学科、多部门协作建立联系方面发挥新型桥梁的作用。

通过分析我们可以看到智库能够起到重要的外交作用，但同时应该认识到外交国际规则和规范仍然是当前外交活动的基石。《维也纳外交关系公约》规定的使馆馆舍不可侵犯，东道国向在使馆工作的外交官提供保护，给予外交人员刑事管辖豁免权，并责成东道国采取保护使馆与派遣国之间的通信线路等保护措施，这些权利是不管智库发挥了怎样的外交职能，扮演了什么样的外交角色，目前都无法获得的。

4. 全球智库外交实践典型案例

综上，我们将智库在外交中所扮演的角色分为发挥间接代表功能的官方代言人、发挥交涉功能的协助人、发挥沟通弥合功能的中间人、发挥情报收集和分析功能的研究者、发挥建立维护友好关系的促进者。在本小节中，笔者选择了在不同角色扮演中表现突出的全球智库作为典型案例进行介绍和分析，为中国智库更好地发挥外交功能提供借鉴参考。在案例选择方面，同时兼顾地域广泛性和行业代表性，案例的启迪性、创新性和可复制性。通过实例阐述和扩充智库外交的内容，举一反三地提示智库外交的行为（见表7－1）。

表7－1　智库外交职能、角色与案例对照一览

《维也纳外交关系公约》外交职能	智库外交职能对应	智库在外交中的角色	典型案例
在接受国中代表派遣国	间接代表所在国	间接代言人	皇家国际事务研究所
在接受国保护派遣国及其国民的利益	单向释放信息或多方沟通弥合	雇佣兵与中间人	哈德逊研究所、国际战略研究所
与接受国官方政府办理交涉	协助交涉	协助人	独立外交官智库
运用合法合理手段调查接受国的状况及发展情形，并向派遣国政府报告	情报收集和分析	研究者	国际危机组织
促进派遣国与接受国间的友好关系	建立及维护友好关系	促进者	可持续发展解决方案网络

按照《维也纳外交关系公约》的规定，在接受国中代表派遣国是最基本的一项外交职能。智库及专家在对外交流中难以避免地间接代表其所在

国，如皇家国际事务研究所扮演了英国政府“代言人”的角色。皇家国际事务研究所又称查塔姆研究所（Chatham House），虽不是政府组织，但其对各国政府、领导者和决策者的影响力很大，可以对政府外交政策产生较深的影响，每年都会定期举行伦敦会议等重要会议，对国际形势和热点问题进行研讨，剖析国际关系发展新问题和新趋势。包括李克强总理在内的世界多国政府首脑在访英时都曾在皇家国际事务研究所发表演讲，足见其在国际社会中的地位与影响力，是官方的非正式代言人。

智库可以代替正式外交机构释放试探信息，也可以为官方的对话搭建沟通平台，以起到维护母国利益的作用。最典型的例子是哈德逊研究所（Hudson Institute）以及国际战略研究所（International Institute for Strategic Studies）。哈德逊研究所常被美国政客用作单向释放信息的平台。2018 年 10 月 4 日，美国副总统彭斯就特朗普政府对中国政策发表谈话，而他选择发表演讲的智库就是哈德逊研究所①。该所是美国著名的保守派智库，历来在台海、南海问题上对中国态度强硬。美国政府也通常先“雇佣”智库来放试探气球，为一些重要政策的出台做准备。而国际战略研究所经常作为中间人，在国家间发挥多方沟通弥合功能，以此来减少国家间的摩擦。由其亚洲办公室组织的年度会议——香格里拉对话，汇集来自亚太地区的国防部长和军事官员，讨论亚太地区面临的安全和防务问题。香格里拉对话的设立是为解决亚洲缺乏区域安全讨论平台的问题，该平台使区域的防务官员能够聚集在一起，弥合相互之间沟通的裂隙，为各方建立信任和促进务实有效的安全合作提供机会。

在国际事务的交涉中，也常常需要智库来承担“协助人”的角色，如独立外交官智库（Independent Diplomat）多次在国际问题的解决中发挥交涉功能。独立外交官智库致力于向需要其援助的国家、新兴国家或其他需要服务的非国家行为者提供广泛的外交咨询服务。它在国际外交系统内开展工作，以确保受国际决定影响最大的人民的声音在事关他们的未来发展的谈判中能够得到倾听。该智库提供的一系列外交咨询服务的核心目标是改善其客户在政治战略、国际法、公共外交和媒体三大方面的外交业绩，

---

① 冉继军、孙咏：《一场失理失利失节的演说》，《光明日报》，https://baijiahao.baidu.com/s?id=1614290418856712393&wfr=spider&for=pc，最后访问日期：2019 年 10 月 12 日。

帮助客户了解外交程序、提升外交谈判能力、更好地主张自己的利益，以求在复杂的国际关系中突围。如在 2015 年，独立外交官智库帮助马绍尔群岛共和国在《巴黎协定》的制定中发挥了重要作用，使其成为气候变化行动的领导者。在该智库的协助下，马绍尔群岛共和国聚集了 100 多个国家，有力地推动了影响其国家命运的《巴黎协议》的出台。

国家外交政策的有效性很大程度上取决于决策前对相关问题的深入调研和精准分析，过去常常是正式外交机构以一切合法手段调查接受国的相关状况及发展情形，并向派遣国呈报。而随着时代的发展，目前很多智库都可以作为“研究者”合法收集相关情报并做出专业分析，并以此影响国家外交政策的制定。国际危机组织（International Crisis Group）在这方面成绩显著。针对国际社会未能准确预测和有效应对在索马里、卢旺达和波斯尼亚发生的悲剧，致力于预防和解决冲突的国际危机组织于 1995 年成立。该组织通过收集事实信息和影响决策者来预防冲突、提高对危机的认识和促进冲突的解决。国际危机组织的所有报告和分析都以实地研究为基础，通过尽可能地了解冲突各方和所有利益攸关方，以准确把握实际发生的情况。国际危机组织被认为是世界上在预防致命冲突和大规模暴力方面，向政府和政府间组织提供预警、分析和咨询意见的主要非政府组织。

智库在全球范围内增进国家之间的联系和合作，取得了显著成效。可持续发展解决方案网络（SDSN：Sustainable Development Solutions Network）就是这样一个建立及维护友好关系的“促进者”。在时任联合国秘书长潘基文的主持下，联合国可持续发展解决方案网络于 2012 年成立，直到 2016 年《2030 年可持续发展议程》通过并正式生效之后，该网络正式注册为非营利机构。可持续发展解决方案网络致力于通过教育、研究、政策分析和全球合作支持在地方、国家和全球范围内实现联合国可持续发展目标，并为此建立起一个由大学、研究中心和其他知识机构组成的全球网络，把可持续发展方面的最新研究成果转化为实现目标的行动。截止到目前，该网络有 35 个国家和区域网络，1006 个研究机构成员①，此外该组织同联合国机构、多边融资机构、私营部门、民间社会等均合作紧密。

---

① SDSN. MEMBER INSTITUTION［EB/OL］. https://www.unsdsn.org/sdsn-members. 最后访问日期：2019 年 11 月 8 日。

5. 中国智库外交存在的问题与建议

比起西方智库，中国智库起步较晚但发展迅速，逐渐形成了具有中国特色的新型智库体系。据统计，我国各类智库已经超过2000家，这一数量比美国智库统计数量还要多。但是在影响力上看，我国智库在国际上影响力显著、获得足够认可、能够在国际公共事务治理和调整国际关系中发挥重要作用等方面与其他国家还存在不小差距①。我国智库在发挥外交功能方面还非常欠缺，主要有以下原因。

首先，对智库外交的认识不足，不认为智库是外交主体之一。在国内社会的普遍认知中，人们更加倾向于外交是通过官方渠道和他国政府打交道，因此在智库发展方面缺乏投入和经营思维。这也就意味着我们的智库需要更加积极地为外交事业建言献策，发挥自己独特的作用，让外交实践来检验智库的外交职能，改变社会原有的认知。其次，由于发展时间较短，我国智库的外交实力相对欠缺，尤其是在外语能力、信息沟通能力、社会化媒体使用能力、事件反应能力、议题引领能力、资源拓展能力、活动组织能力等方面还有一定的成长空间，这些能力的提高需要长时间的滋养或高效的专业训练。再次，我国智库容易被外界批评是“不独立”的。对独立性的认识不够深刻，强势话语和自我规训束缚了我国智库在国际社会上伸展拳脚。这也部分体现出中美结构性矛盾在话语体系上的反应。最后，我国智库普遍在经费来源上存在政府资助和社会支持双重不足的问题，智库参与外交的经费不够。

针对上述智库外交存在的问题，我们需要从以下几个方面来提升智库参与外交的“内功”（认知与优势）和“外功”（国际传播能力）。

（1）树立智库对“独立性”的正确认知，并培育智库的全球意识和参与意愿。智库需要认识到“独立性”应该是其研究的自主性及其观点的客观性，而非不接受政府的资助，甚至与政府隔绝等。在认真审视“独立性”的真实面目及自我认同确立和自主性建设的基础上，智库需增强国际视野，在自身研究议题设置上更多地关注全球性公共事务，提高智库的外交参与度和多样性。

---

① 朱旭峰：《改革开放与当代中国智库》，中国人民大学出版社，2018年，第111~112页。

（2）为智库参与外交活动创造条件，建立开放、常规的外交政策咨询体系。政府需明确与智库交往之间的角色定位，政府既是智库思想产品的需求方，同时也是参与决策的规则制定者。因此，政府应当尽力改善和优化智库发展环境。这其中非常重要的两点，一是为智库发展建构多元化可持续的资金保障机制；二是建设一条畅通的、日常的智库参与决策咨询的渠道，使智库能够参与协助交涉和对外政策咨询等工作。

（3）不断提升智库的政策研究水平和国际传播能力。政策问题研究是智库的立根之本。智库扮演的外交角色的所有基础都在于它是否做好了本职工作。因此，智库应注重人才培养，建设高水平多样化的政策研究人才队伍。在当今科技高速发展的时代，这支队伍要能跟上技术进步进行创新和变革，整合来自不同领域和学科的知识，跨界创新。同时智库作为话语生产者，要拓展对外传播平台和载体，积极面对国际重大事件，并注重话语生产和传播策略，将其精炼的思想产品和生产要素以及过程寓于其中。只有能传播、会传播、懂传播，智库发展才能避免停滞，才能焕发无限的外交活力。

（4）发挥不同类型智库在履行外交职能上的比较优势。2015 年出台的《关于加强中国特色新型智库建设的意见》将我国智库分为七类，分别是党政部门智库、社科院智库、党校行政学院智库、科研院所智库、军队智库、高校智库、企业—社会智库。可以看到我国智库类型比较齐全，理想的状况是不同类型的智库能够找准外交角色定位，发挥不同的外交功能，相互补充，促使我国的智库系统更好地服务于外交事业。

6. 结语

信息革命和全球化的发展打破了外交的传统模式，越来越多的非官方行为体进入外交领域并发挥特殊的影响力，智库外交则是其中的典型代表。目前，智库已经成为国际上对外交往行为中的重要力量。在外交实践中，智库通过直接或间接的方式发挥传统外交职能，促进国家间关系的发展，同时运用自身的研讨优势和研究能力弥补传统外交的专业缺陷，为外交政策的制定与规划提供科学基础和专业预判。智库之间的国际合作是“二轨外交”的重要内涵。智库对话在复杂的国际交往形势以及政治多元化背景下显得越来越重要，智库提供的交流平台已经成为各国沟通对外政策、建立政治互信、发布战略信号的重要渠道。

与一些西方发达国家相比，我国的智库发展起步较晚，在智库运营发展模式以及影响力发挥等方面都有一定的局限性，需要从顶层设计到具体规划，为中国特色新型外交智库的建设打通渠道，提供保障，使我国智库外交得以飞速发展。智库外交是在时代的催生下出现的新形式，在发展初期需要廓清其基本的实践内涵与行为框架，为智库外交的发展提供一定的理论基础与现实导向。本文即从外交的概念与特征出发，以现实中智库在国际交往和对外行为中的实践案例为基础，厘清了智库在对外交往活动中发挥的功能以及扮演的角色，在国内外案例的佐证下将智库外交活动进行归纳总结，初步构建了智库参与外交的实践路径与行为模式，并借鉴国际著名智库的发展经验为我国特色智库的建设提出具有参考价值的建议，以期我国智库能更好地辅助我国的外交工作，加强与来自世界各国精英听众的交流，增加国际社会对中国的了解与认同，为中国特色大国外交的发展贡献智库力量。

第八章

互联网超文本世界与跨媒介叙事

| 一 |

互联网时代媒介叙事下的生命传播*

师曾志**

1. “媒介大时代”与“叙事小时代”

互联网技术发展的同时，产生了“媒介大时代”与“叙事小时代”。进入21世纪，互联网技术、人工智能带来的连接一切、快速迭代等特征，预示着“媒介大时代”的到来。麦克卢汉所谓“地球村”世界到来，万物连接中也凸显出万物皆“媒”，人的交往与沟通越来越彰显生命本身，个体感觉、知觉与情感在沟通交流中的作用越来越重要，种种社会“人造物”幻象纷纷滑落甚至崩塌，人与自我、人与他者关系在心性的贴近或疏离中呈现或遮蔽，这代表着“叙事小时代”的开端。

有人将互联网比喻为因陀罗网，连接互联网中一切流动的感觉、知觉、意识、观点、无意识、情绪、情感及其交互作用，诚如因陀罗网中的“一珠之中，现诸珠影”，宝珠万光，交相辉映，彼此相连，牵一发而动全身。互联网为自我传播提供了可能性，也对每个人在自我表达中对自身的了解与把握提出挑战。个体在表达、行动中的改变犹如因陀罗网中的珠光互摄，愈来愈裸露出个体生命的底色，而个体生命的底色也在生命的觉醒、觉知的前提下，在珠光交错之中有所改变。

正是在此基础上，我们提出“生命传播”的概念，即生命在其之内又超乎其外，在交流互动中不断生成更迭，在关注生命内容的同时，注重生命中思想生成的性质、过程以及形式，主张互联网时代传播学更应注重生命叙事与体验。麦克卢汉认为，一切媒介均是感官的延伸，人的感觉影响

---

* 本部分原载于《中国编辑》2018年第9期。

** 师曾志，北京大学新闻与传播学院教授。

着人的知觉、体验，也会反过来颠覆或强化人们的感觉。个体信息感知力与回应力的不同，不仅体现出个体的心理差异，也会影响社会心理的喧嚣与动荡。正因如此，媒介叙事成为生命传播的前提与条件。

2. 媒介叙事与自我认知

媒介叙事是麦克卢汉“媒介即讯息”思想的延续。万物皆媒强调互联网时代显示了生命与死亡离不开人们的感官、感知、情感在交流中的导引与影响。麦克卢汉曾指出“拼音文字发明之前，人生活在感官平衡和同步的世界之中。这是一个具有部落深度和共鸣的封闭社会。这是一个受听觉生活支配，由听觉生活决定结构的口头文化的社会。耳朵与冷静和中性的眼睛相对，它的官能是强烈而深刻的，审美力强、无所不包的”①，正是这种感官无所不包性，它“给部落亲属关系和相互依存编织了一张天衣无缝的网络”。这个网络与今天的互联网相同的是都具有情感的共鸣与深度；不同的是，前者是封闭性的，而后者是开放性的。

媒介叙事是媒介多中心化以及差异化的产物。媒介叙事通俗意义上指的就是讲故事，不同媒介讲故事的能力、方式、内容等都会有很大的差别，这与媒介生产与再生产的权力场域、符号想象与认知能力相关。互联网时代不同媒介叙事所形成的符号世界，反映与生成人们的想象世界与心理世界，它会对人们的自我认知、交往关系甚至社会建制等产生巨大的影响与改变。从某种意义上讲，人类历史也是一部媒介发展史。麦克卢汉比较了口头文化与书面文化的不同，他认为“口头文化的行动和回应是同时发生的。相反，行动而不必回应、不必卷入的能力是‘拉开距离’的书面文化的人独特的东西。另一个区别部落人和后继的文字人的特点，是部落人生活在声觉空间的世界之中。这就赋予他迥然不同的时空关系的观念”②。这里所言的“迥然不同的时空关系的观念”，关键在于人们的情感意识来自真切的生死感知体验。

媒介叙事中追问行动与卷入的统一或分离直逼生命本身。中国传统文

① 〔加〕麦克卢汉、〔加〕秦格龙：《麦克卢汉精粹》，何道宽译，南京大学出版社，2000年，第365页。

② 〔加〕麦克卢汉，〔加〕秦格龙：《麦克卢汉精粹》，何道宽译，南京大学出版社，2000年，第240页。

化是避谈死亡的，对本雅明而言，他看到的恰恰是“曾几何时，死亡乃是个人生命中一段公共的过程，也是最具范导性的一段过程”[①]。传统时空中，死亡与人们如影随形，生者在活着的时候就在处处感知死亡的气息，这种鲜活可见的死亡感受所带来的权威在本雅明看来是“故事的真正起源地”，这是因为当生命走到尽头时，一连串的图景会在内心涌动——种种生平虽曾遭际却没有留意的场景一一展现——一样，在弥留之人的思绪中，难以忘怀之事会突然涌现，赋予与他有关的一切以权威[②]。这种权威的体现是多方面的，比如它给予了讲故事的人巨大的讲述空间，让故事穿越时空，亘古不灭。

媒介叙事行动与回应的统一需要发挥感官无言有情的交互作用。感官的交互有利于人内心的外交内感与外感内应，易于深入人心，有益于永恒观念的树立。本雅明引用保罗·瓦莱里的话：“几乎可以说，永恒观念的衰落与对持久徐缓的劳作的日益规避是相辅相成的。”[③] 生命在交流、流转中需要经验的锻造与淬炼。经验在本雅明看来就是“一直以来年长者传给年轻人的那些东西”。经验的讲述贴近的是日常生活，是人们口口相传生活中的重要组成部分。

媒介叙事十分强调无言有情的信念、信仰等对人生命倾向性的影响，它们通过人们的言行举止，便能处处显露出来。本雅明曾发出“一切都一去不复返了”“经验贬值了”的哀叹，正好印证了麦克卢汉“一切媒介本身对人和社会都施加难以抗拒的影响——无论其传递的信息是什么”的观点。人类经验贫乏状态在本雅明看来就是“野蛮状态”。野蛮在此是褒义的，是“引入一个全新的、富于积极意义的野蛮概念”。本雅明认识到经验的贫乏对这种野蛮人有何助益，它迫使他们从零开始，让他们有一个全新的开始，让他们事半功倍地清除一切陈规陋习。野蛮就在于明白真正崇高的存在与持续不断的积累是相辅相成的。维特根斯坦也曾说过，不要问意义，要问使用。这些都在告诫我们：媒介叙事无处不在，无所不能。在

---

① 〔德〕瓦尔特·本雅明：《写作与救赎》，李茂增、苏仲乐译，东方出版中心，2009年，第89页。

② 〔德〕瓦尔特·本雅明：《写作与救赎》，李茂增、苏仲乐译，东方出版中心，2009年，第89页。

③ 〔德〕瓦尔特·本雅明：《写作与救赎》，李茂增、苏仲乐译，东方出版中心，2009年，第89页。

传播学以及媒介研究中，我们应回归到日常生活的点点滴滴之中，语言简单化的抽象与不清晰，都可能引发信念与原则、知识与行动、理论与实践等的断裂。

媒介叙事是一种能力，它需要讲故事的人有将自己与他人的经验交织在一起叙事的能力，会随着受众的情绪、态度等将讲述的内容随时做出调整，也有移情而唤醒听者自我经验的技巧。因此，与其说讲故事是需要交流的能力，不如说讲故事是一门分享经验、体验的技艺。讲故事的人，“他让故事之爝火将其生活之灯芯燃烧殆尽”，“在讲故事的人身上，正义之人与自己邂逅”，这便是“环绕于讲故事的人之周围的那无可比拟的灵韵的底蕴”①。

3. 口语时代故事叙事与印刷时代信息叙事

神话故事、民间故事、口口相传的故事等属于传统经验故事，讲故事人的身份是故事的组成部分，讲故事的人得有一种魅力，故事本身也少有解释，更多的是在提供魅惑、悬念、紧张、恐怖等的同时，让人体悟到机智与愚钝、乐观与悲观、快乐与痛苦、和平与暴力等的最后和解。生命正是在故事表面上处于自然状态的情况下，使叙事分层错落杂乱又不失内在联系地得以存在。

本雅明曾说“讲故事艺术的一半秘诀就在于讲述时要避免解释”，他在评论俄国作家尼古拉·列斯科夫作品时指出：“无论是多么极端、多么离奇的事情，他都讲得极为精确，但事件之间心理上的因果联系却不是强加于读者的。一切都留待读者按照自己的理解去解释，叙述因此获得了信息所缺乏的丰盈。”② 讲故事的人所展开的言说是有其自身逻辑与结构的，这种交流能力需要历经岁月世事的滋养、熏陶与沉淀，故事讲述的内容与讲述的形式以及场地有很大的关系，有时受众是直接参与到故事的生产之中的。

传统社会中讲故事的人与听故事的人之间的关系是具有张力的。讲故

① 〔德〕瓦尔特·本雅明：《写作与救赎》，李茂增、苏仲乐译，东方出版中心，2009 年，第 104 页。

② 〔德〕瓦尔特·本雅明：《写作与救赎》，李茂增、苏仲乐译，东方出版中心，2009 年，第 85 页。

事的人越能将故事讲得引人入胜，听故事的人也就越会被吸引，听者想要记住故事并希望有朝一日与别人重复的意愿就越强。从这个意义上讲，两者都要求有良好的记忆力。故事交流的能力一方面在生死个体与历史的层面上展开，另一方面通过细节性的描述将其镶嵌在受众内心中，引发心灵深处的震荡与自我生活的呼应与交融。从某种意义上说，故事讲述得成功不但是讲故事人的禀赋，更多的是故事融入听众的生活中，讲故事的人以及作者都可能在这个过程中隐藏不见，听故事的人会转变为讲故事的人。

随着印刷术的发明，17、18 世纪以后小说成为故事叙事的主要载体，大众媒体出现后信息的传播主要依赖新闻。本雅明把其称为“信息叙事”，即“它只存活于那一刻，它必须完全地依附于那一刻，并且争分夺秒地向那一刻表白自己”，并比较了信息叙事与故事叙事的不同。本雅明认为故事叙事“不消耗自己。它存储、集中自己的能量，即使在漫长的时间以后，还可以释放出来”①。

信息叙事取代故事叙事直接导致经验的贫乏，它“不仅仅局限于个体，而是普遍意义上的人类的经验的贫乏”②。本雅明认识到第一次世界大战结束后，“从战场上归来的人变得沉默寡言了——可资交流的经验不是变得丰富，而是变得贫乏了，这一切难道不是显而易见的吗？十年之后，从泛滥成灾的战争书籍中倾泻出来的绝不是可以口口相传的经验。这没有什么好奇怪的。因为经验从来不曾被摧毁得如此彻底：战略经验被战术性的战斗摧毁，经济经验被通货膨胀摧毁，身体经验被机器竞争摧毁，道德经验被当权者摧毁”③。由此，本雅明发问：“现在所有这一切都到哪里去了？有谁见过真正知道如何讲故事的人？有谁从临终之人嘴里听到过可以像戒指那样代代相传的话？有谁还能在需要的时候求助于格言警句？有谁会试图以传授经验的方式与年轻人交往？”④

---

① 〔德〕瓦尔特·本雅明：《写作与救赎》，李茂增、苏仲乐译，东方出版中心，2009 年，第 86 页。

② 〔德〕瓦尔特·本雅明：《写作与救赎》，李茂增、苏仲乐译，东方出版中心，2009 年，第 33 页。

③ 〔德〕瓦尔特·本雅明：《写作与救赎》，李茂增、苏仲乐译，东方出版中心，2009 年，第 80 页。

④ 〔德〕瓦尔特·本雅明：《写作与救赎》，李茂增、苏仲乐译，东方出版中心，2009 年，第 89 页。

经验、体验、交流方式的不同，会带来传播效果的不同。从本质上讲，人的经验、体验是生命的源泉，它编织的是日常生活中细微的情感、理性、智慧等，不仅仅是个体孤独的极致体会，更是繁复生活中的具体建议，鞭辟入里、耐人寻味、行之有效。麦克卢汉曾说："我们今天深入电气时代的程度，就如同伊丽莎白时期的人们深入印刷与机械时代的程度。他们由于同时生活在两种反差强烈的社会和经验之中而产生的困惑和犹豫，我们现在也正在经历。"互联网究竟会将人类带向何方？这是如今我们逃避不了的问题，我们也不可能忽视隐蔽在互联网背后的种种反人类文明现象的存在。

4. 技术变迁与情感记忆

马克思生活在社会动荡不安的年代，他却说"现今社会的这种令人失望的形势使我满怀希望"①。这种满怀希望的力量与个体自我的解放有关系。社会结构与个体是社会发展中的两个重要方面，它们之间相互依存与形构：当社会结构与社会关系处于相对稳定的状态时，个体差异性一般容易被遮蔽在结构当中；反之，当社会结构处于剧烈变革之时，个体在更大的空间中释放出其活力。社会结构与个体活力之间存在着一种特别的张力，在反复争夺与博弈中实现两者间的平衡。

随着技术的发展，个体活力在社会结构中的释放不仅仅使个体获得自由与解放，更多的是个体拥有学习、记忆、交流、思考的能力以及对自我责任的承担能力。报纸、杂志等媒介在诞生之初就参与到了社会变革的巨流之中。美国《时代周刊》的特色在于使复杂的国际问题个人化，并在这一过程中打破了美国新闻窒息灵性的框框。大众传媒在构建国家、民族等想象的共同体的同时，推动着政治制度等在本地化基础上朝着超越性与普遍性的方向发展。在注重个体相互沟通与相互依赖的基础上，凸显个体对共同体信仰的差异性的存在、注重政治法律制度等规则的存在，是为了更好地维护人类命运共同体。

---

① 〔德〕马克思、恩格斯：《马克思恩格斯全集》（第四十七卷），人民出版社，2004年，第62页。

命运共同体中最核心的是人与人、人与组织、组织与组织、民族与民族、国家与国家之间产生信任，在信任的基础上大规模地合作，以维系人类的生存与发展。很久以前，人类语言革命性的意义在于其所传递的信息不仅仅是外在事物，更是“关于人类自己”的事物，即我们的语言发展成了一种八卦的工具。根据这一理论，智人主要是一种社会性的动物，社会合作是我们得以生存和繁衍的关键[①]。互联网时代社会有机团结中彰显的是长期隐匿于个体差异性背后的个体的情感、感知、感觉，信任与合作的基础更重要地产生于人类情感的共情与共鸣，它需要人类理性的回归，这也正是认知革命的基础。

技术所带来的人类认知的一次次革命，使大规模合作与快速创新延伸，将“一切社会功能和政治功能都结合起来，以电的速度产生内爆”[②]，人类在完成了身体向空间延伸之后，中枢神经系统又得到了进一步的延伸，“我们正在迅速逼近人类延伸的最后一个阶段——从技术上模拟意识的阶段。在这个阶段，创造性的认识过程将会在群体中和在总体上得到延伸，并进入人类社会的一切领域，正像我们的感觉器官和神经系统凭借各种媒介而得以延伸一样”[③]。这些创新的基础是人们之间的相互信任，而认知革命一再告诉我们，相互信任与个体认知的媒介叙事的能力有关。

技术变迁所引发的社会剧烈变革的重要表征是人们情感、意识、记忆、思想、思维的巨大变异。有的人为新时代的到来欢呼雀跃，有的人却焦躁不安。社交平台上的众声喧哗并不是全部，隐匿其后的万物静籁也不能忽视，我们需要追问的是：人的出路究竟在哪里？面对技术所带来的巨大冲击，麦克卢汉曾直言，内爆“使人的责任意识大大提高”[④]，即个体意识以及个体的责任、能力对社会发展的力量在新技术时代得以彰显，这意

① 〔以色列〕尤瓦尔·赫拉利：《人类简史：从动物到上帝》，林俊宏译，中信出版社，2014年，第24页。

② 〔加〕麦克卢汉：《理解媒介：论人的延伸》（增订评注本），何道宽译，译林出版社，2011年，第5页。

③ 〔加〕麦克卢汉：《理解媒介——论人的延伸》，何道宽译，商务印书馆，2000年，第20页。

④ 〔加〕麦克卢汉：《理解媒介：论人的延伸》（增订评注本），何道宽译，译林出版社，2011年，第5页。

味着个体认知成为改变的动力，也是探索生命传播的主要对象与目标。

正因如此，全球化不仅要关注政治、经济、军事、技术等宏大叙事的变革，更重要的是关注全球化过程中人员、信息的流动所带来的个体小叙事对社会变迁的影响，个体情感、意识、意念等作用的彰显使一个不是革命的革命年代随之到来。这种内生的、流动中的冲突是社会走向失控的重要因素，但它也同样变成了人类发展的动力。革命很难是二元对立式的简单粗粝，传统社会中结构单一性的矛盾冲突极易引发多重暴力，而互联网时代的多重冲突反而会形成内向式的相互牵制的状态，为人们沟通与交流提供更多的思考维度与空间，在自我觉察、自我否定之中寻求与外界和自我的和解。

5. 媒介叙事中的交感与“我能”

连接一切的互联网在人们的交互中已内化到人的心智结构和思维模式中，“媒介大时代”与“叙事小时代”也正是在这样的背景下提出的，其中最为关切的是生命传播中的认知革命。麦克卢汉曾说：“伟大的、持久不变的大众媒介不是文献，而是言语。语言既是一切媒介之中最通俗的媒介，又是人类迄今可以创造出来的最伟大的艺术杰作。”① 互联网即因陀罗网，它使大众媒介已超越语言本身，在心念、心智基础上形成记忆、交感的生命有机体。因陀罗网中的感觉、觉受在互联网技术支持下的快速交互，凸显出媒介即信息的特征，在信息快速流动、交互、生成与更迭中深刻影响着人们的思维方式与思维模式。

东方因陀罗网的思想与西方具身性认知观有相同之处。许多人将莫里斯·梅洛-庞蒂和约翰·杜威视为具身观念的两个伟大先驱。梅洛-庞蒂以“肉身”这个词表达我们原初的具身经验，并提出“世界之肉身”的概念，强调自我身心对世界的感触与参与，以此作为其学说的基础。杜威一直强调，我们的身体经验是我们能意谓、思考、知道和交流之一切的最初的基础。

---

① 〔加〕麦克卢汉、〔加〕秦格龙：《麦克卢汉精粹》，何道宽译，南京大学出版社，2000年，第424页。

梅洛-庞蒂在互联网技术出现之前就已深刻认知到心智与身体不二的本性与能力，其思想来源是，我们的认知是开始于“我能”而不是“我认为”。“我能”是因为“我”是一个身体（主体），构成我身体的元素和构成世界中事物的元素是一样的——它们是由相同的“肉身”构成的。梅洛-庞蒂指出：“我们重新学会了感知我们的身体，我们在客观的和与身体相去甚远的知识中重新发现了另一种我们关于身体的知识，因为身体始终和我们在一起，因为我们就是身体。应该用同样的方式唤起向我们呈现的世界的体验，因为我们通过我们的身体在世界上存在，因为我们用我们的身体感知世界。但是，当我们在以这种方式重新与身体和世界建立联系时，我们将重新发现我们自己，因为如果我们用我们的身体感知，那么身体就是一个自然的我和知觉的主体。”①

以上东西方思想为生命传播提供了极其丰富的理论资源，由此，我认为生命传播有如下几个特征：第一，“媒介大时代”与“叙事小时代”下的万物皆媒使信息传播无处不在，无所不能；第二，个体行为、行动与自我卷入相关，是个体性的、活性与具身性的，又是关系的、间性的；第三，强调实时性，认知在感觉流动中、在交流对话中不断形成与发展；第四，认知情境是动态与变化的，其中更加强调感觉、情感、情绪的力量，这些力量也在不断改变着认知情境本身；第五，强调审时度势与择机而行的能力，时机以及机缘稍纵即逝，认知在事物的性质、形式、属性上展开，而不仅仅延展与深挖内容本身；第六，正是时机与机缘的重要性，彰显了传播中表达、行动乃至改变的重要性，强调认知过程与创变过程的合二为一；第七，认知与创变的多措并举，打破人们思维中确定性的指向，突出了事物发展变化在生成中有着无限的可能性，这导致传播过程更重于传播结果。

6. 结语

万物皆媒中表达与互动已交织成历史的回声，荡漾在现在，叩响着未来。“生命传播”概念的提出，就是想为传播学研究提供别样的认知与叙事方式，关切到“一切苦难并非来自噩运、社会不公或是神祇的任性，而

① 〔法〕梅洛-庞蒂：《知觉现象学》，姜志辉译，商务印书馆，2001年，第265页。

是出于每个人自己心中的思想模式”[1]。个体心灵、自我是社会实践的产物，个体表达行动对心灵和自我究竟有着怎样的影响与塑造，个体如何在传播中认识自我与权力，甚至在对话交流中如何感知自我与他者生命的交互、流变与生成等，都是我们打开生命传播大门的钥匙。

① 〔以色列〕尤瓦尔·赫拉利：《人类简史：从动物到上帝》，林俊宏译，中信出版社，2014年，第219页。

|二|

“新文创”的变与不变[*]

师曾志[**]

近几年，我国泛娱乐产业快速发展，已经逐渐成为数字经济的重要支柱和新经济的重要引擎，对于推动我国经济高质量发展有着重要的作用。“泛娱乐”指的是以互联网平台为基础，以娱乐为中心，以连接和聚合粉丝情感为纽带，在新型社会关系中相互赋权所生成的一种快感症候。泛娱乐运用各种媒介编撰方式，将社会政治、经济、文化等方面的抽象概念用人们易于接受的方式进行表达，重新塑造人们对自我、对社会的认知。泛娱乐产业根植于互联网土壤，广阔多元的创作空间、丰富活跃的IP源头、形式多变的线上衍生以及“互联网+文创”的平台优势，逐渐成为中国泛娱乐的重要特点。

在这样的大背景下，“新文创”应运而生。“新文创”是一种系统的发展思维，旨在通过广泛的主体连接，推动文化价值和产业价值的相互赋能，从而实现更为高效的复合化生产和IP构建。“新文创”的核心是从内容升级到体验，即不仅要有好的内容，还要有多元、受大众欢迎的形式，且其过程是可广泛参与、动态发展的，强调文化与科技对价值观的塑造与引领。可以说，“新文创”是面向未来的文化生产与传播方式。那么，“新文创”如何能在互联网时代承担起建立新文化价值观以及补充主流文化的作用呢？

1. 改变叙事方式：用故事让文化走进人心

当前，互联网信息多样化的呈现让人们的阅读有了更多的选择空间，

---

* 本部分原载于《人民论坛》2018年第22期。

** 师曾志，北京大学新闻与传播学院教授，北京大学新闻与传播学院博士研究生仁增卓玛对此文亦有贡献。

“快”成为互联网传播的重要特征之一，加大了信息传播的竞争性。快速竞争一方面表现在大众对媒体、媒介以及其所传播作品的选择上，另一方面也体现在人们对表达形式和风格的选择上。文化价值观塑造首先表现在叙事方面，打动人心的叙事逻辑与方式更容易引发受众共鸣。当前，厚重文化依然是人们所需要的，如何讲好故事，如何在表达形式上进行创新等深入思考，为“新文创”的发展提供了更多努力方向。“新文创”的各种产品，无论其表现方式如何，其过程都是可广泛参与、动态发展的，因此也给予大众更真切的直观体验。

从各种网络影视、网络游戏、网络文学的蓬勃发展，到传统电视节目《我在故宫修文物》在网络上引发热评，至中央电视台制作播出的《国家宝藏》成为现象级话题，这些娱乐为表、文化为核的节目或产品均展现出两个特点：一是充分利用互联网强调参与、互动、共享的特性；二是叙事模式发生改变。

讲故事是前文字时代最为重要的传播手段，部落中的人通过讲故事传授经验、传承传统、确立准则与仪式。在这一听觉支配的世界中，部落成员之间具有深度共鸣，共同身处于没有中心也没有边缘的空间之中，故事成为他们的共同相信、共同想象，从而达成行动与合作的基础。

文字诞生后，口头传播形式逐渐隐匿，视觉传播的凸显促使人们走入分割、专业、逻辑、疏离的现代社会。在这样的世界里，需要归属与情感依托的人面临着异化、孤独、焦虑等种种现代性难题。而互联网的兴起，使重新部落化成为可能。互联网需要的是深度参与，是自我选择与自我决断，是自我生命倾向性的体现。在既没有中心也没有边缘的网络世界中，基于各类文创产品，人们因兴趣相同而走到一起，从制作者或讲述人提供的“故事”中寻找精神依托。在重新部落化的互联网世界中，讲故事再次成为传播的重要手段。

2. 凸显情感：从共同相信到共同行动

讲好一个故事，尤为重要的是要有情感维度。一个故事要想打动人心，必须充满各种细节。这些细节是具体的、与己有关的，文化被包含于以娱乐为其表现形式的一个个故事之中，润物细无声地涵化着沉浸于故事之中的每一个人，对优秀传统文化的继承与发展便在此过程中得以实现。

那么，如何更好地凸显情感维度？最为重要的便是传播过程中自我生命的全情卷入。“新文创”的制作者不能隔岸观火，而应把自己也包含在其中。唯有如此，生命的活力、生机与鲜活的情感才能传达给另外一个生命。这样的过程是生命影响生命、生命联结生命的过程，这一过程是不断涌现与生成的。

简言之，作为一种新媒介传播方式，真正有深度的“新文创”必须切合叙事方式的变革，其核心应是以生命传播为视阈的。第一，生命传播与自我卷入相关；第二，生命传播强调实时性，认知在感觉流动、交流对话中不断形成与发展；第三，认知情境是动态与变化的，更加强调感觉、情感、情绪的力量，这些力量也在不断改变着认知情境本身；第四，强调审时度势与择机而行的能力，时机以及机缘稍纵即逝，认知在事物的性质、形式、属性上展开，而不仅仅延展与深挖内容本身；第五，强调传播中表达、行动乃至改变的重要性，注重认知过程与创变过程的合二为一；第六，认知与创变的多措并举，打破人们思维中确定性的指向，突出事物发展变化中的无限可能性，使传播过程更重于传播结果。

3. 术变道不变：“新文创”与真善美

从泛娱乐到“新文创”，不只是概念的迭代，更是应对当前数字化社会景观的必然走向。“新文创”的关键在于人，在于传播方式。从生命传播视阈出发，“新文创”要注重内容的生产，更要注重形式；要注重市场反应与价值收益，更要注重参与者的互动深度与文化内涵的传承；要注重制造话题与引发公共讨论，更要注重价值引领与人性关照、情感联结。

透过表面娱乐的外衣，我们会发现术变道不变。这里的“道”便是人类自诞生起就在孜孜求索的良好生活本身，是真善美。可以说，当下很少存在非数字化的文化，我们必须重新审视“娱乐”的内涵，并在继承和发扬传统文化的同时，创造出新的、符合时代精神的文化。“新文创”的“创”不仅是关于文化的创意，即某种观念，更是创造某种行动及行动引发的改变。通过改变叙事，引起情感共鸣，使人们接受某一文创作品讲述的故事，并愿意共同相信这一故事。共同相信可以达成合作，合作便意味着行动与创造，真善美便是这一创造的题中之义。当我们追问文化本质时，剥去层层的外壳，所有文化都离不开良善生活应有的真善美。

数字文化的温度应体现在关心与我们共同生活在同一星球的自然万物。同时，以开放包容的心态去尊重多元异质的个体以及他们独有的文化，不过分追求文化的一致性，透过外部的表象进入异质文化的内部，了解其核心。

当下，能唤起人的情感与行动的"新文创"是刚需。无需过多论证，娱乐核心产业占数字经济的比重超过1/5，便是最有力的证明。人们追求什么，便愿意将时间与精力花在哪里，而时间与精力集中之地便是财富增长之处，这便是注意力经济时代的最大特点。如果数字生产不能满足人们对以娱乐为表象的产品本身的需求，现代性的各类问题就可能随之产生。人生活的条件不能满足人的本性，没有达到人成长与精神健全的基本要求，人就必定会做出反应，要么堕落、灭亡，要么创造出一些更适合自身需要的条件。而"新文创"的落脚点应是充分利用互联网媒介的特点，提供充满创造性之爱的数字文化产品，其表现形式可以是娱乐的，但其内核始终应是真善美。

| 三 |

媒介化社会的生命叙事与情感传播

——以李子柒现象为例*

温志宏**

与社会变迁之间时刻充满着异质性与流动性的互动互构关系，今天的数字媒介，或者说互联网体系之于社会关系同样如此。当互联网成为架构现代生活的结构性要素，社会传播构造也随之改变。不同媒介所承载的不同话语与意涵生成了"相应的多元化语境"①。在以前的大众媒介阶段，传播模式的路径相对清晰，可以简单概括为媒介—信息意涵—受众，但这种模式在新生的多元语境中发生了根本性变化，多向度传播形态并存，"跨媒介、跨受众群以及跨时间区域"的数字"超媒介"诞生②。

新媒介不仅意味着新的传播工具和传播手段，它同时参与社会结构的重新建构，为社会发展提供新的尺度和标准。在网络传播的多元语境中，从前层叠状的组织机构被穿透，新的信息聚合方式激发多元社会能量的生成与聚集，其中最为显著的新特征之一，便是传播主体进一步微观化和公众化，个体自我在深度互联的媒介化社会中拥有了更大的活动空间，媒介卷入程度与速度不断升级，作为社会运作基本主体的角色与价值更加凸显。尤其在社交空间，高度个体性的认知发展与行动能力日益成为决定性的传播资本，越来越多充满了交融、异质和杂糅特性的个体叙事与行动在公共舆论中得到广泛呼应。

在此意义上，以制作和传播田园美食视频为核心的李子柒社交账号具

---

* 本部分原载于《台州学院学报》2021年第2期。

** 温志宏，北京大学新闻与传播学院博士研究生，主任记者，研究方向为媒介与社会变迁。

① 丹克劳斯·布鲁恩·延森：《媒介融合：网络传播、大众传播和人际传播的三重维度》，刘君译，复旦大学出版社，2016年，第93页。

② 丹克劳斯·布鲁恩·延森：《媒介融合：网络传播、大众传播和人际传播的三重维度》，刘君译，复旦大学出版社，2016年，第96页。

有独特的跨媒介传播意义与研究价值。据《2016年微博用户发展报告》，中国网红经济从2016年开始崛起，短视频成为微博用户活跃的重要动力，当年第三季度短视频播放量同比增长高达740%[①]。李子柒成为知名博主的发展轨迹与这股媒介潮流密不可分。其微博账号从2016年4月开始发布短视频，到2021年年初，共发布161条，平均观看量达数千万。而且从视频的基础观看量与点赞数据来看，李子柒并非短时间内突然爆红，她的视频内容从2016年发布之初就开始吸引大量粉丝关注与互动，这种影响力到今天已持续近五年。到2021年2月25日，其优兔（YouTube）平台订阅数达1450万，比国际知名媒体美国有线电视新闻网（CNN）多出230万，她也因此被称为“出海网红”和“东方美食生活家”；其微博平台粉丝数达2753万，与多位国内顶流网红不相上下。

目前有关李子柒持续在境内外社交平台走红原因的分析多集中在媒介趋势、商业模式以及传播路径等方面。比如：在技术层面，短视频日志近年成为国际流行的媒介形态，社交平台的链式传播极大助推了传播广度[②]；在境外传播层面，不同于国家主导的外宣内容，个人化叙事更易于从海外媒体的过滤中突围[③]；在商业运作层面，李子柒于2017年开始与多频道网络机构“微念科技”的合作保障了内容的持续输出和稳定变现[④]；等等。但拥有上述助力因素的社交账号为数众多，因此它们并不足以解释李子柒脱颖而出的核心原因。本文认为在同质赋能的条件下，李子柒现象出现的关键在于在新的媒介化社会与传播话语场域中，并不具备传统性优势地位与社会保障的李子柒以其出色的认知、创变和“表现”能力不断积累“叙事资本”，从生存行动延展到视觉话语创作，自我深层次卷入的个体性生命叙事与加速社会的网民心理需求及其文化特质产生深度契合，从而引发了较为广泛的审美与情感共鸣。

---

① 微思敦：《2016微博用户发展报告》[EB/OL]. https://www.weibo.com/ttarticle/p/show?id=2309404072095729502286，最后访问日期：2021年1月16日。

② 蒋俏蕾：《“李子柒现象”的传播学解读》[EB/OL]. https://mp.Weixin.qq.com/s/jJry-OuIZEa7uGw9uC0MyaA，最后访问日期：2021年1月20日。

③ 蒋俏蕾：《“李子柒现象”的传播学解读》[EB/OL]. https://mp.Weixin.qq.com/s/jJry-OuIZEa7uGw9uC0MyaA，最后访问日期：2021年1月20日。

④ 祝真：《被央视点名夸赞的李子柒背后MCN运营模式是否为当下风口》，SEO研究协会网，https://www.seoxiehui:cn/article-181033-1.html，最后访问日期：2021年1月23日。

1. 生命叙事的展开：情感观念与浪漫隐喻

如克里斯多夫·布克所说，故事无处不在，时时刻刻都有人将注意力集中在我们称之为故事的心理意象上，追随故事是人们日常生存最重要的特征①。本雅明则在《讲故事的人》一文中对“叙事”进行了区分，相比隔膜的、缺乏情感共振乃至行动卷入的现代“信息性叙事”，还存在一种逐渐衰落的“故事叙事”，或者说“生命叙事”。这种叙事的核心在于分享自我经验，进而与听众自己的经验与内心深处的记忆发生关联。与此相应的，英尼斯直接用口头传统的这种精神性、流动性和可塑性来批评机械化的知识垄断。不论是口头传统还是生命叙事，其活力的根源都离不开个体独特的情感体验与认知选择，个体不仅通过生成和建构情感性话语乃至行动来确认自我存在，情感纽带同时也是对同类符号体系产生认同感从而形成群体认同的关键所在②，“情感”在这个意义上构成了另一个悄无声息地行使权力的场所③。

从其社交账号所发布的视频内容来看不难发现，以李子柒为主创和主角的百余条视频呈现的核心正是一种视觉性的“生命叙事”。她以极强的叙事能力传递出独特的情感观念，其叙事建构锚定了一种以个人生活为中心的浪漫化的自我意识，通过移动互联网与社交平台的传播，传统上归属于私人领域的碎片化和亲密性的个体性生命价值向大众网民自由敞开，进而与网民形成了具有连贯性与稳定性的情感关联。这种稳定的关联性随后进一步转化为英国学者古德森所说的“叙事资本”，意思是在基于传统文化和符号资本的宏大叙事到个体性小叙事的时代转变中，强有力的叙事能力成为个体在其发展过程中脱颖而出的关键要素，尤其在当下的媒介化社会和社交网络中，从商业领袖、公众人物到各类网红，自我叙事的展开能力与传播效果在相当大程度上成为影响其媒介性身份塑造与公众接纳度的

① 〔英〕艾沃·古德森：《发展叙事理论：生活史与个人表征》，屠莉娅、赵康译，华东师范大学出版社，2020年，第4页。

② 〔英〕迈克·费瑟斯通：《消解文化》，杨渝东译，北京大学出版社，2009年，第66页。

③ 〔英〕威廉·雷迪：《感情研究指南：情感史的框架》，周娜译，华东师范大学出版社，2020年，第422页。

关键因素[①]。

同时，有效的叙事能力离不开叙事建构过程中情感观念的表达与传递。在认知心理学和情感人类学的研究范畴内，以威廉·雷迪、尼科·弗里雅达、拉特等人的观点为例，“情感”是发生在多种路径中的内容认知的重要路径之一[②]。传统观点把情感同非线性思维（自由联想、诗意的、象征性的）及生理冲动（脸红、肾上腺素流、心率改变等）联系在一起，但实际上，思维越来越被认为是对多层次激活、注意及持续的反应，越来越多的学者主张情感与认知“密不可分”[③]。同时有情感理论指出，共鸣得以发生的实质正在于某种情感表达或行为被赋予了集体力量[④]。也就是说，情感传播既根植于个体意识与自我经验，也得益于文化习得与社群塑造。在李子柒的视频内容中，一种倾向于情感表达、摆脱束缚和崇尚自然的精神脉络流淌其间，这既是李子柒作为创作主体的情感性个体话语选择，同时也深度激活了传播目标群体（网民）所熟知甚至向往的某种思想倾向与生活方式。对于中国网民来说，这种精神脉络与东方文化中对自然的赞美与热爱密切相关。比如，老子认为属于天者是人类幸福的源泉，“小国寡民……甘其食，美其服，安其居，乐其俗。邻国相望，鸡犬之声相闻”[⑤]乃是理想社会。而对于不少喜欢李子柒视频的外国网民来说，她的内容又很容易和起源于18世纪欧洲的浪漫主义追求联系起来，其基本理念包括选择有朝气的个人生活，向往田园与自然，轻蔑习俗束缚，用审美的标准代替功利的标准[⑥]，等等。在其视频中，这种浪漫化的叙事和情感特征主要从两个方面展开。

一方面，以“独在”自我为核心的人物关系。在李子柒讲述的生活故

---

① 〔英〕艾沃·古德森：《发展叙事理论：生活史与个人表征》，屠莉娅、赵康译，华东师范大学出版社，2020年，第11~16页。

② 〔英〕威廉·雷迪：《感情研究指南：情感史的框架》，周娜译，华东师范大学出版社，2020年，第14~27页。

③ 〔英〕威廉·雷迪：《感情研究指南：情感史的框架》，周娜译，华东师范大学出版社，2020年，第41页。

④ 〔英〕威廉·雷迪：《感情研究指南：情感史的框架》，周娜译，华东师范大学出版社，2020年，第153页。

⑤ 老子：《老子》，饶尚宽译注，中华书局，2006年，第190页。

⑥ 〔英〕伯特兰·罗素：《西方哲学史》（下），马元德译，商务印书馆，1963年，第213~216页。

事中，人物关系非常简单，通常只有她和奶奶，即使是和村里人进行简单“物物交换”的情景也不多见。相对简单的人物关系赋予了视频安静、冷清、遗世独立的情感氛围，但在表面的平和宁静背后，更重要的是这种“自为的”孤独实际上朝向了浪漫主义或中国传统哲学所崇尚的个体性的“强烈的炽情”或“孤然独在”。这里的“独在”少有远离社会群体和大众潮流的被遗弃感或不安全感，在浪漫主义那里，这是一种对社会束缚的本能反抗。如罗素所说，“浪漫主义观点之所以打动人心，隐伏在人性和人类环境的极深处……为将来的利益而割弃现在的满足，这个习惯让人烦腻，所以炽情一激发起来，社会行为上的种种谨慎约束便难以忍受了。在这种时刻，推开那些约束的人由于内心的冲突息止而获得新的元气和权能感”①。而在东方哲学传统中，这种“孤独”既呈现出道家“小邦寡民”的简约与天真，也意味着儒家“慎独”所强调的那种“自我”“单一性、独特性和其最内在核心”②。

另一方面，“陌生化”的时间性叙事。在李子柒的视频中，时间感觉是一种意味深长的呈现，几乎所有制作的食物或手工制品都不会在当天完成，短则数日，长则跨年，比如2019年12月发布的视频“一粒黄豆到一滴酱油，绝味传统手工酿造酱油”，虽然最终完成的依旧是几道传统菜肴，但其工序却从播种黄豆开始，制作耗时跨度将近两年。这首先是对工业化时代效率追求的一种诗意解构。从工业社会开始，多数普通的“我”都居住在某种生产链条上，巨大的生产流程就是“我”的时间表，“效率”是第一追求，“食物”与“吃饭”也被赋予了“瞬间性”要求，“我”少有时间去探究自己的食物来自哪里，也越来越远离复杂的制作流程。李子柒的视频则重现了工业革命前尚未加速的“手工劳动关系”，其久远到可以追溯至中国《上农》中那般“敬时爱日”，她的食物总是从土地或林间开始，需要耗费大量的时间，来自四季的食材馈赠既无常又惊喜，生活不再是无休止的单调与重复，而生成了人与自然之间充满了时间性叙述的起伏的故事。

在诸多具有“浪漫精神”的哲学家或艺术家看来，比如叔本华和尼

---

① 〔英〕伯特兰·罗素：《西方哲学史》（下），马元德译，商务印书馆，1963年，第221页。
② 杜维明：《〈中庸〉洞见》，人民出版社，2008年，第141页。

采，“艺术形而上学”既是人类个体逃脱苦难世界的一种生命方式，也是开掘自身潜能的一种有效手段。因此，被拉长的时间秩序在解构日常的同时，也在将这些故事艺术化。经由视频这种多媒介形态，手工制作的缓慢与繁复细节被诗意地呈现出来，时间性叙事不断延展出令人惊异的广度和可能性。对很多观众来说，这是一种“陌生化”的审美体验，经过艺术化处理的时间秩序鲜明地呈现出柏格森意义上的机械性与生命性的对立，以及其中朝向生命性的认知与行动选择。一种让观众欲罢不能的独特的叙事魔力就在这个过程中逐渐建构起来，如阿多诺所说，其耐人寻味的情感性吸引力在于“补偿性地拯救了人曾真正地并与具体存在不可分地感受过的东西，拯救了被理智逐出具体存在的东西”①。

2. 生存美学的生成：情感话语与审美实践

在福柯看来，现代社会是一个“残酷而精巧的牢笼”，权力遍布各处，每个人既是权力的帮凶，也被权力所压迫。他反对宏大叙事，关注微观层面和人们的具体生活，主张多元和重建，希望将人从现代性的危机之中解放出来。他在晚年提出了一种在自我生存追求上的超脱的美学状态，即一种超脱规训权力的生存美学，其核心关乎人自身，“是把审美创造当成人生的首要内容，以关怀自身为核心，将自己的生活当成一部艺术品，通过思想、情感、生活风格、语言表达和运用的艺术化，使生存变成一种不断逾越、创造和充满快感的审美享受过程”②。生存美学理论的提出，意味着晚年福柯看到早期过于强调权力和话语而导致了对主体的压制，因此，他从对真理和权力的关注转向了对个体行为和实践的关注，“生存美学，将自身对自身以及自身对他人的游戏艺术，作为它的主要研究对象，因此，它是创造自身生活的自由的生存风格和生活艺术的实践原则。它的形成和展现，决定于自身的实践智慧和历史经验，决定于自身对于生活的审美判断能力以及个人生活品味”③。

在李子柒的生命叙事中，如果说人物关系和时间秩序体现出了浪漫化

① 朱立元：《当代西方文艺理论》，华东师范大学出版社，2001年，第213页。

② 高宣扬：《福柯的生存美学》，中国人民大学出版社，2005年，第344页。

③〔法〕米歇尔·福柯：《权力与话语》，陈怡含编译，华中科技大学出版社，2019年，第236~290页。

的核心情感观念，那么作为情感观念的具体表达，其中手工制作的视觉化呈现以及李子柒对自身生存处境的应对则传递出了上述福柯意义上的“生存美学”。这种个体意义上对平庸日常生存的主体性审美反抗，经由情感性视觉话语的建构以及深度自我卷入的传播方式变化，同时将李子柒本人和观众的日常世界艺术化、审美化。梁漱溟所说的那种对于生命的庄重和尊严感充斥于李子柒本人的话语表达和生存行动里，同时也以媒介化的跨时空形态治愈了众多观众。也就是说，李子柒社交实践中朝向日常生活的艺术感知与审美体验关联了她自身、他者以及各自所处的世界，被网络媒介所放大的“生命叙事”之美“通过自身的实践，在时时刻刻的创造气氛和环境中，经历往返探险和隐匿显露的游戏活动，以动静结合、重叠相异和正反双向循环转换的方式，经受蜿蜒曲折的复杂伸展过程，在自身的生活行程中展示表演出来”[①]。

（1）繁复食材、工序与超越性的审美体验。如英国文艺评论家约翰·伯格所说，人们面对手工制品所感受的审美情感，正是在自然面前所感受的情感的衍生[②]。繁多的食材与工序数量是李子柒视频中非常显见的特质，大自然不仅拥有千变万化的无限魔力，这种无限在某种程度上还在向她展开，与她分享，恰如有评论所说，如果大自然是母亲，她（指李子柒）就是女儿。繁复工序与亲力亲为所带来的审美体验则更为复杂。视频中与奶奶相依为命的弱小女子不仅富有诗意，而且极富行动力，她能骑马，会耕地，纺得了毛线，也砍得倒巨竹。与制作食物相比，这些更具力量感和操作性的手工活计成为一种反抗的景观，从土里刨食本是一种低至尘埃的生活姿态，可其中的人们却高昂着头，用最平常的材料创造出让人向往的理想秩序。从这个角度来说，李子柒视频不仅塑造出了浪漫主义所推崇的那种因反抗而来的飞扬感，更重要的是，她在亲身实践中国传统儒学非常看重的知行合一。而在福柯的“生存美学”看来，一个健康的伦理主体正是这样懂得生存审美意义的人，这样的生存主体能够在生活和工作技艺的日常操练中“关怀自身”，进而生发出一种极具艺术感的创造实践，“通过无

---

① 〔法〕米歇尔·福柯：《权力与话语》，陈怡含编译，华中科技大学出版社，2019 年，第 284 页。

② 〔法〕米歇尔·约翰：《讲故事的人》，翁海贞译，广西师范大学出版社，2015 年，第 11～12 页。

止境的审美超越活动，尽可能地把自身的整个生活过程，谱写成一首富有魅力的诗性生存的赞歌”[①]。

（2）“有意味的田园”激发共情。如麦克卢汉、波兹曼等媒介理论家早就指出的，媒介形态变化会带来信息意义的重大变化。在媒介变迁史上，视觉性媒介以其全感官的统摄力量和不断进化的传播速度产生了颠覆性的媒介竞争力。李子柒所发布的社交内容之所以广受欢迎，同样重要的原因也是采用了短视频这样一种能够直接激发观众本能直觉与审美反映的视觉媒介形态，从而推动传播者的日常姿态、跨时空景观乃至观者感觉情绪连接，实现了广泛深度的结合。

在李子柒视频中，有一类不可忽视的表达情感话语的独特视觉语言，那就是有意味的、含蓄的、诗意的镜头。比如，清晨云雾缭绕的山林，雪后的寂静草地，日月交替而来的时光流转等。这些有意味的田园镜头承担着重要的日常生活审美化的功能，刻印着李子柒个性风格的镜头语言为观众感受过程平添了主观情感与想象特征。而且这些自然和田园的意境化媒介体验同属于中国和外国网友所能够共同感知并认同的一种审美情感本质。如约翰·伯格所说，自然形式的进化和人类感知的进化之间的契合，产生了一种潜在认同的现象：所是与我们所能看见的（通过看见也感觉的）有时交汇于一个肯定的点，这也是不同族群虽然存在显而易见的差异却能共享某些东西的原因[②]。

最后，李子柒“生存美学”的生成不仅体现在以她为创作核心的社交内容的表达上，其作为个体所切身参与的生存行动，以及对传播场域中不同资本关系网络的平衡实践，都在经受着网络世界“媒介化”的考验。她个人的经历曾在网络广为传播，少年时辍学，曾在城市打工，后返回家乡和奶奶一起生活，开网店谋生。成为知名博主后，李子柒并不排斥现实生存场域中的规则、制度乃至权力存在，从开放在网络空间的行动轨迹来看，包括与资本合作、自创品牌以及数次应对舆论质疑，她的“生存美学”无疑还表现在这些改造其生存世界的认知能力与具体行动之中，“根

① 〔法〕米歇尔·福柯：《权力与话语》，陈怡含编译，华中科技大学出版社，2019 年，第 289 页。

② 〔法〕米歇尔·约翰：《讲故事的人》，翁海贞译，广西师范大学出版社，2015 年，第 14～18 页。

据环境给予的条件提出对于自我的挑战，凭借自身的想象力、意志力，在亲身生活中，进行各种学习和试验，接受多种教育，不断地补充和提高，完善与修饰自我"[①]，这个在主体性框架中对于自身不断地自我超越和改造，即直接指向了福柯意义上的"生存美学"。

3. 传播共鸣的唤醒：情感庇护与"怀旧"复调

通过以上分析可见，在移动互联网与各类社交平台奠定了媒介与技术底架的基础上，来自李子柒这一微观主体的跨媒介生命实践与超越性生存美学不仅充满丰富性与创造力，而且与诸多停留在美食表层文化的网络内容区分开来，构成了其参与中外社交空间复杂博弈的强有力的"叙事资本"。那么，从浪漫化的情感观念到跨媒介的视觉语言，从日常生活的审美表达到传播主体的生存行动，李子柒的社交实践对网民情感共鸣的唤醒程度究竟如何？或者说，其叙事实践与可持续的传播特性之间是否存在显著的关联？

本节通过对李子柒视频的网络评论进行语义分析来考察上述问题。考虑到生命叙事最为核心的"情感性"特征以及对网民情感共鸣唤醒程度的分析目标，因此选用"情感的"和"现实的"两个极端的变量维度来对随机抽取的400条视频评论进行分析，用以观察网民对视频内容的情感方向和程度。其中，"情感的"意指"对外界刺激肯定或否定的心理反应，如喜欢、愤怒、悲伤、恐惧、爱慕、厌恶等"，具体提到与浪漫情绪或审美性核心相关词汇的评论会被列入"十分情感的"类，比如评论中出现"仙境""仙女""自然女儿""童年"以及有意境的词句等；那些单纯表达对李子柒喜爱之情的评论被归为情感程度略低的"有些情感的"类，比如"最喜欢你的视频""你是最棒的"等。与此相对应，"现实的"意指"关注客观存在的事物或合于客观情况"，讨论食物或食材本身、博主背景、询问菜谱以及要求配英文字幕等评论内容都被归为"十分现实的"，那些除了客观情况还涉及人物评价判断的被归为"有些现实的"，比如评价李子柒什么都会干、虽然向往田园但还是要回去工作之类。经整理得出表1。

---

① 〔法〕米歇尔·福柯：《权力与话语》，陈怡含编译，华中科技大学出版社，2019年，第283页。

表1 针对李子柒视频网民评论的语义差异分析

视频	情感的				现实的				两者皆非	
	十分情感的		有些情感的		有些现实的		十分现实的			
	微博	YouTube	微博	YouTube	微博	YouTube	微博	YouTube	微博	YouTube
视频1	8	6	16	20	10	9	6	5	10	10
视频2	1	11	14	25	14	8	6	3	15	3
视频3	5	8	18	23	13	8	5	10	9	1
视频4	2	7	13	25	20	6	4	11	11	1
平台总计	16	32	61	93	57	31	21	29	45	15
平台占比（%）	8	16	30.5	46.5	28.5	15.5	10.5	14.5	22.5	7.5
微博维度	77				78				45	
总计与占比（%）	38.5				39				22.5	
YouTube维度	125				60				15	
总计与占比（%）	62.5				30				7.5	

从上述语义差异分析的结果可以看到，中国网民和外国网民评论中的“情感”成分存在差异：在微博上，“情感的”和“现实的”两个维度比例几乎一样，分别为38.5%和39%，这意味着从情感维度感受李子柒视频的网民与关注现实层面的人数差异不大；而在YouTube上，从情感维度感受视频的评论数量为62.5%，而从现实维度感受视频的为30%，可见外国网民更加倾向于以“情感化”的视角和语言去感受和评价李子柒的视频。与此同时，不论微博还是YouTube，“情感的”这一态度取向都非常明显，尤其是代表对李子柒本人较为认可的“有些情感的”这一指标，在五个指标方向中占比均为最高，分别是30.5%（微博）和46.5%（YouTube）。

通过上面的数据分析可见，尽管由于不同的社会环境与认知背景，同样的生命叙事在不同网民群体中所引发的情感认同存在差异，但不论在国内还是国外，李子柒社交实践唤醒情感共鸣的程度都较为显著。究其原因，这与全球互联网都嵌入一种延续着传统、现代、后现代相混杂的政治经济格局之中密切相关①。匈牙利哲学家赫勒曾指出日常思维与科学、哲学和其他形式化的思维方式的区别，前者是异质的和交融的，后者则更加

① 洪宇：《后美国时代的互联网与国家》，《国际新闻界》2020年第2期，第6～27页。

系统、更具反思性、更反对赋予人性色彩①。当互联网作为社会结构性要素成为大众的日常“居住机器”，作为日常生活鲜明特征之一的“强烈的情感承载”便充斥于媒介化社会之中。在 YouTube 上，“75% 成人用户在寻找怀旧类内容（nostalgia），而不是专业知识和新闻”②；而在中国，极其多元化的圈层与社群文化成为近年网络生态的主流趋势，法国社会学家玛菲索利直接把这些新社群称为“过渡性情感团体”，其“使人们联系起来的是一种共享的激情或者品位”③。

也就是说，媒介化社会中的中外网民实际上都深藏着某种情感庇护需求，这种情感需求影响乃至塑造了他们对网络内容中各类符号和隐喻的选择。而从情感人类学的某些角度来看，大多数个体的情感与认知目标构成深受所处社群的影响，在一定程度上，广泛的“共鸣”正发生在个体目标与所处社群取向的一些契合点上。从这个角度来看，李子柒独特的生命叙事所提供的，正是对回归某个想象性社会阶段或生活方式的一种选择，或者说是颇具吸引力的一种情感庇护模式。其核心表现为媒介性和想象性的复调式审美体验：回归身体，回归土地，回归四季流转的缓慢时序，回归童年与亲情，回归“现代性脱域”④之前最富有传统意味的生活情境，回归能看得见的与“我”有关联的人类记忆——在凝视与幻想的交织过程中，她以唤起个人想象和集体记忆的方式，带动了对于特定历史阶段或社会情绪的情感传播。观众通过把李子柒的生命叙事编织进自己的生活叙事，强化了对当下生活冒险式和实验性的情感认同，一种媒介化的共鸣共生甚至“幸福应许”⑤也由此得以实现。

4. 结语

英尼斯认为传播技术的变化无一例外地产生了三种结果，它们改变人

---

① 〔匈〕阿格妮丝·赫勒：《日常生活》，衣俊卿译，黑龙江大学出版社，2010 年，第 96 ~ 109 页。

② OMNICORE. YouTube by the Numbers：Stats，Demographics & Fun Facts［EB/OL］. https：//www. omnicoreagency. com/youtube-statistics/，最后访问日期：2021 年 1 月 30 日。

③ 王赟：《“群体沉醉”与“小确幸”：后现代社会就在我们身边》，《探索与争鸣》2020 年第 3 期，第 61 ~ 67 页。

④ 〔英〕安东尼·吉登斯：《现代性的后果》，田禾译，译林出版社，2002 年，第 18 页。

⑤ 〔德〕哈特穆特·罗萨：《新异化的诞生：社会加速批判理论大纲》，郑作彧译，上海人民出版社，2018 年，第 37 页。

的兴趣结构、符号的类型（人用以思维的工具）以及社区的本质（思想起源的地方）[①]。媒介化社会不断演化出新的结构特征，去中心化的技术平台给更多个体赋予了成为传播热点乃至思想起源的空间与潜力。多元主体得以共时性地在新的符号环境和秩序中发现自我，同时依托自我的力量主动介入意义重写的历史之中。甚至可以说，在网络社会的交叉与穿透之中，个体情感成为一种场所，在这里，最具体的社会活动都与大规模的权力组织关联起来[②]。

社交网络空间催生了更为多元复杂的媒介主体，新场域所催生出的新的文化趋势、社群秩序乃至用户群体的心理特点正在成为影响传播效果的关键因素。从某种程度上来说，正是互联网和网络社交文化的兴起成就了李子柒的生命叙事，但也如丹麦学者克劳斯所指出的，媒介提供了平台，却也仅仅是在最初的阶段决定着传播，而在其后，“个体就可以利用其可支配的媒介，就其生存的目的和方式展开审议”[③]。这指出了在相对同质的媒介条件可供使用后，传播主体如何展开生存性或生命性的内容叙事的重要性。

李子柒的颠覆性在于，在政治意涵与日常生活、现代化景观与手工劳作、共同体意识与自我个体、理性与情感、现实与审美等多重观念中，她以深刻附着于自我生命实践的价值选择和经验行动，在充满了认知、话语和权力等多重博弈的跨媒介语境中展开情感性的生命叙事和生存美学，从而成为在媒介变迁的境况下个体力量于表达与行动中得以解蔽和释放的一个典型案例[④]。如果为这个案例寻找更为深层的社会意义的话，可表述为，媒介化社会中这种个体模式的改变或许已经在表征着更广泛社群的某种本质变迁，微观主体叙事的形成从过去内在性的对话空间变迁为网络空间里的交互式协商，个人叙事不断与更广泛的社会叙事联系起来，进而“对于协商社会的未来方向具有绝对重要的作用”[⑤]。

---

① 〔加〕哈罗德·英尼斯：《传播的偏向》，何道宽译，中国传媒大学出版社，2015年，第73页。

② 〔英〕威廉·雷迪：《感情研究指南：情感史的框架》，周娜译，华东师范大学出版社，2020年，第28页。

③ 〔丹麦〕克劳斯·布鲁恩·延森：《媒介融合：网络传播、大众传播和人际传播的三重维度》，刘君译，复旦大学出版社，2016年，第167页。

④ 师曾志：《生命传播：自我·赋权·智慧》，北京大学出版社，2018年，第10页。

⑤ 〔英〕艾沃·古德森：《发展叙事理论：生活史与个人表征》，屠莉娅、赵康译，华东师范大学出版社，2020年，第163页。

| 四 |

一切尚待生成：作为跨媒介叙事的互联网超文本世界*

师曾志　潘聪平　仁增卓玛**

3D 光影技术沉浸式体验、超强滤幕一镜到底的实现，CG（Computer Graphics）计算机动画的无实物表演、视频的数字剪裁与合成等技术，让人们在不知不觉中已享受着虚拟现实以及增强现实所带来的数字视觉美感。视觉呈现能力的强化不断营造出各种讯息无缝连接、错综复杂的时空美学，新型高科技所带来的传播超文本形态层出不穷，人们的感觉与知觉也在经历着一场深刻变革。它在本质上是一场认知革命，也是个体与社会差异化的源泉与动力。传播技术的智能迭代使万物皆媒成为可能。链接与连接人感觉、知觉、欲望、情感、意识等的互联网、物联网自身也在不断演化与变异，逐渐成为一个跨媒介叙事与传播的动态生成的超文本世界。这个超文本跨媒介叙事既是对现实社会的反映，其自身也构成了变革社会的重要力量。

1. 符号意义生成与社会变迁

互联网超文本自身演化与变异的底层逻辑语言、言语等符号意义的编撰是由多元传播主体参与进行的，各种权力以算法规制的方式对符号意义进行干涉与制衡的同时，叙事逻辑相比以往有了更多与更大的选择空间。传统文本作品的写作、编撰、编辑与传播虽彼此分离，但作者、编辑、出版者与读者相对稳定与集中。互联网超文本则冲破了作品由少数人完成创

* 本部分原载于《西南民族大学学报》（人文社会科学版）2020 年第 12 期。

** 师曾志，北京大学新闻与传播学院教授；潘聪平，北京大学党委宣传部助理研究员，研究方向为媒介与社会变迁；仁增卓玛，达孜工业园区管委会，研究方向为媒介与社会变迁、传播民族志、融合新闻。

作的传统，每个个体都可能参与其中。互联网超文本作品的延展性也与传统作品存在较大差异，如同人小说（FAN FICTION）如今在互联网世界中大行其道，它用已出版的具有广泛影响力的漫画、动画、小说、影视作品中的人物、情节、故事背景等既定元素进行二次创作，多人参与文本编撰与写作，打破了创作者与阅读者间的界限，在多人参与下，作品始终处于创作之中，体现出不同创作者自身的风格、特色等，以隐喻、借喻等方式建构与解构着个人的人设与 IP。这种符号意义系统突破了作品甚至产品本身，形成全方位的文本符号意义的生产与再生产，作品与产品超越其载体、介质、形式等区隔，直面符号意义上的竞争。符号意义以互联网超文本链接方式成为社会变迁的底层动力，互联网传播中超文本已不仅仅是网状文本本身，其中揭示出权力、资源、能力等的在场，形成推动社会变革的互联网超文本世界，在跨媒介叙事符号意义的不断生成中，媒介隐喻与延伸凸显出传播主体感觉、知觉、情感、情绪的存在，揭示出传播是在客体的诱惑与主体的欲望间的复杂存在，传播速度的加快释放出的个体，其获得的是自由或规训，首先考验的是个体尽可能全面的、不断变化的感知与认知能力，像艺术家一样摒弃线性时间观念中阶层、性别、语言等概念的束缚，在绵延的生命时间中建构起其存在的方向与力量。互联网超文本世界正是在生命绵延不绝中将符号生成的行动、实现与意义本身结合了起来，以言行事成为可能，而所有这一切最终与个体的判断与选择相关。

2. 互联网作为超文本世界

互联网世界中符号意义借由各种媒介的相互连接而生成着新的象征系统，并深刻影响着其进一步演化。我们将在互联网上跨越不同媒介的编撰与剪辑，处于不断生成状态的符号系统称为“超文本”，它具有动态、生成等特征，强调人物、情节、意义与视角的同时，更注重其“以言行事”实现的能力。超文本符号意义在跨媒介叙事与传播中突破了个体态度与行为、意义以及行动的边界，强化了万物皆媒实现的可能性，从而呈现出以超文本为主体的互联网世界。

超文本中的“以言行事”基于各类场景中的沟通交流的能力。对沟通交流而言，表达的内容固然重要，但表达对自我和他者施加了怎样的影响、这种影响如何引发他们各自在心理、感觉、知觉、思想与行动上的变化，则更为重要。互联网世界中沟通交流的基础已不仅仅是言语、语言，人们的知觉、感觉、情绪、情感等亦作为载体在不知不觉中卷入符号意义的生产之中，影响着人的思想、情感、行为、判断与选择。人与符号意义系统的关系是理解互联网超文本世界的关键。德国哲学家恩斯特·卡西尔独辟蹊径，在古希腊哲学家爱比克泰“使人扰乱和惊骇的，不是物，而是人对物的意见和幻想”[①] 等思想的启发下，提出“把人定义为符号的动物来取代把人定义为理性的动物”[②]，人与自然、他者、自我等关系，笼罩在流动的、动态的有机世界中，而人类“有机生命过程的显著特征正在于，我们不可能在描述它时不涉及未来。”[③] 人类本性中对未来的期许在思想、生活中，更在符号意义系统中。人类“伦理思想的本性和特征绝不是谦卑地接受‘给予’。伦理世界绝不是被给予的，而是永远在制造之中”[④]，这就是说，人类现实伦理世界植根于怀着对未来期许的、永远在创造的大地上。由此，不难理解柏拉图所说的“知识是灵魂追随事物的运动”“美德即知识”“知识就是感觉知觉”，以此为基础的互联网超文本世界最终是在人性与个体生命底色上进行的，生命密码在符号意义中不断编码与解码，需要迫近与抵达的是外在利益与内心善恶的协调与平衡。

3. 超文本跨媒介叙事对符号意义的构形

互联网超文本是跨媒介叙事的基础，跨媒介叙事是互联网超文本意义产生、生产、生成、变形与构形的方式。多元主体的卷入使互联网超文本跨媒介叙事不仅影响个体洞察事物、自我决断的能力，也对社会关系、社会制度以及社会结构带来了影响。

发端于文学的叙事学，从一开始就隐含着跨媒介的视阈。1966 年法国思想家罗兰·巴特在《交际》杂志发表论文《叙事作品结构分析导论》时就指出：“对人类来说，似乎任何材料都适宜于叙事，叙事承载物可以是口头和书面的有声语言，是固定的或活动的画面，是手势，以及所有这些材料的有机混合；叙事遍布于神话、传说、寓言、民间故事、小说、史

---

① 〔德〕恩斯特·卡西尔：《人论》，甘阳译，上海译文出版社，2013 年，第 44 页。
② 〔德〕恩斯特·卡西尔：《人论》，甘阳译，上海译文出版社，2013 年，第 45 页。
③ 〔德〕恩斯特·卡西尔：《人论》，甘阳译，上海译文出版社，2013 年，第 90 页。
④ 〔德〕恩斯特·卡西尔：《人论》，甘阳译，上海译文出版社，2013 年，第 102 页。

诗、历史、悲剧、正剧、喜剧、哑剧、绘画、彩绘玻璃窗、电影、连环画、社会杂文、绘画。而且，以这些几乎无限的形式出现的叙事遍存于一切时代、一切地方、一切社会。”[①] 德国叙事学家扬克·里斯托夫·迈斯特也指出：“叙事是跨媒介的现象，没有哪个叙事学家对此持有异议。”[②] 诚如麦克卢汉指出的“任何一种媒介的‘内容’都是另一种媒介。文字的内容是语言，正如文字是印刷的内容，印刷又是电报的内容一样”[③]，互联网超文本世界中媒介社会化与社会媒介化使跨媒介表意及行动无处不在、无处不显。跨媒介叙事已日渐成为互联网叙事常态，所有媒介都可能参与到叙事之中，每一种媒介的参与，都会影响符号意义的建构与解构。

4. 跨媒介叙事作为隐喻与延伸

跨媒介叙事作为一种隐喻是在马歇尔·麦克卢汉“媒介即讯息”、尼尔·波兹曼“媒介即隐喻”等思想观点的基础上提出的。马克思在《共产党宣言》中开宗明义指出：“一个幽灵，共产主义的幽灵，在欧洲游荡。”[④] 各种媒介作为隐喻亦如幽灵一般，在互联网超文本世界中游移交融，穿越国家制度及社会结构等，在看似碎片化的浮光掠影中对社会变革的影响却难以忽视。在这个意义上，跨媒介叙事所揭示的是众生喧哗表象背后的现实权力与资源结构的动荡和失序，符号意义在历时性与共时性中编撰，不断解构与重构着社会关系网络，其重塑的权力资源成为社会结构改变与社会变迁中生生不息的政治与伦理力量。

作为隐喻的媒介自带魔力，其自我意义本质的隐蔽、遮蔽需要在一定的时空中进行分析与判断才能得以解蔽与彰显。麦克卢汉曾提出“任何一种延伸对整个心理的和社会的复合体都产生了影响”，它引起人们对媒介理解上的歧义，后来麦克卢汉直接指出“从社会意义上看，媒介即讯息”[⑤]，即“任何媒介（即人的任何延伸）对个人和社会的任何影响都是由于新的尺

---

① 〔法〕罗兰·巴特：《叙事作品结构分析导论》，张寅德编选，《叙述学研究》，中国社会科学出版社，1985 年，第 4 页。

② 尚必武：《西方文论关键词叙事性》，《外国文学》2010 年第 6 页。

③ 〔加〕麦克卢汉：《理解媒介：论人的延伸》，何道宽译，商务印书馆，2000 年。

④ 〔德〕马克思、〔德〕恩格斯：《共产党宣言》，中共中央编译局译，人民出版社，1997 年，第 26 页。

⑤ 〔加〕麦克卢汉：《理解媒介：论人的延伸》，何道宽译，商务印书馆，2000 年，第 9 页。

度产生的，我们的任何一种延伸（或曰任何一种新的技术），都要在我们的事物中引进一种新的尺度”①。媒介作为隐喻在人们思想意识中新旧“尺度”的变易有着巨大的延展张力，冲击甚至颠覆着现有的规范、制度、法律等结构化的存在。跨媒介叙事在人们各自认知基础上所产生的动态、流变的符号意义体现出人与自我、人与他人、自我与社会、人与自然的复杂关系，个体在更大时空的社会关系网络中有了更多跃迁的可能性。

媒介作为符号、言语、语言，与人们的情感、感知乃至习惯有着密切的关系。语言的多面性使交流与沟通得以实现，然而，交流的无奈揭示的却是人们自身差异化的思维方式与认知框架。语言作为“野兽”可能会重蹈巴别塔的覆辙，但也可能成为被围困起来的“野兽”，它的驯化与规训导致人们思维方式与认知框架的固执与坚守，对个人而言需要的是在两者间不断校准、校正的能力。语言对感知、知觉、情绪等的敏感凸显了因果、事实、逻辑、理性等的意义生成，所塑造的思维方式注重的是怀特海所谓人思维方式“重要性”“表达”“理解”的后两种，而忽略掉了作为后两者基础的“重要性”的步骤。重要性是人们表达与理解的基础，它对人的包容性、价值观念等都会产生深刻而深远的影响。语言文字的功能之一就是将人的情感与行为进行分离，人能够只要去行动而不必卷入自我的情感、知觉，在这个意义上语言、言语也分离了人的身心。重要性是人全身心的知觉能力，表面不在场实则却是顽强在场，它直接影响表达与理解。在此把作为超文本跨媒介叙事的互联网世界称为互联网超文本叙事，它是由穿越时空的感觉、知觉、情绪与符号所构成的，不同文本构成了自我不同的空间，其情感张力在超文本叙事中不断生成着新的意义。当将文本界定在符号意义的生产与再生产时，文本就能超越语言、言语，接受更开放多元的信息来源。信息来源的多元化带来了媒介表达的多样化。文字与视觉等媒介表达中存在连续和间歇两种方式，连续是通过叙事中的节奏、音乐等将事件连为一体，间歇却是让人深刻卷入。互联网超文本叙事中的间离陌生化需要受众的高度参与，其中具体而微的感觉、知觉与情感通过直接或间接连接，不断抵达符号意义本身。媒介对人感知习惯的影响，使媒介延伸不仅仅是让人在外爆中获取更多信息，其内爆性更能反映

① 〔加〕麦克卢汉：《理解媒介：论人的延伸》，何道宽译，商务印书馆，2000年，第18页。

出不同个体在思维与认知方式上的差异。互联网超文本本质上是媒介内爆与外爆共同作用的结果。万事万物的互联考验的是人们对不断变化的环境的感知能力。媒介延伸使人的心理需要在多样化的物质与差异化的精神中不停地进行转换与调适。因此，网络语言不仅仅是功能性的，更是观念与心态上的。若对新媒介环境下生成的各类事件、用语名称不甚了解，则很难与同互联网一起成长的人进行交流与对话，因为语言、言语的快速迭代背后便是诱惑与欲望的急速变化。

5. 跨媒介叙事中诱惑与欲望的在场

弥漫在互联网世界中的诱惑与欲望以其多样、快速变化而影响跨媒介叙事中意义、权力、价值、利益等的生产与再生产。传播与反馈速度的加快，传播主体与客体身份不间断地转换，使诱惑与欲望不断促成新观念、意义的生成，进而成为社会变迁的重要因素，显现出《道德经》中“物形之而势成之”[①] 的思想。

“诱惑与欲望”是法国思想家让·鲍德里亚学术思想的重要密码，它主要指的是主体的欲望与客体的诱惑之间的相互关系[②]。互联网超文本世界中诱惑与欲望以“势”的存在方式突破了语言、言语以“物”的存在方式的局限性，符号意义深入到了人的情绪、情感等心理状态之中，加剧了符号意义系统的动荡与变化。人的欲望是诱惑的深渊，其魅惑从多方维度展开。媒介作为人感官的延伸，影响着人的情绪、知觉、体验等，也反过来颠覆或强化着人们的感觉。个体差异更多表现在对诱惑与欲望的回应力上，它不仅仅体现个体的心理差异，成为个体沟通交流的基础，也会影响社会心理乃至社会人格的喧嚣与动荡。跨媒介叙事在交流对话以及场景变幻中不知不觉发生着错位，引申出不同媒介表达的内涵，支撑着诱惑与欲望的顽强在场。

传输、传递、传播信息的载体、介质、渠道等是以媒介物性与物像的方式存在的。印刷术发明以来，随着技术的迭代更替，媒介物性与物像之间变幻多端，激活了诱惑与欲望间的关系，使互联网超文本世界中的传

① 老子：《道德经》，徐澍、刘浩注释，安徽人民出版社，2000年，第269页。

② 〔法〕让·鲍德里亚：《论诱惑》，张新木译，南京大学出版社，2011年，第41页。

者、受者、内容、渠道、效果都发生了变化。这种变化需要我们对跨媒介叙事具有感知、知觉的能力，在注重媒介内容的同时，意识到媒介形式、叙事方式的变化将对内容产生影响，避免被割裂的、碎片化的内容所牵引，而忽略隐蔽其后的诱惑与欲望所勾连起的互联网超文本中情感认同的有机联系。唯有此，才能重视以媒介形式与内容作为感知对象，对符号意义生产与再生产的影响，在媒介以及媒介所延展的时空中展开无尽的想象，让思想永远处于抵达中。

6. 互联网超文本叙事中的速度与艺术家

互联网超文本中因媒介技术发展所带来的跨媒介叙事，符号意义的表达、形式、命名、技艺等导致符号意义本身在概念、思维、感知、情感、体验等中不断延宕甚至失控，这背后巨大的推动力量是传播速度对反馈机制的影响。传播速度的加快使符号意义系统中内外部信息交互密切，相互作用增强，改变着传者与受者的固定角色，即传者可能变成受者，而受者也可能成为传者，传者与受者角色有时甚至是合一的，传播内容与意义也由于传者、受者角色在系统中的反转而不断变异。

传播速度带来反馈机制的改变引发了互联网超文本世界中权力、权威、效率、效能等的变异，它使互联网超文本世界时空始终处于不断变化之中，而它发展的动力与效果取决于系统内外自我否定之否定以及随时调适的能力，其中最为重要的是对传播时机的把握。麦克卢汉对此保持着清醒的认识，他指出："媒介影响现存社会形式的主要因素，是加速度和分裂。"① 速度将物质与身体所带来的一系列问题转变为精神与心理的问题。"速度至少在机械世界的低级阶段，总是起着分离、延伸和放大人体功能的作用"②，而在电力时代"在电的速度之中，一切都颠倒了。内向爆炸和收缩代替了机械的外向爆炸和扩张"③，人类生存功能压缩性的多样化使个体感官享受大大提升，人们衣食住行最基本的生存所需与对感官享乐的需要越来越与人们的心理相关。这不仅仅体现为对产品的需要，更重要的是享受其生产、销售、消费的全过程，这也是麦克卢汉所预言的："在这个

---

① 〔加〕麦克卢汉：《理解媒介：论人的延伸》，何道宽译，商务印书馆，2000 年，第 130 页。
② 〔加〕麦克卢汉：《理解媒介：论人的延伸》，何道宽译，商务印书馆，2000 年，第 140 页。
③ 〔加〕麦克卢汉：《理解媒介：论人的延伸》，何道宽译，商务印书馆，2000 年，第 143 页。

新型的、踪迹不定的、无所谓专门‘工作’的世界里，我们的猎物是知识，是对生活和社会过程的洞察力。”① 这说明社会变革的方式也正在发生变化，审美推动着观念的改变，而观念是社会发展的首要因素，在这个意义上说，“人人都是艺术家”的时代已经到来。

这里的艺术家用的是麦克卢汉定义的“艺术家”，即“凡是把自己行动和当代新知识的含义把握好的人，都是艺术家”，他还指出：“艺术家是具有整体意识的人。”② 数字化时代，人们视觉、触觉、听觉等同时作用，用麦克卢汉的话来说就是人中枢神经的延伸，这种延伸“给人注入一种新的原始直觉和充满魔力的潜意识知觉”的回归，社会调适模式的基础更多的是来自个体情感、感知、感觉等心理的需要。过去通俗艺术往往被高雅艺术所不齿，文化战争的辩论会以高雅与低俗为议题。在互联网超文本世界的跨媒介叙事中，凡圣同居真正得到实现，高雅与通俗只是社会建构的概念。作为艺术家，人们在互联网超文本世界中更注重沟通交流中关于妥协与不妥协间适应社会的能力。传播技术的发展对个体做事、处事以及倾听能力提出了更高的要求，互联网符号意义系统中的非同一性、非连续性等特点，决定了沟通对话在各个层面上展开，这要求个体具有丰富的艺术想象力以及面对快速变化的社会，能在认知上不断调整与平衡的能力。

7. 跨媒介叙事中“生命时间”的意义

“生命时间”是法国哲学家亨利・柏格森提出的重要概念。柏格森认为，时间如同绵延的洪流，它是以人的激情、兴趣、爱好、心理为动力流转的。机械式上帝视角的时间变成了个体自我的生命时间，个体的感觉、感知、情感、知觉、经历、体验等不断卷入与绵延，生命的意象成为推动具体事物运动的力量③，这正是互联网超文本世界看似碎片化背后有机整体世界存在的基础。

新媒介环境下符号系统面对的不仅仅是钟表、机械、科学、线性时间，同时还加入了个体感知与知觉中认知差异的生命时间。古腾堡时代的语言文字对人们的线性思维方式及社会组织方式产生了重大影响，它带来

---

① 〔加〕麦克卢汉：《理解媒介：论人的延伸》，何道宽译，商务印书馆，2000 年，第 180 页。
② 〔加〕麦克卢汉：《理解媒介：论人的延伸》，何道宽译，商务印书馆，2000 年，第 102 页。
③ 〔法〕亨利・柏格森：《创造进化论》，肖聿译，译林出版社，2000 年。

的是文化的“同一性、一致性和连续性”，而以“原始部落”与互联网超文本为代表的非印刷文化的特征则表现为“多元性、独特性和非连续性”①。生命时间突显了符号意义在现实空间中丰富的内涵，如现在各种各样的网红食品、服装等产品，其复古、亲自然、用典等跨媒介视觉设计让人耳目一新，勾起消费的欲望，这是符号意义在人们的心理、历史、人文与自然时间上的承接与继承。如味觉的开发很可能唤醒的是人们儿时的记忆，几种已有味觉产品的混搭，目的是将喜好不同味道的不同时代的人黏合在一起进行产品的延伸。这些很难用新旧来描述，更多的是打开了不同时代人们的心理记忆，与其说是消费产品，不如说是强化与产品相关的集体心理记忆。

互联网超文本叙事是在跨越时空中赋予事物独特的连接性而产生更为复杂丰富的意涵，由此成为社会发展的动力之一。若单纯从传统时间概念理解时间，很难解释以上种种变化。数字传播中的时间由统一的、秩序的、线性的变成了非统一的、非秩序的、非线性的，它打开了人们思考的道路。传统社会中机械时间规定着多数人的工作、学习与生活，人们以时间为中心，日复一日地重复着日升日落的生活，不知不觉中生命的动力让渡给了分割而又连续的机械时间。在一定程度上，时间的机械性决定了人自我生命被动性的倾向。生命动力与生命冲动被压抑在线性时间中，影响到人们对事物的态度与认知，自觉不自觉地让时间成为人们行动的准则，如学生上学，是上学时间到了，而非学生愿意去上学。重复的时间导致人们产生惰性、习惯与固执的生存状态，生命之流在静态中便变得沉重、压抑与庸碌。对人类而言，真正的时间是绵延。钟表时间提供了空间化的世界，时间成为线性、可控、可计算、可预知的，是无机与机械的，而柏格森所谓的生命时间，却是有机的、永远变动的，无法控制，很难计算，有着进化的能力。绵延异质性的时间消灭了由线性时间所规定的意义空间，生命时间使线性空间从定性的、规定的、固定的变为不确定的、变化莫测的。互联网超文本叙事让生命时间日益显露其存在的巨大能量，时间真正具有了生命力。时间是个体的，更是历史和宇宙的。时间的绵延让人类意志得以存在并影响着人类的进程。自由意志不仅针对一事一物，而是过去

① 〔加〕麦克卢汉：《理解媒介：论人的延伸》，何道宽译，商务印书馆，2000年，第124页。

所发生事物对现在的影响以及现在如何决定未来的走向。真正的自由意志是在绵延的生命长河中得以呈现的，生命时间在其无机性与有机性汇合中使生命面向未来显现出创造性的力量，从而产生行动与变革的力量。

8. 跨媒介叙事中的“以言行事”

言说本身是一种语言现象，也是一种非语言现象。非语言性揭示出言说实则支撑的是一种不断涌现与迭代的思维与认知。言与行、说与做的结合愈来愈成为现代人沟通对话的特质，在此基础上言行合一与知行合一就不再是空洞的，语言真正凸显出其作为人类协作的基础，启发我们语言与其表达世界间的关系比传统二元对立关系更加复杂，语言与世界不仅仅是描述与被描述的关系，它们间也存在相互改变的可能性。

网络时代虚拟空间离不开语言与言说，无论是文字还是图形、视频、声音等，传达中都有以言行事的可能性。英国著名分析哲学家奥斯丁的主要核心思想之一是“说话就是做事”，为此他建立起了自己的“言语行为理论”，其目的是想搞清楚“总的言语情境中的整个言语行为”，为此，他将言语行为分成三个基本层次，即话语行为、话语施事行为、话语施效行为①。从字面上看，话语行为是一种意义的表达，意思表达清晰就好，表达的意思究竟能否实现不是问题的关键；话语施事行为则强调意义的表达与倾听、处事、做事等能力结合在一起，但能不能做成也不是最终的答案；话语施效行为强调的是意义的表达与行动最终产生了怎样的效果。言语行为理论为理解网络表达提供了极其重要的理据。意义表达的话语行为是复杂多样的，奥斯丁将其分为发音、发语与发言三种。发音的清晰与含混、声调腔调的高低、情感的起伏跌宕，语言、言说、方言、口音等都为意义的表达增添了无穷的可能。话语施事行为在意义表达中实施了“言外之事”。言外之事的不同也会让施事的方式与效果有所不同。话语施效行为是话语能带来情感、知觉、感觉、思想等方面的改变。这三种层次在话语实践中是你中有我，我中有你的关系，话语意义的生成与行动、改变愈来愈紧密结合在一起，意义在感觉、知觉的互动中参与到了符号意义的建构中，也在言外之意、言外之行中达成了以言行事。言行合一将自我与他者的语言

① 〔英〕J. L. 奥斯汀：《如何以言行事》，杨玉成、赵京超译，商务印书馆，2013 年。

与世界做出了分别，问题的关键不仅仅是世界是如何影响、决定语言的，更重要的是自我与他者是如何在沟通交流中了解世界并有所行动的。言行合一中人们观念、视野以及选择的改变意味着权力与权威结构的改变，并为人们心理与行动提供了“能”的基础。在新冠肺炎疫情期间，愈发出圈的直播带货正是互联网技术赋权与反赋权的产物，也是跨媒介叙述的典型例证。技术主导下多个不同权力结构下的屏幕同时切换，将物理空间压缩于屏幕之中。跨屏传播无限延伸了生命时间，从表达与行动各个层面带来原有各种组织权力资源的无缝对接，在跨媒介叙事表达中实现行动与改变。

9. 跨媒介叙事中个体判断与自我抉择

互联网超文本叙事中个体自我在社交平台上对各种信息源的选择具有相对的自主性，自主性在此意味着个体对意义的卷入甚至生产的可能性。这一方面说明数字化社会中个体自我的呈现，另一方面也强调了个体自我发展的重要性。事实上，每个人的卷入方式会因个体的不同而不尽相同。自电子媒介产生以来，就有许多人秉持“凡交际未必是好事”的理念，他们不常听电话，拒绝使用社交媒介，刻意保持自我不受到电子、数字媒介的打扰；而也有许多人拥抱各种新媒介。不同选择凸显出自我感知、觉知等能力的不同，每个人都会有自我的信息渠道，不同的信源会分化人们的意识、观念、思想等，因此，考验的是观念与行动需要个体的自我选择与决断，直面的是个体自我对问题解决的能力和自我对良善生活的主动作为。

社交平台上的多样表达与行动，彰显出事物间的相互依存、相互渗透。社会进化呈现为层出不穷的新事物、新形式，很多人依然固守着传统的知识框架与思维方式，对其进行讽刺与嘲讽。所谓的共识在宏大叙事上愈来愈难以达成，这逼迫我们回到具体问题上，深入了解与理解，解决问题的方式才会一层层向我们敞开。跨媒介叙事中的个体判断与自我选择让我们看到因缘、时机在传播中的重要性，基于自我的微小叙事成为社会组织方式的新动力，成为达成一定程度“底线共识”的新路径，在绵延的生命时间中建构起存在的方向与力量。

10. 结语

互联网跨媒介叙事超文本世界作为一种隐喻，意味着高科技发展所带来的传播在意义的生成与历史的绵延中展开。麦克卢汉早已深刻认识到媒介是社会的组织方式之一，这意味着媒介加入信息生产的同时，也参与到社会制度、结构的解构与重构中。万物皆媒的实现带来了人们生活方式的变化，背后的推动力是人们观念、视野、抉择等在跨媒介叙事中的演变。对已知的世界与知识而言，人类经过几千年的发展已有了长足的进步，但对未知而言，尤其是AI等新智能技术，人类还处在原始、神秘、粗糙的直感与直觉中。传播速度的加快与反馈机制的改变使互联网超文本叙事中诱惑与欲望的流动已卷入意义的生成中。时间为我们嵌入世界提供了认识论与方法论，凸显了个体感知能力的重要性。跨媒介叙事正在以全然接纳的姿态包容着人们各种想象与探索的视阈，这既是人类向原始部落的回潜，也是试图揭开未知世界面纱的努力。从符号意义是如何生成中去理解社会、技术、人类以及我们自己，能让我们不断跳脱出传统的、固化的思维方式与思想观念，以问题与问题解决为导向的学术关怀与实践，在学科高度分化的今天使我们重新思索跨学科的意义，也让我们在这个变动不居的世界里意识到在自由的追求与自我的确认中责任、认知、能力等不断提升的重要性。世界在符号意义中不断敞开，人类未来愈来愈与自我的生命体验与认知相关，在亲密与疏离、喜乐与悲伤、希望与恐惧并存的世界中，拥抱生命中良善的活力与创造力，一切都尚待生成。

图书在版编目(CIP)数据

生命传播：媒介·叙事·认知 / 师曾志等编著. -- 北京：社会科学文献出版社, 2022. 7
ISBN 978-7-5228-0260-2

Ⅰ. ①生… Ⅱ. ①师… Ⅲ. ①互联网络-传播媒介-研究 Ⅳ. ①G206. 2

中国版本图书馆 CIP 数据核字(2022)第 101342 号

生命传播：媒介·叙事·认知

编　　著 / 师曾志 等

出 版 人 / 王利民
组稿编辑 / 刘骁军
责任编辑 / 刘俊艳
责任印制 / 王京美

出　　版 / 社会科学文献出版社·集刊分社（010）59367161
　　　　　地址：北京市北三环中路甲 29 号院华龙大厦　邮编：100029
　　　　　网址：www. ssap. com. cn
发　　行 / 社会科学文献出版社（010）59367028
印　　装 / 三河市龙林印务有限公司

规　　格 / 开　本：787mm×1092mm　1/16
　　　　　印　张：22　字　数：350 千字
版　　次 / 2022 年 7 月第 1 版　2022 年 7 月第 1 次印刷
书　　号 / ISBN 978-7-5228-0260-2
定　　价 / 128.00 元

读者服务电话：4008918866